BIBLIOTHÈQUE
DE PHILOSOPHIE CONTEMPORAINE

LE LANGAGE

ET

LA PENSÉE

PAR

HENRI DELACROIX

Professeur à la Sorbonne.

PARIS
LIBRAIRIE FÉLIX ALCAN
108, BOULEVARD SAINT-GERMAIN, 108

LE LANGAGE ET LA PENSÉE

LE LANGAGE

ET

LA PENSÉE

PAR

HENRI DELACROIX

Professeur à la Sorbonne.

PARIS

LIBRAIRIE FÉLIX ALCAN

108, BOULEVARD SAINT-GERMAIN, 108

1924

LIVRE PREMIER

CHAPITRE PREMIER

LINGUISTIQUE ET PSYCHOLOGIE

Il n'y a pas de psychologie du langage sans recours à la linguistique.

Sans elle on ne peut bien étudier tel ou tel aspect du fonctionnement du langage chez l'individu. Nombreux sont les psychologues, en France surtout, qui ont cru pouvoir, par la seule observation psychologique, déterminer les formes de l'acquisition du langage, du langage intérieur ou de l'expression verbale, les troubles du langage. Mais il suffit de lire leurs travaux pour en apercevoir le caractère partial ; ils manquent de vues d'ensemble et de système ; ils négligent trop visiblement des faits considérables qui conditionnent ceux qu'ils s'efforcent d'exposer. Ils sont conduits inévitablement à poser des questions inutiles, à oublier les questions essentielles, à mal poser les questions nécessaires, à créer des faits inexistants, à méconnaître les faits réels, à mal interpréter les faits constatés. L'histoire des doctrines de l'aphasie fournit à ces considérations pessimistes une illustration éclatante. S'ils avaient moins ignoré la structure d'une langue, les médecins et les psychologues auraient moins longtemps méconnu les conditions de la parole.

La linguistique appelle nécessairement une psychologie du langage.

Dès qu'elle sort des constatations de fait, dès qu'elle cherche à expliquer, il lui faut faire appel à la constitution physique ou psychique du sujet parlant. Cette considération n'est pas la seule, l'histoire et la sociologie fournissant aussi des principes d'explication. Mais elle est inévitable. Une partie de la linguistique s'achève en psychologie (1).

Il nous paraît utile d'examiner à grands traits, au début de cet ouvrage, l'histoire des relations de la linguistique et de la psychologie.

*
* *

La linguistique n'existe que depuis le temps, assez proche de nous — le début du xixe siècle —, où le point de vue historique et comparatif s'est substitué

---

(1) Une récente discussion à la Société de Psychologie (v. *Journal de Psychologie*, 1923, p. 246) peut servir d'exemple. M. MEILLET y montrait le caractère concret du mot indo-européen, et qu'il n'existe pas une forme universelle du nom d'un être quelconque : par exemple, en latin on dit *lupus, lupum, lupi,* etc., pour dire *loup.* Le mot se présente toujours porteur d'une flexion qui lui assigne un rôle grammatical. Il montrait d'autre part que, même dans les langues romanes, germaniques, etc., où le mot prend son autonomie, il est toujours accompagné d'un article qui joue le même rôle que la flexion. En d'autres termes, le mot comme tel est impensable. Il faut que la pensée le réalise, le fasse entrer dans le réseau des relations. Le signe ne fait ici que subir la nécessité d'une loi de l'esprit. La constatation linguistique se continue inévitablement en constatation psychologique.

au point de vue descriptif de l'ancienne grammaire. L'Antiquité et la Renaissance, les siècles classiques, n'ont guère connu que l'art de ramener un certain usage à des règles empiriques. Il est vrai qu'ils ont compensé parfois cette étroitesse par la hauteur de leurs prétentions, et de très grandes généralités en fait de grammaire générale.

On sait l'impulsion que la découverte du sanscrit a donnée aux études linguistiques.. Pour cette discipline tout au moins s'est réalisé le rêve de F. Schlegel que l'étude des vieux livres indous allait produire une révolution semblable à celle que la renaissance du grec avait amenée dans la civilisation européenne (1). Schlegel avait aperçu nettement la parenté du sanscrit et des langues européennes ; il avait entrevu un système de correspondance entre les divers systèmes grammaticaux. Il a été le premier à parler de grammaire comparée, sans faire autre chose qu'entrevoir l'idée de comparaison.

On sait tout ce que Rask, Grimm et Bopp ont fait pour la linguistique (2). Les lois de correspondance et de changement phonétiques entrevues par Rask, nettement formulées par Grimm, ont donné une base solide à l'idée de parenté linguistique, renouvelé la méthode étymologique, assuré à la linguistique un corps de faits objectifs. L'idée de correspondance, l'idée d'évolution prennent une base solide. La grammaire comparée est fondée. Elle n'est qu'une partie du grand ensemble de recherches méthodiques que le XIXᵉ siècle a insti-

---

(1) *Ueber die Sprache und Weisheit der Indier*, 1808.

(2) Nous renvoyons une fois pour toutes à l'excellente esquisse *History of the linguistic Science*, qui forme le livre I de l'ouvrage de M. JESPERSEN, *Language ; its Nature, Development and Origin*.

tuées sur le développement historique des faits naturels
et sociaux. Il n'est pas inutile d'examiner un moment
comment la réalité et le rêve se sont mêlés à ses origines.

*
* *

Les grammairiens alors se proposaient d'épurer, de
corriger la langue, d'en fixer la forme parfaite.

Cette immobilité dans une perfection imaginaire
apparaissait à Jacob Grimm, élève de Savigny, comme
une image de la mort (1).

Savigny avait enseigné à son temps que le droit est
soumis aux mêmes variations que la vie du peuple :
transformation spontanée, effet d'une nécessité intérieure. Le langage est, comme le droit et la constitution politique, l'expression spontanée de la vie et de
l'activité collectives. Par un accord secret, les hommes
d'un même pays se soumettent à des conditions de vie
dont ils sentent la nécessité. Des lois communes s'imposent à toutes les consciences (2) : origine et développement, réglés l'un et l'autre par une nécessité supérieure à l'individu. Nulle part d'invention particulière. Nul n'est fondé à introduire, au nom de la raison,
des nouveautés dans le corps des coutumes et des
lois.

Grimm est bien l'élève de Savigny lorsqu'il affirme
que le développement du langage s'accomplit en vertu'

_____

(1) Tonnelat, *Les Frères Grimm*, p. 315.

(2) Schelling avait enseigné à Iéna, dans l'hiver 1802-1803, que « la mythologie ne peut être l'œuvre ni d'un homme isolé, ni de la race ou de la famille
(en tant que celles-ci ne sont qu'un total d'individus) ; elle ne peut être
que l'œuvre de la race en tant que celle-ci est elle-même un individu et
comparable à un homme isolé ». *S. W.*, V, p. 414.

d'une nécessité intérieure. Ses études sur la poésie lui permettaient du reste de comprendre le sens de ce développement. La poésie n'était-elle pas à son origine perfection, pure nature, pour tomber dans les artifices de l'art au cours des temps ? Le divin poème, mythe et langue, confié dans sa pureté originelle à la jeunesse des races, progressivement dégénère. La langue allemande a déchu ; par exemple elle a perdu dans la déclinaison un très grand nombre de désinences ; par xemple elle a plus de tendance à l'abstraction (1). Il semble que le progrès intellectuel, qui est incontestable, ne puisse s'accomplir qu'au détriment de ces « révélations primitives » qui sont le principe de la civilisation (2).

La mission du grammairien est donc, avant tout, de restituer l'état le plus ancien de la langue, comme celle de l'historien de la littérature ou du mythologue est de restituer la forme première d'un poème épique ou d'un mythe. La première linguistique, déjà si précise et si savante en lois historiques, est obsédée par le mystère des origines. Herder transparait à travers elle. Pour Bopp, la comparaison des langues attestées donne un moyen de remonter à un état primitif où les formes grammaticales se laissent saisir directement. Il prétend remonter au commencement des choses. Il ne

---

(1) Le passage de la complexité à la simplicité, du concret à l'abstrait seront précisément aux yeux de linguistes et de philosophes de notre temps la marque du progrès linguistique.

(2) Schleicher dira que les temps historiques marquent inévitablement le déclin du langage, parce que la langue s'asservit à une littérature, parce qu'elle est subjuguée par la pensée, évoluant vers la conscience de soi, vers la liberté : vue hégelienne d'un auteur qui, en finissant, sera darwinien. Sur Schleicher on peut consulter SCHUCHARDT, *Brevier*, p. 84 et suiv. ; et E. CASSIRER, *Philosophie der symbolischen Formen*, p. 106 et suiv.

s'arrête que devant le mystère des racines. « Il n'y a
que le mystère des racines, ou, en d'autres termes, la
cause pour laquelle telle conception primitive est marquée par tel son et non par tel autre, que nous nous
abstiendrons de pénétrer. »

De ce mythe poétique d'un Paradis grammatical, et
de la Chute, Max Müller, beaucoup plus tard, sera le
vulgarisateur. Les premiers linguistes, les compara-
tistes, successeurs immédiats de Bopp et de Grimm, ont
cru assez généralement qu'au début, dans une période
de jeunesse, l'esprit commandait à la matière phonique dont la langue était faite et la pétrissait selon ses
fins ; les racines primitives étaient naturellement ex-
pressives. Les sons, choisis pour exprimer l'idée, s'y
prêtaient volontiers. La matière était au service de
l'esprit créateur (1).

Puis venait l'époque de la décadence, où la matière
prenait sa revanche et, s'abandonnant aux forces
aveugles qui la travaillent, corrompait et désorgani-
sait la belle œuvre de l'esprit. On dira que les langues
sont des organismes qui évoluent d'une manière incons-

----

(1) Voir Sechehaye, *Le langage*, *Revue philosophique*, juillet 1917.
Les « Naturphilosophen », passant à la limite, ont dit parfois que la langue
est la pensée réalisée. Le Logos humain se donne dans la langue une réalité sensible, comme l'Idée de la Vie se réalise dans l'organisme humain.
Voir K. F. Becker, *Organism der Sprache*.

Un philosophe aussi sagace que Renouvier fera état de la théorie des
racines, popularisée par Max Müller, pour écrire : « Ainsi les radicaux, ces
vocables élémentaires..., furent tout d'abord des concepts, des termes généraux, non des signes d'objets individuels. Leur nature, bien constatée par
la philosophie, démontre que l'homme fut animal généralisateur dès la
première origine des langues. » (*Psychologie*, I, p. 100). De même, il fait
état de la distinction des langues à flexion et agglutinantes d'une part
et des langues isolantes de l'autre, pour dire (*Psych.*, I, p. 99) qu'il n'est
pas permis de douter qu'il y a eu au moins deux langues primitives indépendantes.

ciente et spontanée en dehors et presque indépendamment des esprits. Caprice et désordre, ou bien lois et
nécessité ?

La vérité et la fable se mêlent savoureusement dans
de tels systèmes où les notions distinctes apparaissent
d'abord confondues. Le langage oscille entre la nature
et l'histoire, entre la vie organique et la vie sociale,
entre la pensée et la matière, la nécessité et la liberté.
Des systèmes particuliers se découpent dans cette grande
masse indivise.

Il ne faut pas oublier toutes les conquêtes positives
de ces savants. Les lois de Grimm sont des lois scientifiques (1). Pott enseignera à fonder la comparaison
non plus sur des ressemblances de mots et sur des faits
isolés, mais sur l'étude de tout un système grammatical. Toute la linguistique positive est en germe dans
les travaux de cette école.

Les vues d'ensemble, la recherche de l'explication
ne sont pas dénuées de vérité. Grimm essaie une interprétation psychologique de ses lois phonétiques. Il
encadre les faits linguistiques dans la vie sociale. Le
mythe de l'Age d'Or nous étonne. Nous sommes devenus moins savants sur les origines.

* * *

On peut, avec Steinthal, reprocher à Humboldt
d'abonder en considérations générales, et de pécher
parfois par défaut de savoir historique et comparatif.
Mais il serait bien faux de dire avec lui qu'il n'y a pas
de psychologie chez Humboldt. Humboldt abonde en

---

(1) GRIMM, *Deutsche Grammatik*, Göttingen, 1819.,

vues puissantes et riches, et aujourd'hui encore on
pourrait construire presque toute une psychologie du
langage sur ses indications. Ce ne sont que des indications, mais il vaut la peine de s'y arrêter (1).

Le langage est l'expression de l'homme tout entier.
Il n'est pas né du seul aspect extérieur de l'homme, du
besoin d'aide et de communication. Sans doute il est
communication entre les individus, et l'homme ne se
comprend soi-même qu'autant qu'il éprouve sur autrui l'intelligibilité du langage. Mais ce besoin extérieur
de commerce social rencontre et suscite un besoin intérieur, un besoin de développement des forces spirituelles. Le langage est l'œuvre de la spiritualité, qui élabore le chant originaire, qui lie des pensées au son.
L'homme ne perçoit et ne connaît, ne se perçoit et ne
se connaît qu'autant qu'il construit le langage; la représentation ne prend valeur objective que pour autant
qu'elle se fait langage. Ainsi le langage et l'esprit sont
deux aspects d'une même vie spirituelle. La langue est
l'esprit s'élaborant soi-même.

Elle n'est donc pas une chose, mais une œuvre. Le
langage est le travail toujours répété de l'esprit pour
plier les sons à l'expression des pensées (2). Il semble
que ceci soit la définition de la parole. Mais la langue
est d'abord la parole. Les mots et les règles n'existent
que dans la parole. La décomposition en mots et en
règles n'est qu'un produit de l'analyse scientifique.

---

(1) *Die sprachphilosophischen Werke Wilhelms von Humboldt* (éd. Steinthal, Berlin, 1884) ; *Ueber die Verschiedenheit des menschlichen Sprachbaues* (éd. A. F. Pott, Berlin 1876, avec une importante introduction de
Pott).

(2) LAZARUS (*Das Leben der Seele*, II, 3ᵉ éd., 1885, p. 175) souligne l'importance de cette thèse et en fait l'application à l'acquisition du langage
par l'enfant.

Cette partie morte du langage doit toujours être recréée par l'esprit. Pour exister, le langage doit être parlé ou compris. Parler et comprendre supposent l'un et l'autre un discours intérieur que suscite la parole entendue.

En même temps, la langue est trésor de mots et système de règles. Elle n'est pas seulement « Sprechen » ; elle est aussi « Gesprochenhaben ». Elle est passivité et activité ; à la fois étrangère et intime à l'âme ; étrangère seulement à l'aspect individuel et momentané de l'âme, et pourtant reprenant vie en lui. Il ne faut pas la comparer à un outil mort, ni même à une œuvre ; elle est action.

Il n'y a donc qu'une langue pour toute l'espèce humaine, et pourtant chaque homme a sa langue, et, entre l'individu et l'espèce, il y a les nations et les langues nationales. Leur diversité ne repose pas uniquement sur celle des sons, mais aussi sur leur forme intellectuelle qui dépend du niveau d'esprit. Les langues sont des créations spirituelles qui ne passent pas d'un individu à un autre, mais qui jaillissent de l'activité, simultanée de tous ; d'où l'étroite liaison de la langue et de la civilisation ; pas seulement une diversité de sons, mais une diversité de conceptions du monde. Par exemple, l'homme près de l'état de nature pense et exprime l'action avec tous ses détails parfois inutiles : l'Abipone emploie un pronom différent pour la troisième personne, selon que l'homme dont il parle est présent, debout, absent, couché. Son langage exprime plus ses émotions que ses pensées. Le vocabulaire de chaque langue exprime le point de vue d'où chaque peuple décrit le monde des choses. Les différentes langues expriment à la fois une aptitude originale pour le langage et l'individualité d'un peuple. Il est donc

vain de prétendre les ramener toutes à un seul type.
Il faut substituer à la grammaire générale déductive
une grammaire générale inductive, basée sur la comparaison des divers procédés linguistiques. Chaque
langue a sa forme intérieure, un système de procédés
propre à une communauté linguistique, un mode particulier d'expression de la pensée.

En effet, il y a des formes de langue, car chaque élément de la langue est partie d'un tout. Et la diversité
de ces formes est la condition nécessaire de la réalisation du langage. Il semble que le génie humain pour-
suive, à travers la diversité des langues, l'idée de la réalisation du langage et de la pensée, et qu'il se réalise
à travers elle. Le langage se relie au principe qui conduit l'histoire universelle. Un système de degrés et un
progressif « sentiment de la langue » soutient cette évolution, qu'amène ici l'éveil brusque du génie de la
langue, transformant en œuvre puissante une donnée
humble et commune, qu'engourdit ailleurs la torpeur
végétative des peuples et le sommeil des langues,
qu'embrouillent ailleurs encore les contacts et les
migrations (1). Ainsi le langage est effort pour vaincre
des oppositions, pour se dépasser soi-même. De même
que dans l'art l'idée s'efforce de pénétrer la matière,
la pensée cherche à se réaliser à travers le langage.
La distinction des familles linguistiques, la succession
des générations, l'espace et le temps sont le champ de
cette vaste action.

Chaque élément de la langue est partie d'un tout. Dès
le début la langue est telle. Elle ne peut commencer

_____

(1) Cf. Steinthal, *Die Sprachwissenschaft W. von Humboldt und die
Hegelsche Philosophie*, 1848.

qué tout d'un coup. Elle doit posséder à tout moment
de son existence ce qui la fait un tout.

Nous retrouverons ailleurs les spéculations de Humboldt sur l'origine des formes grammaticales à partir
des mots représentatifs. La constitution des formes
grammaticales est aidée par la disparition du sens
propre de ces mots et par les altérations phonétiques,
mais les rapports logiques se cherchent à travers ces
modifications qui leur permettent de se créer leurs
moyens d'expression.

*
* *

C'est l'école de Herbart qui s'est efforcée la première
d'appliquer systématiquement la psychologie au langage et de dégager du langage une psychologie. Une
doctrine psychologique souvent artificielle, mais toujours rigoureuse, et promue en dogme par des dis-
ciples fidèles, rencontre une science florissante et travaille à se l'incorporer. L' « aperception » de la linguistique allemande par la psychologie herbartienne est
un fait important qui s'espace sur de longues années.
Jusqu'à Wundt on cherchera vainement ailleurs un
effort·égal. Une bonne partie de la psychologie des
linguistes allemands vient de Herbart, et il n'y a pas si
longtemps que Delbrück lui reconnaissait encore une
valeur d'actualité (1).

Misteli a rassemblé dans un article (2) tout ce que
Herbart lui-même a enseigné sur le langage. C'est peu
de chose. Empêtré dans sa doctrine de la simplicité de

---

(1) *Grundfragen der Sprachforschung*, 1901.
(2) *Zeitschrift für Völkerpsychologie*, XII, p. 407.

l'âme, Herbart tend à ramener le langage à l'organisation physique de l'homme. Mais ses deux élèves Lazarus et Steinthal ont analysé le langage de fort près, et l'un d'eux, Steinthal, est un linguiste.

Si nous en croyons Jespersen (1), c'est un linguiste de second ordre. On lui reproche d'être obscur et, malgré sa vaste érudition qui va de la Chine au langage des nègres Mande, de ne point s'être occupé des langues européennes ; d'où son peu d'action sur la linguistique contemporaine. Mais son importance est d'avoir précisément reconnu qu'il faut comprendre et expliquer le langage par la psychologie, et d'avoir mis des connaissances précises au service de cette thèse. Une partie des « Principes » d'Hermann Paul est en germe chez lui.

L'activité scientifique de Steinthal, à partir de 1848, s'étend sur plus de quarante ans (2). La première édition du livre de Lazarus *Das Leben der Seele*, si important pour leur commune doctrine, est de 1856 (3). C'est en 1859 qu'ils ont fondé ensemble la *Zeitschrift für Völkerpsychologie und Sprachwissenschaft*. De ce vaste ensemble qu'il faudrait dissocier, analyser selon ses éléments et sa formation, nous ne retiendrons, comme nous en sommes convenus, que les thèses essentielles.

C'est de la psychologie et non pas de la logique que relève la théorie du langage (4). Il faut éloigner la

---

(1) *Language*, p. 87.
(2) STEINTHAL, *Ursprung der Sprache*, 1855 ; *Grammatik, Logik und Psychologie*, 1855 ; *Einleitung in die Psychologie und die Sprachwissenschaft*, 2e éd., 1881 ; *Gesammelte kleine Schriften*, 1880 (réunion d'études, dont la première date de 1849) ; *Charakteristik der hauptsächlichsten Typen des Sprachbaues*, 1880.
(3) 3e édition, 1885.
(4) STEINTHAL, *Grammatik, Logik und Psychologie*.

logique de la pensée réelle, concrète, soutenue par la vie sentimentale et active. Du même coup, par la conquête de ce vaste domaine où la vie individuelle et la vie collective s'étalent si largement, la psychologie du langage prend une extension singulière.

Ceci est nouveau. Car jusqu'alors c'est à la philosophie que l'on rattachait le langage, à la philosophie teintée de psychologie sans doute, mais absorbée surtout dans l'universelle Pensée.

Il ne faut donc point s'attendre à retrouver dans la grammaire une réalisation de la logique. Sans doute aucune pensée ne peut s'exprimer sans recourir à certaines catégories fondamentales . espace et temps, causalité, finalité. Mais ces catégories sont plus ou moins précisément exprimées dans les différentes langues, et chaque langue forge, au cours de l'évolution historique, des catégories grammaticales, qui sont des applications particulières et contingentes de ces grandes catégories logiques. Par exemple, les différentes langues ont recours à des procédés très différents pour exprimer la causalité. Les grammaires obéissent toutes à cette loi générale qu'elles doivent satisfaire aux lois de la pensée. Mais grammaire et pensée sont choses différentes. La langue est au niveau de l'intuition sensible, de la perception, de l'imagination et du sentiment. La logique est au niveau de la pensée. La grammaire est une production de l'homme à un degré moins élevé de développement (1).

Le langage repose sur la fonction essentielle de l'esprit, sur l'Aperception, qui est assimilation, application du savoir aux données nouvelles de la perception,

---

(1) STEINTHAL, *Kleine Schriften* p. 226.

enrichissement du présent par la mémoire organisée.
Le langage est le moyen universel d'aperception parce
qu'il constitue précisément l'intermédiaire, qui fait
de la perception un objet pour la conscience et relie
cet objet à un système mental. Telle est l'efficace du
mot (1). Lier sous l'unité du mot la diversité des sensations, représenter la totalité d'une situation psychique
par un de ses moments privilégiés, choisi pour la dé-
nomination, tel est le rôle du langage (2). Il sert d'intermédiaire entre la vie superficielle et la vie profonde de l'âme, entre la périphérie et le centre. Car
notre conscience étroite réagit à sa limitation superficielle par la construction d'une profondeur. Nous con-
tractons en une vue d'ensemble, en une image totale,
en une unité complexe et confusément aperçue tout
ce qui s'est déroulé en détails, en succession bigarrée :
d'un drame, d'une scène, d'un tableau il nous reste
une impression condensée, où revit le rapport d'ensemble, le système qui unifie. C'est la condensation,
dont la cime éclairée est constituée par une représentation, moment seul aperçu d'une totalité, qui repose
sur cette base complexe, où s'agitent, vibrant confusément, quantité d'éléments inconscients. Or le mot est
précisément le symbole qui signifie cette représentation et qui conditionne cette aperception. Il est le
moyen terme qui relie le savoir profond à l'appréhension momentanée (3).

C'est ainsi que l'esprit est langage et se fait par le
langage ; dans cette oscillation entre l'impression et
l'expression, entre l'émission du son et la compréhen-

(1) STEINTHAL, *Kleine Schriften* ; *Ursprung der Sprache*, p. 122.
(2) LAZARUS, *Leben der Seele*, II, p. 139.
(3) LAZARUS, *o. c.*, II, p. 232.

sion. Parler, c'est avant tout comprendre et se comprendre ; donc se construire soi-même et le monde des objets.

Ces psychologues ont bien aperçu la profondeur du langage. Lazarus et Steinthal montrent très bien, par exemple, qu'on ne réussit pas à expliquer la compréhension en termes d'association. Il ne suffit pas d'émettre un son en présence d'un objet ou d'une situation et d'associer mécaniquement ce son avec l'objet ou la situation. Il est vrai qu'on peut concevoir le langage comme un processus qui découle nécessairement de l'organisation psychologique de l'homme ; il émet des sons en présence des objets, ou sous l'empire de situations : il relie l'expression et l'impression, puis l'image auditive et le mouvement ; il les relie par la simultanéité et par l'analogie affective. Mais il faut encore que, sous l'unité du mot, de la forme verbale interne, s'organise le savoir. Et c'est en ce sens que sous le langage il y a l'esprit (1). Le mot d'Aperception masque la complexité des opérations mentales, que ces psychologues indiquent sans doute, mais en la ramenant à l'unité de cette grande fonction.

S'agit-il d'expliquer des phénomènes linguistiques comme l'Assimilation phonétique et l'Assimilation syntaxique ? Les principes précédents y font leur preuve et suffisent amplement. Une phrase se déroule dans notre gosier ou dans notre oreille. Chaque élément verbal apparaît à son moment et à sa place, en vertu de l'étroitesse du champ de conscience. Mais pourtant, grâce au travail en profondeur, nous appréhendons comme un tout la série entière, loin de nous

---

(1) Steinthal, *Kleine Schriften*, p. 82 et suiv.; Lazarus, II, p. 101-132.

satisfaire des termes isolés. Toutes les parties de la phrase émise ou entendue doivent être toutes ensemble dans la conscience. La compréhension exige la présence simultanée du début et de la fin, la simultanéité du tout. Aussi les moments se succèdent, mais sans s'éteindre ou s'amortir entièrement ; ils vibrent encore dans la totalité qui se construit (1).

Mais s'il en est ainsi, la pensée devance le déroulement du mécanisme verbal, qui est plus ou moins indépendant d'elle. Des formes vagues flottent en avant d'elle. D'où l'action des mots et des sons qui ne sont pas encore émis. D'où, à côté des dérèglements propres du mécanisme physique de la parole, par qui s'expliquent par exemple certains de ces faits que nous appellerions aujourd'hui des accommodations, les troubles qui proviennent de la discordance entre le mécanisme psychique et le mécanisme physique de la parole. L'assimilation régressive s'explique parfaitement ainsi (2). L'assimilation progressive est plutôt de nature physique.

Steinthal et Lazarus ont fondé la *Zeitschrift für Völkerpsychologie*. On s'attend à les trouver grands sociologues. Et en effet ils professent *ex cathedra* les thèses essentielles de la sociologie. Le tout social est autre que ses parties. Le peuple, pris en masse, possède certaines manières d'être que chaque individu isolé

---

(1) STEINTHAL, *Kleine Schriften*, p. 121 et suiv. Nous ne précisons pas ici le degré de conscience ou d'inconscience de cette survie. Nous n'entrons point dans la discussion que Steinthal élève contre Herbart sur ce point ; voir p. 133. Voir aussi LAZARUS, II, p. 232.

(2) C'est déjà l'explication de GRIMM : *Der Gedanke des Sprechenden und Redenden überschaut blitzschnell alle Theile des Worts und der Worte, lässt also auf das zuerst Verlautende bereits das Nachschallende einwirken.* Voir STEINTHAL, *Kleine Schriften*, p. 133.

n'aurait pas. Toutes les fois que les hommes forment un groupe, vivent ensemble, constituent une société, il sort, du consensus de tous ces esprits individuels, un esprit commun, qui devient à la fois l'expression, la loi et l'organe de l'esprit subjectif.

Mais de ces thèses, abstraitement formulées, il passe peu de chose dans leur psychologie du langage. Lazarus n'aborde que dans les dernières pages de son étude le rapport de la langue et du « Volksgeist ». Il fait dériver le langage de la constitution humaine. Il réduit même à très peu de chose le rôle de la communication et du besoin de communication dans la formation du langage. Le signe jaillit et est compris en vertu des lois de la nature humaine. C'est la communauté de structure qui rend possible la communication. La communication ne fait qu'amplifier et fortifier (1). Après cela, Steinthal ne fera guère que répéter des doctrines déjà acquises lorsqu'il écrira que chaque langue est une « métaphysique et une logique nationales », ou que les langues sont des créations qui construisent les objets pour l'esprit populaire (2).

Notre plan nous interdit le détail, et de chercher expressément les différences entre ces deux penseurs dont nous avons réuni la doctrine. Il serait aisé de montrer chez Lazarus des analyses psychologiques plus fines et certaines doctrines à lui personnelles. Il a mieux dit que Steinthal qu'il n'y a pas lieu de s'attarder aux problèmes d'origine. Il ne s'agit point de deviner le secret des créations préhistoriques, mais de définir les conditions psychologiques qui rendent

___
(1) Lazarus est sur ce point moins sociologue du reste que Steinthal, voir *Leben der Seele*, II, p. 159, note.
(2) *Kleine Schriften*, p. 201.

possible et nécessaire le langage. Il s'efforce avec beaucoup de rigueur de déduire le langage à partir de la
constitution psychologique de l'homme.

De même il consacre des pages très vigoureuses à
l'activité linguistique de l'enfant. Il montre bien que
l'enfant possède tout le langage sauf la langue, et que
la conquête de cet instrument, qui lui est transmis, ne
va pas sans un effort considérable. Tout le travail psychologique que nous avons montré sous-jacent au
langage et conditionnant sa production se retrouve
chez lui, lors de l'acquisition de la langue (1).

En revanche, il y a chez Steinthal des vues très personnelles sur l'aphasie. Nous les retrouverons à leur
heure. On les a si peu remarquées qu'il vaudra la peine
de s'y arrêter. Ces vues profondes sont demeurées
inconnues. Steinthal a eu le mérite de comprendre, en
1881, que les formes de l'aphasie sont à la fois plus
complexes et plus simples que ne le croyaient les théories courantes. Il a bien distingué les troubles moteurs
qu'il appelle anarthriques, des troubles de compréhension ou d'expression, liés à la mémoire des mots. Mais,
surtout, il signale sous le nom d' « Akataphasie » l'incapacité d'analyser la représentation en phrases,
« l'incapacité d'apercevoir ou de relier les représentations d'après les lois grammaticales ». Pick, en décrivant l'Agrammatisme, retrouvera cette idée de Steinthal.

Enfin l'analyse de la phrase l'amène à des vues curieuses et vraiment très modernes. Autour de la représentation momentanément aperçue, s'ordonnent les
représentations confuses. La combinaison des mots en

(1) LAZARUS, II, p. 173.

phrases s'opère suivant des plans de clarté savamment
gradués. Le tout se forme, s'ordonne, par le rapport
des éléments. Mais il faut beaucoup d'énergie psychique
pour construire et maintenir ce tout, dont la presque
totalité est presque inexistante. Aussi arrive-t-il aisément que cette construction s'effondre ; à l'homme
sain comme à l'aphasique il arrive de commencer des
phrases et de ne pas les finir : le sujet, par exemple,
qui devait rester présent — de cette présence évanouis-
sante du discours qui se fait — jusqu'à la fin dans la
conscience, disparaît trop tôt, et le verbe alors ne survient pas. Pour que la phrase puisse se construire, il
faut que la conscience se ramasse et se concentre, que
la fin soit présente au début, et le début à la fin.

*
* *

Vers 1870 les « Néogrammairiens » Brugmann, Delbrück, Leskien enrichissent et précisent singulièrement la linguistique, en même temps qu'une série de
nouvelles découvertes vient ébranler bien des hypothèses antérieures (1).

1° La phonétique prend un caractère d'absolue rigueur. « Dans la recherche, écrivait Leskien en 1876,
je suis parti du principe que la forme qui nous est
transmise d'un cas ne repose jamais sur une exception
aux lois phonétiques, connues par ailleurs... Admettre
des déviations fortuites, impossibles à coordonner,
c'est dire au fond que l'objet de la science, la langue,
est inaccessible à la science. »

(1) JESPERSEN, Language, p. 91. Les nouvelles théories sur le système
vocalique aryen aboutissent à une révision de la théorie de l'apophonie, et
donnent le coup de grâce à la vieille théorie des racines.

Ainsi se crée d'une façon rigoureuse la phonétique historique qui étudie l'évolution des sons du langage dans une langue donnée, ou l'évolution qui a transformé une certaine langue historiquement attestée en une autre langue, dite langue-fille, ou encore les évolutions phonétiques de langues diverses que leur parenté oblige à faire remonter à une commune origine, bien que leur point de départ ne soit attesté par aucun document (1).

Il y a donc, à la base du langage, des faits d'ordre mécanique, qui tombent sous le coup de la constatation empirique, et qui sont régis par un déterminisme rigoureux. La prononciation change indépendamment de toute considération de sens ou de rôle grammatical (2). Ce sont les « lois immanentes de développement », dont Schleicher parlait à ses débuts.

2° Il était naturel que les Néogrammairiens, en insistant sur le caractère rigoureux des lois phonétiques, fussent amenés à reconnaître l'énorme importance de l'Analogie.

On la connaissait, mais on lui prêtait peu d'attention. On parlait de « fausses analogies » et on les traitait comme des corruptions ou comme des « formations inorganiques » à une époque de dégénérescence du langage.

L'analogie manifeste dans la langue l'intervention de l'esprit qui peut construire des formes inédites, en

---

(1) GRAMMONT, *Phonétique historique et phonétique expérimentale. Scientia*, 1912.

(2) Comme par exemple, lorsque dans la France du Nord, à la fin du mot, l'*a* final est devenu *e* muet, entre le vi° et le x° siècle après Jésus-Christ : exemples : *Canta* — chante, *Lenta* — lente ; ou bien lorsque le *c* latin précédant un *a* est devenu *ch* : chien, chèvre, cheval, de *canem*, *capram*, *caballum*.

dépit de la tradition, selon certains modèles. Hermann Paul, Victor Henry assigneront toute sa valeur
à ce grand fait. H. Paul expose largement que le sujet
parlant forme des cas, des temps inédits, sur le modèle
de combinaisons qu'il a apprises, retenues, associées
en groupe, de manière à en faire des espèces de catégories grammaticales, qui dominent sa pensée, sans
que d'ailleurs il les ait élevées à la dignité de règles.
En parlant on produit sans cesse des formes analogiques.
La mémoire, qui conserve fidèlement, et l'association,
qui innove, sur des modèles admis, voilà les deux facteurs de conservation et de nouveauté.

Ainsi deux influences contraires se disputent le
langage. Osthoff distinguait, en 1879, le moment physiologique du langage, les lois phonétiques, et le moment
psychologique, l'analogie (1).

Peu après, à ce moment physiologique et à ce moment psychologique venait s'ajouter un nouveau
principe, l'Emprunt, et avec lui pénétrait dans la linguistique la considération des faits sociaux.

Nous retrouverons tous ces principes. Notre tâche
présente n'est point de les exposer ni de les discuter.
Nous voulons seulement envisager un instant la doctrine que constitue leur groupement.

C'est un positivisme assez limité que celui qui se
borne à constater : « La science de la langue, c'est l'histoire de la langue », a écrit Hermann Paul. Il s'agit

---

(1) Bien entendu l'établissement de cette doctrine nouvelle ne s'est pas
fait sans combat. Curtius par exemple représente bien la polémique des
Anciens contre les Modernes. Il reproche aux Nouveaux Grammairiens de
ne pas admettre d'exceptions, de croire en d'innombrables formations analogiques même dans les anciens langages, de détruire la beauté classique
de l'*Ursprache*. Voir JESPERSEN, *Language*, p. 84. Consulter sur ces questions SCHUCHARDT, *Ueber die Lautgesetze*, Berlin, 1885.

uniquement de constater des formes et des séquences
régulières de formes, de marquer en quoi un état donné
de la langue est la continuation d'un état antérieur de
cette même langue, et en quoi il y a eu innovation.
Les lois posées sont des formules qui définissent selon
quelles conditions tel ou tel élément linguistique a été
transformé ou maintenu. L'ancienne grammaire générale disparaît. En dehors des principes que nous venons
de rappeler et qui sont des constatations plutôt que
des explications, aucune linguistique générale ne la
remplace.

Et d'autre part, en insistant surabondamment sur
les transformations régulières des sons qui semblent
répétrir, de siècle en siècle, la matière phonique du
langage, comme en vertu d'une nécessité interne et
d'un processus automatique, en s'imaginant que cette
nécessité interne est le grand facteur de l'évolution,
les Néogrammairiens attribuent encore à la langue une
sorte de vie propre et lui conservent quelque chose
d'inexplicable, d'irréductible aux lois générales de
l'histoire (1).

* *
*

On conçoit une application continue et progressive
de ces principes, un défrichement continu du champ du
langage, avec une précision croissante dans chaque
philologie. Mais de nouvelles tendances se sont fait
jour qui visent à rattacher l'étude de la langue à celle
de l'esprit humain et à faire rentrer la linguistique dans
les sciences de l'esprit. Quelques linguistes esquissent

_____

(1) Voir SECHEHAYE, _Le langage_, _Revue philosophique_, juillet 1917.

une synthèse nouvelle plus précise et en même temps
plus large que les constructions antérieures. On entrevoit au terme de leur effort une linguistique générale
qui, fermement établie sur le corps de lois empiriques
dont le mouvement de 1880 a eu le mérite d'inaugurer
l'établissement, vise à l'explication des faits linguistiques et fait intervenir où il faut la psychologie et la
sociologie.

Ces nouvelles tendances sont soutenues par de nouvelles méthodes. L'observation des faits actuels, patois,
langues spéciales, langues sauvages, langage des enfants, langage affectif, le passage du document écrit
au document oral, l'observation directe, la phonétique
expérimentale, le vivant, le réel, sous leur triple forme,
physiologique, psychologique et sociale, viennent compliquer les schémas antérieurs et posent dans toute son
ampleur le problème du fonctionnement du langage.

* *

On trouve donc, chez certains linguistes, les éléments
d'une psychologie du langage.

Dans ses savantes études sur la dissimilation, la
métathèse, Grammont a étudié, pour le plus grand profit du psychologue, la réaction réciproque des éléments
phonétiques qui composent le mot. Lorsque, dans un
même mot ou dans un groupe de mots faisant une
unité, un même mouvement articulatoire doit être
répété deux fois à distance, soit qu'il faille reproduire
le même phonème, soit qu'il faille émettre des phonèmes contenant des éléments communs, l'un des phonèmes perd par le fait de l'autre un ou plusieurs des
éléments qu'il possède en commun avec lui.

C'est par la psychologie de la parole que Grammont explique la dissimilation. Le mot pensé n'est pas prononcé comme il devrait l'être, par suite d'une répartition inégale ou d'une exagération de l'attention. L'articulation dont la représentation est la moins intense ne se produit pas ou est remplacée par une articulation voisine. Vendryes a récemment repris cette hypothèse. Nous l'avons vu apparaître dès le début de la linguistique. Mais, chez les maîtres dont nous parlons, les faits qu'elle est appelée à expliquer ont reçu une précision singulière. Grammont ramène toute la dissimilation à une loi unique : « De deux phonèmes en jeu, c'est le plus fort qui dissimile le plus faible. » Et il détermine les conditions auxquelles, dans chaque cas, le phonème dissimilant doit sa force (1).

Dans des études d'un autre genre où la précision la plus scientifique s'unit à un sens psychologique délicat, dans son livre sur *l'Harmonie du vers français*, Grammont établit à merveille les conditions psychologiques sur lesquelles repose la valeur expressive des sons.

Tous les sons du langage, voyelles ou consonnes, peuvent prendre une valeur expressive, lorsque le sens du mot dans lequel ils se trouvent s'y prête. Si le sens n'est pas susceptible de les mettre en valeur, ils restent inexpressifs. C'est l'idée qui anime la matière sonore. Dans un même vers, s'il y a accumulation de certains phonèmes, ces phonèmes deviendront expressifs ou resteront inertes selon l'idée exprimée.

Le vers de Racine :

Elle meurt dans mes bras d'un mal qu'elle me cache,

ou celui de Musset :

---

(1) *Revue des langues romanes*, 1907.

Elle penche vers moi son front plein de langueur,

sont chargés d'expression, alors que celui de Voltaire:

Non il n'est rien que Nanine n'honore,

est simplement comique, à cause de l'accumulation inutile et discordante.

Enfin, dans une brève observation, de grande portée, sur le langage d'un enfant, Grammont a précisé la persistance subconsciente des impressions linguistiques, qui joue un si grand rôle dans l'apprentissage et le fonctionnement du langage.

.
.   .

Van Ginneken a profondément réfléchi sur certains points de la psychologie du langage. Nous retrouverons ailleurs ses considérations importantes sur les éléments affectifs et sur l'automatisme dans le langage. Mais il nous faut signaler avant tout une doctrine très importante qui appelle à l'explication des phénomènes linguistiques la psychologie et la sociologie.

La linguistique historique n'aboutissait qu'à une poussière d'explication, même avec ses trois principes généraux (lois phonétiques, analogie, emprunt). Elle n'aboutit qu'à des lois historiques qui ne valent que pour un seul moment du développement d'une langue, qui sont limitées à ce seul moment. Au contraire, la linguistique générale, telle que l'entend Meillet, recherche si toutes les modifications observées ne se laissent pas ramener à une formule générale, et elle en dégage la cause psychologique; rattachant, par exemple, la débilité des consonnes intervocaliques aux principes généraux de l'articulation, la simplification mor-

phologique à la tendance psychologique et logique vers
l'unité de forme pour l'unité de rôle grammatical et
de signification. Elle aboutit donc à des lois générales
qui dépassent les limites des familles de langues et
s'appliquent à l'humanité tout entière, précisément
parce qu'elles expriment la nature psycho-physiolo-
gique de l'homme. Et d'autre part, pour expliquer la
variation et les divergences, elle introduit la considération d'un élément variable en lui-même, la structure
de la société où est parlée la langue considérée : condition variable, qui permet ou provoque la réalisation
des possibilités ci-dessus définies.

Ainsi la linguistique générale, telle que l'entend
Meillet, n'a rien de commun avec l'ancienne grammaire
générale fondée sur la logique, application hâtive et
maladroite de la logique formelle à la linguistique.
Elle s'insère entre la linguistique historique, les grammaires descriptives et historiques d'une part, science
de faits particuliers, lors même qu'elles sont rassem-
blées sous le nom de grammaires comparées, et la psycho-physiologie d'autre part, qui détermine les conditions générales du langage. Elle montre enfin et
surtout comment, tout en obéissant aux règles générales qui déterminent les conditions universelles de
toutes les langues, le changement linguistique est lié
à des faits de civilisation et à l'état des sociétés qui
emploient les langues considérées. L'une des fins essentielles de la linguistique générale, c'est précisément
la recherche des rapports entre le développement linguistique et les autres faits sociaux. C'est donc à la
sociologie qu'on se réfère en dernière analyse, pour
expliquer le changement. La linguistique générale
repose sur la grammaire descriptive et historique, à qui

elle doit les faits qu'elle utilise ; elle ramène à des formules générales les modifications observées dans l'histoire des langues. L'anatomie, la psychologie fournissent l'explication de ses lois. Mais exprimant la nature
humaine dans ce qu'elle a de permanent, de telles lois ne
sont que des possibilités éternelles, qui peuvent ou non
passer à l'acte, et différemment, selon les milieux et selon
les temps. C'est ici qu'intervient l'explication sociologique à qui l'auteur fait tant de place. Ce n'est que dans
des conditions spéciales à un état social déterminé, et
en vertu de ces conditions, que se réalise telle ou telle
des possibilités déterminées par la linguistique générale.

En effet, la seule nécessité que connaisse la linguistique, c'est celle qui s'impose aux sujets parlants d'un
même groupe de conserver un même système linguistique pour se comprendre entre eux ; d'où résulte la
nécessité de maintenir le système ou de le changer tout
à la fois. Hors de là, tout est contingent. Malgré
la débilité de la consonne intervocalique, les consonnes
entre voyelles subsistent un temps illimité dans certaines langues. Le genre grammatical se maintient ici
et là s'affaiblit. Le conservatisme social et l'innovation
se composent très irrégulièrement. Un grand fait, une
grande tendance, comme la réduction progressive de
la flexion au sein des langues indo-européennes, suppose
l'action simultanée de trois principes d'ordre différent :
1º un fait d'ordre phonétique : la débilité de la fin du
mot, qui entraîne la disparition de la partie du mot qui
porte la flexion ; 2º la tendance à normaliser, qui est la
loi de toute morphologie (la flexion masque l'unité
du mot ; sa valeur expressive est faible ; elle est discordante et variée suivant les types de déclinaison ou

de conjugaison); 3° la difficulté qu'éprouvent des populations nouvelles à s'assimiler une grammaire compliquée (toute extension de langue a pour effet de simplifier le système linguistique et d'y supprimer des distinctions plus ou moins superflues) ; ou bien le progrès
de la civilisation qui tend à détruire les formes à demi
concrètes et à ne laisser subsister que les catégories
grammaticales qui répondent bien aux catégories
abstraites de la pensée ; ou telle autre cause historico-
sociale.

Les transformations linguistiques obéissent donc,
au moins en partie, à des conditions historiques. C'est
ainsi que la rapidité du changement qui a amené le
latin aux langues romanes actuellement parlées n'a
pas été partout la même ; l'action de la langue originaire, les invasions barbares, les grands mouvements
de population, les grands changements sociaux expliquent au moins en partie cette diversité. Toute unité
linguistique repose, en fin de compte, sur une unité de
civilisation, comme toute différenciation linguistique
repose sur les grands accidents historiques qui rompent
l'unité de civilisation, sur la segmentation de la société,
sur la discontinuité de la transmission.

Ainsi entendue, la linguistique se précise et s'élargit
sans rompre les cadres de l'ancienne philosophie du
langage. Le corps des faits et des lois est autrement
complexe et précis ; mais ce sont des faits de même
ordre. L'esprit et la société collaborent, comme jadis,
à l'explication. Comme jadis encore, la biologie contemporaine jette quelques reflets sur les doctrines fondamentales, et l'idée d'évolution y paraît sous une des
formes que certains biologistes lui ont donnée.

Les tendances générales que Meillet voit se pour-

suivre à travers l'histoire des langues : débilité des consonnes intervocaliques, débilité de la fin du mot, simplification morphologique, passage du mot forme au
mot autonome — encore que Meillet les interprète en
sociologue — semblent répondre en partie à la doctrine biologique connue sous le nom d'Orthogénèse.
Suivant Eimer ou Naegeli, le développement de certains organes ou de certaines structures suit une
marche bien définie ; il y aurait une direction définie
de l'évolution, qu'expliquent le milieu et la réaction
propre de l'individu, la composition entre un milieu
changeant et variable et une force interne, principe
de développement progressif. Cette direction définie
de l'évolution linguistique, d'autres linguistes seraient
moins prompts à la reconnaître et plus enclins à repla-
cer les moments de l'histoire, où elle semble apparaître,
dans des ensembles, où ces mouvements réguliers prennent la suite de mouvements de sens différent ou bien
les précèdent ; de sorte que le devenir est plus vaste
et plus ondoyant et plus oscillant que cette sorte de
progrès rectiligne :

> « In Lebensfluten, in Thatensturm
> Wall ich auf und ab,
> Wehe hin und her ! »

Un système comme celui que nous venons de retra-
cer à grands traits semble déborder la psychologie.
Mais le psychologue digne de ce nom lui reconnaît
beaucoup de vérité. Tout fait psychologique complexe
requiert pour son explication non seulement les conditions universelles et constantes que lui assignent la
structure du corps ou de l'esprit humain, la nature

humaine, mais encore les conditions mobiles et différentes que lui assignent la variété d'organisation et les
variations historiques des groupes humains. Quel que
soit le sentiment complexe ou le fait intellectuel que
le psychologue étudie, il ne saurait se limiter à une
étude abstraite et comme intemporelle ; le sentiment
ou le fait intellectuel, tels qu'ils apparaissent aujour-
d'hui, sont un produit d'évolution, et leur forme d'aujourd'hui n'est qu'un moment de cette évolution, un
moment parmi d'autres, qui dans d'autres conditions
se sont réalisés ailleurs. La tâche du psychologue n'est
donc point de décrire simplement un de ces moments,
comme s'il était l'actualisation éternelle de la nature
humaine. Il faut, au contraire, montrer à quelles conditions il répond, le comment et le pourquoi de sa teneur
et de son apparition. C'est dire que toute psychologie
suffisamment profonde confirme les tendances et les
méthodes que nous venons d'exposer, parce que, suivant le mot profond de Hegel, qu'il faut appliquer à
toutes les formes de l'activité humaine, ce que nous
sommes, nous le sommes devenus.

* *
*

Le *Cours de linguistique générale* de F. de Saussure
est riche lui aussi d'enseignements pour la psychologie du langage, encore qu'il mette lui aussi l'accent
sur le principe sociologique. Nous le retrouverons
comme tel, au chapitre prochain. Indiquons seulement
que, si la langue, cas particulier des institutions symboliques, science de valeurs, système de valeurs oppositives, est un phénomène collectif, la parole est un
acte individuel. Et c'est à la parole, acte individuel,

que débutent les phénomènes évolutifs du langage,
lesquels, il est vrai, pour se réaliser, supposent des
tendances collectives. Le langage est donc collabora
tion de l'individu et de la société.

D'autre part, si la langue est arbitraire, puisque so·
ciale; si elle échappe aux prises de l'esprit, faisant
peser sur l'esprit la tyrannie d'une loi extrinsèque ;
si elle est sans défense contre les forces mécaniques,
comme en témoignent les lois phonétiques; si elle est
à chaque moment un état fortuit de cette combinaison arbitraire des sons et des idées qui la constituent,
— cet arbitraire est relatif et partiel. L'institution lin
guistique est solidaire de la pensée, la pensée est à
l'œuvre dans la constitution, le maintien, la transformation de la langue. La langue se constitue entre deux
masses amorphes : la pensée qui sans la langue n'est
qu'une nébuleuse ; la matière sonore, inexpressive
si la pensée ne la découpe point, ne l'informe point.
La langue est précisément la liaison du signe et du signifiant, la constitution de chacun d'eux comme tel,
par leur opposition et leur relation. C'est ce qui fait
que la linguistique est à égale distance de la physiologie et de la psychologie. L'acte linguistique consiste
dans l'association d'un concept psychique et d'une
image acoustique, et l'objet de la linguistique est d'étu·
dier le rapport qui les unit.

* *

Une autre école contemporaine, que nous étudierons
plus loin avec plus de détail, vise à étudier et à interpréter le langage en fonction des sentiments, des idées, des
attitudes mentales qu'il a pour mission d'exprimer.
N'est-on pas ici tout près de la psychologie ?

Sous les formes de la langue, ne convient-il pas en
effet de dégager les intentions du sujet parlant, ses
attitudes affectives et mentales, les fonctions du langage. Partir de la pensée pour étudier ses réalisations
linguistiques, voilà la tâche que Bally se propose. Une
idée, une intention, un sentiment peuvent revêtir,
à une époque donnée, dans une langue donnée, différents types grammaticaux. L'unité des fonctions sous la
diversité des formes, la discordance de la fonction et de
la forme, voilà le principe fondamental de telles recherches. Il accentue fortement l'indépendance de la pensée
psychologique à l'égard de la logique et de la langue ;
il refoule vigoureusement ce qu'on pourrait appeler
le réalisme linguistique, porté à l'idolâtrie des formes.
Il donne l'impression de ce qu'est réellement le langage
avec ses nuances et sa complexité. L'œuvre considérable
de F. Brunot, *La Pensée et la Langue*, est un exposé
méthodique des faits de pensée, considérés et classés
par rapport au langage et aux moyens d'expression
qui leur correspondent ; et sa méthode grammaticale
consiste à ranger les faits linguistiques non plus d'après
l'ordre des signes, mais d'après l'ordre des idées. L'observation du langage parlé, vivant, ramène heureusement
l'étude des signes aux intentions de signification, en
dernière analyse aux formes de la pensée et du sentiment (1).

---

(1) De Saussure fait remarquer que la linguistique travaille sans cesse
sur des concepts forgés par les grammairiens et dont on ne sait s'ils correspondent réellement à des facteurs constitutifs du système de la langue.
Est-ce que, dans « ces gants sont bon marché », bon marché est un adjectif?
Il en a le sens, mais grammaticalement il ne se comporte pas comme un
adjectif. Et Brunot dit de même : « Les éléments linguistiques n'ont pas
une valeur constante. Ils ne sont pas partout semblables à eux-mêmes. Au
centre de leur aire, ils apparaissent bien caractérisés ; sur le bord, ils se
confondent avec d'autres. Les parties du discours sont aussi mélangées

*
* *

La psychologie a-t-elle exploité comme il convenait
ces riches données, a-t-elle tiré des travaux récents des
indications suffisantes, a-t-elle apporté à la linguistique
un suffisant concours ?

Les travaux d'ensemble sont assez rares. Wundt est
à peu près le seul qui ait repris, avec maîtrise, la tentative de Lazarus et de Steinthal, et sa psychologie du
langage, qui est pleine d'idées fécondes, est une très
grande œuvre, fragment d'une très grande œuvre (1).
Elle ne dispense pourtant pas de tentatives nouvelles,
car son principal défaut est d'abord de reposer sur un
stade déjà passé des études linguistiques : Hermann
Paul, Friedrich Müller, Brugmann et Delbrück, Sütterlin (2) sont ses guides et ses inspirateurs. La linguistique, depuis eux, s'est encore bien enrichie.

*
* *

A Wundt reprend en l'élargissant la tentative de l'école
de Herbart : son livre sur le Langage, partie d'un vaste
ensemble, est un essai de linguistique générale fondée

que les classes sociales., Souvent les éléments à cataloguer se présentent
en chauves-souris : je suis préposition, voyez mon complément ; je suis
adverbe, puisque vous me rencontrez seul. Aussi voit-on s'écrouler à chaque
instant les séparations les mieux établies.» Sur les divergences de méthode
entre Bally et Brunot, voir BALLY, La Pensée et la Langue, B. S. L., 1922,
p. 117 et suiv.

(1) Je laisse de côté le gros travail d'O. DITTRICH, qui est infiniment
moins personnel.

(2) Hermann PAUL, Prinzipien der Sprachgeschichte ; Friedrich MÜLLER,
Grundriss der Sprachwissenschaft; BRUGMANN et DELBRÜCK, Grundriss
der indogermanischen Sprachen ; DELBRÜCK, Grundfragen der Sprachforschung ; SÜTTERLIN, Ueber das Wesen der sprachlichen Gebilde.

sur la sociologie ; il ne s'agit plus seulement d'appliquer la psychologie à la linguistique ; une psychologie
plus large et plus souple d'ailleurs que celle de Herbart,
embarrassée par son dogme de la simplicité de l'âme,
par sa figuration mécanique des représentations, par
son intellectualisme ; il faut encore utiliser la linguistique pour la psychologie. Dans les faits de langage
la psychologie trouve une matière solide ; une bonne
partie de ses lois est, chez Wundt, fondée sur des faits
de langage. C'est qu'il prétend substituer à l'observation subjective et à la psychologie individuelle l'observation historique, l'étude des institutions et des traditions, et la socio-psychologie. Quand elle cesse d'être
expérimentale, la psychologie doit nécessairement
devenir sociale, et c'est dans l'évolution des grands
faits humains, langage, religion, droit, coutumes,
qu'elle doit chercher ses matériaux et dans la psychologie sociale ses principes d'explication.

Les langues, les mythes, les mœurs sont des données
objectives, des « choses » psychologiques, constantes
et indépendantes de notre attention, comme sont les
objets naturels : comparables par conséquent, quoique
fort différents, à ces processus psycho-physiologiques, sur
lesquels nous pouvons expérimenter, parce que nous
les tenons en notre puissance, parce que nous pouvons les graduer, parce que nous pouvons, à notre
gré, éliminer telle ou telle condition. Seuls les faits psy-
cho-physiques et les phénomènes collectifs ont la constance nécessaire pour être objets d'observation scientifique.

De même que les éléments psychiques n'existent pas
à l'état isolé, mais que leur liaison et les œuvres qui en
résultent forment ce que nous appelons une âme, de

même l'âme collective ne consiste pas en une simple somme d'unités individuelles ; mais de cette synthèse résultent des créations qui ne naîtraient pas dans la conscience individuelle, au moins sous cette forme et à ce degré. L'âme sociale est un produit des âmes individuelles, mais celles-ci sont à leur tour un produit de l'âme sociale.

Au point de départ de toute évolution historique on trouve une mentalité purement grégaire, où les résultantes psychiques restent diffuses dans la masse collective et n'aboutissent pas encore à des synthèses nettement différenciées ; c'est la nébuleuse primitive de la vie psychique.

Le progrès s'effectue par un mouvement de concentration et de différenciation des énergies spirituelles. L'individualité commence à devenir créatrice.

Même à ce stade, l'individu subit fortement l'action de l'œuvre collective ; car la préexistence et la survivance à l'individu sont le caractère du social.

Au nom de cette notion, Wundt reproche à Lazarus et à Steinthal d'avoir mal compris la vie sociale ; leur « Volksgeist » n'est pas autre chose que la projection agrandie de l'esprit individuel. Lorsqu'ils traitent des faits collectifs, ils ne dépassent pas le niveau des faits historiques ou de la philosophie de l'histoire. Leurs considérations sur les différents « génies » des peuples et leur rôle dans l'histoire sont nettement surannées.

L'objection se retournera contre Wundt. Il aura beau affirmer que l'objet de la « Völkerpsychologie » est de mettre en évidence les innovations qui résultent de l'union et de l'interaction des membres d'une société. On lui dira qu'il n'a pas vu le caractère social des changements linguistiques, dont il faut chercher

l'explication dans la structure et le rôle des groupes
sociaux, dans la discontinuité de la transmission, le
contact et le mélange des peuples, les niveaux de civilisation (1). On lui dira qu'il a manqué le social, qui
est non le permanent et l'universel, mais, au contraire,
ce qui varie de société à société et, dans une même société, à travers les âges. Il n'est pas aisé, dans la pratique, d'accorder ces deux thèses, vraies toutes deux,
que le social dépasse l'individuel, loin d'en être une
simple efflorescence, et que, du fait de la réunion et
du groupement des hommes, il est impossible qu'il
naisse un produit spirituel, dont les germes ne seraient
pas dans l'individu (2).

C'est en effet à la fonction synthétique et à la fonction analytique de l'Aperception, fonction essentielle
de la conscience humaine, que Wundt se réfère en général pour l'explication du langage. L'explication, incomplète peut-être en vertu des objections précédentes,
aura du moins ce mérite de faire justice d'explications
trop simplistes, et en particulier de toutes les théories
associationistes. Wundt, peut-être sur ce point continua-
teur de Herbart, a beau jeu à montrer que l'association, si simple en apparence, suppose le jeu synthétique de la pensée. Comme Herbart encore, il voit
dans l'aperception la fonction centrale, l'esprit en
acte. Dépassant Herbart, il entend l'aperception comme
phénomène volontaire. Elle est attention au détail et
construction d'ensembles. Elle saisit des complexus
indifférenciés, que peu à peu elle décompose. Elle analyse, selon la succession, des simultanéités préalables.

---

(1) MEILLET, *Année sociologique*, V, p. 596.
(2) WUNDT, *Völkerpsychologie*, I, p. 127.

Cette fonction, qui met en jeu la synthèse créatrice,
par qui se forment des ensembles, doués de caractères
nouveaux, par rapport à leurs éléments, et l'analyse,
qui distingue les éléments au sein de ces ensembles,
trouve dans le langage son meilleur exemple. Dans
la phrase, la pensée d'ensemble, nécessaire à l'aperception du tout, est la résultante d'une foule de processus associatifs et aperceptifs. Le processus de la
pensée verbale consiste en ce que cet ensemble,
d'abord aperçu d'un coup, se décompose en éléments
rapportés les uns aux autres, et appréhendés comme
éléments de l'ensemble. Comme le jugement, dont elle
est la formule, la phrase expose en éléments successifs,
reliés par des rapports logiques, décomposés suivant
un certain ordre, réglés par la relation et l'opposition,
l'unité d'un thème primordial. Les vues profondes du
romantisme sur la spontanéité et la génialité de la
création spirituelle se combinent ici avec les doctrines
mécanistes qui font de la vie psychique un faisceau de
représentations. Chacune de ces deux thèses perd, dans
sa combinaison avec l'autre, le défaut qui arrêtait
son essor : ici le vague, là le caractère superficiel. La
notion d'aperception qui réunit la synthèse créatrice, l'analyse qui distingue, le développement spirituel, et leur condition commune, l'énergie volontaire,
nous présente à nouveau, transposé, transfiguré,
approfondi, humanisé, spiritualisé, l'essentiel de la psychologie de Herbart.

*
* *

En Angleterre, la doctrine évolutionniste a suggéré
à Romanes quelques chapitres d'un livre intéressant,
mais fort incomplet quant au langage. Ribot, inspiré

par Romanes, consacre au langage un assez bon chapitre dans son livre sur *l'Evolution des Idées générales*, et
il enseigne que l'étude du langage et de la psychologie
comparée peut rendre de grands services au psychologue et qu'on a tort de les négliger. Son conseil n'a
pas été suivi. La psychologie française a fourni d'excellentes études sur le langage des enfants, sur le langage intérieur, sur la psychopathologie du langage
(nous reviendrons sur ce dernier point dans un chapitre ultérieur), mais rien de systématique et de
cohérent (1).

Il faut signaler à part les profondes indications de
Bergson, inspirées, il est vrai, plutôt par une observation délicate et une réflexion pénétrante sur les
troubles du langage et sur son fonctionnement normal,
que par l'analyse des faits linguistiques. Mais, avec
sa maîtrise coutumière, Bergson a bien vu la structure
du langage. Il a enseigné avec précision que le mot
n'est rien par soi-même, puisqu'il n'existe qu'en vertu
d'une analyse préalable et par l'efficace du contexte.
Le langage est syntaxe plus encore que nomenclature.
Et le groupement des formes verbales dans l'esprit est
un fait d'activité mentale, bien loin de se réduire à
un simple jeu d'associations.

La compréhension et l'émission du langage supposent
donc l'entrée en jeu des processus à la fois les plus
simples et les plus complexes de la pensée, des mécanismes moteurs, de l'intellection proprement dite et,
entre deux, des images.

(1) En Amérique, Whitney oppose à Max Müller, vulgarisateur de
Schleicher, une thèse sociologique : le langage est institution humaine et
n'évolue pas à la manière d'un organisme. Leurs vues sur le protoaryen,
ses racines et son rôle, sur l'édification et le déclin des formes, sont les
mêmes que celles de leurs contemporains.

Bernard Leroy, en 1905, dans un livre sur lequel nous reviendrons, a bien montré lui aussi que la division du discours en mots est sans valeur au point de vue phonétique et morphologique, que le sens du mot est déterminé par le contexte, que la signification met en jeu tout l'esprit et même toute la personnalité.

La place est ouverte de nouveau à des études d'ensemble. Les travaux de ces dernières années y encouragent. La psychologie ne peut que profiter du réveil de la linguistique générale. Les livres de de Saussure, de Meillet, de Jespersen, de Vendryes, de Sapir, sont bien faits pour encourager et pour aider les psychologues. Quelques-uns même, comme celui de Jespersen, sont dans certaines de leurs parties, franchement orientés vers la psychologie.

Un linguiste comme Schuchardt n'hésite pas à écrire, à propos du livre de de Saussure : « Was giebt es ausser der Sprachgeschichte noch, das sich als Sprachwissenschaft bezeichnen liesse ?... Sprachpsychologie. » La linguistique historique étudie ce qui s'accomplit, au cours du temps, dans les communautés linguistiques, la psychologie du langage « ce qui s'accomplit dans l'individu lors de l'acquisition de sa propre langue ou d'une langue étrangère, lors de la transformation de sa pensée en parole » (1).

---

(1) SCHUCHARDT, *Brevier*, p. 266.

CHAPITRE II

LANGAGE ET SOCIÉTÉ

Le langage découle des conditions de la vie commune,
des lois de l'expression des émotions, de la structure
de l'intelligence. De ces trois conditions qui sont fondamentales, et, je le crois, irréductibles l'une à l'autre,
certains systèmes contemporains ont particulièrement
accentué la première. C'est pourquoi il convient d'en
traiter à part, afin d'examiner avec précision son rôle
et sa valeur (1).

La doctrine des linguistes contemporains sur le caractère social du langage a tout à gagner à se libérer de la

---

(1) Voir DE SAUSSURE, *Cours de linguistique générale* ; MEILLET, *Linguistique historique et linguistique générale* ; VENDRYES, *Le Langage* ; et
le Caractère social du Langage et la Doctrine de F. De Saussure, in *Journal
de Psychologie*, 1921, p. 617.

WHITNEY avait déjà exposé avec précision et vigueur (*La Vie du Langage*,
p. 124) qu'une langue n'étant pas une propriété individuelle mais collective, l'action individuelle sur le langage est restreinte et conditionnelle:
les additions ou changements faits par un individu, s'ils ne sont acceptés
par la communauté et conservés par la tradition, meurent avec lui. L'individu vit sous l'empire des mêmes habitudes que ses concitoyens et pense
à peu près comme eux. Il y a une somme ou résultante des préférences
d'une société, dont la composition du langage, aux différentes époques,
rend témoignage ; c'est ce que nous appelons le génie d'une langue. En
dehors des variations insensibles, la société ne fait ni n'accepte rien de
nouveau.

sociologie métaphysique. Nous devrons séparer nettement, quand il y aura lieu, ces deux tendances.

Le langage, nous dit-on, est un fait social, puisqu'il
est un ensemble de conventions, une institution qui
préexiste à l'individu, s'impose à lui et lui survit.

La langue est une institution. De Saussure a fortement marqué ce caractère fondamental. Elle est une
œuvre sociale qui vient s'inscrire dans l'esprit de
chaque individu ; l'ensemble des conditions nécessaires
adoptées par le corps social pour régler l'exercice du
langage chez les individus. Elle existe en vertu d'une
sorte de contrat. Chaque individu l'emmagasine au
prix d'un apprentissage plus ou moins long ; il la transmet à d'autres qui viennent accroître et renouveler la
masse parlante. Nul ne peut la créer de toutes pièces.
Nul n'en peut limiter l'acquisition à sa fantaisie. On
l'enregistre complètement, passivement, sans préméditation. L'action individuelle n'intervient que dans
l'usage qui en est fait. La partie individuelle de la
langue, c'est la parole (1), entendue comme fait psychique et comme fait physiologique. Dans le langage
il convient donc de distinguer — et la distinction est
heureuse — la langue et la parole.

La valeur linguistique est chose sociale. C'est une
convention qui garantit le rapport du signifiant et du
signifié. La valeur du signe linguistique résulte de
l'accord que les sujets parlants établissent par convention entre le sens et l'idée. Ce sont les manifestations

---

(1) DE SAUSSURE, *Cours de linguistique générale*, p. 31. La parole est un
acte individuel de volonté et d'intelligence, dans lequel il convient de distinguer : 1º les combinaisons par lesquelles le sujet parlant utilise le code
de la langue en vue d'exprimer sa pensée personnelle ; 2º le mécanisme
psychophysique qui lui permet d'extérioriser ces combinaisons.

collectives qui créent la valeur symbolique. Cette identité du signe et du signifiant subsiste aussi longtemps
que cet accord. Elle est garantie par l'ensemble des
identités qui forment le système de la langue, par les
rapports qui unissent ce phénomène particulier à l'ensemble du langage. Le caractère arbitraire des signes
marque fortement cet aspect de convention, de société.

Une langue constitue donc un système fortement
organisé qui s'impose aux sujets parlants, comme un
ensemble d'habitudes linguistiques propres à une
« masse parlante », qui donne sa forme à leur pensée,
et ne subit l'action de leur mentalité que d'une manière
lente et partielle, au fur et à mesure des occasions.
En effet, il n'appartient à aucun des membres du groupe
de la modifier. La nécessité d'être compris impose l'uniformité et la constance. La société a établi des sanctions contre les fantaisies de la parole. Il faut donc
admettre la puissance du « matériel linguistique existant' ».

Le langage, dit-on encore, est si bien un fait social
parce qu'il est le fait social primordial, le pacte social
lui-même. Il est communication, communauté. Comment une civilisation serait-elle possible sans entente,
sans mise en commun de tous les efforts, sans une organisation qui permette l'accumulation des résultats ?
Et d'autre part le langage résulte du contrat social.
Le langage est l'expression de la volonté collective.
Il est besoin commun de communication ; par la multiplicité des échanges sociaux se crée la langue. Les
manifestations collectives créent la valeur symbolique.

Quelques sociologues iront plus loin, jusqu'à soutenir que c'est la vie sociale, et en particulier le langage,
qui oriente l'intelligence vers la recherche de l'univer-

4

salité ; l'universalité n'est-elle pas une suite de la
communicabilité ? L'universel et le nécessaire, ces
deux notes de l'intelligence, ne seraient que l'expression
du collectif.

Nous retrouvons ici, et dans ces dernières assertions
encore qui vont trop loin, la vigoureuse doctrine de
Durkheim sur le caractère obligatoire de la vie sociale,
sur la puissance contraignante des sociétés, qui tendent
à modeler les habitudes de leurs membres, et qui assurent leur autorité par des formes de pression plus ou
moins subtiles. La tradition, telle que l'entend Durkheim, est un fait incontestable. Il y a des façons
de penser, d'agir en commun. Les institutions projettent leurs formes dans l'esprit des individus. L'expérience individuelle est soutenue et dominée par la
tradition.

Les linguistes font valoir encore que les modifications
mêmes de la langue, qui semblent un fait de parole,
supposent des tendances collectives.

On a parfois, nous le verrons, tenté d'expliquer par
des fautes individuelles de prononciation les changements phonétiques, et par l'imitation leur propagation.
C'est une application linguistique de la doctrine de
Tarde. Les linguistes objectent que ces fautes, on les
remarque : on les cite, on en rit volontiers, on ne les
imite guère. Même quand elles deviennent une mode
dans certaines classes sociales, cette mode ne dure pas,
il n'en reste dans le langage que de bien faibles traces.
Ce qu'on a appelé la maladie de l'*S* sous François Ier,
l'affectation de prononcer *R* comme une *S*, a laissé
dans le langage courant *chaise* au lieu de *chaire, besicles*
au lieu de *bericles* : et c'est tout. C'est peu de chose. De
même en latin, lorsque les Romains distingués

trouvaient élégant de conserver le X grec dans les mots d'emprunt, et même de l'introduire dans des mots latins qui ne le comportaient pas. Sempronius changea son nom de *Gracus*, le « geai », en *Gracchus* ; *sepulcrum* devint *sepulchrum*, *ancora* devient *anchora*.

De Saussure fait remarquer de même, à propos des faits d'analogie, qu'il a bien fallu, pour qu'*honos* devînt *honor*, qu'un sujet improvisât la forme nouvelle, et que d'autres la répétassent. Mais, ajoute-t-il aussitôt, ces actes individuels ne créent un nouvel usage que parce qu'ils répondent à une tendance collective. « Les faits qui appartiennent à la parole ne sont que des manières particulières et occasionnelles qu'ont les individus d'utiliser le système établi ; mais il n'en résulte quelque chose de général et de permanent qu'en vertu d'un accord tacite entre tous ceux qui parlent. » Le changement analogique ne prévaut que par le consentement de tous. Tout enfant lance un grand nombre de créations analogiques, dont l'immense majorité n'est pas viable. Seules triomphent les formes que l'acquiescement de tous impose à l'activité de chacun.

Il peut arriver du reste que des créations analogiques soient essayées longtemps avant d'aboutir ; il y a des degrés en effet dans la maturité des produits de l'analogie ; les éléments de la langue n'ont pas tous atteint le même point de développement. Cela seul qui est sanctionné d'avance par le sentiment collectif se généralise. Un mot nouveau, inventé et improvisé, s'il est immédiatement compris de tous, existait déjà virtuellement dans la langue.

« C'est parce qu'ils se trouvent dans les mêmes conditions, écrit Meillet, et subissent les mêmes actions, que les sujets parlants admettent les mêmes innova-

tions. » Ce grand fait, qui régit les changements linguistiques à l'intérieur d'une langue, règle aussi le
parallélisme des changements qui atteignent, indépendamment de toute influence, différentes langues. En
français, en anglais, en persan, etc., on constate un
même changement de structure grammaticale, par
rapport à l'indo-européen : si l'on compare le latin
« *Domus patris* » à « *maison du père* », « *the house of the
father* », on constate que l'ordre fixe des mots se substitue à l'ordre libre, et qu'un mot accessoire exprime
la fonction. Certaines actions universelles, liées sans
doute à la structure des sociétés, produisent les convergences de développement linguistique, dont la formule
est en somme : les mêmes innovations dans les mêmes
conditions.

Toute unité linguistique traduit une unité de civilisation ; l'unification est un fait social ; et de même la
différenciation sous son triple aspect, discontinuité
de la transmission, distinction des classes sociales,
dissolution de l'unité antérieure. « L'abolition de
l'unité traduit la rupture de l'unité de civilisation;
s'il y a aujourd'hui des langues romanes diverses, c'est
parce que la civilisation antique s'est ruinée du III⁰ au
VIII⁰ siècle après Jésus-Christ. Et toutes les réactions
contre la différenciation des langues traduisent un
effort fait pour maintenir l'unité de civilisation ou
pour y revenir ; l'unité romane actuelle tient avant tout
à l'unité profonde de la civilisation européenne occidentale » (1).

Ainsi une langue est une institution propre à une
collectivité sociale et les modifications qu'elle subit sont

_____

(1) MEILLET, *Linguistique historique et linguistique générale*, p. 322.

liées à l'histoire de cette collectivité.)Par exemple, la
création et l'extension des langues communes sont un
produit de l'unité de civilisation ; elles sont liées à
l'extension d'un pouvoir politique organisé, à l'influence d'une classe sociale prépondérante, à la suprématie d'une littérature. En Italie, la langue de Rome
est devenue le latin commun, en France la langue de
Paris est devenue le français commun. C'est de la
capitale que le français est parti, et dans la capitale,
d'une certaine classe sociale, la bourgeoisie. La Cour
l'a accepté ; puis la province et les grands écrivains
l'ont établi. L'espagnol commun est le résultat de la
suprématie politique et littéraire de la Castille. En Alle-
magne, où la capitale est récente et n'exerce pas une
suprématie incontestée, l'allemand commun est une
langue écrite, qui a dû son succès à des causes religieuses
et son origine aux besoins de la colonisation. Il faut
lire dans « l'*Aperçu d'une histoire de la langue grecque* »,
de Meillet, l'histoire de la langue, en fonction de la
civilisation hellénique (1). La langue commune, en
réaction contre l'émiettement des parlers grecs, expression de l'indépendance et de l'isolement des cités, s'est
constituée parce que l'organisation de l'empire aché-
ménide a fait sentir aux Grecs leur unité, parce que
l'autorité d'Athènes s'est établie, parce que l'hégémonie
macédonienne s'est imposée.

Le développement des langues a son explication dans
la société. La langue n'est ni un objet matériel, ni un
organisme ; elle est une chose sociale qui évolue parce
que la transmission en est discontinue, parce que des
groupes distincts coexistent au sein d'une même unité

(1) Voir aussi MEILLET, *Sur le sens linguistique de l'unité latine.*

sociale, parce que différentes unités sociales entrent
en contact, parce qu'une même unité sociale, en vertu
des circonstances historiques, se condense ou se dissé-
mine, s'unifie ou se désagrège, se consolide ou s'affaiblit, se stabilise ou devient instable. Il est donc vrai
de dire, avec Meillet, qu'au-delà des lois particulières
de la linguistique historique, et des lois universelles de
la linguistique générale, il y a des conditions historico-
sociales qui réalisent en fait, et selon les procédés les
plus différents, les grandes tendances générales, qui ne
sont, en elles-mêmes, que des possibilités. Les variations qui en sont l'effet sont tantôt soudaines, tantôt
lentes. Tout se passe comme si plusieurs forces entraient
en conflit : une force de conservation et de maintien,
la puissance des systèmes linguistiques dans les milieux
stables ; une force de progrès, le développement de la
pensée abstraite en fonction du développement de la
civilisation : d'où par exemple l'élimination des formes
concrètes et la normalisation des procédés grammaticaux ; une force de bouleversement, le contact des
peuples, l'interaction de civilisations de niveau différent.

* *
*

Tout cela est excellent, et il n'y a rien à objecter à
la science sociologique. Sa valeur est indiscutable. Les
services qu'elle a rendus à la psychologie sont immenses.
Elle y a introduit des faits nouveaux et des méthodes
nouvelles : l'ethnographie, l'anthropologie comparée,
l'histoire, et surtout une vue unitaire de ces faits et de
ces méthodes. Elle a étendu et approfondi singulièrement la « nature humaine » ; elle a empêché la psychologie de verser dans la pure critique de la connaissance,

ou dans la pure métaphysique, ou dans la pure physiologie, ou de tomber dans la généralité et la banalité. On peut dire à sa louange qu'elle a renouvelé et accru la matière psychologique. Et elle a ajouté à la psychologie une dimension nouvelle. Le psychologue doit dorénavant penser les faits psychologiques selon la dimension sociale. Il faut nécessairement, en fait de langage, comme en fait de vie mentale ou de vie affective dans leur ensemble, concéder bien des choses à la sociologie.

La vie en commun, la réunion en société, l'état collectif exaltent les puissances individuelles. L'individu en société fait des choses qu'il ne ferait pas isolé. On est conduit du reste par cette observation à penser que l'exaltation que produit la vie commune intervient dans les grandes inventions de l'humanité. Il est fort difficile, d'ailleurs, nous le verrons, de dire précisément en quoi consiste cette exaltation des puissances individuelles, jusqu'où elle va et ce qu'elle ajoute à l'individu.

La société agit comme puissance conservatrice, comme tradition ; elle est la gardienne des acquisitions antérieures, qu'elle transmet à l'individu. En ce sens, il est juste de parler de représentations qui préexistent à l'individu, s'imposent à lui et lui survivent. Elle ne se borne pas à mettre à la disposition de l'individu les représentations et les moyens qu'elle conserve ; elle les lui impose, car elle les conserve pour se maintenir. Elle exige de l'individu qu'il s'assimile à elle, d'où la pression sociale et le caractère de contrainte que prennent les représentations collectives.

L'histoire d'une société se reflète dans sa langue comme dans sa pensée ; par exemple les sens successifs

d'un mot nous renseignent souvent sur les conditions
dans lesquelles ce mot a été créé et sur les variations
de l'organisation sociale et de l'organisation domestique.

La structure sociale se reflète dans la pensée des individus. Par exemple les divers groupes sociaux ont des
langues spéciales qui influent sur la langue commune.

Enfin les conditions sociales et politiques conditionnent les phénomènes psychiques supérieurs. Il y a des
conditions sociologiques du progrès mental et de la
raison : le développement de la raison qui aboutit à la
science, la prise de possession de la raison par elle-
même, paraissent liés à certaines formes de vie sociale, à
certaines conditions historiques, sans que, du reste,
on ait encore réussi à dégager ces conditions.

Il faut reconnaître à la linguistique contemporaine
le mérite d'avoir introduit dans l'examen des faits,
d'abord la considération du système linguistique
comme expression de la « masse parlante », suivant le
mot de de Saussure, sous la double forme de la conservation et du progrès, de l'automatisme et de la synthèse, et ensuite une autre vue incontestable, la nécessité de faire une histoire complète des faits.

Il n'y a pas de faits indépendants ; chaque catégorie
de faits reste inintelligible, tant qu'on s'enferme dans
une étude spéciale, car elle est liée à d'autres, qui en
sont la raison d'être. On doit isoler les faits pour les
constater, les rapprocher pour les comprendre. L'histoire générale, qu'on l'appelle comme on voudra,
forme le lien entre les histoires spéciales. Il faut avant
tout éviter le sophisme du spécialiste qui oublie certaines catégories de faits et qui devient si aisément dia-
lecticien. Et en corrigeant cette erreur on est philosophe. Car une abstraction n'existe pas et n'évolue pas.

Il n'y a que des êtres concrets ; eux seuls évoluent ou plutôt l'ensemble de ces êtres qui pose et permet l'existence de chacun d'eux.

Après cette déclaration, il n'est que juste de mentionner qu'il n'est pas toujours possible ni aisé de marquer les causes sociales des faits linguistiques, la relation de l'histoire générale et de l'histoire des langues.

*
* *

Il n'y a donc de réserves à faire que sur certaines exagérations d'une sociologie moins tempérante, et sur certaines confusions ou obscurités dans l'emploi des notions sociologiques. Peut-être ce rapide examen fera-t-il apparaître les revendications de la psychologie.

Si l'on peut admettre que la société est créatrice, qu'il y a dans l'ensemble social une puissance synthétique qui n'existe pas dans les éléments, s'il faut faire une place à l'effervescence sociale dans la naissance des grandes choses, il faut se garder de conclure de là, comme le font quelques-uns, à l'impuissance radicale de l'homme, à l'impuissance de l'intelligence à rien penser que sous les espèces et par l'intermédiaire de la société, à l'impuissance de l'affectivité à rien sentir — sauf le corps — si elle n'est point formée par la société. Le système de Durkheim donne trop à la société humaine, aux dépens de la constitution naturelle de l'homme qu'il reconnaît peut-être en principe, mais à condition de n'y penser ou de n'en parler jamais. Or, toute la suite de ce livre montrera qu'il est arbitraire d'arrêter aussi bas l'activité proprement humaine, et que l'homme ne recevrait rien et n'assimilerait rien

de ce que la société lui fournit, s'il n'était à peu près
capable de le produire. Une institution s'établit dans
les consciences et s'y conserve en partie par le jeu des
motifs qui la constituent. Nous l'avons montré ailleurs pour la Religion. Et il n'est pas difficile d'apercevoir qu'une réunion d'hommes produirait difficilement
quelque chose dont l'individu n'aurait point en soi les
germes, et qu'il est faux d'écrire que « la grande différence qui sépare l'homme de l'animal, à savoir le plus
grand développement de sa vie psychique, se ramène
à celle-ci : sa plus grande sociabilité » (1).

N'importe quelle association n'aboutit pas à des
résultats humains. Les sociétés animales, qui sont des
sociétés très fortement constituées, n'ont rien créé qui
ressemble au langage humain. Et il serait inexact, à
propos des fourmis ou des abeilles sociales, de parler
d'une « moindre sociabilité ». C'est moindre intellectualité qu'il faut dire. Il y a un esprit humain.

On peut faire valoir encore, à l'appui de cette manière
de voir, la généralité ou plutôt l'universalité dans l'espèce humaine de certains procédés, de certaines techniques. En un sens, nous le verrons, le langage est un et
il n'y a qu'une langue humaine. Sous les procédés à
elle propres que chaque langue met en jeu se retrouve
un fond commun de conditions et de méthodes qui
répondent à la constitution de l'esprit humain. La diversité linguistique brode sur ce canevas commun. Il y a
un esprit humain.

· Rien de plus obscur du reste et présentement de plus
mal démêlé que cette notion de création par la société.
Elle comprend, sans en avoir fait avancer beaucoup

----

(1) Durkheim, *Division du travail social*, p. 387.

l'analyse, la vieille thèse de Fourier, de Pierre Leroux, de Louis Blanc sur l'association créatrice : concurrence émulative, excitation mutuelle, joie qui naît du groupement par affinités naturelles ; celle de Proudhon sur les èffets de la division du travail : « une puissance synthétique, spéciale au groupe, supérieure en qualité et en énergie à la somme des forces élémentaires qui la composent » (1) ; des observations et des doctrines récentes sur la psychologie des foules, des assemblées. Tous ces faits, concurrence émulative, collaboration, entrecroisement d'actions réciproques, action du groupe sur l'individu et de l'individu sur le groupe, division du travail, asservissement et libération de l'individu par la puissance du groupe, surexcitation collective, besoin de formules et d'emblèmes pour exprimer les sentiments dégagés, contagion des émotions fortes, suggestion, dégagement d'un surcroît d'activité exubérante, dérivation et modes d'emploi, tous ces faits de psychologie collective, dis-je, posent autant de questions que de mots. Appelons-les faits sociaux ou faits de psychologie collective, peu importe. Ce qui importe, c'est qu'on les débrouille, et qu'on ne s'arrête pas, quand on emploie les notions qu'ils contiennent, au sens banal du langage commun, où chacun met à peu près ce qu'il veut.

La transmission des institutions sociales, la discontinuité de cette transmission par la succession des individus, principe dont la linguistique fait si abondamment usage dans l'explication des changements phonétiques ou morphologiques, met en jeu trois grands principes dont un seulement est sociologique, à savoir

_____

(1) *La Justice*, p. 112.

l'existence en fait de la langue hors de l'individu, sa
préexistence à l'individu, sa puissance de contrainte
sur l'individu. Mais le fait que les individus se succèdent
est, bien entendu, une loi biologique, naissance, crois-
sance et mort ; et le fait que chaque nouvel individu
acquiert, assimile, apprend en un mot ce que la société
lui présente, met en jeu toute l'activité psychologique.
L'existence de la nourriture n'a jamais dispensé de
l'assimilation physiologique de l'aliment. Toute la
psychologie reparaît ici pour l'assimilation de la tradition, comme pour sa continuation et sa réforme. C'est
le problème de la « parole », comme disait de Saussure,
à côté du problème de la langue.

Du reste, le fait qu'il y a plus dans l'ensemble que
dans les éléments n'a rien de strictement social. Ce
principe s'applique aux composés chimiques, biologiques, psychologiques comme aux composés sociaux.
Il est inutile d'en multiplier les exemples. Nous en verrons de nombreux au cours de ce livre. Dans l'ordre du
langage, l'association de la phonation à l'audition
accroît singulièrement le champ de l'audition ; toute
perception est dégrossie au moyen de mouvements, et
la constitution des perceptions dites acquises relève
précisément de ce principe de composition synthétique,
qui soutient toute la vie strictement psychologique.

Tout cela revient à dire que l'humanité travaille
sous la société et par la société, qu'il y a un esprit
humain, que la psychologie reprend ses droits ; et
c'est précisément tout ce que la suite de ce livre entre-
prendra de montrer ; sans rien abandonner, j'ajoute,
des conquêtes et des suggestions de la sociologie. Car
il faudrait tout oublier de l'œuvre de notre temps, pour
ne point savoir qu'on ne peut pas atteindre l'homme en

dehors de la société. On peut accorder aisément aux
sociologues que les primitifs les plus simples ont déjà
une organisation sociale qui a contribué à faire leur
mentalité, que jamais les hommes ne sont entrés en
rapport les uns avec les autres qu'au sein de groupes
définis et organisés. On n'atteint pas l'homme en dehors
de la société. Mais ne peut-on deviner quelque chose
de l'homme, précisément par la suite, par la totalité
de l'histoire humaine, et aussi par les caractères généraux de toutes les sociétés humaines, par les institutions qui sont communes à toutes? La psychologie
ne fait que s'élargir par la perspective historique, dans
le temps et dans l'espace. Elle garde dans son domaine
les conditions générales de possibilité et les lois d'évolution en général.

La nature véritable d'un être s'aperçoit dans l'ensemble de son développement. La nature humaine, ce
n'est ni l'homme actuel, ni le primitif, mais ce qu'on
trouve à travers tous les changements, ce qui persiste à
travers eux et les conditionne. Une certaine continuité
de développement, une certaine universalité, une certaine irréductibilité à l'analyse, voilà ses marques. La
substance, c'est, ici comme ailleurs, la permanence dans
le temps. Permanence qui appelle aussitôt la liaison
du divers, et la variation.

La vie sociale est la grande réalisation de la nature humaine. Le milieu cosmique, la constitution biologique et
mentale de l'individu lui préexistent. Par elle, la nature
humaine s'actualise. Elle ne peut donc s'entrevoir qu'à
travers elle. Les formes les plus complexes de la civilisation ne sont que de la vie psychique développée. La vie
psychique ne se développe et par conséquent n'existe que
par les formes complexes et variées des civilisations.

CHAPITRE III

LES CONDITIONS PSYCHOLOGIQUES
DU LANGAGE

Le langage découle de l'expression des émotions, de
la vie sociale, de la nature de l'intelligence.

Le langage plonge dans l'expression des émotions,
langage naturel, langage d'action, où la nature et
l'action confèrent une signification aux gestes et aux
mouvements articulatoires, expression réflexe du sentiment. Le mouvement ou le cri, nécessité naturelle, est
compris de l'entourage d'abord grâce à la situation
d'ensemble dont il fait partie.

Le langage doit à l'émotion sa matière originaire
probablement, en tous cas une grande partie de cette
matière, les sons dont il formera les mots, les gestes qui
suppléent la parole : matière à la fois exubérante et
pauvre, à partir de laquelle se sont constitués les signes
et les langues ; matière qui reparaît dans tout langage,
puisque l'élément affectif, dans tout langage, se mêle
inévitablement à l'élément rationnel.

Il lui doit une de ses conditions essentielles, l'extériorisation spontanée des besoins et des sentiments,
qui, au sein de la vie collective, est la révélation de
l'intérieur de chacun, donc le moyen de lire dans sa

conscience, dé le comprendre : la forme la plus humble
de l'expression et de la compréhension, ces processus
élémentaires du langage.

Mais une autre condition, qui dépasse la vie affective et le mécanisme de son expression, c'est le pouvoir de traiter cette expression naturelle comme un
symbole, de constituer un système de symboles, d'établir une correspondance entre ces symboles et les choses
mentales. L'expression naturelle devient symbole par
l'entrée dans le monde des jugements, par l'acte mental qui fonde à la fois la réalité aperçue et la possibilité
logique.

Au commencement est l'action, au sens banal du
mot, l'action qui dérive vers le monde l'effet moteur
de la perception, selon l'énergie du sujet : courant de
sortie, réponse au courant d'entrée, retour au monde
physique de l'excitation réfléchie sur l'affectivité d'une
conscience. Vie animale.

Puis vient l'acte mental : la perception est posée
comme représentation ; elle est reprise par le sujet.
La pensée se superpose à l'action. L'action de réponse
est captée, suspendue, transformée : un univers mental s'organise, le monde des représentations et des symboles, l'un et l'autre systématisés. Le signe est un instrument de la pensée, et non pas une enveloppe de la
pensée toute faite. Toute pensée est symbolique. Toute
pensée construit d'abord des signes qu'elle substitue
aux choses.

* *
*

Nous savons depuis Spencer, Darwin et Wundt que
l'émotion s'exprime ou plutôt se décharge par des modifications internes, vasculaires, secrétoires, etc., et mus-

culaires, par des mouvements et par des cris ; nous
savons qu'à ses variations d'intensité correspondent
les variations du tonus musculaire. C'est la loi de l'action
directe du système nerveux, de la modification de
l'innervation, de la décharge diffuse : peu nous importe le nom. L'essentiel est que l'émotion est irradiation diffuse, qui déborde le cadre des réponses directement adaptées à l'excitation : libération marquée
d'énergie nerveuse, donc phénomène dynamogénique.
Cette irradiation se répand à travers tout l'organisme,
qu'elle affecte différemment dans ses différentes parties, selon les facilités ou les résistances qu'elle y rencontre. De ce point de vue, ce que l'émotion exprime
surtout, c'est la rupture d'équilibre, la désadaptation,
la désorganisation, le choc.

En second lieu, l'émotion est jusqu'à un certain
point adaptation. La colère est jusqu'à un certain
point une attitude d'agression. La peur est jusqu'à un
certain point une attitude de défense et de fuite. A
côté de la réaction diffuse, la réaction restreinte, systématisée. Une partie de la mimique exprime, si l'on
peut dire, la qualité de l'émotion ou du sentiment :
l'accueil que le sujet fait à l'excitation, l'attitude qu'il
prend en face de la situation. Il n'y a pas d'émotion,
il n'y a pas de sentiment, sans l'intérêt que le sujet
porte aux choses et à soi-même. La vie affective est
étroitement liée aux tendances et à l'activité. La cause
de l'émotion met en jeu ces tendances en même temps
qu'elle provoque un trouble. Le sujet fait face, d'une
manière ou d'une autre, à la situation, se met en garde,
va de l'avant, hésite, recule : dans le trouble et le
désarroi de la surprise, de la désadaptation initiale,
apparaissent les linéaments et les attitudes d'une

5

réadaptation agitée, tumultueuse et troublée. L'action
émue contient à la fois une réponse et un trouble ;
une réponse troublée par ce trouble, mais dont le
dessin est visible encore.

Enfin l'expression se complique du tableau que l'émotion suscite : un jeu de représentations s'élève de l'esprit : les objets de l'émotion, leurs conséquences, la
situation et ses suites, tout cela se réalise souvent
ou peut se réaliser en système de représentations.
L'émotion réagit secondairement à ces images. L'homme
ému gesticule en face de ces présences invisibles,
qu'elles soient explicitement imaginées ou qu'elles
restent latentes. Il réagit à ces images comme à des
réalités et comme à des images. Il réagit à leur forme
spatiale ou à leur spatialisation possible autant qu'à
leur contenu. Il les réalise, il les joue : soit leur totalité,
soit un élément, qu'il traite comme significatif de
l'ensemble.

Nous retrouvons ces trois éléments dans la plupart
de nos gestes. Il y a une gesticulation confuse, désordonnée, diffuse, non systématisée, par laquelle s'expriment le trouble et l'intensité de la colère ou de la
peur, de la joie ou de la tristesse ; c'est de l'agitation.
Il y a des mouvements systématisés, précis, significatifs, où s'ébauche une action. Il y a des mouvements
simplifiés et comme intellectualisés par lesquels nous
réagissons à nos représentations : le geste indicateur,
qui exprime l'objet ; le geste abrégé, qui, pour un éclair
de réalisation plastique, tire du plan de la représentation un moment de l'action, un aspect de la chose ; le
geste symbolique, qui figure dans l'espace les rapports
des représentations, les variations d'amplitude ou de
forme de leur cours, les changements de direction de la

pensée ; le geste logique, qui traduit la division, la scansion du cours de la pensée ou du discours.

Donc l'émotion s'exprime nécessairement et d'une manière complexe. Cette expression peut aider le sujet à comprendre lui-même son émotion, à lire en lui-même. En tout cas, elle le rend visible et jusqu'à un certain point transparent à quiconque est capable des mêmes émotions, des mêmes expressions. La forme élémentaire de l'intellection, c'est la sympathie : se sentir le même, et savoir ce qu'éprouve autrui, parce qu'on éprouve la même chose qu'autrui, rien qu'à le voir, et qu'on sait ce qu'on éprouve. L'expression et l'intellection sont ici à leur forme élémentaire, avant tout langage. Dès qu'il y a société, vie commune, ou simplement rencontre, un tel langage apparaît ; avec la tentation de s'exprimer à soi-même en s'exprimant à autrui, et pour le compte d'autrui.

L'expression de l'émotion esquisse déjà la progression qui du langage naturel va vers le langage artificiel ; de la gesticulation confuse par laquelle s'exprime le trouble de l'émotion, aux mouvements simplifiés et intellectualisés par lesquels s'exprime le cours des représentations, il y a le trajet de la réponse globale et confuse à la distinction, à l'analyse, à l'aperception des moments constitutifs de la situation. La troisième loi prépare le symbolisme des signes. Du trouble initial de l'agitation confuse, en traversant la seconde phase de l'action ébauchée, le geste passe à la simple représentation de l'action ou de l'objet. L'imitation se substitue ici à l'action directe, ou plutôt elle apparaît dans la confusion où elle est encore impliquée : Imitation de l'objet ou de l'action, abréviation de l'action, choix d'un moment qui symbolise sa totalité :

imiter et choisir, voilà déjà des éléments constitutifs
d'un vrai langage, dès que l'imitation est intentionnelle,
dès que le sujet traite une expression comme la représentation d'une représentation et qu'il trouve un par-
tenaire pour la lire et la comprendre comme telle, dès
qu'il devient capable de s'affranchir de la reproduction
totale, de constituer un des éléments comme signe de
la totalité. Mais justement ce stade est déjà un stade
presque rationnel, presque humain, ou, du moins, il
s'achève en raison et humanité. Le geste glisse vers la
convention en cessant d'exprimer complètement et
immédiatement ce qu'il entend exprimer. Mais il glisse
vers la convention dans la mesure où il s'attache à la
représentation, c'est-à-dire dans la mesure où la représentation se constitue. Or, la représentation se constitue
en même temps que le langage, ou par le même processus par lequel se constitue le langage. Construire un
signe c'est précisément construire une représentation.

Nous trouvons dans les moyens vocaux dont le
langage disposera ou dispose une même gradation :
le passage des sons naturels, interjections, cris articulés, bruits émotifs, aux signes proprement dits, à travers ces images sonores que sont les gestes vocaux.
La riche matière sonore émotive, prélinguistique, subit
comme un raffinement ; et elle cesse d'être sous l'empire exclusif de l'émotion présente; par le moyen de l'imitation elle passe au service de l'intention et de la volonté.
Nous retrouverons ailleurs les théories qui ont placé l'origine du langage dans le cri, l'exclamation, l'interjection.

Nous retrouverons ces éléments affectifs lors du
langage constitué. L'émotion modifie les sons du langage dans leur hauteur, leur intensité, leur timbre, les
gestes dans leur amplitude et dans leur dessin, l'un et

l'autre dans leur durée. A côté des gestes qui expriment l'attitude logique, les phases et le développement de la formule verbale, aussi bien que les mouvements de la pensée en train de se faire, les jaillissements, les élans, les arrêts et les reprises de l'intuition qui devance et prépare le discours, les sous-entendus de l'inexprimé, perceptible ou non au sujet, il y a ceux qui expriment le rythme et la mesure oratoire et comme la partici-pation sentimentale du sujet à ce qu'il dit et au dis-cours qu'il fait, et enfin ceux qui expriment directe-ment le sentiment qui le fait parler.

Le sentiment est en effet l'instigateur le plus fré-quent et le thème le plus fréquent de la parole. On parle souvent parce qu'on éprouve des sentiments et pour les exprimer. Non que tous les sentiments ou la tota-lité d'un sentiment soient exprimables. Une partie de la vie affective constitue ce qui nous apparaît comme ineffable. Une partie des artifices du langage provient de l'effort pour. l'expression, aussi précise et aussi poussée que possible, de ce que le sentiment a d'ineffable. Nous retrouverons ces questions.

Le langage est jusqu'à un certain point, comme la magie, une technique née du désir, qui assure au désir sa réalisation par des moyens nés du désir. De là vient en partie le caractère magique que le langage a gardé dans les civilisations inférieures. Le mot y est proche de son substrat émotionnel. Les sentiments puissants partout sont bien près de croire à leur valeur objective et à la valeur objective de leurs moyens de réalisation. Ainsi s'explique la magie implicite du langage, à la-quelle succède une magie codifiée (1).

---

(1) Voir Delacroix, *La Religion et la Foi*, p. 32 et suiv.

Notre mimique se réfléchit sur la conscience d'autrui.
Elle est interprétée et comprise. La voyant comprise,
nous y recourons pour être compris. La compréhension
fonde le langage au même titre que l'expression. L'expression des sentiments resterait un phénomène de
décharge et de dérivation si le sujet n'apercevait pas
son effet sur les autres consciences : d'où la reprise
et la répétition intentionnelle, l'imitation volontaire
de soi-même et peu à peu l'emploi de la mimique pour
l'expression de ce que l'on pense aussi bien que de ce
que l'on sent. On peut remarquer tout cela chez l'enfant qui crie d'abord parce qu'il souffre ou parce qu'il
a besoin de quelque chose, et qui crie ensuite pour
appeler.

La vie commune est donc le milieu nécessaire au
langage ; il ne peut apparaître que dans un groupe et
sous des conditions sociales qu'une fois produit il continue à subir. On ne peut contester qu'il soit inévitablement un instrument de communication, donc de relation sociale ; le signal, l'appel, voilà ses premières
formes animales.

Besoin de communication, besoin d'agir sur autrui,
contact social, communauté, voilà donc une de ses
conditions nécessaires. « Le langage, dit fort bien
Vendryes, résulte du contact de plusieurs êtres possé-
dant des organes des sens et utilisant pour leurs relations les moyens que la nature met à leur disposition,
le geste, si la parole leur manque, le regard si le geste
n'y suffit pas. » (1) L'auteur ajoute, et il a pleinement

_____

(1) VENDRYES, *Le Langage*, p. 13.

raison, que le langage n'a pu naître comme fait social
que sous condition d'un certain niveau de développement mental. Il n'a pu se développer que lorsque deux
individus, ayant attribué par convention un certain
sens à un acte donné, ont accompli cet acte en vue de
communiquer entre eux : donc lorsque la convention a
succédé à la nature, le signe à l'expression naturelle,
l'intention à la décharge mécanique.

En effet, une bonne part de l'expression des sentiments est conventionnelle. Beaucoup de schémas mimiques sont d'origine sociale. On sait que la maladie
dissocie souvent le geste vraiment émotif et le geste
appris.

La vie sociale fait un signe de ce qui n'était qu'un
mouvement ou un cri pour la nature. Et elle retient des
expressions mimiques naturelles une partie qui devient
un langage en ce sens qu'elle est utilisée dans la vie
sociale ; elle y ajoute et son œuvre s'impose (1). La
société nous offre des modèles dont nous n'osons guère
nous écarter. C'est ainsi que le langage des sentiments
devient volontiers dans certaines civilisations « une
symbolique, minutieusement ordonnée, dont les ritualistes établissent les règles et maintiennent la correction » (2).

Notre mimique nous revient, comme un langage,
par sa réflexion sur autrui : nous l'utilisons parce
qu'elle est comprise. Nous la comprenons en partie

(1) Tous les symboles glissent de la nature à la convention par l'abréviation et la simplification, la retenue et le contrôle, l'exagération, la complication, la déviation, l'insufflation de motifs nouveaux, la stéréotypie,
du spéculation.

(2) GRANET, *Le langage de la douleur en Chine*, Journal de Psychologie,
1922, p. 98; cf. MAUSS, *Journal de Psychologie*, 1921, p. 425.

parce qu'elle est comprise. Nous l'employons à exprimer ce que nous voulons exprimer après l'avoir employée d'abord à exprimer ce que nous ne pouvions pas ne pas exprimer (1).

L'expression réflexe, mécanique et inévitable est donc employée comme signe, parce qu'elle est comprise par un autre individu de constitution analogue. Les manifestations collectives, ayant pour caractère l'unisson des sentiments et des attitudes corporelles, en fondent solidement l'association. Les cris ou les gestes deviennent aisément des signaux d'appel, de ralliement ou de fuite. Le groupe prend conscience de ses besoins à travers les expressions qu'il leur donne. L'emblème fait que la société prend conscience de soi. Le signe est partie intégrante de la représentation ou de l'émotion collectives.

La société est donc, jusqu'à un certain point, la condition du langage, parce que l'association et la concurrence des individus rendent possible le processus d'expression et de compréhension sans lequel il n'est point de langage : sans l'interlocuteur l'expression ne revient pas sur elle-même et n'est pas aperçue comme telle par le sujet. La compréhension est presque le fait premier du langage. D'autre part l'excitation puissante des besoins collectifs, l'intensité des émotions collectives déclenchent de grands mouvements d'expression fon-

---

(1) James WARD fait justement remarquer, *Principles*, p. 287, que, pour passer du stade instinctif de communication au stade intentionnel, il faut le désir de communication, le « niveau éjectif » d'expérience où l'individu reconnaît qu'il y a d'autres individus de son espèce. Ce niveau est assez bas. KÖHLER montre bien, p. 29, que des chimpanzés, pour se faire comprendre, imitent l'action qu'ils veulent faire : un chimpanzé qui veut être accompagné par un autre, le frappe légèrement ou le tire par la main, et fait, en le regardant, des mouvements de marche dans la direction désirée.

dus dans l'unité de l'expérience émotive et immédiatement compris de tous. L'application de l'individu aux
fins communes, la collaboration multiplient les occasions de s'exprimer et de comprendre. Les forces ainsi
dégagées volontiers se répandent sans but, par manière
de jeu, comme une activité de luxe. On va plus loin
qu'il n'est nécessaire. Toutes les grandes créations s'or-
ganisent dans ce «surplus» d'énergie, que l'exaltation
de la vie commune réalise au-dessus de la vie utilitaire. Peu à peu, grâce à la multiplicité des échanges
sociaux se constitue une langue. Chez des êtres intelligents, s'entend. La société multiplie l'intelligence
humaine et ses œuvres. Elle ne les crée point.

**

Les sociétés animales vont nous montrer en effet où
s'arrête, dans les plus parfaites d'entre elles, le développement du langage.

On peut distinguer, avec Rabaud, la réunion accidentelle d'individus indépendants : ainsi les larves
grégaires qui convergent vers les endroits humides ;
l'agglomération des animaux semblables est ici momentanément produite par une condition favorable ;
l'association temporaire pour une fin précise : par
exemple les vols d'oiseaux lors des migrations saison-
nières ;

enfin les sociétés organisées, où les jeunes restent
en contact avec les parents, demeurent au gîte et pro-
fitent du travail commencé. Dans les plus parfaites, on
trouve la division du travail et presque des institutions,
comme chez les fourmis et chez les abeilles.

A la base de tout groupement, il y a des conditions

générales de vie, qui, renforcées d'autres conditions,
aboutissent à la formation des sociétés. Nous connaissons très mal ces conditions. Nous ne sommes pas bien
sûrs que toujours les animaux soient sociables ou non
selon que les dispositions de leur habitat les obligent
à la vie commune ou les en détournent. Il ne paraît
pas exister de rapport nécessaire entre l'état de développement du système nerveux des individus et leur vie
sociale ou solitaire : c'est ce que l'on constate, par
exemple, en comparant entre elles les diverses
guêpes (1). Les mots de besoin et d'intérêt sont très
vagues ; on voit bien l'utilité de la société : mais l'utilité est-elle la raison de la société ? La sympathie est
peut-être autant un effet de la société que sa condition ;
et sous le mot de sympathie, ce qu'il y a de solide, c'est
l'identité de conformation, qui permet précisément la
sympathie, et l'ensemble des conditions générales qui
assurent le conformisme. Enfin, le mot d'instinct
grégaire est une étiquette : tout ce qu'il exprime de
solide, c'est le malaise de l'isolement et la satisfaction
du groupement (2).

La ressemblance de conformation et de structure
permet le conformisme chez les animaux réunis par la
vie commune. Les mêmes événements viennent les
affecter simultanément ; ils sont témoins de la mimique
qui exprime ces affections et capables d'éprouver ces

---

(1) RABAUD, *Journal de Psychologie*, XII, p. 210.
(2) Chez les civilisés, la crainte de la solitude et le goût des foules ; voir
W. MAC DOUGALL, *Social Psychology*, p. 84. — Galton, décrivant le bœuf du
Sud de l'Afrique dans le Damaraland, dit qu'il n'a pas d'affection pour ses
congénères et qu'il semble s'apercevoir à peine de leur existence quand il
est avec eux : s'il en est séparé, il est très malheureux, jusqu'à ce qu'il
puisse les rejoindre, et alors il se fourre le plus possible au milieu d'eux.
Sur le besoin du « groupe » chez les chimpanzés, voir KÖHLER, p. 11.

sentiments par sympathie, à l'occasion de cette mi·
mique, parce qu'ils ont vécu ces sentiments dans cette
mimique. La ressemblance de structure, l'identité des
conditions d'existence, les habitudes de vie commune,
expliquent l'imitation, la sympathie, le conformisme,
qui permettent une entente et forment comme un lan·
gage élémentaire.

* *
*

Mais ce langage ne consiste qu'en signes peu nòm·
breux et qui adhèrent à la chose signifiée : de même
que dans les sociétés d'insectes, la division du travail
étant d'ordre biologique, chaque individu est rivé à sa
fonction par sa structure ; la société tout entière est
régie par certaines institutions qui sont plus ou moins
expressément liées à la forme des organes.

C'est là précisément la différence entre le langage
animal et le langage humain : « l'emploi des mots non
plus comme stéréotypés dans la trame de l'association
spéciale et directe, mais comme caractères mobiles,
qui sont arrangés dans un ordre imposé par le sens
présent à l'esprit » (1). « Le signe instinctif est un signe
adhérent, le signe intelligent est un signe mobile » (2).
Tout se passe comme si l'animal était incapable d'arrêter son attention sur ses mouvements, de les abstraire
de la poussée affective qui les provoque, de l'action
qu'ils préparent. Le chien gratte à la porte pour qu'on
ouvre. D'où vient qu'il n'a pas un système de signes ?
C'est qu'en réalité, il n'a pas à sa disposition un seul
signe, sinon il les aurait tous; il ne sait pas ce que c'est

(1) ROMANES, *Evolution mentale*, p. 134.
(2) BERGSON, *Evolution créatrice*, p. 172.

qu'un signe ; il exprime seulement ses intentions par des moyens naturels, qui nous paraissent des signes. Mais la preuve que ce mouvement n'est pas réellement un signe, c'est que, lorsque l'expression manque à l'animal, il ne songe pas à la créer. Il ne sait exprimer que ce qu'il sent. Ses mouvements d'expression demeurent sous l'autorité immédiate de ses affections présentes. Il ne peut pas se dégager de sa vie affective. Pour avoir vraiment un langage, il faut s'abstraire de ses réactions affectives, traiter ses propres états comme des choses et établir entre eux des relations, c'est-à-dire les penser, et établir entre eux et certains mouvements un rapport régulier de correspondance. Aussi Descartes opposait-il justement les signes et la composition des signes, œuvre de la raison, aux mouvements machinaux des animaux, expression de l'automatisme et la souplesse et le vaste champ de l'une, à l'étroitesse et à la rigidité de l'autre.

Le langage animal est bien peu de chose. Kirby, Spence, Huber, croyaient naïvement que les hyménoptères sociaux sont capables de se dire, par voie antennale, tout ce qu'ils auraient besoin de dire (1). Or, comme l'a bien montré Lubbock (2), la plupart des faits de communication prétendue se bornent à ceci, que certains individus en guident d'autres vers la nourriture qu'ils ont trouvée, et même le fait est plus rare qu'on ne croit. Wasmann a étudié, avec beaucoup

---

(1) KIRBY et SPENCE, *Introduction to Entomology*, II, p. 40 : « Les hyménoptères sociaux peuvent se transmettre des avis, dans diverses circonstances, et se servent d'une espèce de langage qu'ils comprennent mutuellement... et qui ne se borne point à indiquer l'approche ou l'absence du danger, mais qui s'étend à toutes les occasions qu'ils peuvent avoir de se communiquer leurs idées. » Comparer HUBER, *Recherches sur les mœurs des fourmis indigènes.*

(2) *Fourmis, Abeilles et Guêpes*, 1883.

de détail, les conditions dans lesquelles une fourmi
assène sur la tête et les antennes d'une autre ces coups
d'antenne que l'on prend pour des signes ; leur signification générale est d'exciter l'attention de la congé-
nère et de la solliciter à l'une ou l'autre des activités
communes, que le commencement de l'action indique
ensuite (1).

Les organes de la phonation, chez le singe, sont très
semblables à ceux de l'homme, encore que chez
l'homme la coordination soit très supérieure. Les
observations de Pfungst, qui a étudié plus de deux
cents singes au jardin zoologique de Berlin, lui ont
montré un jeu d'expressions vocales assez développé,
mais de caractère strictement émotionnel (2). Et
Boutan, qui a suivi plus de cinq années l'évolution d'un
gibbon, capturé, il est vrai, en bas âge, et isolé de ses
semblables, a noté chez lui, indépendamment du grand
chant à roulades qui traduit l'excitation, treize manifestations vocales qui traduisent des états de satisfaction ou de bien-être, de malaise ou de crainte, et
des états intermédiaires (3).

(1) WASMANN, p. 86. — Cf. FOREL, *Die psychischen Fähigkeiten der
Ameisen*, München, 1907: « Ce n'est pas un langage, ce sont des signes
instinctivement automatisés. »

(2) *Zur Psychologie der Affen. Bericht des Kongresses für experimentelle
Psychologie*, 1902.

(3) BOUTAN, *Actes de la Société linnéenne*, Bordeaux, 1913. KÖHLER
écrit (*Zur Psychologie der Schimpansen, Psychologische Forschung*, 1921,
p. 27) des chimpanzés qu'il a si bien étudiés à la station de Ténériffe :
« Leurs manifestations phonétiques, sans exception, n'expriment que des
aspirations et des manières d'être subjectives ; elles sont par conséquent
des expressions émotionnelles et jamais le signe de quelque chose d' « objectif ». Cela est absolument sûr. Or il y a dans la phonétique du chimpanzé
tant d'éléments phonétiques du langage humain, que ce n'est certainement
point pour des raisons périphériques qu'ils n'ont pas de langage. Il en est
de même de leur mimique et de leurs gestes qui n'expriment jamais rien
d'objectif et n'ont pas de fonction « d'exposition ».

Certains oiseaux parleurs, quand on les éduque, ont
bien un répertoire de mots et de phrases courtes. Asso-
ciant les actes qu'ils voient et les phrases qui les accompagnent, les perroquets placent parfois les phrases
qu'ils ont appris à dire avec assez d'à-propos pour
paraître en comprendre le sens. C'est en effet la présence de la personne ou de l'objet avec lesquels les
mots appris ont été primitivement associés, qui les
excite à parler. L'oiseau accoutumé à recevoir un bon
morceau pendant le dîner sait demander un bon morceau pendant le dîner. L'oiseau parleur sait donc associer certains mots à certains objets et à certains états :
ce sont des gestes vocaux, des réflexes conditionnés
verbaux. Il sait même de sa propre initiative inventer
des sons qu'il emploie de la même manière : par exemple,
quand, ayant appris à imiter de lui-même le bruit d'un
bouchon qu'on tire, il le répète à la vue des bouteilles.
Enfin, s'il prononce de véritables phrases, ce ne sont
que des phrases-mots, où les quelques mots rapprochés
adhèrent indissolublement les uns aux autres (1).

Le perroquet a un appareil vocal très parfait, une
oreille très délicate, une mémoire très bonne. Ce ne
sont pas les moyens matériels qui manquent au langage.

.*.

Si l'on veut marquer à grands traits les lacunes et
les déficiences de l'intelligence animale (en prenant ce
mot avec toutes les réserves et les précautions nécessaires) par rapport à l'intelligence humaine, on constate d'abord que les animaux, même supérieurs, sont.

_____

(1) Voir ROMANES, *Intelligence des Animaux*, II, p. 29 et suiv. *L'Evolution mentale chez l'homme*, p. 130. WILKS, *Revue philosophique*, 1880.

desservis par la très grande rigidité de leurs automatismes acquis (1) ou innés et la moindre complexité
de leurs coordinations. Descartes avait très profondément opposé à la souplesse et à l'universalité de la
raison le groupe fixe de réponses motrices, préétablies
pour la plupart, qui constitue le comportement animal. L'animal se meut d'abord dans un système clos
de coordinations motrices préétablies ; il utilise des
instruments organisés, des outils vivants, dont la structure lui prescrit son action.

Ensuite il semble bien que les animaux soient incapables de ce travail de décomposition et d'analyse, qui
est la condition de tout jugement. Le singe qui entre
dans la cage couverte d'une étoffe rouge pour y chercher sa nourriture et qui néglige la cage verte, distingue le rouge et le vert comme associés ou non à la
nourriture ; il ne les distingue pas vraiment ; il prend
la situation tout entière et réagit à l'ensemble (2).
Tout se passe ici comme pour le langage, où le signe
apparent demeure invariable, attaché à la chose, incapable de se scinder et de se combiner. C'est à peu près
ce qui se passe chez l'homme quand il pense machina-
lement la suite des actes qui compose une action et que
leur enchaînement indissoluble domine sa pensée.

Enfin, il semble que les animaux soient dominés beaucoup plus encore que l'homme par l'affectivité et tout
à fait incapables de s'en déprendre. Rien de plus mor-
tel au développement de l'intelligence que la prédominance excessive de l'affectivité. Nous le voyons bien
chez l'homme par les psychoses dont beaucoup ne sont

---

(1) Voir KÖHLER, *Zur Psychologie der Schimpansen, Psychologische
Forschung,* 1921, p. 7.
(2) Voir KÖHLER, *o. c.,* p. 4.

pas autre chose que la rupture de l'équilibre normal
au profit de la vie affective. Il est vrai qu'on peut toujours se demander si cette exubérance affective ne
tient pas précisément à l'absence d'un contrepoids
intellectuel.

Il suit de ces caractères que, en dehors de l'activité
instinctive, l'animal n'apprend guère que sous l'autorité du résultat immédiat et de la satisfaction répétée.
S'il pense, c'est par consécutions étroitement liées. Il
n'a pas d'idées libres qu'il substitue aux objets ; il ne
sait pas se comporter en présence de la représentation
des objets, comme s'ils étaient présents. La répétition
et l'habitude, le succès, la méthode des essais et des
erreurs en somme, montent en lui des mécanismes rigides.
Joignons-y un peu d'imitation lors de la vie en commun,
comme lorsque les fourmis se mettent à suivre celles
qui commencent la chasse, joignons-y ce que l'intelligence humaine ajoute à la mémoire animale dans les
cas du dressage, et nous sommes arrivés aux limites de
l'apprentissage animal.

Quant à l'instinct lui-même, il n'est pas nécessaire
de l'envisager comme une intuition préalable. C'est
probablement du savoir et du pouvoir accumulés et
automatisés. Il n'a pas besoin d'être une connaissance
innée des choses, une sympathie, une vision et une pré-
vision. Beaucoup de choses nous sont unies et pourtant
étrangères : le besoin, la passion, la virtualité en général
cherchent leurs objets, qui ne leur sont donnés que sous
la forme négative de l'aspiration, du vide et du manque.
L'unité de l'univers suffit pour que s'y découpe la
dualité, l'opposition et la recherche de l'unité, sur
lesquelles travaillent les besoins, les données origi-
naires, l'expérience et l'habitude.

Chez l'homme, les aptitudes de toutes sortes que suppose la vie sociale sont beaucoup trop complexes pour se matérialiser sous la forme de prédispositions organiques. C'est par la société et par l'éducation que se fait la transmission. Les résultats de l'activité humaine se conservent, outils et tradition, en même temps que la coopération renforce le rendement de l'activité de chacun.

Il y a peut-être chez les animaux supérieurs quelques éclairs d'intelligence. D'après les observations de Thorndike, il semble que le singe apprenne parfois ce qu'on lui veut enseigner par une sorte de compréhension rapide, en abandonnant tout d'un coup les mouvements inutiles et en choisissant les mouvements appropriés : comme s'il saisissait le plan, le schéma de l'acte ; tout autrement donc que par la lente et progressive méthode dite des essais et des erreurs (1). Il y a du reste chez lui, par rapport aux autres animaux, une supériorité assez nette de la vision, de l'activité motrice, du cercle des intérêts ; une plus grande rapidité, une plus grande complexité, une plus grande délicatesse dans la formation des associations (2) ; qualités tenues en échec par une distractivité considérable, comme l'observation populaire le sait depuis longtemps.

On cite à l'appui de l'intelligence animale l'utilisation de certains instruments. Il y a des singes qui

_____

(1) Même observation de Köhler, p. 176. Les observations de Géza Révész, faites sur des singes moins intelligents sans doute ne confirment pas, à vrai dire, cette hypothèse. Voir *Expériences sur la mémoire topographique et sur la découverte d'un système chez des enfants et chez des singes inférieurs*, Arch. de Ps., XVIII, 1923, p. 328.

(2) Thorndike, *The mental life of Monkeys*, 1901.

6.

savent manier des leviers, des vis, des marteaux (1) ;
des éléphants qui se servent de branches d'arbres,
en guise de grattoir et de chasse-mouches ; des fourmis
tisseuses qui, dépourvues de glandes secrétant du fil,
alors que leurs larves en possèdent, prennent dans
leur bouche de jeunes larves et s'en servent comme le
tisserand de sa navette (Wasmann). Tout dépend
d'abord de la manière dont l'outil est utilisé. Il y a
un usage machinal et un usage intelligent de l'outil.
C'est la fabrication, ou tout au moins la possibilité de
fabriquer, qui prouve que l'on a posé et résolu un problème.

Mais les chimpanzés observés par Köhler se servent
d'outils, et construisent des outils primitifs pour répondre aux besoins du moment ; ils savent se fe're un
bâton pour frapper, pousser, tirer, creuser ; tirer une
caisse, ou plusieurs caisses, pour monter dessus et
atteindre un fruit, briser des branches d'arbres, des
caisses pour attraper des objets (2), emmancher l'un
dans l'autre des morceaux de canne à pêche. Ils savent
tourner un obstacle, ajuster plusieurs moyens différents pour atteindre un but, par exemple attirer un
bâton placé à une certaine distance et qui leur per-

---

(1) Voir PFUNGST, *o. c.* ; LEUBA, *Psychologie des phénomènes religieux*,
p. 76. On trouvera une étude historique et critique des travaux sur la
vie mentale des singes dans YERKES, *The mental life of Monkeys*, 1916,
p. 125.

(2) Köhler a constaté du reste qu'en général il faut que ces outils soient
vus en même temps que l'objet à atteindre, fassent partie du même champ
de vision. Si l'animal les aperçoit par exemple derrière lui, il n'a pas l'idée
de s'en servir ; de même, si les planches de la caisse sont rivées les unes sur
les autres sans solution de continuité, il ne vient pas à l'esprit du chimpanzé de penser qu'une planche peut faire l'office d'une canne ; même
embarras, s'il s'agit d'ajuster l'un dans l'autre des fragments de canne à
pêche, parallèles ou en X. La difficulté est toujours de décomposer un
« ensemble optique », de construire une nouvelle figure.

mettra, montés sur une caisse, d'atteindre un fruit (1).
Ils s'adaptent donc à des situations nouvelles, ils y
répondent par une conduite appropriée. Et ce n'est pas
pure habitude, comme dans la méthode des essais et
des erreurs ; car dans beaucoup de cas ils trouvent
brusquement la solution et réussissent tout d'un coup.
Ce sont en apparence des inventions. La difficulté
n'est pas résolue par des essais variés, qui se trouvent
réussis, mais par un travail intérieur, et l'action suit
d'un coup et tout d'un trait, comme dans les conduites
bien réglées.

Une idée leur vient. La difficulté cède. La solution
surgit. Mais cela ne veut pas dire que le problème ait
été mis en forme et traité logiquement. La banane est
suspendue en l'air et le singe est assis : il se voit la
saisissant, et l'idée du bâton pour l'attraper lui vient.
Voilà tout. Seulement le mérite du singe est de savoir
utiliser cette idée, et l'ayant trouvée, de la retenir
aussitôt, d'en faire l'application immédiate. Mais nous
sommes encore loin de la construction dans le temps et
dans l'espace, de l'agencement des mécanismes pour des
fins objectivement posées, de l'économie de moyens
qui caractérisent l'intelligence humaine.

Cette conclusion s'accorde en somme avec celle de
Yerkes.

De ses importantes expériences, entreprises avec la
méthode du choix multiple, Yerkes conclut que les
Pithèques qu'il a étudiés donnent des preuves abon-
dantes d'idéation, mais non point d'idéation libre ;
leurs idées pourraient être dites plutôt concrètes et

---

(1) L'orang-outang et le chimpanzé, observés par Haggerty, étaient
également capables de se servir d'outils. Voir R. M. YERKES, *The mental
life of Monkeys*, p. 129.

adhérentes que libres. De raisonnement proprement dit,
il n'est point question.

Seul l'orang-outang, qu'il a étudié systématiquement
pendant six mois avec la même méthode, serait capable
« d'idéation supérieure ». Il savait utiliser des méthodes
différentes pour la solution des problèmes différents ;
passer brusquement d'une méthode à l'autre ; résoudre
le problème donné malgré les erreurs initiales. Tous ces
résultats l'élèvent beaucoup au-dessus des autres
singes, mais le laissent assez loin de l'homme, au dire
de l'observateur lui-même. « But contrasted with that
of man the ideational life of the orang utan seems
poverly stricken. Certainly in this respect Julius was
not above the level of the normal three-year-old
child. » (1).

✦✦

Les travaux de Yerkes, avec ceux de Köhler, constituent la première étude systématique des Anthropoïdes.

Les observations de Thorndike, Kinnaman,
Hobhouse, Haggerty, Witmer, Shepherd, Hamilton,
faites sur des Cebus, des Rhesus et des Irus, concluaient
à quelques lueurs d'intelligence sur les animaux observés. Yerkes a eu le mérite de soumettre ses sujets à
toute une série d'épreuves et d'examiner de la manière
la plus méthodique leur comportement.

On peut dire, en gros et sans entrer dans le détail de
la technique, qu'il a employé un jeu de cages ouvertes,
devant lesquelles était placé l'animal. L'une d'entre
elles — de même numéro d'ordre dans la même série

(1) YERKES, o. c., p. 132. BOUTAN a comparé avec beaucoup de soin
le comportement d'un gibbon et celui de jeunes enfants en présence d'un
problème pratique (ouverture de boîtes). V. Les deux méthodes de l'enfant.

d'expériences — conduisant à un appât qui devait récompenser son choix judicieux ; dans toutes les autres il était retenu quelques secondes contre son gré ; technique renouvelée des procédés classiques pour l'étude de l'apprentissage animal. Dans une première série d'épreuves, la bonne cage était la première à gauche ; dans une autre, la deuxième à droite, dans une autre, celle du milieu ; dans une autre, la première à gauche et la première à droite, alternativement.

Les trois animaux étudiés, Skirrl, un Irus, Sobke, et enfin Julius, un orang-outang, se sont comportés assez différemment.

Skirrl est arrivé, au bout d'un certain temps, à résoudre les problèmes 1, 2 et 3 ; mais une étude attentive des solutions et du comportement de l'animal montre qu'il a appris à réagir aux groupes donnés, à l'ensemble qualificatif, beaucoup plus qu'il n'a dégagé la clef du système.

Sobke, beaucoup plus intelligent et dont la courbe a été beaucoup plus régulière, n'est pas sorti, lui non plus, de la méthode des essais et des erreurs.

Julius s'est comporté d'une manière assez différente. Car, pour le problème 1 par exemple, à la suite de toute une série d'essais médiocres il a réussi tout d'un coup et d'une façon constante. Mais il lui a fallu quatre fois plus d'essais qu'à Sobke et deux fois plus qu'à Skirrl. Les faits semblent montrer que ce jeune orang-outang a entrevu la solution. De cette supériorité proviennent justement quelques-unes de ses infériorités. Il renonce à la méthode automatique, sans être suffisamment maître de la méthode intellectuelle ; il lui arrive donc souvent d'échouer là où d'autres réussissent. Mais, quand il réussit, la soudaineté et la constance de ses progrès tranchent sur les procédés automatiques.

Les expériences de G. Révész ont porté sur des
problèmes un peu plus compliqués, où les singes ont
entièrement échoué.

* * *

Il n'y a évidemment pas lieu de s'arrêter à ces
animaux extraordinaires que l'on découvre de temps en
temps, toujours dans des cercles d'amateurs, et dont
la gloire pâlit assez vite : un peu comme celle de ces
médiums merveilleux, dont les facultés surhumaines
éblouissent quelque temps un pieux entourage. Che-
vaux d'Elberfeld, chien de Mannheim, et tant d'autres
n'ont qu'une célébrité passagère. Ce sont des faits de
dressage ; l'animal apprend à réagir par des mouvements convenus à de très légers signes de celui qui le
questionne : que la question soit simple ou qu'elle soit
difficile, les réponses exactes sont aussi nombreuses ;
ce n'est pas l'intelligence qui est en jeu, c'est la mémoire. Toute l'utilité de telles exhibitions, c'est de nous
apprendre que le dressage peut développer extraordi-
nairement certaines facultés animales ; surtout le
dressage pratiqué par l'amateur qui vit longtemps et
familièrement avec l'animal et qui applique tout
son effort à développer ses méthodes d'instruction (1).

Le langage animal est donc strictement mesuré aux
étroites limites de l'intelligence animale. L'homme ne
peut pas aider beaucoup l'animal, même en faisant
société avec lui : les facultés d'apprentissage du perroquet atteignent vite leur limite. Le chien « Don » qui

_____

(1) WATSON, *Behavior*, p. 297.

avait, dit-on, huit mots à son service et qui savait s'en
servir assez heureusement, n'était qu'un perroquet en
fait de langage (1).

* *

L'intelligence est un fait premier. Les diverses tentatives de déduction de l'intelligence ont toutes échoué.
La philosophie rationaliste a toujours aisément montré
à l'empirisme qu'il oubliait l'intelligence et qu'il fallait
l'ajouter à ses principes. Il est inutile de revenir sur
cette longue polémique, tout au long de laquelle le
« *Nisi ipse intellectus* » de Leibniz sonne comme une
incontestable vérité.

L'ordre inhérent au monde, et dont l'empirisme ne
peut pas se passer, est l'intelligence elle-même, qui, de
plus, est l'aperception de cet ordre. L'empirisme commence par admettre dans le monde les lois de l'esprit,
pour les faire passer ensuite du dehors au dedans. L'enregistrement machinal des successions constantes, des
consécutions d'images, y suffisent selon lui. On se
donne toute faite, par avance, l'intelligence qu'on prétend engendrer. Rien de plus contestable qu'une telle
méthode. Pour faire l'économie de l'intelligence dans
l'homme, on commence par la supposer réalisée dans
la nature (2). A moins que, comme d'autres philosophes,
on ne suppose une nature inintelligible, Volonté pure,
Chose en soi, d'où l'on ne parvient pas à faire sortir

_____

(1) Lubbock (*Nature*, 10 avril 1884) avait écrit sur des cartes toutes
semblables des mots tels que *os, boire, sortir*, etc., bien connus de son chien,
et il avait appris à son chien à lui apporter la carte où était inscrit le mot
exprimant son désir du moment. Mais comment vérifiait-il que le chien
éprouvait à ce moment le désir mentionné par la carte ?

(2) Voir les profondes remarques de Brunschvicg, *L'expérience humaine
et la causalité physique*, p. 65 et suiv.

l'intelligence. La philosophie romantique a vainement
tenté cette déduction.

Restons dans le plan de l'intelligence humaine.
Laissant de côté la critique de la connaissance et la
métaphysique, ne peut-on pas se demander si elle n'est
pas réductible à une fonction plus simple, aux fonctions
mêmes que l'on rencontre chez les animaux ?

Comme le dit fort bien Bergson (1), « expliquer l'intelligence de l'homme par celle de l'animal consiste
simplement à développer en humain un embryon d'humanité. On montre comment une certaine direction
a été suivie de plus en plus loin par des êtres de plus
en plus intelligents. Mais du moment qu'on pose la
direction, on se donne l'intelligence ».

Ou bien l'intelligence humaine est déjà tout entière
chez l'animal à un plus faible degré, et il faut expliquer
pourquoi elle n'aboutit pas chez lui aux mêmes résultats
et aux mêmes institutions; ou bien certaines fonctions
de l'intelligence se rencontrent seulement chez l'homme,
et ces fonctions, il est difficile de les réduire à des fonctions élémentaires qui lui seraient communes avec les
animaux.

Si l'on approfondit l'association des idées, à laquelle
tant de psychologues recourent pour établir le passage
entre l'une et l'autre forme d'intelligence, on y trouve,
il est vrai, la pensée tout entière, l'ensemble des lois
qui régissent la coordination des représentations ; non
pas simplement le vague rapport de ressemblance ou de
contraste, mais, masquées en quelque sorte par la confusion de ces appellations, les relations de toute espèce,
l'ensemble de rapports, dont le système constitue la

_____

(1) *Evolution créatrice*, p. 205.

pensée; il y aurait donc autant de formes d'association
que la théorie de la connaissance peut dégager de lois
irréductibles de l'entendement ; non pas une, comme le
voulait James Mill, qui va chercher en dehors de l'esprit, et finalement dans des lois physiologiques de
connexion, l'explication de tout l'esprit ; non pas trois,
comme le voulait l'analyse grossière de Bain, qui est
pourtant déjà un essai de classification des lois mentales,
mais qui a le tort de s'arrêter aux premières apparences.
Seulement il faut bien malgré tout reconnaître deux
formes de fonctionnement de l'esprit. Qui pense par
association, ne pense pas encore. Même quand elle est
raisonnable, l'association n'a rien de raisonné. Si le
cours des associations, pour autant qu'il ne relève point
de l'habitude, est régi par des rapports logiques, c'est
d'abord automatiquement qu'il fonctionne. Il y a donc
un certain mode de fonctionnement mental qui régit
le cours des représentations, indépendamment de la
pensée proprement dite, qui aperçoit les rapports et
prend possession des séquences. C'est bien ce que les
associationistes avaient proclamé. Ils n'ont eu qu'un
tort, celui de ne pas voir les liens qui unissent cette
pensée immédiate et automatique à la pensée en général, et de prétendre expliquer l'ensemble par un cas
particulier et le profond par le superficiel.

On peut donc retourner leur doctrine et retrouver
dans les formes inférieures et animales de la vie psychique quelque chose des formes supérieures. Comment
s'en étonner, puisque dans la perception, commune à
l'animal et à l'homme, un esprit déjà est engagé ?
Mais l'unité de ces formes n'est pas établie par là.
Quelque chose de nouveau apparaît avec l'esprit humain:
ce pouvoir d'apercevoir des rapports, de les composer

entre eux, au lieu des groupes naturels immédiats, de classer les objets et de les ordonner, de se les opposer par conséquent.

Il serait aisé en effet de montrer que le jugement, qui pose les choses et leur rapport, est une opération distincte et irréductible. Il faut le distinguer nettement, par l'aperception et la formulation des objets en rapport, de ces réactions rapides à des excitations et à des situations que nous n'analysons pas, que nous ne jugeons pas ; l'habitude, l'automatisme le précèdent, lui succèdent, le simulent, mais ne le fondent pas.

La formation des concepts, qui est un moment du jugement que les concepts rendent possible, ne saurait aucunement se réduire à l'habitude. Habitude et généralisation ont sans doute en commun la fusion des semblables et la complication des réactions ; l'habitude, comme l'intelligence, réduit les excitations semblables et les résume en une disposition fonctionnelle, qui dépasse ces excitations.

Mais sans nier aucunement que l'habitude vienne souligner et renforcer l'opération intellectuelle, il est impossible de ne pas apercevoir la différence entre les deux fonctions. L'habitude dispense des concepts et de la pensée, loin de les constituer ; elle en fournit un équivalent obscur, qui suffit, pour les besoins de la pratique, aux êtres dénués d'intelligence. Il n'en reste pas moins vrai que la ressemblance se définit devant l'esprit grâce au concept et qu'elle lui apparaît comme un rapport au-dessus des représentations qui ont contribué à la former, au lieu de disparaître dans l'identité d'une réaction qui ignore tout d'elle-même et jusqu'à son origine.

De même, il est impossible de réduire la généralisa-

tion à l'abstraction, qui ne saurait conférer la généralité au caractère qu'elle isole, ou à la substitution qui,
loin de fonder la généralité, la présuppose. C'est une doctrine chère au nominalisme qu'une idée, qui est en soi
particulière, devient générale parce qu'elle est apte à
représenter les autres idées de même espèce. Mais la
possibilité de cette substitution vient justement du
fait que chaque idée particulière a une fonction analogue, c'est-à-dire en somme relève du même concept;
au-dessus des images concrètes qui peuvent ou non
s'ajouter les unes aux autres, il y a un plan commun,
une intention identique.

Il y a donc une forme d'intelligence qui n'apparaît
qu'avec l'homme. Nous avons travaillé à montrer
d'une part l'unité de l'esprit, puisque les fonctions élémentaires comme la perception, ou l'association des
images, impliquent ce que la psychologie appelle l'entendement ; d'autre part le dégagement, avec l'homme,
de fonctions supérieures qui lui sont propres. Nous
constatons seulement le fait, et l'on ne peut que le
constater. Parler d'évolution ce n'est rien expliquer :
les formes supérieures ne se dégagent pas des formes
inférieures par simple développement ; avec elles
quelque chose de nouveau apparaît. L'évolution biologique ne fait qu'amener au jour ces prédispositions,
produire les conditions qui rendent possible cette
apparition (1).

_____

(1) La station droite, le perfectionnement de la main, la complexité de
l'organe phonateur sont évidemment des conditions du développement
mental. Mais les causes de l'évolution psychique de l'homme résident-elles
dans des actions mécaniques comme le supposait Darwin (la station debout
résultant de l'obligation, imposée par des conditions locales à des êtres
arboricoles, de vivre à terre; n'étant plus assujettis à l'obligation de mordre
et de déchirer avec les mâchoires, les muscles temporaux auraient diminué,

La vie sociale n'explique pas davantage ces lois de
l'esprit. Nous avons vu plus haut toutes les réserves de
principe qu'il convient de maintenir contre l'explication de l'esprit humain par la société. C'est en vain,
croyons-nous, que Durkheim et Mauss ont essayé
d'établir que la classification, la division par genres,
la formation même des genres est d'origine sociale.
Le concept, commun à tous, serait l'œuvre de la communauté ; le concept immuable aurait précisément la
stabilité des institutions ; la pensée logique, imperson-
nelle serait la pensée collective. Et c'est sur le modèle
des groupes sociaux que la pensée primitive se serait
représenté la nature. « C'est parce que les hommes
étaient groupés et se pensaient sous forme de groupes,
qu'ils ont groupé idéalement les autres êtres, et les
deux modes de groupement ont commencé par se confondre au point d'être indistincts. » (1)

Que la vie sociale ait aidé à la généralisation en
excitant l'intelligence, en conservant et en imposant les
habitudes acquises, en présentant à l'homme le spec-
table familier de la société, en le forçant, si l'on peut
dire, à penser l'organisation sociale et ses variations,
en spécifiant les groupes sociaux, en créant des conditions favorables à l'exercice de la pensée, rien de mieux.
Mais ces conditions favorables supposent, d'autre
part, l'esprit lui-même, et qu'il se développe selon elles.
Elles ne le créent pas.

_____

et le crâne aurait pu s'agrandir et avec lui le cerveau)? Ou bien est-ce l'en-
céphale, au contraire, qui agrandit la boîte crânienne ? Voir RABAUD,
Journal de Psychologie, XII, 1915, p. 210.

(1) DURKHEIM et MAUSS, *Les classifications primitives*. Cf. DURKHEIM,
Les formes élémentaires de la vie religieuse, p. 208,

* *
*

Qu'est-ce donc que l'intelligence ? On la définit parfois par l'adaptation à la situation nouvelle et par l'exclusion de l'automatisme.

Or, l'adaptation biologique n'est pas, *ipso facto*, intelligente, et si les réponses automatiques ne sont pas, *ipso facto*, intelligentes, il n'y a pourtant pas d'intelligence sans automatisme et l'élaboration de nouvelles habitudes est une forme du comportement intelligent. En effet, la constitution de l'automatisme peut impliquer de l'intelligence. L'intelligence joue un rôle dans la formation des habitudes humaines.

L'adaptation n'équivaut à l'intelligence que dans certains cas particuliers et chez des êtres intelligents.

L'intelligence est, dit-on, adaptation à des situations nouvelles. Le mot adaptation suffit-il à définir l'intelligence ? Quelle part faut-il faire au mot nouveauté et comment faut-il définir le comportement adaptatif que nous appelons intelligent ?

Il y a une forme d'adaptation qui n'implique point d'intelligence ; par exemple si l'on définit l'adaptation le fait, pour un être vivant placé dans un certain milieu, d'avoir avec ce milieu un système d'échanges compatible avec la vie (1) ; si l'on définit en général l'adaptation la modification d'une fonction ou d'un organe ayant pour résultat de les mettre en accord avec tout ou partie de leur milieu, soit interne, soit externe ; et si l'on tient compte de ce fait que chez les êtres vivants, par exemple, la sélection naturelle élimine les variations incompatibles avec la vie. Si l'on tient

_____

(1) HABAUD, *Le Transformisme*, p. 65.

compte des transformations graduelles ou continues
en corrélation avec les transformations continues du
milieu, l'adaptation externe, l'adaptation de l'organisme au milieu est une simple compatibilité entre le
milieu et l'ensemble des actions constitutives de la vie
organique : compatibilité de même ordre que celle qui
existe entre la réaction chimique ordinaire et l'ensemble
des conditions physiques ou chimiques nécessaires à la
production de cette réaction.

Il en est de même de l'adaptation interne ; les différentes actions qui se rencontrent dans un organisme ou
un organe ayant pour effet de maintenir le tout qu'elles
constituent. Ceci est analogue aux équilibres chimiques.

De même encore l'adaptation par usure, par frotte-
ment, si l'on peut dire : la roue qui tourne mieux après
un peu d'usage, la clef qui s'adapte en s'usant par frot-
tement, le vêtement qui s'adapte au corps.

De même encore l'adaptation par réaction : par
exemple le développement des sensations olfactives
ou tactiles chez un cavernicole chez qui la vue a disparu : les suppléances sensorielles.

Ainsi l'adaptation n'est pas en soi-même une forme de
l'intelligence. Il peut y avoir une adaptation sans
intelligence.

L'intelligence est donc un mode particulier d'adaptation : Il y a deux grands modes d'adaptation, l'un
mécanique, l'autre intelligent. On n'éclaire donc point
la question en prononçant le mot d'adaptation pour
éclairer l'intelligence.

*
* *

Il va de soi qu'une réponse automatique à une situation n'est pas intelligente, ou du moins n'engage pas de

l'intelligence actuelle. X... descend du tramway au pont de Grenelle, comme d'habitude, pour rentrer chez lui ; ce jour-là il a pourtant l'intention d'aller acheter quelque chose rue Théophile-Gauthier, où l'aurait conduit directement le tramway. En descendant il s'aperçoit de sa faute. Puisqu'il s'en aperçoit, il n'a fait que manquer de présence d'esprit. L'adaptation intelligente est venue trop tard. Ne pas s'apercevoir du tout de sa faute et, en cas semblable, renouveler indéfiniment son erreur aurait été manquer d'intelligence.

*
* *

L'intelligence est, dit-on, adaptation à des situations nouvelles.

Encore faut-il que la situation nouvelle réclame une réponse nouvelle.

Encore faut-il que l'expérience antérieure permette la réponse nouvelle.

En d'autres termes, on trouve toujours dans l'intelligence l'utilisation d'une technique et l'infléchissement de cette technique vers la situation présente. L'intelligence consiste à utiliser intelligemment des mécanismes.

Une réponse intelligente dépend donc de l'accomplissement préalable de certaines actions plus simples. La fixation des réponses antérieures est une condition essentielle pour que le comportement adaptatif atteigne son plus haut degré.

Il n'y a pas d'intelligence pure, d'intelligence libre. C'est toujours à partir d'une certaine intelligence accumulée en savoir, solidifiée en mémoire et en habitude que l'intelligence opère. Pas de pouvoir sans savoir.

Pas d'activité mentale sans automatisme. L'habitude
est un facteur du comportement le plus intelligent et
le plus plastique. Le comportement intelligent s'élabore sans cesse par la formation de nouvelles habitudes :
acquisition et fixation.

Inversement, le savoir accumulé, la mémoire, l'habitude ne sont pas de l'intelligence, ou tout au moins ne
sont pas de l'intelligence actuelle. Il y a une façon correcte de répondre, en vertu d'un mécanisme préalable,
mais qui ne suppose pas d'intelligence. Toutes les situations ont quelque chose de nouveau ; cela n'empêche
pas que, la plupart du temps, l'habitude nous permet d'y
faire face ; elle suffit à atteindre ce qu'il y a dans la
situation d'ancien, de familier, de stéréotypé, et à
répondre à l'ensemble, si la nouveauté n'est que de
surface et dans la présentation.

Qu'est-ce donc que l'intelligence ?

L'élaboration de nouvelles habitudes est une forme
du comportement intelligent. Savoir monter des mécanismes, c'est non seulement faire économie d'effort
en remettant à l'habitude ce qui exigerait de la présence d'esprit, c'est encore créer l'outil nécessaire au
travail, et sans lequel le travail ne peut être effectué.

Il y a du reste deux procédés de formation des automatismes. Il y a un procédé mécanique d'apprentissage, il y a un procédé intelligent. La simple répétition, l'élimination des actes inutiles, la systématisation croissante des moments de l'action, la formation
du système clos qui constituent une habitude s'opèrent
en grande partie sans recours à l'intelligence. Il y a
une forme d'adaptation qui tend vers la pure habitude :
frayage et meilleur fonctionnement des voies nerveuses ; amélioration de valeur des réponses ; méthode

des essais et des erreurs : dans tout cela nous retrouvons les formes élémentaires de la structure et de l'activité nerveuses, la plasticité, le frayage, la formation
de connexions.

Toutefois on peut se demander si dans toute formation d'habitudes il n'intervient pas une part tout au
moins d'intelligence. Chez l'homme, la mémoire mécanique s'accompagne toujours de quelque logique ;
l'attention, la volonté d'apprendre, la façon de se
représenter la tâche, la comparaison des résultats
avec la fin visée ; l'attitude mentale au moment de
l'acquisition et pendant la période d'incubation, la
mesure du progrès, l'adaptation intelligente à l'apprentissage, les procédés ingénieux interviennent même
dans l'apprentissage mécanique de syllabes dénuées
de sens (1). L'intelligence joue un rôle dans la formation
des habitudes humaines.

On peut se demander si elle ne jouerait pas un rôle
même dans la simple méthode des essais et des erreurs,
où il entre toujours du discernement, du choix, de
l'appréciation des résultats, une certaine façon de se
prêter, de s'adapter à l'expérience. En tout cas l'élaboration de nouvelles habitudes est, pour une part, une
forme du comportement intelligent.

***

L'intelligence est discernement et choix. Non pas
adaptation en vertu d'un automatisme préétabli et
sans pensée, mais pensée de la situation, solution de

---

(1) Inversement la mémoire dite logique repose toujours sur le souvenir
de certains signes, de certaines images, à partir desquelles l'opération mentale de reconstruction s'effectue.

la difficulté, la difficulté ayant été vue et la solution
ensuite, ou bien la solution ayant été vue dans la difficulté même. En d'autres termes, il peut y avoir une
intelligence implicite et immédiate ou une intelligence
explicite, discursive : la seconde qui pose le problème
et trouve la solution, la première qui ne distingue
point les termes ; mais l'une et l'autre sont pensée,
pensée de relations.

L'intelligence n'est donc pas simple réaction élémentaire au stimulus présent, ni condensation de réactions. Elle pense le stimulus présent dans sa généralité,
dans l'ensemble rationnel où il est engagé. Elle est
méthode pour résoudre tous les problèmes du même
ordre. Elle pose des cadres généraux et des rapports
généraux.

Unifier et distinguer, telle est sa tâche (1) : établir
des rapports.

L'intelligence varie singulièrement du reste en étendue et en hauteur : suivant l'importance et la difficulté
des questions, la fécondité des solutions.

L'intelligence n'intervient guère dans notre conduite
que quand les procédés automatiques font défaut. Nous
ne sommes qu'empiriques dans les trois quarts de nos
actions. Nous ne pensons qu'en face d'une difficulté.
Lorsque l'ajustement habituel, lorsque les combinaisons mnémoniques font défaut, lorsque les besoins du
moment exigent une réponse vraiment nouvelle, l'intelligence intervient.

---

(1) Le processus du raisonnement consiste à former des représentations
d'ensemble appropriées ; quand on dit Paris est au nord d'Orléans, Orléans
au nord de Bordeaux, donc Paris est au nord de Bordeaux, on se donne,
sous une forme ou sous une autre, une représentation schématique, d'où
il suffit de dégager ce que l'on cherche. Il faut lier d'abord pour abstraire
ensuite.

L'intelligence se mesure non d'après ce qu'on a fait, mais d'après ce qu'on peut faire. Elle est capacité et non pas acquisition.

Il est difficile de mesurer l'intelligence proprement dite. On mesure assez aisément l'intelligence acquise, automatisée, le savoir. La plupart des tests de Binet-Simon chez l'enfant ne mesurent que cela. La méthode vise pourtant à constituer un ensemble synthétique de tests, de façon à analyser les fonctions mentales indépendantes, et à les analyser toutes. Mais même ainsi entendus, ils ne mesurent que l'intelligence de réaction. Ils ne mesurent pas l'intelligence spontanée.

Ils ne mesurent que l'intelligence « en coupe ». Il ne la mesurent pas dans son travail, dans son comportement véritable.

Ils ne la mesurent pas en dehors des aptitudes spéciales, non plus que des mécanismes déjà montés.

*
* *

On peut parfaitement vivre en se passant de toute pensée. On vit alors sur le plan de l'action : réflexes, instincts, habitudes. La meilleure partie de la vie animale s'écoule ainsi, éclairée parfois peut-être, chez les animaux supérieurs, de quelques jeux d'images, de quelques lueurs de pensée confuse et indifférenciée. A ce stade de vie mentale, point de langage. Ni le jeu des émotions et de leur expression, ni les besoins de la vie commune ne suffisent. Que faut-il donc de plus ? Pour que le langage soit possible il faut un esprit ; il faut que soit fondé un système de notions ordonnées par des relations. Pour qu'il y ait signe, il faut un système de signes, appuyé sur ces notions et sur ces relations. Une couleur, un son qui déclenche chez un chien un réflexe conditionnel, n'est pas pour lui, un signe de l'expérience alimentaire. Ce fragment de l'expérience originaire le met dans le même état que l'expérience originaire ; cette sensation adventice et surajoutée a pris pour lui la valeur du groupe de sensations intéressantes auxquelles elle est liée. Le chien réagit à la couleur et au son comme il réagit à la vue de la nourriture. Ce que nous, nous appelons signe, s'est substitué à la vue de la nourriture et produit le même effet et c'est tout. La relation n'est ni aperçue, ni exploitée (1).

Pour penser, il faut d'abord n'être plus une chose parmi les choses, il faut se placer hors d'elles pour les apercevoir comme choses et agir sur elles par des moyens inventés. On a raison de comparer le langage aux outils ; non seulement parce qu'il étend et élargit le cercle d'action, parce qu'il transforme et multiplie l'énergie mentale, parce qu'il permet au sujet d'agir sur autrui, sur soi-même, et sur les choses, mais aussi parce qu'en le fabriquant la pensée se fait, parce que la création de l'intermédiaire significatif est, comme celle de l'intermédiaire actif, la mise en jeu de l'intermédiaire explicatif : l'aperception de la distinction entre les choses, entre les éléments de l'univers et du moyen de les relier. La pensée opère ici des rapprochements et des distinctions que la perception toute pure ne comporte pas. Il faut, pour fabriquer un outil, mettre en ordre un jeu de notions, trouver un objet ou construire un objet qui réponde à certaines conditions, constater

---

(1) Le langage substitue « a transparent and responsive world of minds to the dead opaqueness of external things ». WARD. *Psych. Principles*, p. 286.

une difficulté, résoudre un problème (1). En ce sens, le raisonnement est action, opération mentale. Une idée, c'est un plan d'action, le groupement de notions sous un ordre. Construire une machine, une technique, un langage, ce sont des faits de même ordre et simultanés. Cela suppose toujours que, pour réaliser un certain effet, on distingue et on enchaîne des moyens; on construit un mécanisme, on dirige une finalité. Cela c'est toute l'intelligence, discernement et adaptation.

Mais une forme précise de discernement et d'adaptation. C'est le sort commun des êtres vivants d'expérimenter des relations entre leurs expériences, et même de mettre en relation leurs expériences. L'action et l'habitude, nous l'avons dit, forgent abondamment de telles relations. L'utilisation de l'expérience, ni même l'adaptation à des situations nouvelles, la variabilité du comportement, ne sont un signe suffisant d'intelligence. Ni la simple réaction au stimulus présent, ni cette simple condensation de réactions qu'est une habitude ne sont nécessairement des actes intellectuels. La formule de l'action, l'expression de l'habitude en règle, conditions de la conduite intellectuelle, n'apparaissent pas encore. Dans la nature, de haut en bas, nous voyons des actes qui simulent l'intelligence, accomplis par des êtres dépourvus d'intelligence. L'adaptation organique est comme une intelligence physiologique.

Les forces physico-chimiques elles-mêmes, le mécanisme, n'est-ce pas de l'intelligence ? L'intelligence est partout où il y a arrangement et système : en ce

---

(1) WHITNEY, *Le Langage*, p. 249. « La faculté humaine qui produit le plus directement le langage, c'est celle d'adapter intelligemment les moyens au but. »

sens l'existence tout entière est intelligence pour le
philosophe, mais ce que le psychologue appelle intelligence, c'est l'intelligence qui apercevant tout cela,
s'aperçoit ; et comme Aristote disait de Dieu : la pensée
de la pensée.

Penser des relations entre des choses, trouver des
choses qui soient entre elles dans un rapport donné, ou
trouver un rapport entre des choses données, n'est-ce
pas la définition même de toute pensée ? Comprendre,
n'est-ce pas tout simplement ramener à une règle
empirique, ou rationnelle ; subsumer des termes à un
plan et à un ordre ; termes qui sont des notions et qui
engagent un ordre de notions ; ordre qui règle le développement des notions. Cela implique la constitution
d'objets et l'aperception des relations. Cela implique
que l'on superpose au monde de l'expérience immédiate,
où la réaction motrice répond à la sensation, un monde
où l'objet et l'acte sont disjoints pour être réunis à
nouveau, où la différenciation et l'unification se succèdent, où les ensembles primitifs sont découpés pour
être mis bout à bout suivant un ordre de composition
qui commence par poser et par maintenir la distinction
des éléments.

Nous en revenons toujours au jugement et aux concepts. La notion, le concept, la chose pensée, n'est
qu'un jugement virtuel, le concept n'est élément du
jugement que parce qu'il est produit du jugement ;
le chien, l'arbre, la vertu ne sont rien, sinon une affirmation, quelle qu'elle soit, à propos du chien, de
l'arbre ou de la vertu. On ne les pense qu'en pensant
quelque chose d'eux. Ce qu'on appelle leur compréhension, c'est comme une liste ouverte de jugements en
nombre indéfini. A chaque fois qu'il les manie, l'esprit

isole une portion de cet ensemble et se fixe sur elle pour
un temps plus ou moins long ; il oscille parfois entre
une série d'affirmations plus ou moins vaguement
esquissées. Ce qui donne au concept l'apparence d'être
isolable, c'est justement qu'il peut être engagé dans des
séries différentes qui se tiennent en échec. De la vertu
ou du chien, je puis penser bien des choses différentes.
C'est cette indétermination momentanée du jugement, cette pluralité virtuelle, cette indécision du savoir
qui donnent au concept l'apparence de se suffire.

Sans le jugement, on n'a donc point de concepts
dans l'esprit, mais seulement des représentations concrètes ; ce qui distingue le concept d'homme de l'image
d'un homme, ce sont les jugements relatifs à l'homme,
que le concept tient en puissance, et qui sont plus
ou moins précisément formulés. Ainsi entre le concept
et le jugement il n'y a pas de différence ; une notion
implique une relation à d'autres notions. Il est l'élément du jugement parce qu'il est le produit du jugement. De là vient que, lorsque l'esprit construit une
notion, il en construit bien d'autres et même qu'il les
construit toutes virtuellement : dès qu'une idée est
forgée, toutes les idées existent en puissance dans l'esprit ; dès qu'un mot est formulé, tout le langage existe
en puissance ; dès qu'un moment de savoir est posé,
tout le savoir est virtuellement engagé ; car il n'y a
plus qu'à continuer et à répéter à propos de tout la
même opération. La méthode est universalisable,
puisqu'elle est une méthode d'universalité. Générali-
ser, n'est-ce pas tout simplement construire plusieurs
choses par un acte unique, et se représenter le résultat
de cet acte comme un objet déterminé et stable ? Le
même acte peut se répéter le même à propos de toutes

les données semblables. Il peut se répéter différent à
propos de toutes les données différentes.

De là vient que la généralisation ne se réduit ni à
l'abstraction ou à l'attention exclusive, ni au fait de
substituer un semblable à un semblable. Son essence
c'est précisément la possibilité de répéter indéfiniment
et de varier indéfiniment une même opération. Son
œuvre, c'est l'univers mental. L'opération qui constitue la généralisation commence l'organisation logique
de l'expérience. Construire un objet et former un concept sont choses analogues : nous ne percevons des
objets particuliers que dans la mesure où nous savons
les distinguer d'avec les autres, les comparer eux-
mêmes dans leurs différents aspects et leurs différents
moments ; cette perception, dans la mesure où elle
s'élève au-dessus de la pure sensation, est toute pénétrée de concepts ; c'est ce qui fait qu'elle peut se formuler en langage et qu'elle peut devenir la science. Le
langage est la première science ; à la fois une technique
et un savoir. Sur cette base de la langue s'élèveront les
sciences primitives. De là vient que le langage est à la
fois l'effet et la condition de la pensée logique. Certes
les concepts logiques ne sont possibles que sur la base
du langage. Mais les concepts-choses qui font la matière
du langage sont l'œuvre immédiate de la pensée logique. Orientée d'abord vers la détermination des existences, la logique se construit, grâce au langage, sur le
monde des concepts élémentaires qu'elle a d'abord
forgés dans le langage. L'expérience pensée est inévitablement l'expérience parlée, d'où procèdent ensuite
la pensée et la science.

Le langage est d'abord le monde des concepts élémentaires, l'esprit même, prenant possession de la

diversité de ses sensations, les organisant en expérience. Les mots sont contemporains des choses. Principe qui explique suffisamment le caractère intuitif des langues dites primitives, l'abondance des formes concrètes et des moyens pictoriaux, la prédominance des relations spatiales, traits qui s'effaceront au cours de l'histoire des langues.

De là vient encore que les relations apparaissent en même temps que les notions. Les notions se brodent sur le canevas des relations. Les rapports entre les notions, qu'un jugement formulé explicite, préexistent à l'établissement des notions et en constituent l'infrastructure. Car une chose, c'est d'abord l'unité d'un groupe de ressemblances et leur intégration, la combinaison des différences avec les ressemblances pour la hiérarchie logique et la spécification. C'est aussi la distinction de cette chose d'avec les autres choses et la possibilité pour cette chose d'entrer avec les autres choses dans toutes les relations qui sont possibles. La construction d'une chose, la position d'une chose parmi d'autres choses, impliquent tout le jeu des relations qui constituent l'esprit et dont la formule est le jugement.

Le concept enferme la possibilité et l'exigence du signe ; le monde de la pensée, la possibilité et l'exigence d'un système de signes, capable d'exprimer les notions et les relations. Le concept est la possibilité de penser une chose comme équivalent d'un groupe de choses, et par conséquent un élément d'une chose comme équivalent de ce groupe. L'image, quelle qu'elle soit, qui dans l'esprit figure le concept, est un signe, un symbole, parce qu'elle n'est point prise pour ce qu'elle paraît, mais pour ce qu'elle figure. Elle n'est pas dans

l'esprit une image, mais l'indication d'une réalité
logique. Elle est image, dans la mesure où l'esprit la
contemple, d'une vue plastique, esthétique en quelque
sorte, et aperçoit ce qu'elle contient. Elle est signe dans
la mesure où l'esprit aperçoit ce qui lui manque et
pense à travers elle ce dont elle est l'expression intermittente et inadéquate. Beaucoup des images dont
nous nous servons pour penser quand nous ne pensons
pas en mots sont, nous le verrons, de véritables mots :
des signes muets, qui accompagnent ou suppléent le
langage parce qu'ils ont même fonction. De là vient
qu'on peut penser avec des images et sans mots, et
que beaucoup de gens se passent parfois de mots. L'image
exerce ici une fonction à laquelle elle s'est du reste
assouplie en la compagnie du mot ; car la possession de
telles images-signes, exploitées, non pour elles-mêmes,
mais pour ce qu'elles représentent, est le fait d'un
esprit déjà verbal. Mais elle est propre à remplir cette
fonction, parce qu'elle est déjà symbole. La pensée fait
le langage en se faisant soi-même par un langage intérieur.

Il y a donc, sous le concept, l'image qui est symbole,
et, comme telle, signe déjà. L'image symbolique, qui
prépare ou qui soutient la notion, n'est point prise pour
ce qu'elle est, mais pour ce qu'elle annonce. Mais c'est
une image individuelle et muette et qui adhère encore
à la notion. C'est la possibilité logique du signe, plutôt
qu'un signe. Il faut franchir ce stade du signe muet et
idéographique. L'avenir du langage requiert que ses
signes soient vus ou entendus, et que, pris à l'origine
dans la masse d'expression qui s'attache à l'idée, ils
se dégagent autant que possible de toute relation de
ressemblance ou de contiguïté trop étroite qui les obli-

gerait à y adhérer indissolublement. C'est dans les
mouvements d'expression que nous avons étudiés
plus haut, que le langage va chercher ses mots origi-
nels, d'abord liés aux choses par ce rapport de l'expression affective, puis vite affranchis de ce lien originel,
vite conventionnels et arbitraires, et suffisamment
souples et capables de complication pour constituer
un système de signes. L'exigence interne de l'analyse
de la pensée qui aboutit au signe mental rencontre
l'exigence externe du besoin de communication, qui
aboutit au signe social. C'est la conjonction du signe
mental et du signe social qui fait le langage ; lequel se
crée par conséquent en même temps que les choses sent
organisées par l'esprit. Le langage est un moment de
la constitution des choses par l'esprit ; point de choses
sans la représentation simultanée d'une diversité de
sensations et d'une fixité, d'une série de données hétérogènes et d'une unité à laquelle elles se réfèrent. Le
signe mental est précisément sur le trajet de cette référence. Le signe affectif et social le réalise et par lui
s'approfondit et prend le caractère et le sens du signe.
Une langue est un des instruments spirituels qui transforment le monde chaotique des sensations en monde
des objets et des représentations.

Donc le langage ne peut se passer de la pensée, et il
semble que la pensée aboutisse nécessairement au langage. La pensée discursive, la pensée logique en tous
cas. Nous ne nions aucunement que la pensée intuitive,
à la fois anticipative et cumulative, la peut précéder,
et que nous puissions penser parfois sans le secours
d'images. Nous retrouverons cette question. Tout ce
que nous voulons marquer pour le moment, c'est que
la pensée discursive, dans son analyse d'elle-même,

aboutit nécessairement au langage et qu'elle ne peut
s'en passer. Inversement, le langage réfléchi repose sur
une formulation préalable, sur une schématisation   ,
logique de l'intention verbale. De là vient que les
troubles aphasiques d'un certain degré sont toujours
accompagnés de troubles de la pensée discursive, des
fonctions d'opposition et de relation, alors même que
ces fonctions seraient appelées à s'exercer indépendamment du langage, et par exemple sur des cadres spatiaux ou temporels. Manier des signes, c'est être capable d'abord de manier de tels symboles, dont le
maniement est comme la condition la plus abstraite
de possibilité du langage.

* *

Nous disions plus haut que l'animal est incapable de
s'affranchir de la vie affective. La pensée que nous
venons de décrire est d'abord la puissance de s'abstraire
des réactions affectives, de considérer les états d'âme
comme des   choses, d'établir des rapports entre ces
choses, d'établir une correspondance entre ces choses et
leurs signes. C'est le passage du monde comme volonté
au monde comme représentation.

La pensée est-elle une suite de cet effacement, la
cause de cet effacement, ou cet effacement lui-même ?
On ne voit pas comment la « volonté » s'anéantirait de
soi-même, et comment cet anéantissement aurait la
vertu de faire surgir le monde de l'intelligence. L'intelligence préexiste à une telle opération. Et il est probable qu'elle intervient dans le refoulement de la vie
affective qui lui permet de se dégager. L'intelligence
demeure un fait premier.

Nous croyons que la psychologie rejoint ici la théorie de la connaissance. Aucune des tentatives de déduire l'intelligence à partir d'opérations élémentaires ou de modes de vie psychologique qui ne la contiendraient pas n'a réussi. Les fonctions que nous avons rapidement décrites sont irréductibles.

*
* *

On ne peut pas se passer de l'intelligence pour expliquer le langage, pas plus que pour expliquer l'art ou la religion.

Nous avons montré ailleurs que la magie et la religion supposent, à côté des sentiments et de leur expression, une pensée des choses, l'intégration des désirs humains dans un mécanisme cosmique. La religion a besoin d'assurer les valeurs qu'elle veut sauver et qui sauvent. Il faut une nature des choses où puisse s'accomplir le bien espéré. Magie et religion ont besoin d'un ordre et d'une connexion des choses où se puissent réaliser les désirs. Point de finalité sans causalité.

La pure vie passionnelle reste au seuil de la religion. Il faut, pour que fins et moyens s'extériorisent, sortir de soi, constituer un ordre des choses, un système de forces, un monde divin. La religion peut bien être action et affectivité : on a le droit de dire qu'elle est de l'ordre de la vie. Mais elle est aussi de l'ordre du savoir. La pratique, le rite ont besoin d'un mythe en qui s'envelopper. Sans le concours de l'intelligence, l'affectivité resterait inféconde.

De même l'art n'est pas seulement l'expression du sentiment et son efflorescence spontanée. Il y a, à la base de tous les arts, un acte intellectuel, le même qui

aboutit à la constitution du langage. La musique la
plus rudimentaire met en œuvre un système de sons
fixes et transposables, d'intervalles déterminés. Ce
système suppose la faculté de reconnaître des rapports
entre des sensations comme indépendants de la qualité
particulière de ces sensations. Les arts plastiques mettent en œuvre une mathématique élémentaire et la
notion de similitude ; de même encore les échanges
sociaux les plus rudimentaires, le commerce direct,
échange d'objets matériels, le troc repose sur la notion
de correspondance et d'équivalence.

*
* *

Est-il possible de saisir, dans l'histoire de l'individu
ou de la race, ce développement de la pensée vers le
langage? Par hypothèse, l'histoire de la langue ne peut
ici nous servir. Pour répondre à la question, il faudrait
être capable de reconstruire l'origine du langage dans
l'humanité ou d'apercevoir, chez l'enfant, l'apparition
de la conscience verbale.

Nous y reviendrons plus tard. De l'origine du langage nous ne pourrions parler, autant qu'on en peut
parler, qu'après avoir étudié tout le langage, aussi
bien son évolution objective, l'histoire des langues et
les lois générales de leur développement, que son évolution subjective, l'acquisition du langage et le fonctionnement de l'esprit du sujet parlant. Au langage
de l'enfant nous consacrerons un de nos plus importants
chapitres.

Nous devons donc nous borner ici à de très brèves
indications.

Chez l'enfant, malgré les apparences, nous ne pou-

vons guère apercevoir de façon satisfaisante le moment
où le langage apparaît. Nous savons que pendant une
année environ l'enfant babille ; qu'il émet ensuite
quelques mots isolés, et qu'enfin, après une période
assez longue de stagnation, son vocabulaire s'accroît
assez rapidement en même temps que sa syntaxe s'élabore. A quel moment use-t-il intelligemment du langage ? Il est très mal aisé de répondre à cette question.
On pourrait bien dire, que dans les quelques mois de
sa vie où il n'use que de mots isolés, il parle comme un
perroquet ; et qu'au contraire, au moment où son vocabulaire s'accroît rapidement, il passe au stade du langage humain. Mais à aucun moment de son développement l'enfant n'est tout à fait un perroquet.

Il est possible, en tout cas, que, pendant quelque
temps, certains mots soient répétés ou compris automatiquement, en présence de certains objets ou de certaines situations ; puis que l'enfant aperçoive le langage, c'est-à-dire s'aperçoive que tout peut être nommé
et que tout peut se dire, même les relations qu'il y a
entre les choses ; à ce stade correspondrait l'accroissement rapide du vocabulaire et les débuts de la syntaxe.

Comme, chez l'enfant normal, on est réduit à observer
du dehors ce processus de développement, on ne sait
rien de ce qui se passe dans sa conscience et l'on est
réduit à des hypothèses assez fragiles. Dans certains
cas anormaux, au contraire, on serait mieux placé pour
voir ce qui se passe.

La biographie de certains sourds-muets aveugles
éduqués nous apprend qu'après bien des efforts inutiles, parfois après des mois de lassitude, de dégoût,
d'hébètement, les élèves comprennent soudain à quoi
servent les signes qu'on s'efforce de leur inculquer.

Cette compréhension est le point de départ du déveloP-
pement véritable du langage. C'est la clef du système
verbal (1).

Inutile de montrer que, même s'il en est ainsi, nous
nous bornons à constater une succession, nous n'expli-
quons pas. Nous voyons se dégager une fonction nouvelle ; ce n'est pas l'expliquer.

Enfin, cette fonction se dégage sous l'action et par
la collaboration de l'entourage. L'enfant reçoit le
langage avant de l'émettre.

* *

On sait l'obscurité des origines. Où est le commencement ? « Ce qui commença, qui peut nous le dire » ?

L'histoire du langage n'atteint pas les origines,
puisque le langage est la condition de l'histoire. Le linguiste n'a jamais affaire qu'à des langues très évoluées,
qui ont derrière elles un passé considérable, dont nous
ne savons rien. L'origine du langage ne se confond pas
avec l'origine des langues. Les langues les plus anciennement connues, les langues « mères » n'ont rien de
primitif. Elles nous renseignent seulement sur les transformations que subit le langage ; elles ne nous indiquent
pas comment il s'est créé.

On a enfin renoncé à rien demander aux sauvages.
Leurs langues ont une histoire. Ils ne sont pas des primitifs ; elles ne sont pas primitives. Leurs langues sont
très compliquées. Leurs langues sont très simples. Vendryes dit justement qu'elles diffèrent des langues dites

---

(1) Voir LAMSON, *The Life and Education of Laura Bridgmann*, Londres,
1878 ; STERN, *Helen Keller* ; ARNOULD, *Âmes en prison.*

civilisées plutôt par les idées à exprimer que par l'expression. L'archéologie préhistorique ne donne rien.
L'histoire des hommes fossiles semble établir que la
souche originelle du genre Homo est plus ancienne
encore qu'on ne l'avait supposé. Mais nous ne savons
pas si ces hommes parlaient, ni comment ils parlaient.

Faut-il construire en l'absence des faits ? A propos
de toutes les origines, la spéculation se donne libre
carrière : presque toujours en supposant une tendance
très simple, qui s'est peu à peu compliquée jusqu'à tout
produire ; toujours en élaborant une explication complète au moyen de quelques faits savamment choisis.

La seule base que nous ayons, c'est l'analyse des
conditions de possibilité du langage, les lois d'évolution des langues, les observations sur le développement du langage. Ici comme ailleurs il faut envisager
la suite et tout le développement. L'étude des origines
permanentes et du développement historique nous
livre tout ce que nous pouvons savoir de l'origine.
Il faut donc ajourner le problème.

*   *

Les origines ne se reconstruisent qu'à coup d'hypothèses. On a essayé de toutes les hypothèses (1).

Personne ne soutient plus que le langage soit une
froide convention, inventée de toutes pièces. Mais nous
verrons tout ce qu'il y a de conventionnel, d'intentionnel et de volontaire dans le langage.

---

(1) Consulter en particulier Borinski, *Der Ursprung der Sprache*, Halle,
1911 ; Steinthal, *Der Ursprung der Sprache*, Berlin, 1888 (4e éd.); Jespersen, *Language* ; Wundt, *Die Sprache* ; Renan, *Essai sur l'origine du
langage*, 1862 (3e éd.) ; Vendryès, p. 6.

8

Le langage provient-il des sons affectifs émis par l'homme en présence des objets ou des situations ?

Ce qui persiste du langage affectif dans une langue est peu de chose, et souvent bien conventionnel déjà. Et l'interjection est plutôt la négation du langage, car on l'emploie faute de langage.

Le langage provient-il de l'imitation des sons ? (1) « La langue des premiers hommes ne fut, en quelque sorte, que l'écho de la nature dans la conscience humaine ». « Der Mensch erfand sich selbst Sprache aus Tönen lebender Natur ».

Il est vrai qu'un son, le cri d'un animal par exemple, peut, quand on l'imite, servir à le désigner et à le dénommer. La signification naît d'abord de l'imitation et de la collaboration de deux sujets.

Mais l'onomatopée est fragile. D'une manière générale, les tentatives qui ont été faites pour expliquer par des propriétés de la nature des sons le sens des mots n'ont guère abouti. Dans les différentes langues les mêmes notions sont exprimées par des sons très divers. Le sens attaché aux mots varie sans que varient les sons, ou bien les sons varient sans que le sens varie. On ne peut guère parler d'une symbolique naturelle.

Les onomatopées, du reste, on l'a bien montré, ont

---

(1) Onomatopées vocales affectives, voilà l'origine du langage pour MAINE DE BIRAN, *Influence de l'Habitude* (Œuvres, éd. Tisserand, tome II, p. 180) : « D'abord il y a des inflexions... signes naturels du plaisir, de la douleur, de la surprise, de la crainte, de l'admiration ; ces inflexions qui sont comme le cri de l'âme s'appliquent bientôt aux objets même, propres à faire naître les sentiments qu'elles expriment, deviennent les racines premières et générales de leurs noms composés, et peuvent déterminer un commencement de classification des objets qui ont entre eux, si je puis m'exprimer ainsi, les mêmes rapports d'analogie sentimentale. Quant aux objets bruyants, sonores, ils dictent eux-mêmes les noms qui doivent les peindre ; autre source féconde d'analogie, qu'on retrouve dans toutes les langues ».

un caractère très subjectif. Elles varient selon la communauté linguistique, et la valeur expressive du son
n'apparaît que poussée en avant par la signification du
mot. Les onomatopées sont le plus souvent accidentelles : elles ne doivent le plus souvent leur valeur imi-
tative qu'à l'évolution phonétique d'un mot banal ;
ce sont des accidents du langage. Elles obéissent servi-
lement aux lois phonétiques ; l'évolution les défait
comme elle les a faites (1).

Les cris réflexes poussés par l'homme en société
n'ont-ils pu devenir des signes de ses actions ? Le langage, suivant l'expression de Noiré, serait né de la mise
en commun des activités particulières et de l'effort du
travail.

On sait que K. Bücher a repris cette hypothèse, pour
le rythme poétique et musical. Ainsi le cri-signal, pourvu
d'une valeur symbolique et répété par d'autres, aurait
été le moyen élémentaire de communication. La vie
collective aurait créé à la fois le signe et la signification. Le cri est un geste vocal, émis et compris à la
lumière de l'expression totale de l'émotion, adapté jusqu'à un certain point à l'impression que fait sur
l'homme la situation ou l'objet : de là vient l'affinité
naturelle qui les unit jusqu'à un certain point ; il y a
dans le cri une part d'imitation motrice et quelque chose
comme une image sonore (2).

Plus habile linguiste et plus subtil psychologue,
Jespersen a repris tout récemment cette thèse que de
l'histoire des langues on peut tirer une vue du déve-

(1) Voir GRAMMONT, *Onomatopées et mots expressifs. Revue des langues romanes*, 1901 ; DE SAUSSURE, *Cours de linguistique*.
(2) Voir WUNDT, *Die Sprache*; voir aussi LÉVY-BRUHL, *Les fonctions mentales*.

loppement linguistique suffisante pour qu'on ait le
droit de la prolonger en avant et en arrière, pour deviner en partie le passé et l'avenir. En découvrant certaines qualités propres aux premières époques des
langues et disparues aux époques plus récentes, en montrant qu'il y a une ligne régulière de développement, le
linguiste aurait le droit de suppléer à l'absence de tout
document relatif aux origines. On peut s'aider au surplus de ce qu'enseignent les civilisations primitives et
le langage des enfants.

Le langage primitif aurait été riche de toute espèce
de sons difficiles. Ne remarque-t-on pas dans l'histoire
des langues la tendance au relâchement de l'effort musculaire, à la facilité de prononciation? Les combinaisons difficiles s'éliminent. Les recherches modernes ont
montré que la phonétique protoaryenne était beaucoup
plus compliquée qu'on ne l'avait d'abord imaginé.
Beaucoup de langues primitives sont chargées de sons
difficiles.

Pour la même raison, on peut dire que le langage
primitif avait un fort accent musical. La musique de
la phrase y était fortement marquée. En effet, le langage passionné devient aisément musical, comme l'ont
montré Carlyle et Spencer ; et la civilisation modère
la passion et son expression.

La tendance de la langue moderne est, en grammaire,
franchement analytique. Ce qui dans les dernières
étapes du langage se présente séparé était fondu à
l'origine dans une unité indissoluble. Le mot latin
cantavisset réunit, sous l'unité du vocable, le sens du
mot, le nombre, la personne, le temps, le mode et la
voix : catégories grammaticales qui, dans l'histoire
des langues, tendent à se forger une expression dis-

tincte. Partant de langues flexionnelles et de mots-
phrases, le développement du langage se fait vers la
suppression de la flexion et la combinaison d'éléments
indépendants (1).

De même, à l'origine dominaient l'irrégularité,
l'absence de systématisation, la surabondance et le
foisonnement des formes. L'esprit sans système de nos
lointains ancêtres n'était pas capable d'exprimer par
une forme unique ce qui avait fonction unique ; l'expression linguistique séparait plus encore qu'aujour-
d'hui des choses qui, du point de vue logique, sont
étroitement apparentées. Il en est de même des primitifs dont le langage comme la vie sociale est régi
par des prescriptions et des prohibitions innombrables
et irrationnelles. « Rien n'entre mieux dans les esprits
grossiers que les subtilités des langues. » (2). « Des
hommes grossiers ne font rien de simple. Il faut des
hommes perfectionnés pour y arriver ».

En fin de compte, l'évolution du langage montre une
tendance progressive à passer de « conglomérations »
irrégulières à des éléments courts, librement et régulièrement combinables.

De même, plus un langage est avancé, plus grand est
son pouvoir d'exprimer des idées abstraites ou générales. Le langage vise d'abord le concret et le spécial,
comme tout le monde en est d'accord aujourd'hui.

Si l'on veut résumer : un langage plus sensible, plus

_____

(1) Jespersen fait remarquer, p. 457, qu'il en est de même pour l'écriture. Au début, un signe signifie une phrase ou, plus encore, l'image d'une
situation ou d'un incident pris dans sa totalité. Puis elle se développe en
expression idéographique de chaque signe pris isolément ; vient ensuite
l'écriture syllabique, et enfin l'écriture alphabétique. Des unités de plus
en plus menues sont représentées par des signes distincts.

(2) TARDE, Les lois de l'imitation, p. 285.

figuré, d'un mot, plus poétique ; un chant émotionnel
qui exprimerait avant tout le jeu, l'hilarité, la courtisa-
tion, l'amour, les émotions fortes, la dépense d'énergie.
Les hommes ont chanté leurs sentiments longtemps
avant d'être capables de parler leurs pensées. Notre
langage primitif et la musique sont des différenciations
d'une expression primitive. Cette expression a été
exclamation avant d'être communication.

Le caractère onomatopéique ou interjectionnel de
certaines exclamations a pu aider à les employer et à les
comprendre immédiatement comme des signes. Mais
dans la plupart des cas ce n'est que par une voie très
indirecte que s'est établie l'association du signe et du
signifiant. Beaucoup de mots sont nés vraisemblable-
ment de noms propres, sortes de *Leitmotivs*, qui en sont
venus ensuite à désigner les particularités les plus caractéristiques de la personne. Ainsi le langage humain,
comme celui de l'enfant, semble bien s'être développé
à partir d'unités qui n'ont point la structure grammaticale de la phrase, mais qui en ont la signification. Un
chant de triomphe, une mélodie complexe, un *Lied
ohne Worte* peu à peu a été analysé, décomposé, recom-
biné. Le langage s'est intellectualisé, et ses qualités
émotionnelles sont en régression ; mais elles ne sont
pas éteintes et ce sont elles qui donnent son coloris
à la parole passionnée (1).

---

(1) Wundt a dirigé contre le « mythe » de Jespersen, esquissé pour la
première fois dans son livre sur le Progrès du Langage, une double critique
(voir *Sprachgeschichte und Sprachpsychologie*, 1901) : D'abord il conteste
la thèse que l'origine du langage est dans la poésie et dans la musique :
rêve romantique, parent de celui de Humboldt. Ensuite il constate qu'il
n'y a point de langue où phrase et mot coïncident, en ce sens que les éléments de la phrase n'aient point de signification séparée. Le caractère du
langage exige précisément et partout cette distinction et cette décomposi-

tion. Dans le langage de l'enfant où le mot est phrase, le mot n'exprime
en réalité que l'idée essentielle de la phrase. Le reste est sous-entendu.
L'originalité de Jespersen est de passer à la limite. Il pousse à l'extrême
les constatations historiques et psychologiques sur le langage. Ce qu'il con-
sidère comme sa contribution originale au problème, c'est la « méthode
inductive » par laquelle il remonte vers le passé en se servant de l'histoire
du développement linguistique, des langues primitives et de la psychologie
enfantine. Dernièrement TROMBETTI est revenu, avec une érudition linguistique considérable, à l'idée d'une origine unique du langage (*Elementi
di glottologia*, 1922). Comme l'a bien montré MEILLET, *Bulletin de la Société
de Linguistique*, n° 71, p. 20, les preuves qu'il apporte sont assez faibles.

LIVRE II

CHAPITRE PREMIER

QU'EST-CE QU'UNE LANGUE?

Nous avons dit, au début de cet ouvrage, que la psychologie ne peut se passer de la linguistique, et notre premier soin doit être d'examiner à grands traits les faits linguistiques en eux-mêmes avant d'étudier le fonctionnement psychologique du langage.

N'aurions-nous pas le droit de faire abstraction de la langue, et le devoir de nous occuper uniquement des attitudes mentales du sujet parlant, ou du moins de ne venir qu'ensuite à l'étude des procédés linguistiques ? N'y a-t-il pas des linguistes qui proposent de partir du sens, et non du procédé linguistique, pour étudier les moyens par lesquels sont rendues les émotions par exemple dans la phrase des langues indo-européennes(1)? Bally écrit que « la seule méthode rationnelle consiste à partir des modalités et des rapports logiques

---

(1) BRUGMANN, *Verschiedenheit der Satzgestaltung nach Maasgabe der seelischen Grundfunktionen in den indogermanischen Sprachen.*

supposés chez tous les sujets parlants d'un groupe linguistique, et de chercher les moyens, quels qu'ils
soient, que la langue met à la disposition des sujets
pour rendre chacune de ces notions, chacune de ces
modalités, chacun de ces rapports. » (1). Et toute son
œuvre travaille à donner l'impression de ce qu'est réellement le langage avec ses nuances et sa complexité.

De tels conseils sont excellents contre cet abus qu'on
pourrait appeler le réalisme linguistique. A force
d'étudier isolément un type linguistique, par exemple,
le passé défini, le participe absolu, un linguiste peut
s'hypnotiser sur cette forme grammaticale et s'imaginer que ce type représente toujours la même forme de
pensée, ou du moins que les formes qu'il représente se
ramènent toutes à une forme fondamentale ; et aussi
que sa signification reste la même à travers les changements de la langue (2). La forme grammaticale devient
aisément, dans l'esprit de certains linguistes, une Idée
platonicienne. Mais il y en a d'autres pour nous rappeler
qu'une même catégorie grammaticale peut avoir un
emploi bien différent et se prêter à l'expression de
fonctions diverses (3). Et le danger d'oublier la « parole »
au profit de la « langue » est précisément celui auquel

(1) *Traité de Stylistique*, I, p. 258. « La syntaxe peut être autre chose, si
elle procède de la pensée pour en étudier les réalisations linguistiques. Au
lieu de collectionner et de classer les procédés formels d'expression, elle
peut partir des idées-formes et chercher les types grammaticaux que ces
idées-formes revêtent dans une langue donnée à une époque donnée. »

(2) BALLY, *Stylistique et linguistique générale. Archiv für das Studium
der neueren Sprachen*, 1912. Ce qui intéresse le linguiste, c'est moins la
réalité que la forme sous laquelle les choses sont présentées. Cf. MEILLET,
Journal de Psychologie, 1923, p. 253.

(3) VENDRYES, *Le Langage*, p. 120. Par exemple en français le présent
peut exprimer le futur : j'y vais ; le passé, comme dans les récits ; l'action
habituelle : j'y passe ordinairement ; l'action générale : le tramway passe
dans cette rue ; l'action actuelle : le tramway passe.

le psychologue est le moins exposé. Nous retiendrons
volontiers, de ce grand courant contemporain, l'avis,
qui nous vient de la linguistique elle-même, que, sous
les formes de la langue, il convient de dégager les intentions du sujet parlant, ses attitudes affectives et mentales (1), les fonctions du langage. L'unité de fonction
sous la diversité des formes, la diversité des fonctions
sous l'unité des formes, la discordance de la fonction
et de la forme, c'est à vrai dire un des grands caractères
du langage humain, contre lequel la logique proteste,
au point que c'est peut-être précisément un excès de
logique, comme aussi un effet d'intoxication profes-

(1) Dans une intéressante communication à la Société de Philosophie
(3 juin 1920), dans son beau livre, si lucide, si plein de faits grammaticaux
et si riche de suggestions psychologiques (*La Pensée et la Langue*, 1922),
dans toute sa production scientifique et dans tout son enseignement,
F. BRUNOT montre admirablement la diversité des fonctions sous l'unité
des formes grammaticales : de sorte que le grammairien oublieux de cette
grande vérité se trouve ranger sous une même rubrique les choses les plus
disparates. Soit par exemple le subjonctif. Si on le définit par sa signification et non plus par sa forme, on voit qu'il se rapporte à des mouvements très variés de l'esp t ; il marque tour à tour le commandement, la
supposition, la concession ; parfois même il ne marque aucune modalité
appréciable : « Je ne nie pas qu'on l'ait dit ». Tantôt il marque des relations logiques, tantôt il marque des modalités, tantôt il n'est qu'un simple
outil de subordination. Brunot conclut que, dans l'analyse du langage et
dans l'enseignement, il faut aller non d'une même forme aux diverses fonctions qu'elle exprime, mais d'une même fonction aux diverses formes
qu'elle revêt ; du commandement par exemple aux diverses manières de
commander ; du rapport de causalité aux tournures de phrase multiples
qui le représentent ; exemple : Elle s'est évanouie parce qu'elle était très
faible. Si elle s'est évanouie c'est qu'elle était très faible. Elle était très
faible, elle s'évanouit. La raison de son évanouissement, c'est sa faiblesse.
Très faible, elle s'évanouit, etc. Son livre *La Pensée et la Langue* est précisément un exposé méthodique des faits de pensée, considérés et classés
par rapport au langage, et des moyens d'expression qui leur correspondent : « Entre les formes les plus diverses de l'expression, entre les signes
les plus disparates, il y a un lien, c'est l'idée commune que ces signes con-
tribuent à exprimer». (*La Pensée et la Langue*, p. 18). D'où suit la méthode
qui consiste à ranger les faits linguistiques, non plus d'après l'ordre des
signes, mais d'après l'ordre des idées.

sionnelle par la forme, qui porte certains linguistes à
l'oublier. Elle marque précisément l'indépendance de
la pensée psychologique vis-à-vis de la logique et de la
langue, comme aussi l'indépendance de la logique et de
la langue vis-à-vis de la pensée psychologique, l'écart
psychologico-linguistique en un mot. Elle révèle une
des conditions fondamentales de l'existence du langage, la possibilité d'exprimer sans que la puissance
d'expression soit liée à la nature du signe (1). L'observation du langage parlé, vivant, rappelle heureusement le linguiste au sentiment linguistique. On ne
parle plus de la vie du langage et l'on a raison. Mais on
s'est mis à parler du langage vivant et l'on a eu plus
raison encore (2).

* *
*

De par sa phonétique et sa morphologie, une langue
a une existence propre, comme une religion, comme un
art. Elle est une réalité. Elle s'impose au sujet parlant.

_____

(1) BRUNOT a très bien vu cela. « Il ne s'agit point de dépassements acci-
dentels, ...mais de débordements, si je puis dire, réguliers, de discordances
fondamentales entre les signes et les choses qu'on leur donne pour fonction
de signifier. Cela est naturel. Les formes du langage, si nombreuses qu'elles
soient, sont toujours en quantité bien moindre que les formes de la pensée.
Chacune des premières est donc employée à divers offices. Ceux qui ont
étudié l'histoire des langues savent qu'il y a d'autres causes encore. »
La Pensée et la Langue, p. 16.

(2) D'une manière générale, l'histoire de notre temps complète heureusement l'étude des institutions officielles par celle des formes populaires.
Chaque histoire spéciale se double d'une histoire des phénomènes rudimentaires (patois, folklore, mythes, coutumes juridiques). Nous avons signalé
plus haut la tendance, dans une partie de la linguistique contemporaine,
à l'observation des faits actuels, patois, langues spéciales, langues sauvages, langage des enfants, langage affectif, le passage du document écrit
au document oral, l'observation directe, la phonétique expérimentale,
bref, le vivant, le réel, sous leur triple forme, physiologique, psychologique
et sociale. Le sens de la vie dans le langage se substitue heureusement à la
creuse observation de la vie du langage.

La société la conserve : qui la conserverait et l'imposerait, sinon la suite et l'ensemble des individus ? d'autant que son caractère profondément arbitraire ne lui permet pas de s'établir sur les rapports naturels des choses.

Une langue est donc une forme idéale qui s'impose à tous les individus d'un même groupe social. Le rôle du linguiste est précisément d'étudier ce que cet instrument possède d'essentiel et de permanent.

Une langue est donc l'œuvre commune d'un groupe linguistique. Quelques remarques sont ici nécessaires. Nous avons vu plus haut l'effort confus de Herder, de Humboldt, de Steinthal, renouvelé par Finck, pour partir, non de la langue, qui n'est qu'un résultat, mais de l'esprit qui crée la langue, puisqu'elle est incontestablement un acte qui traduit l'esprit des peuples. Une langue nous renseigne peut-être jusqu'à un certain point sur l'esprit d'une communauté linguistique. Elle nous aide peut-être à déchiffrer certains procédés mentaux (1). La voie inductive, jusqu'à un certain point, nous est ouverte. La voie déductive s'est révélée fort périlleuse. Nous ne pouvons relier que par voie empirique et très approximativement la langue à la communauté linguistique, d'autant qu'une langue n'est pas toujours l'œuvre de la communauté linguistique qui la parle.

Jusqu'à quel point la langue, œuvre commune, est-

---

(1) « Peut-être les philosophes et les sociologues trouveront-ils à glaner, eux aussi, dans certains de mes chapitres. Il y a là, attestés par le langage, et quelquefois datés, des faits de vie intellectuelle, logique et psychologique, qui peuvent jeter quelque lumière sur les procédés de l'esprit français. » BRUNOT, *La Pensée et la Langue*, p. 23. Voir aussi *La Stylistique* de STROHMAYER.

elle l'expression linguistique d'un groupe social ?

Nous savons qu'une même catégorie logique s'exprime, dans les différentes langues, par des catégories grammaticales souvent assez différentes. Par exemple, le nombre s'exprime ici simplement par la distinction du singulier et du pluriel, ailleurs en faisant intervenir le duel, le collectif, le pluriel inclusif ou exclusif. La même catégorie logique s'exprime différemment dans différents groupes linguistiques.

Nous venons de voir que la même catégorie logique s'exprime, dans le même groupe linguistique, par des procédés très variés. Il y a là, nous l'avons vu, un fait psychologique très général. Il faut qu'une certaine catégorie logique s'exprime ; il n'est nullement nécessaire qu'elle s'exprime de telle ou telle manière. Il y a jusqu'à un certain point discordance entre la pensée et l'expression.

L'expression, c'est le moment linguistique, l'analyse linguistique de la pensée. De la même notion, le même esprit atteint et présente, suivant les moments, des approximations, des traductions différentes : à plus forte raison des esprits différents. La représentation de la quantité, l'analyse de la quantité par exemple, varie avec les esprits, selon les points de vue. La diversité individuelle peut du reste se ramener à des types, à des familles d'esprit.

Bref, nous voyons au sein d'une même langue se dessiner une différenciation, qui provient en partie de la différence entre les attitudes mentales et les niveaux mentaux des sujets parlants. Il en est de même des langues différentes. Chacune d'elles est comme une sorte de point de vue sur le langage en général, une attitude prise vis-à-vis de ce que les anciens lin-

guistes appelaient l' «idée» du langage. Il y a différents points de vue grammaticaux sur une même catégorie logique ; l'emploi de telles et telles formes grammaticales pour l'expression du pluriel marque une des
découpures possibles de la catégorie du nombre. Dans
une langue artificielle parfaite tout le nécessaire serait
exprimé, seul le nécessaire serait exprimé. Ce n'est
pas ainsi que procèdent des esprits « contingents ».
Ils voient d'une vue partielle et partiale. L'ensemble
des procédés linguistiques, qui constitue une langue,
marque à la fois une limitation et un choix dans l'expression de toutes les catégories logiques indispensables : donc, un niveau d'esprit, un moment du développement de l'esprit et de la civilisation. Ceci bien
entendu sous réserve de ce fait que la tradition assure
une survie à des formes surannées et que toute espèce
d'événements extrinsèques compliquent singulièrement cette élaboration interne : ainsi les emprunts
directs et les influences.

L'emploi de telles ou telles formes linguistiques pour
exprimer une catégorie logique dépend donc jusqu'à un
certain point du développement mental d'une communauté linguistique. Ce qui le prouve bien, c'est que certaines formes compliquées et inutiles, par exemple le
duel, disparaissent avec le développement de la civilisation. Il se mêle ici une part de contingence et une
part de nécessité. La contingence, le choix d'un point
de vue grammatical sur une catégorie grammaticale,
sur une catégorie logique dépend en partie des conditions sociales. D'autre part, il est nécessaire au langage
que la catégorie logique soit exprimée, et il est inévitable qu'elle le soit d'une manière ou d'une autre, le
nombre de procédés d'expression — j'entends le

nombre des catégories grammaticales appelées à l'exprimer — n'étant pas indéfini du reste.

On pourrait appliquer le même raisonnement au
vocabulaire ; le dictionnaire d'une langue révèle un
point de vue sur le monde, un choix de choses retenues,
donc une certaine conception générale qui exprime des
réactions élémentaires.

.*.

Hegel avait une façon grandiose et un peu simpliste
d'exprimer le fait que nous venons de retenir.

Les époques et les peuples expriment les aspects,
les degrés, les moments de la conquête par laquelle
l'Esprit, suivant les deux directions de l'extériorité
(temps et espace), s'investit soi-même; et il est lui-
même la synthèse de tous les aspects, l'unité de tous les
moments. Ainsi les langues, comme les philosophies,
sont toutes différentes et toutes solidaires ; elles sont
chacune fausse séparément, et leur ensemble est vrai :
c'est en étant multiples qu'elles traduisent l'Un.

Ces formes diverses sont les différences qu'enferme
en soi l'Idée et dans lesquelles elle requiert de se déployer, pour être, à ses propres yeux, tout ce qu'elle
est. Tant que ces différences restent à l'état virtuel,
tant qu'elles ne sont pas actuées, et, du même coup,
posées les unes en dehors des autres (temps et espace),
l'Idée n'existe qu'en puissance, du moins comme
Idée.

.*.

Il est vrai que la langue, qui est, si l'on veut, une
Idée, est la réalisation d'une Idée plus générale, le
Langage lui-même. Une langue est une variation his-

torique sur le grand thème humain du langage. Le langage est l'ensemble des procédés physiologiques et psychiques dont l'être humain dispose pour parler. Il y a donc une linguistique générale, science abstraite, qui dégage le système des procédés qui sont inévitablement à la base d'une langue, quelle qu'elle soit. Comme le dit très bien Vendryes, le système phonétique obéit partout aux mêmes lois générales ; les différences que l'on constate d'un peuple à l'autre résultent de circonstances particulières. Le vocabulaire repose partout sur le même principe, qui vaut pour le langage en général : à un certain groupe de phonèmes on associe une certaine notion. Enfin, les trois ou quatre types auxquels se ramènent les différentes morphologies n'ont en soi rien d'absolu, puisqu'on les voit dans l'histoire se transformer les uns dans les autres, et qu'on les voit coexister dans la même langue (1).

Il y a des conditions générales qui résultent de la nature du langage et qui s'imposent à toute langue. Le seul tort de l'ancienne grammaire générale était d'avoir considéré comme générales des conditions déjà très particulières. Nous retrouverons cette question lorsque nous traiterons des catégories logiques et des catégories grammaticales.

Une langue se trouve donc définie à tout moment de son développement par les lois et les formes générales du langage et par les lois d'un système particulier et déterminé. Et c'est parce qu'il n'y a qu'un langage, que les différentes langues sont toutes transposables les unes dans les autres.

---

(1) VENDRYES, *Le Langage*, p. 274.

*
* *

Le langage, construction et maniement d'un système
de signes, est un processus qui met en jeu toute la vie
psychique. La signification et la compréhension du
langage supposent les mêmes processus généraux que
nous trouvons impliqués par exemple dans la perception intelligente; avec, en plus, l'interposition du signe.
En d'autres termes, nous ne pourrons expliquer le
langage, comme nous l'avons déjà donné à entendre,
qu'en faisant intervenir les fonctions les plus élevées :
il ne suffit pas d'avoir recours, par exemple, à l'association. D'autre part, le langage implique des mécanismes
moteurs et auditifs, dont l'analyse très précise constitue
l'étude préliminaire du langage.

*
* *

Comme l'a très bien montré de Saussure, et sur ce
point on ne peut guère que le répéter, la langue, fragment du langage, actualisation du langage, ne s'actualise elle-même que dans la parole. Une langue est un
système qui existe virtuellement dans l'esprit d'un ensemble d'individus. La parole est l'ensemble des combinaisons par lesquelles le sujet parlant utilise le
code de la langue, en vue d'exprimer sa pensée personnelle ; y compris le mécanisme psychologique, qui lui
permet d'extérioriser ces combinaisons. La langue est
nécessaire pour que la parole soit intelligible ; la parole
est nécessaire pour que la langue s'établisse (1).

_____

(1) De Saussure, p. 31.

.*.

Une langue est un système dont toutes les parties
s'interpénètrent et se soutiennent par leur solidarité.
Comme de Saussure encore l'a puissamment montré,
une langue est un système fortement organisé de valeurs
dont toutes les parties peuvent et doivent être considérées dans leur solidarité « synchronique ». Ce système
s'impose aux sujets, donne à leur pensée sa forme, et
il n'en subit l'action que d'une manière lente et partielle, seulement au fur et à mesure des occasions (1).
Beaucoup de formes subsistent dans une langue, qui ne
correspondent plus aux besoins actuels et au niveau
mental des sujets parlants. Les altérations n'atteignent
jamais le bloc du système qui se défend contre les innovations par la multitude des signes qu'il emploie, par
sa complexité, par son caractère arbitraire. Pas de
meilleure défense contre les innovations raisonnables
que d'échapper, pour une bonne part, à la raison ; pas
de meilleure défense contre la raison que d'être déraison-
nable. Pas de meilleure défense que l'inertie collective
contre les initiatives particulières.

.*.

Une langue est un système dont l'évolution complexe
et en partie mécanique est tout entière sous-tendue par
les exigences de la signification. Elle oscille entre le
Chaos et le Cosmos.

_____

(1) Sans doute chaque altération a son contre-coup sur le système ;
mais le fait initial a porté sur un point seulement. Il n'a aucune relation
interne avec les conséquences qui peuvent en découler pour l'ensemble.
De Saussure compare cet aspect « synchronique » de la langue, ce rapport

C'est une loi générale, d'évolution aussi bien que d'origine du langage, que le langage s'empare d'états fortuits pour leur faire porter une signification. Les accidents phonétiques par exemple ont pu modifier l'agencement des mots et déplacer l'équilibre de la langue. La langue utilise ces accidents. Comme le dit encore de Saussure, la langue n'est pas un mécanisme créé et agencé en vue de concepts à exprimer. L'état issu du changement n'était pas destiné à marquer les significations dont il s'imprègne. Un état fortuit est donné. Par exemple, en vieil anglais, *Fot* (pied) fait d'abord au pluriel *Foti*, puis plus tard *Fet*. Chacune de ces deux oppositions porte aussi bien la distinction du singulier et du pluriel. A chacun de ces deux états de la langue « l'esprit s'insuffle dans une matière donnée et la vivifie ». La langue varie pour des raisons où le plus souvent la raison n'a rien à voir. Elle varie dans les limites que la raison lui impose ; et la raison s'empare de ces variations pour ses fins d'expression inévitables. Il y a comme une « revanche de l'esprit sur la matière sonore, dont les accidents menacent de troubler la netteté des signes ».

* *

Une langue se compose nécessairement de trois systèmes distincts et étroitement associés, dont chacun comporte un nombre pratiquement illimité de combinaisons possibles :

entre éléments simultanés, à un état du jeu, aux échecs. Dans l'un et l'autre cas, le système n'est jamais que momentané. Il varie d'une position à l'autre. Pour passer d'un équilibre à l'autre, le déplacement d'une pièce suffit. L'aspect synchronique de la langue est, pour la masse parlante, la vraie et la seule réalité : c'est la perspective des sujets parlants. Au contraire le phénomène « diachronique » concerne l'évolution de la langue, la substitution des éléments les uns aux autres dans le temps, les événements.

le système phonétique, l'émission sonore, la suite des sons ;

le système des mots, le vocabulaire ;

le système morphologique, le système grammatical.

Il convient donc de passer en revue ces trois ordres, du point de vue auquel nous nous sommes placés : du point de vue du psychologue et du philosophe, non de celui du linguiste. Mais cette simple énumération suffit à faire justice des théories superficielles des psychologues, qui ont si longtemps traité le langage comme une simple nomenclature. On sait quelles erreurs il en est résulté pour la psychologie du langage en général, pour la théorie de l'aphasie en particulier. Les images verbales de la période « classique » des « schémas », chargées de représenter le mot dans la conscience, ignorent en réalité le caractère complexe du mot. On a beau les fragmenter en images auditives, motrices, etc..., on oublie l'essentiel. Un mot, comme le dit fort bien Meillet, résulte de l'association d'un sens donné à un ensemble donné de sons, susceptibles d'un emploi grammatical donné. Il y a la forme auditive et motrice, il y a la signification, il y a les relations. Les premières théories de l'aphasie, basées sur une analyse linguistique tout à fait rudimentaire, ont oublié totalement les relations, à peu près totalement la signification. Il y a bien peu de temps que le problème de l'aphasie a été posé en termes corrects. Cela seul nous justifierait de suivre d'abord le travail des linguistes, avant d'étudier le fonctionnement psychique du langage.

CHAPITRE II

LE SYSTÈME MATÉRIEL DU LANGAGE

———

L'émission sonore, traitée indépendamment du sens, est l'objet de la Phonologie.

La condition fondamentale du langage requiert que l'audition et la phonation se répondent, qu'il s'établisse entre elles un parallélisme fonctionnel. L'élément matériel du langage est à double face. L'audition n'a de valeur que si elle peut se transformer en motricité, et réciproquement : elle réclame une capacité égale de phonation. Le sujet entendant doit posséder en puissance ce que le sujet parlant exécute en acte, et réciproquement. Bien entendu tout autre système sensoriel ou moteur peut se substituer à l'audition ou à la phonation. Le langage ne requiert point la correspondance de tel système sensoriel et de tel système moteur, mais seulement la correspondance d'un système sensoriel et d'un système moteur, comme le prouvent la lecture et l'écriture et le langage tactile et manuel des sourds aveugles. La liaison audition-phonation est seulement la plus fréquente.

Entendre et parler s'impliquent donc. Nous verrons plus loin quel rôle joue chacun de ces deux termes dans la compréhension ou l'émission du discours. Il n'est

pas nécessaire que, dans toutes les opérations du langage, ils apparaissent l'un et l'autre à un même degré
de développement. Il est nécessaire au langage que le
sujet parlant entende de quelque manière ou s'entende
de quelque manière. Il est nécessaire à la formation du
langage que le sujet entendant sache transformer en
sons émis les sons entendus et percevoir de quelque
manière les sons qu'il émet. Tout langage est dialogue.

Normalement la phonation est inséparable de l'audition : les mouvements de la voix s'inscrivent dans
l'oreille. Les mêmes mouvements rythmiques, avec les
mêmes alternances de tension et de détente se déroulent parallèlement dans la bouche et dans l'oreille de
celui qui parle. De même, chez celui qui écoute, l'articulation intérieure accompagne souvent l'audition et
dans une certaine mesure la précède et la suggère (1).
La parole jusqu'à un certain point sert de guide et
d'appui à l'audition naissante, et réciproquement.
Nous reviendrons sur ce point en traitant de l'acquisition du langage. Si la perception naissante ne se prolongeait pas en mouvement — mouvements constitu
tifs de la perception, réflexes acoustiques qui la décom-
posent et la scandent avant de l'imiter, — elle serait
impossible ; si elle ne se prolongeait pas en mouvements
de réponse, elle serait inefficace et resterait muette.
Inversement, des mouvements qui ne s'adresseraient
pas à une perception seraient incoordonnés et inintelligibles. La coordination sensori-motrice est à la base
du langage. Elle n'est qu'un processsus élémentaire,
mais qui est fondamental, et qui exprime, sur le plan

_____

(1) Voir MARICHELLE, *La rééducation auditive*. *Journal de Psychologie*,
1922, p. 786.

inférieur de la vie psychique, la dualité essentielle du
langage, qui, à toutes ses phases, est à la fois émission
et compréhension.

*
*   *

Une langue n'est pas constituée de phonèmes isolés,
mais bien d'un système de phonèmes. Si le nombre des
phonèmes possibles est extrêmement considérable, le
nombre des phonèmes employés dans une langue donnée
est assez limité, une soixantaine au plus ; car les sons ne
peuvent être employés en trop grand nombre dans une
langue sans créer une confusion inextricable ; car, parmi
les sons possibles, beaucoup s'excluent l'un l'autre ;
car chaque groupe linguistique a une base d'articulation, un jeu particulier des organes phonateurs : position de langue, intensité de souffle, degré d'effort musculaire, voilà les principes généraux qui règlent le caractère d'un parler (1).

La première analyse des sons a été l'écriture syllabique, puis l'écriture alphabétique. Mais les langues ont
plus de sons qu'il n'y a de signes dans l'alphabet ; et
l'articulation des sons n'est pas complètement décrite,
quand on a dit comment ils se prononcent à l'état
isolé. Dans le langage ils sont enchaînés les uns aux
autres en rapide succession : chaque articulation a un
caractère spécial suivant la manière dont elle est
située ; on ne prononce pas de la même manière le mot
cheval, quand on dit un *cheval*, ou bien un *fort cheval*.

Le discours émis ou entendu n'est pas un fleuve sonore au cours continu et toujours égal. Il y a dans le

_____

(1) VENDRYES, *Le Langage*, p. 21 et suiv. ; SECHEHAYE, *o. c.*, p. 158.

langage des sommets et des dépressions (1). La dépense
d'air n'est pas continue ; l'émission du souffle ne se
produit pas d'une manière régulièrement égale ; de là
des accélérations, des saccades, des diminutions de
vitesse, des temps d'arrêt. L'agencement complexe
de l'expiration, de la phonation, de l'articulation, la
synergie de ces fonctions s'exprime dans le rythme de
la parole avec ses temps forts et ses temps faibles (2).

En même temps, dans la chaîne acoustique, il y a des
renforcements et des assourdissements, les maxima
correspondant en général aux voyelles et les minima
aux consonnes. La succession et l'intensité inégale des
efforts expiratoires et des procédés d'articulation,
l'accent, la formation de groupes accentués (3) établissent des distinctions préalables sous l'apparente continuité auditivo-motrice ; en attendant que le sens intervienne.

En effet, comme l'a dit admirablement de Saussure,
le signe linguistique « dans son essence, n'est aucunement phonique, il est incorporel, constitué, non par sa

_____

(1) VENDRYES, p. 66; ROUDET, *Éléments de phonétique générale*, p. 186.
(2) Expiration, phonation, articulation, voilà les trois groupes de mouvements dont la parole suppose la coordination. Voici, d'après GRAMMONT,
La Phonétique expérimentale. Scientia, 1912, p. 78, les éléments distincts que
la méthode expérimentale analyse : 1° les détails de la respiration jugés
par les mouvements thoraciques et abdominaux ; 2° les déplacements laté-
raux et verticaux du larynx et les vibrations des cordes vocales trans-
mises par le cartilage thyroïde à travers la peau du cou ; 3° les mouvements et les contractions de la langue pris sous le menton ; 4° le jeu
des lèvres ; 5° les contacts et les pressions de la langue dans la bouche ;
6° le degré d'abaissement ou d'élévation du voile du palais ; 7° la quantité
d'air employée ; 8° le nombre et l'amplitude des vibrations de la glotte
recueillies devant la bouche ; 9° enfin les harmoniques produits par les
cavités buccale et nasale jouant le rôle de résonateurs, harmoniques qui
viennent se surajouter aux notes fondamentales pour leur donner le timbre.
(3) Voir SIEVERS, *Grundzüge der Phonetik*, 1893 ; VAN GINNEKEN,
p. 274.

substance matérielle, mais uniquement par les différences qui séparent son image acoustique de toutes les
autres» (1). C'est en effet le propre de toutes les valeurs
conventionnelles de ne pas se confondre avec l'élément
tangible qui leur sert de support. Leur généralité est à
ce prix. « Les phonèmes sont avant tout des entités
oppositives, relatives et négatives. » Il en est exactement de la matière de la langue comme des concepts
qu'elle exprime et qui sont constitués eux aussi par des
rapports et par des différences.

Ce qui importe dans le mot, ce n'est pas le son lui-
même, mais les différences phoniques qui permettent
de distinguer ce mot de tous les autres (2) ; ce sont ces
différences qui portent la signification. La langue ne
demande que la différence ; elle n'exige aucunement que
le son ait une qualité invariable. Le son en lui-même
est arbitraire. Ce qui n'est pas arbitraire, c'est d'une
part la règle d'emploi de tel ou tel son, une fois ce son
défini ; et la convention plus générale que les notions
différentes s'expriment par des sons différents. Mais la
seconde est la seule générale et la première ne vaut que
pour un temps. C'est précisément parce que la langue
n'a besoin que des différences entre les sons, et non point,
pour telle notion, de tel son déterminé, que les sons

_____

(1) DE SAUSSURE, p. 170.
(2) Ce jeu subtil de distinctions et d'oppositions se fait sentir même pour
des phénomènes tout à fait élémentaires. POIROT fait remarquer (Contribution à l'étude de la quantité en lette, Helsingfors 1915) que des voyelles qui
passent également pour longues ont en valeur absolue des durées très
différentes. Les longues et les brèves ne sont pas définies par une durée
considérée isolément, mais par la comparaison de deux durées dans des
conditions semblables. Le sentiment qu'ont les sujets parlants de l'opposition des longues et des brèves est un fait psychique ; il exprime le résultat
de séries délicates de comparaisons.

restent libres de se modifier suivant des lois étrangères
à leur fonction significative.

La matière sonore est donc informée par des lois
spirituelles. La « substance phonique » se divise en
parties distinctes pour fournir les signes dont la pensée
a besoin. C'est sous l'impulsion de la pensée que la
langue élabore ses unités. Du reste la pensée s'élabore
elle-même et se constitue en construisant la langue.
Mais si spirituelle que soit son œuvre, c'est une matière
qu'elle spiritualise. De sorte que cette matière a ses
lois d'évolution qui, pour une part, échappent à l'esprit.

* * *

La matière du langage change avec le temps ; le
système de sons qui, à un moment donné, constitue une
langue donnée est sujet, comme tel, à changer, indépendamment de la signification ou des formes grammaticales qui y sont attachées. L'édifice matériel du
langage a ses lois propres d'altération. Ce n'est pas le
mot qui est en cause dans les changements phonétiques. De telles transformations sont au fond étrangères aux mots et ne les atteignent point dans leur
essence. « Le système de nos phonèmes est l'instrument
dont nous jouons pour articuler les mots de la langue ;
qu'un de ces éléments se modifie, les conséquences
pourront être diverses, mais le fait en lui-même n'intéresse pas les mots.» (1)

Un système phonétique, quel qu'il soit, résiste à
toute intervention volontaire des sujets parlants. Il
est leur bien commun, et comme tel il échappe à l'ini-

_____

(1) DE SAUSSURE, p. 137.

tiative individuelle ; il est arbitraire, donc il échappe
aux critiques de la raison. « L'esprit n'a pas de prise
sur ce qui est irrationnel. » Les éléments arbitraires
de la langue, l'usage les impose tyranniquement. Ce
système est multiple et complexe, il a un caractère systématique ; il est donc difficile à retoucher.

Mais son caractère arbitraire est aussi une faiblesse
et le laisse ouvert à toutes les causes extrinsèques de
changement. Le signe phonétique n'est point lié par
d. qualités naturelles à ce qu'il signifie. Un signe naturel a ses raisons de se maintenir. Sans doute la nature
glisse aisément à la convention ; pourtant lorsqu'il y a
des qualités communes entre le signe et le signifiant, le
lien peut se relâcher et s'affaiblir ; il est difficile qu'il
disparaisse entièrement. On en trouverait des exemples
dans le symbolisme religieux ; la matière sensible des
sacrements est demeurée indissolublement liée à la
forme qu'elle signifie et qu'elle représente à la fois.

La destruction est donc inévitable et aussi la reconstruction. D'abord le système ne change qu'en partie ;
il y a en lui assez d'arbitraire pour qu'il ne soit pas entraîné tout d'un coup. Et puis des forces réparatrices
sont à l'œuvre. Le langage est un fait trop complexe et
qui engage trop de fonctions mentales pour qu'il soit
aveuglément abandonné au jeu et au dérèglement de
l'articulation. Amas, Amat, Amant, deviennent « Aime ».
Mais l'équilibre se rétablit par le pronom. Nous étudierons et les causes du changement et les phénomènes
antagonistes. D'une part les événements phonétiques
qui forcent la langue à changer son système se produisent sans égard à l'ensemble de la pensée. D'autre
part « l'institution linguistique est solidaire de la
pensée ».

*
* *

L'altération des mouvements du langage entraîne
des changements de hauteur, d'intensité, de durée, de
timbre des phonèmes. Dans une première catégorie de
changements phonétiques le mouvement et le son sont
atteints comme tels, indépendamment du mot constitué :
comme, par exemple, quand indépendamment de toute
considération de sens ou de rôle grammatical, l'*a* final
latin est devenu *e* dans l'ancien français entre le ixᵉ
et le xiiiᵉ siècle : *canta,* chante ; *lenta,* lente ; *fava,*
fève.

Dans une autre catégorie il faut ranger les changements qui ont pour cause l'interaction des différents
éléments du mot : l'assimilation, la dissimilation, la
métathèse. Lorsque le *peregrinum* latin est devenu le
pèlerin français, c'est par suite d'un phénomène de
dissimilation, c'est-à-dire que, des deux mouvements
articulatoires requis pour la prononciation des deux *r*
que le mot contient, l'un a refoulé l'autre. A un certain
moment de l'histoire, l'altération est devenue durable.
Nous voyons constamment, dans le langage courant, des
lapsus de ce genre, que l'on corrige et qui ne réussissent
pas à s'imposer.

Enfin peut-être y aura-t-il lieu de signaler, sous les
changements phonétiques, certaines tendances générales. Il est possible qu'à côté de changements qui ont
un caractère particulier et momentané, certaines
grandes tendances dominent toute l'évolution phonétique, comme par exemple l'affaiblissement des consonnes intervocaliques et la chute des finales. Il est
possible que, quand une langue se différencie en parlers
distincts, celles des innovations réalisées dans chaque

parler qui ne tiennent pas à des conditions propres à
ce parler soient ou identiques, ou du moins orientées
dans une même direction.

. .
. .

Nous apercevons au premier coup d'œil, dans les
changements phonétiques, des faits psychologiques et
des faits physiologiques, et un mélange des uns et des
autres. Ils sont d'abord des modifications articulatoires,
des changements dans les procédés d'articulation.
Mais ces changements se relient souvent à des changements d'habitudes, reliés eux-mêmes à des faits de
civilisation. D'autre part, pour les changements du
second groupe, la structure du mot intervient et avec
elle l'esprit du sujet parlant : c'est, nous le verrons,
l'aperception d'un ensemble qui introduit ici les modifications du détail, et ces modifications sont très différentes suivant la manière dont le sujet aperçoit le
détail. Par exemple : il ne se produit guère de dissimilation quand l'étymologie des différentes parties du mot
est claire pour le sujet parlant.

La première catégorie contient donc des lois particulières, strictement liées à un lieu et à un temps déterminés : ce sont les changements phonétiques « spontanés ». A telle époque se produit un déplacement articulatoire, qui amène tels ou tels changements.

La seconde contient des lois générales, valables pour
tous les lieux et pour tous les temps, mais qui n'entrent
en jeu que sous certaines conditions ; ce sont les changements phonétiques « conditionnés ».

Enfin les tendances générales peuvent demeurer très
longtemps latentes ; elles entrent en jeu, elles aussi,

dans des conditions déterminées, lors de certaines modifications de structure de la communauté linguistique.

* * *

La prononciation change indépendamment de toute
considération de sens ou de rôle grammatical.

Par exemple, dans l'ancien français (1) l'*a* final
latin est devenu *e* : *canta, chante* ; *lenta, lente* ; *fava,
fève* ; au *k* latin, devant un *a*, le français répond par *ch* :
canem, caballum donnent *chien, cheval*. La phonétique
historique est d'abord l'histoire des sons d'une langue
(2) et des langues (3). L'exemple classique, dégagé par
Rask et Grimm, est celui de la mutation consonantique
(*Lautverschiebung*) (4).

La phonétique expérimentale est en mesure d'expliquer physiologiquement ces lois historiques, c'est-
à-dire de définir précisément les modifications articulatoires qui produisent de tels changements (5), sans

---

(1) BRUNOT, *Histoire de la langue française*, I, p. 136.
 (2) Voir par exemple dans SAPIR, *Language*, p. 191, le tableau de l'évolution de Fot — Foti à Foot — Feet pendant quinze cents ans.
 (3) Pour l'énumération de ses méthodes de recherche, voir ROUDET,
Phonétique, p. 9.
 (4) Parmi les occlusives indo-européennes, les sourdes non aspirées, *p, t,
k* deviennent en germanique : *ph, th, kh* ; les sonores *b, d, g* deviennent *p, t, k* ;
les sonores aspirées *bh, dh, gh* deviennent *b, d, g*. On sait que cette loi,
posée par Grimm, a été complétée par la loi de Verner. Quand, dans l'intérieur d'un mot, les consonnes indo-européennes *p, t, k* n'étaient pas précédées immédiatement de la voyelle portant le ton indo-européen, au lieu
de devenir *ph, th, kh*, elles deviennent *b, d, g*.
 (5) Voir GRAMMONT, *Scientia*, 1912, p. 80. La phonétique expérimentale
constate que, dans le cas du *p* et du *b* français, les vibrations glottales commencent plus tôt que dans le cas du *p* et du *b* allemands (d'où la confusion
du *p* et du *b* chez l'Allemand) ; d'une manière générale, l'entrée en jeu de
la glotte a toujours lieu plus tard dans les consonnes allemandes que dans
les consonnes françaises correspondantes. D'où l'explication de la

être capable bien entendu d'expliquer pourquoi ces modifications articulatoires se produisent dans telle région géographique, ou à tel moment du temps : cela, c'est une autre question. Il reste à expliquer la cause de ce changement articulatoire, de cette modification des organes phonateurs et de la tenue de l'attitude phonatrice.

La loi phonétique ne vaut que pour un lieu et pour un temps déterminés (1). Mais dans ces limites, beaucoup de linguistes admettent qu'elle a valeur absolue et que les changements phonétiques sont réguliers, c'est-à-dire s'accomplissent dans un sens déterminé par les changements antérieurs.

Le principe de la constance des lois phonétiques a été formulé en 1876 par Leskien :

« Dans la recherche, je suis parti du principe que la forme qui nous est transmise d'un cas ne repose jamais sur une exception aux lois phonétiques suivies par ailleurs... Admettre des déviations fortuites, impossibles à coordonner, c'est dire au fond que l'objet de la science, la langue, est inaccessible à la science. » (2).

Et Brugmann le promulgue dans la préface du pre-

Lautverschiebung. Chez les Germains, le début des vibrations glottales est venu à être retardé par rapport au moment où se produisent l'implosion et l'explosion des consonnes. Dès lors, pour les sourdes *p*, *t*, *k*, les vibrations glottales, qui commençaient aussitôt après l'explosion, n'ont plus commencé qu'un certain temps après ; entre l'explosion de la consonne et les vibrations de la voyelle qu'elle précède, il s'est donc introduit un souffle sourd plus ou moins prolongé : *p*, *t*, *k* sont devenus *ph*, *th*, *kh*, etc... Il n'y a par conséquent, au fond de tous ces faits, qu'un seul changement articulatoire, qui est la cause de tout.

(1) Ainsi le changement de *a* en *e* (*mare*, *mer*) se produit entre le iv⁰ et la fin du ix⁰ siècle. Cette date passée, *a* ne varie plus. Dans les mots empruntés après cette époque, *a* ne subit aucune modification. Ce changement ne s'est opéré que dans une certaine aire phonétique.

(2) Voir MEILLET, *Introduction*, p. 402.

mier volume de ses *Morphologische Untersuchungen* (1).

« Tout changement phonétique, en tant qu'il procède mécaniquement, s'accomplit suivant des lois sans exception, c'est-à-dire que la direction du changement phonétique est toujours le même chez tous les membres d'une même communauté linguistique, sauf le cas de séparation dialectale, et que tous les mots dans lesquels figure le son sujet au changement sont atteints sans exception. »

Ainsi la communauté linguistique tout entière subit la loi phonétique ; et tout phonème de même origine articulatoire est modifié de même, où qu'il soit placé. Le même phonème, articulé dans les mêmes conditions, a subi le même changement pendant la même période et dans la même région. « Tout changement phonétique ayant lieu sans que ceux qui parlent en aient conscience, et résultant d'un déplacement du sens musculaire, il est clair que le même déplacement aura lieu partout où le même élément reparaît dans le discours ; car le sens musculaire ne se forme pas pour chaque mot, mais pour chaque son. » (Nyrop).

Les irrégularités apparentes sont dissipées par une distinction précise des articulations : on découvre, par exemple, que l'*e* bref latin, qui donne *ie* en français (*fier*) est une autre articulation que celle qui donne *e* (il *est*) ou *e* muet (*tenez*) ; — ou bien elles sont expliquées par l'analogie : *je treuve* est devenu *je trouve* par l'action des formes *nous trouvons, vous trouvez* ; ou encore par l'emprunt : une forme de prononciation venue d'ailleurs peut se substituer à la forme régulière : la prononciation parisienne de *Loi* et *Roi*, se substituant à celle

---

(1) 1878.

de certains parlers locaux, introduit une irrégularité
apparente, que l'emprunt suffit parfaitement à expliquer (1).

Sous ces réserves, la même articulation est, dans un
système phonétique donné, partout conservée ou partout atteinte de la même manière. *F* initiale latine,
conservée en français, comme dans *Fiel, Four*, devient
H en espagnol, *Hiel, Horno*. C'est précisément sur ce
fait d'une correspondance régulière qu'est basée la
possibilité d'une linguistique comparative (1).

* *

L'idolâtrie de la loi, dont les formules précédentes
ne sont qu'une application à la phonétique, a fait place
à plus de réserve. Le principe de la « constance des lois
phonétiques », de la nécessité aveugle et mécanique a été
un excellent instrument de travail, en ce sens qu'il a
débarrassé le terrain des exceptions inexpliquées. Le
déterminisme est la seule méthode. Mais le déterminisme croît inévitablement en complication. La détermination rigoureuse d'un certain ordre de facteurs
appelle presque inévitablement l'entrée en jeu d'un
autre ordre de facteurs, qui viennent limiter et compliquer les premiers.

Il est possible que la méthode strictement historique
des Néogrammairiens ait simplifié le problème : « Il se

---

(1) La difficulté est souvent grande de distinguer évolution et substitution, et il est possible que, dans l'histoire des langues anciennes, on range
sous une même loi phonétique des faits très différents, en confondant ces
deux choses. Voir VENDRYES, p. 54.

(2) Voir *Scientia*, 1912, les conséquences pratiques que GRAMMONT tire,
pour l'apprentissage des langues étrangères, de cette correspondance des
formes.

pourrait qu'une attention exclusive accordée soit à des
idiomes qu'on ne peut plus voir fonctionner, soit à de
petits dialectes figés dans la tradition, ait donné une
idée trop simpliste du mécanisme linguistique en général. » (1). L'étude du fonctionnement de la parole,
l'étude des parlers vivants a conduit certains linguistes.
à plus de réserve (2).

Vendryes nous indique avec beaucoup de netteté la
raison de ces attitudes divergentes (3).

La formule qu'on donne d'une loi phonétique exprime une évolution phonétique qui comportait, dans
la réalité, nombre de modalités, diverses suivant les
époques et les lieux.

Les lois phonétiques n'expriment que des moyennes,
aussi bien dans l'espace que dans le temps. Ce n'est pas
d'un seul coup et au même moment que, sur une étendue
de terrain considérable, une transformation phonétique,
par exemple le passage de e à oi s'accomplit. Pour
l'historien du langage, qui n'examine que les résultats
et embrasse du regard l'ensemble du développement
de la langue, la loi est absolue. Celui qui observe la
langue parlée, au moment où s'accomplit une évolution phonétique, voit les choses sous un jour tout différent : à distance disparaissent les formes frustes, aberrantes, à distance s'effacent les périodes d'essai et de
tâtonnement.

Il y a lieu sans doute encore de préciser et d'étendre
les actions étrangères qui se jettent à la traverse des
lois phonétiques : « Les recherches sur la psychologie
inconsciente du langage ont fait voir qu'un mot peut

---

(1) BALLY, *Journal de Psychologie*, 1921, p. 627.
(2) Voir par exemple les réserves de GAUCHAT.
(3) VENDRYES, *Le langage*, p. 55.

être soustrait à l'évolution normale de ses phonèmes, toutes les fois qu'il fait partie d'un langage spécial, le langage enfantin, par exemple, toutes les fois qu'il est senti comme mot expressif ou onomatopéique, toutes les fois qu'il est soumis à l'influence d'un mot plus usuel, qu'il est rapporté à tort ou à raison à un groupe important de vocables, ou qu'il fait partie d'un système. » (1). Les lois phonétiques ne légifèrent donc pas avec la rigueur des lois naturelles. L'acte intellectuel, sans qui il n'est point de langage, fait contrepoids jusqu'à un certain point aux impulsions mécaniques qui surgissent dans les fonctions auditivo-motrices. La pensée n'assiste pas, entièrement inactive, à l'évolution des sons. Certaines conditions mentales interviennent, qu'il faudra préciser (2).

*
* *

L'action de l'évolution phonétique sur la langue est considérable. Le phénomène phonétique est un facteur de trouble. Il rompt les liens grammaticaux, il augmente la somme des formes. « Le mécanisme linguistique s'obscurcit et se complique dans la mesure où les irrégularités nées du changement phonétique l'emportent sur les formes groupées sous des types généraux. » (3). Meillet a admirablement montré (4) comment les nouveautés phonétiques que le germanique a intro-

---

(1) GRAMMONT, *Scientia*, 1912, p. 66.
(2) Voir les réserves de VAN GINNEKEN, p. 16 et suiv. Van Ginneken signale particulièrement l'influence de l'écriture et des classes sociales sur sa prononciation.
(3) DE SAUSSURE, p. 217. L'évolution phonétique a séparé *la brebis* (*berbix*) du *berger* (*berbicarius*), *l'ennemi* (*inimicus*) de *l'ami* (*amicus*).
(4) *Caractères généraux des langues germaniques*, p. 95.

duites, en particulier l'intensité initiale et l'altération
des finales, ont bouleversé le système grammatical et
changé le caractère de la langue. L'intensité initiale
a donné aux radicaux une importance nouvelle ; la
dégradation des finales a tendu à ruiner la flexion.

Ainsi une tendance qui débute comme un léger réajustement ou dérèglement phonétique peut, dans le
cours des siècles, produire les changements structu-
raux les plus profonds ; à peu près comme de légères
modifications de technique altèrent profondément à
la longue une forme d'art ou une institution juridique.

C'est pourquoi l'évolution phonétique n'est point
seule. Dans la langue elle ne saurait agir sans la langue ;
et même lorsqu'elle va contre la langue, elle ne saurait
aller contre le langage. Si tous les changements phonétiques qui dérivent d'une tendance se réalisaient, il
est probable que la plupart des langues présenteraient
de telles irrégularités de leurs contours morphologiques
qu'elles perdraient contact avec leur arrière-plan
formel. Contre cette tendance au changement et son
action d'usure, nous voyons agir les forces conserva-
trices qui interviennent lorsque la tendance au changement entraînerait de trop sérieux dérèglements morphologiques, et surtout un réajustement qui préserve ou
restaure les formes phonétiques fondamentales du langage (1). Ceci sans préjudice de cet art admirable à

_____

(1) SAPIR, p. 199. Sapir fait remarquer que la persistance du « patron »
phonétique est plus grande que celle des sons qui le composent ; que le
« patron » phonétique et le type morphologique sont très conservateurs ;
et que peut-être ils tiennent ensemble plus que nous ne croyons.
GILLIÉRON insiste sur le besoin de distinction qui domine le langage et
qui fait contrepoids à l'évolution phonétique ; par exemple les parlers
remédient au désarroi lexical, qui suit de l'action aveugle des lois phonétiques, par un recours à la langue littéraire. *Pathologie et thérapeutique
verbales*, p. 13, note.

utiliser même les ruines et, lorsqu'un système est détruit, à recourir à un autre procédé. La disparition du ton, la disparition ou la diminution des désinences ont amené la chute du système grammatical indo-européen. Mais les instruments de destruction de ce système étaient en même temps les instruments de construction d'un système nouveau.

*
* *

Il y a une autre catégorie de changements phonétiques, où interviennent le mot constitué et la réaction réciproque des éléments de la phrase.

Ainsi la dissimilation. Voici comment la définit Grammont : « Lorsque dans un même mot ou dans un même groupe de mots faisant une unité, un même mouvement articulatoire doit être répété deux fois à distance, soit qu'il faille reproduire le même phonème, soit qu'il faille émettre des phonèmes contenant des éléments communs, l'un des phonèmes perd par le fait de l'autre un ou plusieurs éléments qu'il possède en commun avec lui. »

Grammont ajoute aussitôt que celui des deux mouvements qu'on tend à omettre est naturellement celui qui est exécuté avec le moins d'intensité et qui se trouve attirer le moins l'attention du sujet parlant ; toutes choses égales d'ailleurs, ce sera, par exemple, le premier, parce que l'attention du sujet est dirigée en avant : le mot latin *veneno* donne ainsi en italien : *veleno*, des deux abaissements du voile du palais qui sont nécessaires pour prononcer *veneno*, l'italien ne présente plus que le second.

La dissimilation est régie par une loi unique : de deux

phonèmes en jeu, c'est le plus fort qui dissimile le plus faible. Toute la question revient donc à déterminer pour chaque cas quel est le plus fort (1).

L'homme du peuple qui dit *célébral* pour *cérébral* fait une dissimilation. *Flairer* (*fragrare*), *pélerin* (*peregrinum*), *frileux* (*frigorosum*), *orphelin* (*orphaninum*), sont des cas de dissimilation.

Il y a assimilation lorsque le timbre d'un phonème devient semblable ou identique au timbre d'un phonème contigu. De deux phonèmes séparés, l'un emprunte à l'autre un ou plusieurs éléments, au point de se confondre avec lui. « Ainsi, au lieu de *pequo* «*je cuis*» les ancêtres des Latins ont dit *quequo* d'où *coquo* dans les textes historiques. » (2).

La métathèse est l'interversion de deux mouvements, d'où résulte la transposition d'un ou de plusieurs phonèmes : comme lorsqu'on dit *Felisk* pour *Felix*.

---

(1) GRAMMONT, *Note sur la Dissimilation. Revue des Langues romanes* 1907 :

1° le phonème dissimilant doit sa force à sa position sous l'accent d'intensité, ou à sa position dans la syllabe (phénomène mécanique);

2° à sa position dans le mot (phénomène psychique).

(2) VENDRYES, p. 74. — L'assimilation n'est pas, malgré les apparences, l'inverse de la dissimilation. Il serait évidemment absurde de prétendre que, dans une même langue, à la même époque, et dans les mêmes conditions, deux mouvements articulatoires successifs peuvent être indifféremment assimilés s'ils sont dissemblables, et dissimilés s'ils sont semblables. VENDRYES, *L'assimilation consonantique à distance* (*Mémoires de la Société de Linguistique*, XVI, p. 57).

En réalité l'assimilation et la dissimilation ne portent pas sur les mêmes phonèmes. Ceux qu'atteint l'assimilation ne sont pas susceptibles de dissimilation, ils ne sont pas assez semblables pour être dissimilés, ils le sont trop pour subsister commodément dans le même mot. Pour éviter la succession de deux mouvements articulatoires qui ne peuvent être maintenus distincts que par un effort très délicat de l'attention, le sujet parlant trouve plus simple de répéter deux fois le même mouvement. Voir sur l'Assimilation, GRAMMONT, *Notes de phonétique générale*, VIII. *Bull. Soc. Ling.*, 1923, p. 1 et suiv.

De même, quand les éléments phonétiques sont directement en contact, ils peuvent « accommoder leurs éléments au point d'augmenter la ressemblance qu'ils avaient entre eux, parfois jusqu'à l'identité complète » (1), et ceci est l'accommodation (par exemple, en italien, *Atto* de *Actus*, *stretto* de *strictus*) ; ou bien « se protéger mutuellement par l'introduction entre eux d'une sorte de phonème tampon qui mette obstacle aux actions réciproques » (2), et ceci est l'épenthèse (*faqueteur* au lieu de *facteur*) ; ou enfin exagérer les différences, et ceci est la différenciation. « Lorsque deux phonèmes en contact ont des éléments communs et risquent de devenir tout à fait semblables par assimilation, le sujet parlant supprime instinctivement et inconsciemment dans l'un des phonèmes les éléments qu'il possède en commun avec l'autre. » (3).

*
* *

Les changements phonétiques groupés dans la catégorie précédente résultaient d'une altération spéciale du système linguistique d'un groupe social donné ; ceux que nous venons de passer en revue sont dus à des actions générales qui règlent le mécanisme du langage, et qui interviennent par conséquent dans toutes les langues.

Ces différents procédés entrent en jeu dans l'élimination des groupes difficilement prononçables. La difficulté, le moindre effort ne suffisent-ils pas à en rendre compte ? Causes tout instinctives et mécaniques par

---

(1) VENDRYES, p. 72.
(2) VENDRYES, p. 72.
(3) GRAMMONT, *Scientia*, 1912.

conséquent, sans intention ni préméditation. Victor
Henry allait jusqu'à parler d'une sorte de paralysie
momentanée en présence de groupes difficiles.

Il est exact qu'il y a des groupes de prononciation
difficile et par conséquent instables. Il est vrai que c'est
à une lutte de dominance et de résistance que se ramènent les faits susdits, tous les éléments du mot phonétique n'ayant point une égale valeur. Mais, comme le
dit très bien Vendryes (1), cette lutte n'intéresse pas
que les organes. « Les changements combinatoires proviennent d'un manque de coordination entre la pensée
et les organes. Ils résultent d'un défaut d'attention...
C'est, en dernière analyse, l'esprit du sujet parlant qui
est responsable. » (2).

C'est en effet à la direction de l'attention que Vendryes a recours pour l'explication de ces altérations.
Le mot pensé n'est pas prononcé comme il devrait
l'être, par suite d'une répartition inégale de l'attention
entre ses tranches successives ou par suite d'une exagération de l'attention (3).

Dans un premier cas, dissimilation ou métathèse,
l'un des phonèmes bénéficie de la direction de l'attention, qui lui assure la dominance ; il est privilégié, il
est maintenu. C'est l'autre qui est modifié.

Dans le second (différenciation par réaction contre
une assimilation possible), l'attention se préoccupe à
l'excès de maintenir une différence ou l'exagère.

Dans le troisième (assimilation, épenthèse), en présence du groupe difficile, l'attention se détourne ou
passe trop vite et laisse libre jeu à la paresse de l'organe.

---

(1) *Langage*, p. 76.
(2) VENDRYES, *Langage*, p. 76-77.
(3) VENDRYES, *Réflexions sur les changements phonétiques.*

Grammont, à propos de la dissimilation, avait en effet posé ce principe d'explication. Cherchant à expliquer à quoi tient la force progressive des consonnes à mesure que l'on approche de la fin du mot, même dans les syllabes atones qui suivent l'accent, il rappelait que la parole va moins vite que la pensée et que l'attention est en avance sur les organes vocaux. Les phonèmes sont préparés par l'esprit avant d'être prononcés, mais pendant que les organes vocaux n'en sont encore qu'au commencement du mot, l'attention est déjà portée vers la fin, et souvent déjà vers le mot suivant ; il en résulte une négligence dans la prononciation de la première partie des mots et par suite une faiblesse inhérente aux phonèmes qui s'y trouvent.

Ainsi, lorsqu'on se représente un mot dans lequel se succèdent des articulations plus ou moins semblables, l'articulation dont la représentation est la moins intense ne se produit pas et est remplacée par une articulation plus ou moins voisine.

Van Ginneken fait intervenir trois lois pour l'explication de ces altérations :

1º La loi du rythme : « Quand plusieurs actes psychiques plus ou moins semblables se succèdent, ils tendent à se différencier de manière à se subordonner à l'un d'eux qui devient le centre d'un groupe ayant son unité propre. » De cette loi résulte par exemple la différenciation.

2º Grammont insistait sur le caractère anticipateur de l'attention, qui, en effet, rend assez bien compte de la dissimilation ou de l'assimilation régressives. Van Ginneken (1) rappelle qu'il y a ici l'effet d'une loi « idéo-

(1) Van Ginneken, p. 302.

dynamique ». « Tout mouvement représenté dans la
conscience tend à se réaliser. » Le mouvement se produit, dès qu'il est pensé ; et il est pensé trop tôt, en
vertu de la direction de l'attention, que rappelait
Grammont (1).

3º Dans d'autres cas, lors de l'assimilation progressive, au contraire, le mouvement se prolonge trop longtemps. C'est la loi d'inertie. « Tout état psycho-physio-
logique tend à persister. »

* *
* *

Telles sont les explications que nous fournissent les
linguistes. Ils ajoutent bien entendu que, si les lois ci-
dessus énoncées n'agissent pas constamment, c'est que
les tendances à l'assimilation, à la dissimilation etc....
sont contrebalancées par l'habitude et l'attention volontaire. La régularité du mécanisme phonétique est en
effet assurée par ces deux fonctions. Et quant à ces
autres questions : pourquoi ici la dissimilation, ailleurs
l'assimilation, etc... ou encore pourquoi ici l'assimilation est-elle progressive, et ailleurs régressive, tout se
ramène, nous l'avons vu, à deux caractères essentiels
des phonèmes : dominance et résistance, les éléments
psychiques ci-dessus indiqués intervenant du reste
dans la constitution de ces deux caractères.

---

(1) Wundt insiste lui aussi sur ce fait que l'assimilation régressive
montre que le cours de la pensée précède celui des mots, parce que c'est la
sensation motrice déjà présente à la conscience qui agit ici, au lieu que
dans l'assimilation progressive, c'est la persistance de la sensation auditive qui intervient.

*
* *

Il nous faut préciser un peu, du point de vue psychologique, ces explications. Le mot d'attention, si on ne
l'explique pas, est peut-être un peu fort. Puisque les
faits dont il s'agit résultent d'une discordance entre le
mécanisme de la pensée et celui de l'expression, peut-
être convient-il de les examiner l'un et l'autre d'un peu
plus près et aussi leur interaction. Puisqu'ils résultent
de l'inégale valeur des phonèmes du langage intérieur
selon leur ordre de succession, il nous faut voir d'un peu
plus près comment la succession en général se construit et s'ordonne dans la conscience.

*
* *

Ces « changements phonétiques conditionnés » ne
sont-ils pas autre chose que des lapsus consolidés par
la tradition, des méprises collectives et durables ? Ne
trouverons-nous pas dans l'étude des lapsus une bonne
part de ce que nous cherchons ?
Bien entendu, pour que de tels lapsus deviennent des
façons de dire normales et collectives, il faut des conditions générales ; il faut que le contrôle de la forme traditionnelle ait fléchi, ou bien que la difficulté soit
devenue une excuse publique ; de toute manière, il
faut que le niveau linguistique du groupe parlant se
soit déplacé. Les défauts de prononciation, les lapsus
par distraction, par interaction des éléments du mot
ou de la phrase, ne suffiront jamais à expliquer les changements phonétiques. Il y faut joindre les conditions
générales de tous les changements phonétiques que nous
allons bientôt étudier.

Bien entendu encore, nous n'avons à considérer présentement que ceux des lapsus dont la structure psychologique est parente de celle des phénomènes que nous
considérons. Dans le groupe des lapsus oraux, nous
allons laisser de côté les confusions de mots, les antici-
pations ou postpositions de mots, puisque nous n'avons
pas encore à considérer le mot comme tel. Donc nous
laisserons de côté ces lapsus où l'on remplace un mot
par un mot qui lui ressemble, ou par un mot contraire,
ou par un mot qui a été déjà prononcé, ou qui va
l'être, ou qui traduit l'intrusion d'un fait extérieur ou de
la pensée secrète. Nous laisserons donc de côté tous les
lapsus qui ont un sens, tous ceux auxquels s'attache de
préférence la théorie freudienne, l' « acte manqué »
traduisant une intention secrète que le sujet s'avoue
plus ou moins ou qu'il nie ; intention qui est toujours
plus ou moins refoulée, et qui, dans la mesure où elle
arrive à se faire jour, modifie l'intention avouée du
sujet, se confond avec elle ou prend sa place : quelle
que soit du reste la cause de ce relâchement du contrôle,
et de cette libération de la pensée latente, fatigue, distraction, excitation, etc. (1).

Bien entendu, enfin — et ceci serait l'erreur diamétra-
lement opposée à celle qui consisterait à mettre trop
d'intention sous le lapsus —, il ne faut pas confondre
les lapsus avec les troubles de la parole en général.

---

(1) Ce n'est pas que nous partagions contre la théorie de Freud la sainte
colère de MERINGER (*Aus dem Leben der Sprache*, 1908, p. 129) ; mais c'est
que nous ne nous posons pas le même problème que Freud. Il est juste, du
reste, de lui objecter, comme Meringer, qu'il y a beaucoup de lapsus sous
lesquels il n'y a pas d'intention secrète. Le défaut général du Freudisme
est d'abuser du latent, du secret, de l'inavoué, de l'inavouable. En tout
cas, on ne pourrait plus dire avec Meringer : « La discussion est inutile,
car son hypothèse a passé inaperçue ».

Certains troubles de la parole relèvent de conditions psychiques comme les troubles aphasiques dont nous aurons à parler ultérieurement ; les troubles moteurs y sont la conséquence de l'altération du langage proprement dit. C'est parce que la phrase ou le mot sont atteints dans leur structure morphologique ou articulatoire que l'aphasique parle mal ou est incapable de parler. Ceci est la définition classique de l'aphasie.

Certains troubles de la parole relèvent de conditions motrices et expriment simplement l'altération des phénomènes moteurs : par exemple le tremblement fibrillaire des lèvres et de la langue, des muscles de la face produit, chez le paralytique général, cette trémulation, cet achoppement, ce bredouillement bien connus.

Par exemple encore les troubles que l'on réunit sous le nom de dysarthrie. La difficulté de parler, purement mécanique, est la conséquence des troubles de la motilité des muscles de l'appareil phonateur. Selon le groupe musculaire frappé, c'est telle ou telle altération de la parole que l'on constate (dyspneumie, dysphonie, dysarthrie proprement dite). Ces dysarthries peuvent être d'origine périphérique, bulbaire, centrale.

*
* *

Les lapsus que nous étudions ne sont ni des troubles momentanés du mécanisme moteur, paralysie ou spasme, ni l'expression involontaire d'un état d'âme refoulé. Ils sont tout à fait comparables aux dissimilations, assimilations, etc..., que nous venons de passer en revue. Ils expriment, comme eux, ce fait que les sons et les syllabes d'un mot possèdent des valeurs

différentes et que l'entrée en jeu d'un élément de valeur
supérieure peut exercer une influence perturbatrice
sur les éléments de valeur moindre. Quand on a
laissé de côté les erreurs que nous avons décidé de ne
point considérer (troubles de la parole proprement
dits et lapsus de type freudien), il reste en effet des confusions, des contaminations, des substitutions articulatoires, qui proviennent de l'anticipation, de la persistance, de la concomitance, en un mot de l'interaction des séries articulatoires et auditives (1).

Cette réaction réciproque des éléments paraît bien
être, et nous allons y venir, une des lois constitutives
de la conscience. Elle joue ici tout à la surface, en quelque sorte ; mais elle exprime, en ce qui concerne les
mouvements articulatoires et auditifs et sur ce plan
inférieur, si l'on peut dire, précisément la même complexité que révèlent les lapsus d'un ordre supérieur :
interpénétration des éléments psychologiques, présence
simultanée, condensation.

Nous voyons donc apparaître dans ces lapsus les
mêmes facteurs psychiques que dans le cas précédent ;
et aussi le même facteur linguistique, l'instabilité de
certains groupes phonétiques. Le lapsus dénonce les
points de moindre résistance d'un système linguistique ; il est un symptôme. S'il produit des changements
dans le langage, c'est que ces changements y étaient
comme préparés.

---

(1) Voici un exemple que nous empruntons à MEILLET, *B. S. L.*, 1922,
p. 99. « Une dame, un peu agacée par une demande de son mari, lui dit :
« J'ai étiré un pousan » (j'ai épousé un tyran). On voit bien ici comment toute
la phrase est préparée à la fois, et comment, par suite, un fragment peut
être en quelque sorte transposé ; une partie du mot expressif pour lequel
la phrase était faite a été anticipée.

∗ ∗ ∗

A la base des changements conditionnés, il y a l'instabilité de certains groupes phonétiques, la difficulté, l'habitude.

Certaines accommodations, certaines épenthèses, en sont visiblement l'effet. De même un certain nombre de métathèses ne sont pas autre chose que la substitution de groupements faciles et familiers à des groupements difficiles et peu familiers. Le sujet échoue devant certaines combinaisons de sons difficiles ou peu familiers. La plupart du temps même, comme nous le verrons par l'exemple des enfants, il n'a pas entendu le modèle correct ; il l'a transposé fautivement. L'erreur articulatoire ne fait que répéter l'erreur auditive. Dans ces cas, il n'y a pas à faire intervenir le mécanisme complexe du modèle correct altéré par la discordance de la pensée et de l'expression phonétique.

Mais cette catégorie de faits une fois éliminée, il reste l'assimilation et la dissimilation, régressives et progressives, une partie de la métathèse, la différenciation, qui doivent s'expliquer par l'intervention de la figure du mot.

Nous avons vu déjà, par l'analyse rapide que nous avons faite des différentes catégories de lapsus, combien la pensée du sujet peut intervenir malgré lui et à son insu dans son discours. Tout le langage est la preuve de cette vérité, qui n'a rien de paradoxal. Nous disons ce que nous pensons sans vouloir le dire. Nous disons prématurément ce que nous nous préparons à dire. Nous répétons ce que nous avons déjà dit. Lorsque nous fabriquons une forme nouvelle sur le modèle d'une forme qui nous est familière, mais que nous n'avons pas

présente à l'esprit, nous apercevons encore cette action
générale de la subconscience sur l'expression verbale.
Il n'y a donc rien d'étonnant à ce que la figure du mot
aperçu dans son ensemble influe sur la prononciation
des tranches successives du mot.

Ce qui prouve bien qu'il y a là un fait d'ordre mental, c'est la loi posée par Grammont, qu'il ne se produit
pas de dissimilation quand l'étymologie des différentes
parties du mot est évidente pour le sujet parlant (1).
Quand l'attention se porte sur le mot tout entier et le
maintient devant la conscience, l'acte manqué ne se
produit pas. C'est bien ce qui se passe lorsque nous
voulons éviter de prononcer incorrectement un mot
difficile ; nous faisons attention au mot et à l'articula-
lation successive des différentes parties du mot ; nous
évitons de penser à ce qui précède et à ce qui suit,
nous ne pensons qu'à lui, et nous faisons coïncider
strictement la représentation du mot et son expression,
en faisant attention successivement à toutes ses parties.
Si le lapsus se produit pour une raison ou pour une
autre, soit que l'attention ait été insuffisante, soit que
la difficulté d'articulation ait triomphé de la volonté
du sujet, il ne se consolide pas dans le cas où l'étymologie des différentes parties du mot est claire pour le
sujet parlant. Quand le mot est senti comme expressif,
quand il est soumis à l'influence de mots plus usuels,
qu'il fait partie d'un système, il est défendu contre les
accidents de prononciation ou tout au moins contre
leurs conséquences.

Il faut donc, pour expliquer les changements condi-

(1) Par exemple quand le mot fait onomatopée. Si le mot renferme des
éléments doubles, la reduplication est sentie comme utile au sens, et le
mot reste intact : *murmure.*

tionnés, faire intervenir la rupture entre le parallélisme normal de la pensée et son expression phonétique : l'élément phonologique, au lieu d'être articulé à sa place et de disparaître ensuite, intervient trop tôt dans le discours, ou au contraire persiste, au lieu de disparaître, et exerce une influence troublante sur la parole alors qu'il aurait dû être entièrement effacé.

Un pur mécanisme qui se déroule automatiquement n'est sujet qu'à des dérèglements, à des déraillements, à des achoppements provenant du mauvais état de telle ou telle de ses pièces ou de l'insuffisance de l'ajustement. C'est ce qui se produit dans le cas des dysarthries, que nous avons rappelées. L'appareil phonateur fonctionne mal dans quelqu'une de ses parties, quel que soit le siège de la lésion initiale, muscles, bulbe, cerveau.

Un mécanisme qui se déroule sous une surveillance est exposé en outre aux fautes du surveillant. Lorsqu'une série mentale se déroule en même temps qu'une série motrice, il suffit, pour amener de nouvelles fautes, du plus léger écart de vitesse dans le déroulement des deux séries, du plus léger écart d'importance pris par l'un des moments de la série mentale (1) ; ceci bien entendu sans préjudice des cas, que nous n'avons pas à examiner pour le moment, où le contenu de la série mentale est complexe et se brouille, brouillant à son tour les commandes motrices. L'intervention de l'intelligence et les accidents du déroulement de la série

---

(1) Voir par exemple l'observation de Choublier, rapportée par SAINT-PAUL, *Essai sur le langage intérieur*, 1892, p. 74 : « Alors que je parlais, il me semblait qu'au moment où ma langue articulait la phrase que je disais, elle parlait en moi la suivante, si bien que, par moment, j'avais l'appréhension de mêler les mots de la seconde phrase à ceux de la première. »

mentale compliquent sans cesse le fonctionnement régulier de la parole. Il y a des préparations qui se font trop
vite, des résonances trop prolongées, des négligences,
des moments de fascination, des distractions, des hésitations. Les sons qui viennent d'être émis, ou qui vont
l'être, influencent l'articulation du moment : action
d'induction, favorisée par l'instabilité des groupes
phonétiques ou par les affinités naturelles des éléments
phonologiques entre eux.

Ce n'est qu'un cas particulier de l'appréhension synthétique, qui est la loi de la conscience. Nous ne saurions
percevoir, penser et agir, que par ensembles organisés
et différenciés. La construction du temps et de l'espace,
la nature du jugement, l'implication des moments et
des formes de la pensée et, comme contre-partie, le radical échec de l'atomisme dans l'explication des faits
psychologiques suffisent à l'établir. La conscience n'est
pas punctiforme ; elle déborde largement ce qui est
momentanément à son centre ; ainsi l'élément n'apparaît qu'au sein du tout et le détail au sein de l'ensemble.

Nous voyons donc partout l'influence de l'ensemble ;
la perception des formes, la construction du temps en
fourniraient des exemples : dans la production de certaines illusions géométriques on a montré que la considération de l'ensemble de la figure intervient pour une
part et que l'illusion se dissipe ou est moins vive si
l'attention se fixe sur ses éléments pour les comparer ;
dans le déroulement de la mélodie, et en général dans le
déroulement d'un ensemble temporel, chaque élément subit l'influence de la série et prend suivant le
moment de son déroulement une valeur singulière.

D'autre part, l'organisation spontanée de groupes

homogènes en séries rythmiques prouve suffisamment
la nécessité, pour la conscience, d'accentuer, de différencier et d'organiser les groupes accentuels, phonétiques ou autres.

Il est donc aisé de comprendre l'intervention, dans·
ce champ de conscience étendu et profond, des éléments à peine disparus ou non encore présents, mais
seulement pressentis. La persistance, la « persévération » se comprend aisément. L'appareil phonateur
peut fort bien ne pas revenir d'un coup à la position
d'indifférence. Le son émis laisse comme une image
consécutive ; l'audition et la motricité se combinent
dans cet effet (1). D'autre part, ce que nous allons dire
est jusqu'à un certain point présent à notre conscience
et l'esquisse motrice peut déranger le déroulement phonateur. Enfin, ce que nous pensons concurremment
intervient aussi, comme le prouvent les lapsus plus
complexes, où nous substituons un mot à un autre,
sous l'influence de la pensée concurrente (2).

Il arrive parfois que nous parlions sans faire aucune
attention à ce que nous disons. Mais il arrive rarement
que nous parlions sans faire attention à rien d'autre.
Et il arrive le plus souvent que nous prêtons quelque
attention à ce que nous disons. Le langage purement
réflexe, s'il existe, ne serait exposé qu'à des dérègle-

---

(1) Et cela d'autant plus que le sujet est fatigué, distrait, déprimé.
On sait le rôle de la persévération en pathologie, et combien aisément
la persistance des mots par exemple peut se rencontrer dans tous les cas
d'affaiblissement intellectuel, comme dans l'aphasie proprement dite ; la
persistance des actes se rencontre volontiers dans les états intenses de
stupeur, de confusion, de démence. Voir CHASLIN, *Sémiologie*, p. 198.
Voir PICK, *Monatschrift für Psychiatrie und Neurologie*, 1914 (la persévération comme cause des phénomènes agrammatiques).

(2) PICK, *Zeitschrift für Psychologie*, 1919 (*Ueber Gedankenkontami-
nation*).

ments moteurs, à des phénomènes de dysarthrie momentanée. Le langage où la pensée de ce que nous
disons n'intervient pas est exposé, en outre, à la contamination de ce que nous pensons simultanément. Enfin
le langage attentif, quel que soit le degré d'attention,
est exposé précisément aux troubles que nous sommes
en train d'étudier.

Dans quelle mesure ce que nous disons est-il soutenu
par ce que nous avons dit ou préparé par ce que nous
allons dire ? Dans quelle mesure ce que nous avons
dit est-il encore présent à notre conscience ? Dans
quelle mesure ce que nous allons dire est-il d'avance
présent à notre conscience et préparé par notre motricité ?

En général, quand nous parlons, nous avons présents
à l'esprit l'idée d'ensemble qui domine notre conversation — ou tout au moins nous sommes adaptés à cette
idée — et le thème de la phrase du moment. Notre discours est soutenu par une intention qui le domine, le
prépare, le vérifie. Nous faisons d'autant plus attention à cette idée qu'elle est plus difficile à exprimer,
d'autant moins qu'elle relève davantage de nos habitudes courantes d'expression. C'est sous l'autorité de
cette pensée d'ensemble, de cette impulsion d'ensemble
que la phrase se déclenche ; les mots et les constructions
se présentent pour la réaliser verbalement et phonétiquement : nous retrouverons toutes ces questions à
propos du fonctionnement psychologique du langage.

Nous n'avons donc guère qu'à maintenir le thème de
notre discours et à surveiller la correspondance générale
du débit à la pensée. Le thème déclenche le discours,
la plupart du temps sans que nous ayons besoin de chercher, en vertu de nos habitudes d'expression ; le discours est maintenu dans sa teneur logique ou affective,

dans ses proportions temporelles et rythmiques par l'idée. Le parleur a présent à l'esprit le schéma de sa phrase, l'ordonnance motrice de son discours, le pressentiment de ses coupes, du rythme tout au moins de sa parole.

Seulement l'attention se porte aussi par moment sur le détail. Tel ou tel mot surgit prématurément et sa présence se fait sentir. L'attention au détail prématuré est une cause d'erreur, comme l'ont bien vu les linguistes. Quand nous lisons, il arrive souvent que l'œil est en avance sur la voix et lui impose à contretemps des mots du texte ultérieur; quand nous écrivons, il arrive souvent que notre pensée va plus vite que notre main : d'où des lapsus. Il en est de même quand nous parlons. Mais, de même qu'un mot, un élément du mot peut surgir avant son tour. C'est comme un dessin trop précis dans un ensemble qui devrait rester flou. Il n'arrive pas toujours que le langage intérieur précède la phonation, parce que la pensée n'a pas toujours besoin du langage intérieur et que la plupart du temps elle déclenche sans intermédiaire le discours oral. Mais quand le langage intérieur précède la phonation, la discordance de temps produit les décalages que nous avons signalés (1). Nous pouvons rappeler l'observation de Choublier citée plus haut.

Enfin, alors même que ce qui vient d'être dit cesserait d'occuper la conscience claire soumise à l'intention, orientée vers l'avenir, nous en gardons l'impression et comme la saveur ; et dans cette impression vague certains détails se détachent parfois.

---

(1) L'attention restant le plus souvent orientée en avant ; il arrive souvent qu'on n'entende pas ses propres lapsus, alors qu'on entend toujours ceux d'autrui.

D'autre part, il peut arriver que notre attention se porte sur la phonation elle-même : comme il arrive dans les moments difficiles, où nous n'osons pas confier toute l'exécution à l'automatisme. Or l'intervention de l'attention dans le déroulement d'un automatisme n'est pas toujours au bénéfice de cet automatisme. Ce n'est pas toujours parce que la fonction ne reçoit pas la dose d'attention suffisante, qu'elle s'accomplit avec une précision insuffisante. Le manquement survient souvent à la suite de l'intervention de l'attention.

Surveiller attentivement l'exécution d'un automatisme est un acte délicat, dont le premier effet en général est de troubler l'automatisme. Ce qui peut arriver de deux manières : 1º en produisant une hésitation, un arrêt, un dérèglement de l'automatisme, en rendant la liberté par conséquent aux combinaisons motrices les plus familières et les plus stables, au détriment de celles qui sont difficiles et instables ; le degré d'atten-tion importe ici grandement ; en général, si l'attention doit intervenir dans un automatisme, il vaut mieux qu'elle intervienne largement : par exemple se repré-senter clairement un mot difficile peut aider à éviter la faute, alors qu'elle se produirait si la représentation demeurait vague ; 2º en produisant une exagération dans certaines parties de l'exécution par crainte de l'omission ou de l'effacement; ainsi s'explique la diffé-renciation. C'est pour la même raison qu'on insiste à l'excès sur ce qu'on craint d'omettre ou qu'un pia-niste, arrivé devant un passage difficile, donne trop d'importance aux notes qu'il craint de ne pas détacher suffisamment.

L'attention peut donc troubler la phonation par son intervention directe, par sa surveillance des mouvements phonateurs (1), comme aussi par l'apport intempestif d'éléments verbaux évoqués hors de propos.

La direction et le degré de l'attention varient du reste suivant l'état du sujet, le thème du discours, le degré d'automatisme verbal ; plus le sujet est maître de l'exécution verbale, plus il s'en désintéresse et la laisse à l'automatisme : quitte à y revenir aux moments difficiles de pensée et d'exécution. Au contraire, lors de l'apprentissage d'une langue, maternelle ou étrangère, le modèle interne et l'exécution interfèrent fréquemment.

Ainsi la synergie musculaire de la parole est singulièrement complexe et mobile. Elle se fait sous le contrôle d'une simple impulsion mentale qui se déroule, ou parfois d'un modèle fuyant. D'ordinaire l'association de mouvements élémentaires dont l'ensemble bien combiné fait la parole correcte se fait et se défait à nouveau, obéissant à une direction qui déclenche un automatisme, et cette direction ne ressemble pas plus aux éléments constitutifs de cet automatisme, que la baguette du chef d'orchestre ne ressemble au timbre de l'instrument. Les troubles qui peuvent se produire se produisent donc soit au sein de cet automatisme moteur : refus, arrêt, modifications, échange de mouvements partiels, soit à sa naissance : inca-

---

(1) Notre attention, quand nous parlons, est toute pénétrée du sens et ne se porte guère sur les mouvements et sur les sons du langage. C'est ainsi par exemple que nous ne remarquons guère les caractères auditifs de ces sons. Les phonèmes entendus pour eux-mêmes prennent immédiatement un aspect étrange, deviennent comme des mots d'une langue inconnue, ce qui n'arrive guère dans le langage courant. On a comparé à l'illusion du déjà vu certains sentiments d'étrangeté que donne le langage, familier d'ordinaire, lorsqu'il se vide de signification et que le son refoule le sens.

pacité de déclencher ce mécanisme complexe, d'assurer l'action simultanée d'éléments si divers : telle est
par exemple l'anarthrie (1).

Ce sont ces troubles que les linguistes ont raison de
rapporter à l'intervention de l'attention. Elle peut
intervenir exagérément ; la différenciation, qui n'est
qu'une exagération, en donne un exemple fort net.
Elle peut intervenir à contretemps : comme lorsqu'un
phonème privilégié en dissimile ou en assimile un autre.
Elle peut manquer, alors qu'elle serait nécessaire ;
d'où certaines accommodations, ou certaines épenthèses
en présence de groupes difficiles.

Mais nous avons vu la part qu'il convient de faire, à
côté d'elle, au simple automatisme et à ses déplacements, à l'habitude motrice par conséquent, et à la
stabilité ou à l'instabilité des groupes articulatoires ;
comme aussi à la mémoire immédiate sous la forme de
persévération.

L'habitude bien réglée, comme aussi l'attention également répartie, sont les forces antagonistes. Nous
avons vu que la représentation de la figure du mot, la
conscience linguistique exacte empêchent la dissimilation. Quand l'attention est savoir, quand elle n'est ni
partielle, ni partiale, elle est principe d'exécution
exacte. De tels troubles sont particulièrement fréquents
chez les enfants, les illettrés et ceux qui apprennent une
langue étrangère. Ils tendront à devenir des changements phonétiques dans la mesure où les enfants, les

---

(1) Un changement phonétique, quel qu'il soit, résulte toujours de l'altération d'une coordination complexe : altération dans le déplacement des
organes (articulation, phonation, respiration) ; altération dans la succession
des mouvements ; altération dans l'énergie relative des contractions musculaires. Dès que l'altération dépasse un certain degré, il y a changement
phonétique.

illettrés, les étrangers interviendront dans l'évolution de la langue : mesure que nous aurons ultérieurement à définir. En tout cas, pour qu'ils deviennent des formes normales de parler, il faut que pour une raison ou pour une autre le contrôle des formes normales ait disparu.

CHAPITRE III

LES LOIS PHONÉTIQUES ET LA PSYCHOLOGIE

Certaines tendances générales, au dire de quelques linguistes, dominent l'évolution phonétique.

Meillet signale la débilité de la fin du mot et son usure universelle au cours de l'histoire des langues indo-européennes. Arrivé à l'explosion consonantique qui introduit la fin du mot proprement dite, le sujet parlant relâche son effort et tend à laisser tomber la voix ; la consonne finale se borne à une implosive, la voyelle s'abrège, l'articulation devient incomplète (1).

Il signale aussi la modification des consonnes intervocaliques. Une consonne placée entre deux voyelles s'adapte aux éléments vocaliques précédents et suivants, tend à se vocaliser en quelque sorte, de la même manière qu'une voyelle placée près d'une nasale tend à se nasaliser (2).

Cette tendance agit du reste inégalement dans les différentes langues. En germanique, jamais l'altération des consonnes intervocaliques n'est allée jusqu'à la suppression. Les mots indo-européens y sont souvent

---

(1) *Bulletin de la Société de Linguistique*, 1917-18, p. 24.
(2) MEILLET, *Linguistique générale*, p. 12.

reconnaissables parce qu'ils ont gardé intacte la séparation mise par les consonnes entre les voyelles. Le squelette des mots s'est maintenu. Au contraire, en français, les consonnes intervocaliques du latin se sont alté-
rées ou réduites : dans *feu* on ne reconnaît plus *focum*,
dans *père*, *patrem* (1).

*
* *

Le devenir emporte les formes du langage, comme
celles de l'art, de la religion, de la vie spirituelle et
sociale en général.

Le langage, sous toutes ses formes, évolue ; tout y est
changement. Nous retrouverons l'évolution morphologique. Il nous faut ici considérer à part l'évolution
phonétique, que la phonétique historique nous a permis de constater si précisément.

De ce point de vue, le langage est atteint par le changement comme système de sons et de mouvements,
comme phénomène physiologique. Mais il ne faut pas
croire que pour se débarrasser de toute explication il
suffit de prononcer le mot d'évolution. Quand on parle
de la vie du langage, ou de la vie des dogmes, ou de la
vie des genres esthétiques, on ne fait que réaliser une
abstraction.

La force d'une telle hypothèse vient sans doute de ce
qu'elle réunit deux courants de pensée opposés, très
puissants l'un et l'autre en notre siècle : l'idéalisme hégé-
lien, avec son développement spontané de l'Idée vers la
synthèse à travers l'antithèse ; le matérialisme évolutionniste avec ses différents principes. Mais la superstition
tion qui s'attache à l'idée de vie ne doit pas nous abu-

---

(1) MEILLET, *Caractères généraux*, p. 54.

ser. Les faits dont il s'agit se passent dans des groupes humains. C'est dans l'homme et dans le groupe humain qu'il en faudra chercher l'explication.

D'autant que le langage résiste au changement. Il est un signe, il porte une valeur ; le groupe linguistique est contraint de le maintenir autant que possible, ou du moins de le laisser s'altérer le moins possible. Arbitraire et fragile, il est fort quoique arbitraire, parce qu'il est commun. Les destructions partielles sont accompagnées d'efforts de maintien et de reconstruction.

En étudiant les changements spontanés et les changements conditionnés, nous avons vu le changement phonétique à l'assaut de la langue. D'une part, le mot est rongé dans ses éléments, indépendamment de sa structure d'ensemble ; il est menacé par la parole, comme acte physiologique ; les procédés articulatoires des sujets parlants d'une même communauté linguistique semblent varier avec le temps. La difficulté serait précisément d'expliquer le caractère collectif de cette variation.

D'autre part, le mot est menacé par la parole, comme acte psychique ; les différents éléments du mot réagissent les uns sur les autres. L'automatisme verbal et l'attention sont aux prises : nous avons étudié ces trois facteurs, la persistance des éléments disparus, l'anticipation des éléments à venir, la simultanéité des éléments concurrents. Mais beaucoup d'éventualités sont possibles ; toutes les possibilités ne se réalisent pas, et, pour que de tels lapsus deviennent normaux, il faut des conditions générales ; il faut que le contrôle de la forme normale ait fléchi, qu'elle ait cessé d'être aperçue, ou bien que la difficulté soit devenue une excuse

publique : il faut que le niveau verbal du groupe se soit
déplacé.

On entrevoit donc toute la complexité du problème.
On aperçoit aussi que, puisque les forces qui entrent en
jeu sont si complexes, il est peu probable qu'on puisse
parler d'un progrès ou d'une chute comme on le faisait
si volontiers autrefois. En tous cas, la question rentre
dans celle de la civilisation en général. Les changements
du langage font partie d'un vaste ensemble.

*
* *

Les grammairiens grecs faisaient intervenir l'eupho
nie et l'art, les indous la signification, la grammaire et
la logique, pour expliquer les variations qu'ils avaient
aperçues dans leur langue. L'école utilitaire suppose de
même que le langage élimine ce qui est inutile et met en
relief ce qui est nécessaire : il a horreur du luxe et l'on
ne parle que pour être compris.

C'est trop de raison, trop d'intention. L'erreur inverse serait de ne voir dans ces changements qu'une
dégradation arbitraire et accidentelle.

*
* *

Le principe du moindre effort est destructeur de
toutes les institutions(1). Dans le domaine du langage,
il se heurte à la tendance conservatrice, qui vise à maintenir les différences phonétiques nécessaires à l'intelligence du langage.

_____

(1) Max Müller voyait dans le moindre effort un fait de civilisation. Il
accusait la civilisation de paresse. Elle dispense de ce « vigoureux mouvement musculaire » nécessaire aux articulations primitives.

Le moindre effort explique peut-être certains changements. On a remarqué l'abréviation de certaines formes très usuelles : *M'sieu, Mamselle.* Le contrôle se relâche à cause de l'extrême facilité avec laquelle le mot est compris et de sa faible valeur de communication. C'est comme l'abréviation des signes extérieurs de la politesse.

Mais il n'est pas toujours aisé de déterminer dans le langage ce qui est plus facile et plus difficile (1) ; en tout cas, il faut faire intervenir à la fois la difficulté d'articulation, phénomène physique, et les variations du champ de l'attention, phénomène mental. Et les causes du changement phonétique semblent avoir une action plus particulière que le principe très général du moindre effort. Cette action est élective : seuls certains phonèmes sont affectés. Elle est transitoire : les changements cessent à partir d'une certaine date. Elle est locale : elle ne s'accomplit que dans une aire déterminée.

Il va sans dire qu'après les faits que nous avons rappelés dans notre précédent chapitre, il est impossible de s'arrêter même un moment à l'idée de fautes individuelles de prononciation qui se propageraient par imitation. Les lapsus rendent plutôt ridicule ; on les cite, on ne les imite guère.

S'il y a déformation de la prononciation par la mode, comme au temps des muscadins, cela ne dure guère ; et la plupart du temps le phénomène disparaît sans laisser de traces dans le langage.

---

(1) JESPERSEN, p. 261. Voir sur le moindre effort, De Saussure et Jespersen.

*
* *

Il ne suffit pas davantage d'invoquer la tendance normale à la variation et la « latitude de correction » chez
l'adulte.

L'hypothèse part d'un fait exact. Chaque son, chaque
articulation a un certain jeu. Un phonème ce cesse pas
d'être intelligible parce qu'il est prononcé un peu autrement. Les individus prononcent d'une façon assez différente. Il est probable que le même individu prononce
différemment dans différentes circonstances, et aux
différents moments de sa vie. Toutes les habitudes de
l'adulte changent progressivement. Nous nous imagi-
nons que nous parlons comme il y a vingt ans. Mais si
nous revoyons notre portrait d'il y a vingt ans, nous
nous trouvons bien changés.

On ne peut pas nier les différences individuelles entre
gens qui parlent la même langue : choix de mots, structure des phrases, fréquence relative des formes grammaticales ou de combinaisons de mots, prononciation,
rapidité, accent, intonation. Du reste, ces divergences
individuelles, qui sont la règle, ne sont remarquées
que de ceux qui font effort pour les observer et n'empêchent pas l'unité de l'ensemble.

D'autre part, nous pouvons voir, dans le domaine
morphologique, comment, chez un même sujet, l'habitude tend à modifier les façons de parler. Les mots souvent rapprochés tendent à se souder. Les formes souvent employées perdent leur valeur expressive et se
prononcent d'une manière plus rapide et plus sommaire.

Il est vrai pourtant qu'en ce qui concerne les changements phonétiques, l'oreille fait frein, qu'elle contrôle
ces variations, qu'elle leur impose une limite.

Partant de ces faits, Hermann Paul suppose que les procédés articulatoires se déplacent, que les variations insensibles s'additionnent, et Jespersen fait jouer un grand rôle à cette cause de variation.

Mais le changement, contenu par l'habitude senso-rielle et motrice, ne joue que dans des limites assez restreintes. Il paraît assez faible chez l'adulte. Il y a peut-être des périodes de stabilité dans la langue, qui sont difficilement conciliables avec l'hypothèse. Enfin, et toujours, on n'explique pas que cette variation soit simultanée, on n'explique ni les changements lents et totaux, ni surtout les changements brusques et par-tiels.

*
* *

Sur les modifications de l'appareil phonateur (cli-mat, modifications ethniques, changement de milieu géographique et de conditions de vie) nous ne savons rien du tout. De même sur les différences anatomiques de l'appareil phonateur dans les différentes races. Tout ce que nous savons nous porte à n'assigner qu'un rôle infime à ce facteur. La prononciation est affaire d'édu-cation et d'habitude plus encore que de conformation organique. Un enfant acquiert avec une perfection absolue la prononciation d'une autre communauté linguistique.

*
* *

Nous arrivons enfin à l'enfant, à qui on fait jouer un si grand rôle. L'apprentissage du langage par l'enfant, la discontinuité de la transmission, serait ici, comme dans beaucoup d'autres cas, la cause principale de la variation. Il n'est pas vrai que l'humanité soit comme un seul homme qui vivrait indéfiniment ; au contraire elle est une succession d'hommes, et chaque génération doit former à nouveau, reconstruire à sa manière l'institution qui lui est transmise. N'y a-t-il pas là une cause permanente de variabilité ?

Rousselot, dont l'hypothèse a été reprise par Meillet (1), a enseigné que l'enfant, une fois qu'il a achevé d'apprendre sa langue, a sa phonétique définitivement fixée ; il articulera toute sa vie comme il articulait à six ou huit ans.

Mais il ne reproduit pas exactement le parler des adultes (2). Quand on dit que le changement linguistique spontané est la somme des changements réalisés par les enfants lorsqu'ils apprennent à parler, on veut dire que, jusqu'au moment où les enfants fixent leur langage, ils ne sont pas parvenus à reproduire exactement le parler des adultes qui leur ont servi de modèles ; à chaque génération, il y a ainsi une déviation plus ou moins grande par rapport à l'usage des adultes, et ces changements qui s'additionnent seraient le principe de tout changement spontané.

Il suffit donc d'observer des individus d'âge différent, appartenant à la même famille du même village, aussi loin que l'âge des vieillards permet de remonter. Et c'est ce que Rousselot a fait pour le patois de Cellefrouin, son village natal.

---

(1) *Revue internationale de Sociologie*, I et II. Meillet a peut-être apporté quelques atténuations à la théorie, comme on s'en aperçoit si l'on compare l'édition de 1908 de l'*Introduction* à l'édition de 1912.

(2) MEILLET, *Linguistique générale*, p. 79 : « Les enfants qui apprennent à parler ne reçoivent pas la langue toute faite. Ils ne peuvent reproduire que ce qu'ils entendent, et il est inévitable que des nuances délicates échappent à leur attention... Par sa discontinuité naturelle, la transmission du langage donne lieu à des changements. »

Il subsiste, avons-nous dit, du langage de l'enfant dans le langage de l'adulte quelques différences, et ces différences lui sont communes avec les enfants nés en même temps. La difficulté est d'expliquer cette simultanéité. Il semble qu'on fasse intervenir à la fois la langue, qui la sollicite en quelque sorte, puisque les divers éléments de chaque idiome forment un système où tout se tient, et l'hérédité. L'altération est régulière et va s'accentuant. On peut en observer la gradation de génération en génération. Des parents quittent le village, transportent avec eux la puissance de changement encore latente ; des parents, venus d'ailleurs, retiennent l'évolution dans leur famille.

Ainsi nous trouvons à la base de cette théorie une certaine conception de l'hérédité. Non seulement elle est censée conserver l'acquis, mais encore elle est chargée de maintenir les tendances. C'est une sorte d'orthogénèse.

On a recouru parfois du reste à des hypothèses adjuvantes pour expliquer la variation simultanée. Les causes des innovations étant les mêmes pour tous les enfants placés dans un lieu donné et à une date donnée, dans les mêmes conditions sociales, climatériques, biologiques, produisent naturellement sur tous les mêmes effets (1).

* *
*

La théorie est assez en faveur.

En 1882, Sweet voyait la principale cause des changements phonétiques — contre Hermann Paul — dans le fait qu'une génération ne peut apprendre que par

_____

(1) GRAMMONT, *Scientia*, 1912, p. 70.

une imitation imparfaite; et il affirmait en 1899 que, si
le langage était appris parfaitement par chaque génération, une langue ne changerait pas. Il est vrai qu'il se
contredisait en 1900. Mais, pour rétablir l'équilibre,
entre temps, en 1886, Hermann Paul avait adopté ce
principe. Herzog a repris cette théorie. Meringer s'est
élevé contre elle (1).

*
* *

Gauchat a refait récemment sur un village du canton
suisse de Fribourg l'enquête que Rousselot avait faite
à Cellefrouin. Ses observations aboutissent aux mêmes
conclusions (2). Les hommes continuent à prononcer
comme ils faisaient étant enfants, et les innovations
phonétiques étant introduites par les nouvelles générations, on observe dans un même village plusieurs
stades pour les phonèmes qui sont en voie d'évolution.
Une génération ancienne continue l'état ancien, tandis que les générations suivantes présentent diverses
étapes de changement. Gauchat a pu suivre ainsi l'histoire des changements phonétiques dans le parler d'un
village (3).

<hr>

(1) Voir JESPERSEN, p. 171. HERZOG soutient, *Streitfragen der romanischen
Philologie*, 1904, p. 57, que la petite bouche de l'enfant ne pouvant produire
exactement le même son que celle de l'adulte, sans une position différente
des organes, il se trouve garder cette position de sorte que, quand il devient
adulte, et que sa bouche est tout à fait développée, il émet un son légèrement différent de celui qu'il a entendu. Jespersen discute cette double
assertion.

(2) GAUCHAT, *Giebt es Mundartgrenzen, Archiv für das Studium der
neueren Sprachen*, et *L'Unité phonétique dans le patois d'une commune*
(*Aus romanischen Sprachen, Festschrift H.* MORF).

(3) Il a cru constater de même que certains changements, comme le
passage de *l* mouillé à *y*, qui est commun à tout le français du Nord, se
produisent d'une manière autonome dans le village étudié; d'une manière
générale, les innovations phonétiques qui s'y sont produites, et qui ne sont

* *

Il n'y aurait donc pas d'unité phonétique pour l'ensemble d'un groupe dialectal, mais il y aurait unité phonétique à l'intérieur de chaque génération. Il existerait, dans un groupe social déterminé, une identité des tendances articulatoires chez tous les individus d'une même génération, et par suite, l'alternance des générations serait le vrai principe de l'évolution phonétique.

Terracher a critiqué les faits apportés par Rousselot. Il voit dans les principaux d'entre eux, non pas une évolution, une modification du système articulatoire, mais une substitution sous l'influence du français. Il ne trouve, ni dans ces faits, ni dans ceux que Gauchat a étudiés, une preuve de l'identité des tendances articulatoires chez tous les individus d'une même génération. Il y voit au contraire un effet de contact de langues, une preuve de ce fait que, dans la désorganisation actuelle de l'état ancien des patois, il y a, chez certains sujets, des résistances particulières, et chez d'autres, des éliminations particulièrement hâtives.

D'autre part, il a fait sur les Blancheteaux, un hameau de 46 habitants, une enquête qui porte, il est vrai, sur le système morphologique, et non point sur le système phonétique, mais qui l'induit à penser que la désagrégation du type morphologique tient principalement à la structure de la famille, dans l'espèce à l'adaptation incomplète des sujets transplantés par le mariage dans une nouvelle communauté linguistique, la femme transplantée exerçant du reste une influence plus

---

nullement propres à la localité, s'y sont produites d'une manière indépendante et parallèle.

considérable que le mari sur le parler des enfants nés de
ces intermariages ; de sorte qu'ils s'écartent du type
ancien plus vite et plus complètement que les enfants
nés de parents indigènes.

***

Il n'est jamais inutile d'examiner comment s'est établie une doctrine et sur quels postulats elle repose.

Dans la doctrine susdite se combinent les éléments
que voici :

la discontinuité de la transmission, la succession des
générations, qui apporte la différence et la nouveauté ;

l'hérédité qui accumule les petites variations, et
maintient la tendance à la variation ;

la variation simultanée. « Tous les enfants nés en
même temps, en une même localité, de parents indigènes, présentent indépendamment les mêmes innovations. Dès son début le changement phonétique porte
sur un groupe social, et non sur un individu. » La variation simultanée est expliquée par l'hérédité, par la
structure même de la langue, par l'unité du groupe
social (1).

Il faudrait donc, en fait, examiner si la transmission
discontinue est une cause de variation, ou si l'enfant,

---

(1) MEILLET, *Introduction à l'étude comparative*, p. 16. Chaque langue
forme un système. Les mouvements articulatoires élémentaires sont déterminés et limités par certaines conditions générales, anatomiques, physiologiques et psychiques. Pour un phonème donné, un petit nombre seulement de variations est possible.

Quand une même cause vient à provoquer des innovations, elle ne peut
produire que des effets, ou identiques, ou très pareils les uns aux autres chez
les hommes qui parlent une même langue, et il est naturel que les enfants
d'un même groupe social présentent indépendamment les mêmes conser-
vations de l'état ancien et les mêmes innovations.

dans des conditions normales, n'arrive pas à reproduire
de façon à peu près parfaite le modèle qu'il reçoit. Ceci
est question de fait.

Il faut examiner encore ce que valent ces hypothèses
sur la variation simultanée et sur le rôle de l'hérédité
dans la conservation des tendances.

Pour commencer par ce dernier point, il faut remarquer que l'hérédité est ici comprise à la manière darwi-
nienne, comme l'accumulation des variations insensibles
et la tendance à varier dans un sens défini : doctrine
qui est devenue, chez les néodarwiniens, une sorte de
prédétermination irrésistible, et qui a abouti à une schématisation extrêmement sévère de la marche de l'évolution.

Mais il est permis de se demander, à l'occasion de
bien des faits, si les variations individuelles, à l'intérieur d'une même espèce, loin de pouvoir s'accumuler
indéfiniment dans un même sens, par voie de sélection,
n'oscilleraient pas autour de certaines moyennes, fixes
et mesurables pour chaque espèce. On peut se demander
si, les causes de variation étant plus faibles que les
causes de fixité, celle-ci ne doit pas nécessairement
l'emporter sur celle-là ; si la variation ne se trouve pas
le plus souvent effacée dès la naissance par ce seul fait
que les caractères hérités des deux parents se mélan-
gent. Une tendance peut-elle s'hériter ? Ce qui s'hé-
rite, c'est une constitution ; une structure et ses caractères se transmettent tels quels et non pas à un degré
plus considérable. Enfin, les mutations peuvent donner
à penser qu'il y a dans l'histoire biologique des périodes
de crise, de révolution, précédées et suivies par de
longs âges où les espèces demeurent à peu près fixes
dans leur nature et dans leur nombre.

Donc, pour expliquer le développement graduel
d'un caractère, il faudrait ou bien insister sur l'hérédité
des effets de l'usage, qui est assez fortement contestée,
ou sur l'action ininterrompue du milieu, s'exerçant toujours dans la même direction.

Il n'y a donc pas lieu de faire intervenir ici la notion
d'hérédité. Si chaque génération apporte quelque innovation par le seul fait qu'elle est nouvelle, la génération
suivante reçoit la langue à un certain degré d'évolution
et y apporte les innovations qui lui sont propres. Le
fait que l'évolution continue dans le même sens pourrait s'expliquer par l'action continue de la langue, qui,
nous l'avons vu, forme un système prédéterminé à une
certaine forme de changement, et par l'action continue
du milieu biologique et social sur la suite des générations. L'hérédité ici n'explique rien ; elle ne fait que
compliquer la question.

Mais même débarrassée de cette notion confuse et
qui date, la théorie demeure avec des principes assez
obscurs. Si la discontinuité de la transmission est un
principe fort clair, et s'il est assez aisé d'admettre que
chaque génération apporte au système phonétique des
innovations et des retouches, la simultanéité du changement reste un fait difficile à expliquer. En tout cas,
il faut éliminer tout ce qu'il y a d'obscur dans certaines
hypothèses. On a l'air quelquefois de croire que les
membres d'un même groupe social sont unis par une
sorte de parenté substantielle, et qu'il suit de cette identité collective qu'ils ne peuvent varier que simultanément ; et, par une vue encore plus étroite, on fait un
sort à la « génération » (1). Ce sont là des idées confuses.

(1) TERRACHER, p. 132, demande avec raison : « D'où vient ce pouvoir
de la génération ? Comment des enfants qui apprennent à parler chacun

Les seuls facteurs de variation simultanée sont l'action continue du système linguistique et l'identité des conditions biologiques et sociales. Ces deux conditions laissent malgré tout beaucoup de marge aux divergences individuelles, dont on s'étonnera toujours qu'allant dans tous les sens, elles produisent enfin une divergence d'ensemble (1). Mais le plus simple ne serait-il pas de supposer que la plupart de ces divergences ne réussissent pas et que seules réussissent les altérations qui se trouvent avoir apparu simultanément chez un nombre suffisant d'hommes d'un même temps et d'un même lieu ? Il faut bien que certaines combinaisons se réalisent parfois simultanément chez un nombre notable d'individus.

*
* *

Il ne serait pas juste d'objecter contre cette théorie que certaines des erreurs enfantines ne passent point dans la langue. De Saussure fait remarquer que nos enfants prononcent souvent *t* pour *k*, sans que nos langues présentent dans leur histoire de changement phonétique correspondant (2). Mais c'est là un défaut momentané, dont l'enfant se corrige et qu'il ne risque pas d'introduire dans le langage des adultes, puisqu'il disparaît du sien.

Seulement ne peut-on pas se demander si l'enfant ne se corrige pas de tous ses défauts, s'il ne s'adapte pas de façon à peu près parfaite à la langue qu'il reçoit ? (3)

dans des conditions généalogiques différentes, peuvent-ils présenter les mêmes différences articulatoires avec leurs aînés ? »

(1) JESPERSEN, p. 165 ; DE SAUSSURE, p. 212.
(2) DE SAUSSURE, p. 212.
(3) JESPERSEN, p. 161 et suiv. Voir aussi DAUZAT, *La vie du langage*, p. 120.

De sorte que les changements qu'il y peut introduire
seraient presque insensibles.

C'est ce que reconnaît par exemple Meillet. « Quand
l'enfant apprend à parler dans un milieu sensiblement
homogène, son langage diffère peu de celui de ce milieu. Si donc le changement linguistique se bornait à
celui qui résulte de la transmission du langage de génération en génération, il serait lent, et il faudrait de longs
siècles pour modifier d'une façon essentielle la structure d'une langue. Une langue arrivée à un état d'équilibre et employée par une société homogène est stable ;
les changements ne portent que sur des détails et
n'affectent pas la structure générale du système. » (1).

Il s'ensuit que les notions d'unité et de stabilité sociale passent au premier plan. « Les enfants sont d'autant plus libres vis-à-vis des générations antérieures
que la norme est moins précisément établie, et que
l'unité est moins réalisée dans la communauté où ils
apprennent à parler... Partout où il y a des populations
d'origines diverses, la situation linguistique devient
incertaine, et la liberté des enfants qui apprennent à
parler s'accroît. » (2).

Le langage des enfants innoverait donc dans la mesure où le fléchissement du langage de l'adulte lui
permet d'innover. Nous serions en somme ramenés à
l'adulte et aux variations du langage chez l'adulte.

En effet il faudra toujours expliquer pourquoi le
phénomène a réussi à « percer » cette fois-ci plutôt
qu'une autre ? pourquoi le changement a-t-il réussi ?
a-t-il été admis ? L'enfant n'est point seul. Il se trouve

---

(1) *Les langues dans l'Europe nouvelle*, 1918, p. 153.
(2) *Linguistique générale*, p. 79-80.

en présence des adultes qui après tout détiennent la
prédominance. Si le langage de l'enfant s'impose, c'est
que celui des adultes a fléchi. C'est ainsi que s'expli-
querait par des causes historiques l'inégale rapidité
des changements phonétiques. Il y a des périodes où
les transformations s'accumulent et se précipitent et
d'autres où aucune modification ne s'introduit.

Enfin, rien de plus obscur que cette notion de « génération ». La suite des générations, loin de se superposer
les unes aux autres, comme les tiroirs d'un meuble, se
mêlent, s'interpénètrent et contiennent chacune des
individus de tous les âges (1). Qu'est-ce qu'une génération ? Où commence-t-elle ? Où finit-elle ? Il n'y a pas
de problème plus obscur. Si l'on entrevoit vaguement
que les générations nouvelles renouvellent l'histoire, que
la société change progressivement par le changement
du personnel social, dès qu'on veut mettre des faits
précis sous cette notion de génération et de simultanéité d'apport, on s'arrête. L'équilibre social est un
compromis entre la tradition et le changement apporté
par les jeunes. S'il n'est pas toujours nécessaire que le
renouvellement des membres d'une corporation soit
poussé fort loin pour que l'influence des nouvelles
recrues commence à se manifester, pourtant ceux qui
restent et qui durent ont sur ceux qui arrivent un avantage marqué.

Le rôle de l'enfant n'est donc point si considérable.
Il n'intervient guère que dans la mesure où la voie lui
est ouverte par l'adulte ; les changements insensibles
de la prononciation chez l'adulte demeurent une condition indispensable de tout changement phonétique.

---

(1) VON GABELENZ, p. 253 ; JESPERSEN, p. 164 et suiv.

D'autre part il est bien vrai que l'acquisition du langage entraîne des changements. Mais il en est de même, que ce soit un enfant, ou que ce soit un adulte qui apprenne la langue. Il est vrai que, quand il s'agit d'acquérir une langue nouvelle, l'enfant est plus mal partagé encore que l'adulte. Dans ce dernier cas, l'enfant serait, selon Jespersen, particulièrement responsable des confusions graves et brusques de son ou de signification (1) qui s'expliquent très aisément par l'imitation défectueuse.

*
* *

En tout cas, l'apprentissage du langage par l'enfant ne peut expliquer, s'il les explique dans une certaine mesure, que les changements lents. Les changements brusques requièrent, évidemment, comme nous venons de le voir, un autre principe.

Ici se présente la doctrine du « Substrat » qui explique les changements linguistiques par la transmission d'une langue à des adultes qui appartiennent à une autre communauté linguistique. L'individu qui adopte une langue étrangère en modifie le système phonologique d'après la disposition de ses organes vocaux, d'après ses habitudes articulatoires et acoustiques. Il est incapable d'assimiler les traits les plus originaux et les plus difficiles de la langue nouvellement adoptée, parce qu'ils sont trop délicats, et comme tels, mal perçus.

On comprend que la variation soit simultanée, brusque et qu'elle se maintienne. D'autre part, les sujets qui apprennent la langue nouvelle se montrent

---

(1) JESPERSEN, p. 178.

d'une habileté très inégale : d'où une certaine diversité dans la communauté linguistique, et un redoublement d'instabilité.

« On constate souvent que, dans le développement d'une langue, il s'introduit des types articulatoires ou grammaticaux entièrement nouveaux. Or l'expérience semble montrer que, dans le cas où une population est devenue sensiblement stable et où la langue est simplement transmise aux enfants de père en fils, il se produit des changements de détail, il y a des adaptations, mais le type linguistique ne change pas. On a donc été conduit à supposer que, là où l'on rencontre des changements profonds qui modifient gravement telle ou telle partie de la langue, on est en présence de populations qui ont changé de langue. Ainsi la mutation consonantique, qui a changé tout le type articulatoire des consonnes occlusives en arménien et en germanique, serait due, en dernière analyse, à ce que l'arménien et le germanique seraient de l'indo-européen parlé par des populations ayant un type d'articulation très différent du type indo-européen commun. » (1).

C'est ainsi que, suivant la théorie d'Ascoli, certains traits caractéristiques du français s'expliquent par ce fait que le français est du latin parlé par des Gaulois, qui ont transporté dans le latin quelque chose de leurs habitudes antérieures.

Là où le substrat ancien est le même, on observe des développements semblables. Ainsi les parlers du Nord de l'Italie, employés dans des régions où l'on a parlé gaulois comme en Gaule, présentent avec les parlers gallo-romains un grand nombre de particularités com-

_____
(1) MEILLET, *Année sociologique*, t. XII, 1913.

munes. Par exemple l'ancien *u* long du latin (*ou*) a passé à *ü* (*u* français) dans la plupart des parlers du Nord de l'Italie comme en français ; le mot latin « *crudum* » est « *cru* » dans des parlers de l'Italie du Nord comme en français (1).

Meillet fait remarquer que la mutation consonantique en Arménie vient à l'appui de l'hypothèse du substrat. La mutation consonantique en germanique ou en arménien est un changement radical du type articulatoire ; au lieu d'agir dès l'implosion, la glotte n'entre en action qu'au moment de l'explosion de la consonne. On suppose qu'elle s'est produite en germanique dans les siècles qui ont immédiatement précédé l'ère chrétienne. Par exemple, les mots empruntés par le germanique au celtique, sans doute entre le ve et le iiie siècle avant Jésus-Christ, ont subi la mutation consonantique.

« Or, pour l'Arménie, l'introduction d'un parler indo-européen s'y est produite à date historique ; et d'autre part le système des occlusives arméniennes, qui est tout à fait particulier, est identique à celui d'un groupe de langues voisines, de famille autre, le groupe caucasique du Sud, dont le représentant le plus connu est le

---

(1) Meillet, *Les langues dans l'Europe nouvelle*, 1918, p. 106. Voir dans le *Bulletin de la Société de Linguistique*, 1922, p. 5, les réserves de Meillet sur la théorie d'Ascoli : « Il est évident que la forme sous laquelle Ascoli a présenté l'hypothèse de l'influence des substrats est trop simple ; on ne peut dire que le changement date du moment même où se produit le changement de langue. On n'a pas de raison de croire que l'*u* ait été *ü*, ni voisin de *ü*, en gaulois, lors de la conquête romaine, et l'altération gallo-romaine de l'ancien *u* en *ü* est postérieure à l'époque romaine. Mais il reste vrai que c'est en gros sur le sol anciennement occupé par les parlers gaulois qu'apparaît toute une série d'altérations progressives du timbre des voyelles, dont le passage de *u* à *ü* n'est qu'un cas particulier. Il est donc naturel d'admettre que le type articulatoire qui a conditionné ces changements est dû à un substrat gaulois. »

germanique. Ici l'action étrangère est indiquée par des faits positifs. » (1). D'où l'on peut conclure au germanique.

*
* *

Mais la difficulté est que, dans la plupart des cas, nous savons bien peu de choses sur les « substrats ». Jespersen fait valoir, contre l'hypothèse du « substrat », les différences des dialectes des îles Féroé, où il n'y avait pas de population aborigène quand elles ont été occupées, l'homogénéité remarquable du russe parlé par les paysans, quoiqu'il se soit répandu, à une époque assez récente, sur des districts habités par des populations de langue tout à fait différente (turc, tartare, etc...), et aussi certains faits tout récents et aisément observables comme la remarquable pureté du suédois parlé par les Finlandais, malgré la différence considérable des deux phonétiques (2).

En tout cas l'hypothèse du substrat ne suffit pas. Des observations précises semblent montrer que, plus différent est le type linguistique auquel deux langues appartiennent, moindre est l'action de la langue originale sur la langue nouvelle (3). Il est plus malaisé de se défaire de ses habitudes dialectales dans sa langue maternelle que d'acquérir la prononciation correcte d'une langue étrangère. Les innovations des langues romanes sont peut-être dues pour une part au substrat, mais la formation de nouveaux centres politiques, l'isolement de Rome, l'affranchissement, dans la conversation ordi-

---

(1) MEILLET, *Caractères généraux*, p. 34.
(2) JESPERSEN, p. 207.
(3) JESPERSEN, p. 205.

naire, du joug du latin ont joué un rôle prédominant.

De même, les observations de Lenz dans l'Amérique
du Sud ont montré que l'espagnol parlé au Chili est
gravement influencé par le parler des natifs arauca-
niens. Il faut ajouter, comme le fait remarquer Jespersen, que le Chili est le seul pays de l'Amérique du Sud
où la population ne parle que l'espagnol ; au Pérou ou
en Bolivie, la population rurale parle plus ou moins
exclusivement Keshua ou Aimara et l'espagnol n'est
parlé que par les hautes classes. La prononciation de
l'espagnol au Pérou est plus pure, en partie parce que
le Péruvien l'apprend à l'école.

Nous ne sommes donc point, cette fois encore, en
présence d'une hypothèse qui puisse expliquer tous les
faits ni qui soit vraiment hors de contestation. Il n'en
est pas moins vrai qu'elle ouvre une voie extrêmement
intéressante.

Le problème essentiel de l'histoire des langues ne
consisterait-il pas à déterminer comment se traduisent par les faits linguistiques les contacts entre des
groupes sociaux divers ? Une langue nouvelle est le
produit à la fois de la langue commune qu'elle continue
et du substrat particulier d'où viennent les tendances
au changement. Une action de ce genre est le plus souvent multiple ; elle se répète aux différentes périodes
d'extension de la langue ; les populations qui acceptent
une même langue ont souvent des parlers divers.

Il y aurait donc le plus grand intérêt à étudier de
la façon la plus précise les faits linguistiques qui résultent du contact de populations de langue diverse :
langues mixtes, retentissement dans un système linguistique d'une influence étrangère.

Hempl, dans une brillante esquisse, signale les différents cas possibles (1). Il peut arriver que les aborigènes
l'emportent parce que les conquérants, bien que devenus la classe dominante, étaient trop peu nombreux
pour imposer leur langue, qui meurt en laissant dans la
langue aborigène une partie de son vocabulaire : c'est
le cas de la conquête normande en Angleterre ; ou bien
parce que les immigrants cherchent à s'adapter le plus
tôt et le mieux possible, comme aux Etats-Unis.

Ou bien au contraire la conquête se fait en masse et
par vagues successives. Les aborigènes cèdent le terrain
ou deviennent des esclaves ; leur langage est mis au
rebut, sauf pour les usages inférieurs et certains noms de
lieu ou d'objets particuliers au pays : c'est le cas de
l'Amérique.

Ou bien encore une nation plus puissante conquiert
un peuple et annexe son territoire, dont elle fait une
de ses provinces et qu'elle gouverne. La province imite
de mieux en mieux le langage et les coutumes de la
nation conquérante : l'Italie, l'Espagne, la Gaule sous
les Romains.

Ce n'est donc point seulement question de nombre,
c'est aussi question de degré de civilisation, d'organisation politique, de conditions économiques, religieuses
et de prestige. Les habitants de certaines localités conservent avec fierté leur indépendance linguistique ;
en d'autres régions, le parler ancien, dénué de prestige,
ne survit que par une tradition indolente et se trouve
exposé à toutes les influences désagrégeantes.

D'une manière générale, toutes les fois qu'il y a contact
de langues, ce sont la civilisation et le nombre qui décident.

_____

(1) *Transactions of the American Philological Association*, XXIX, p. 31,
1898.

* *

On est donc amené, de proche en proche, à faire jouer
un rôle de plus en plus considérable à la structure sociale
de la communauté linguistique.

Terracher a montré récemment le rôle de la constitution de la famille. Et cette remarque vient à l'appui de
tout ce que nous venons de rappeler.

À l'en croire, l'accommodation incomplète des sujets
transplantés dans une localité par le mariage jouerait
un rôle considérable dans la désagrégation actuelle des
patois. La résistance des parlers anciens tiendrait donc
à un apport infime de population étrangère et vice
versa.

Il cite à l'appui de cette thèse le travail de Säve qui
semble bien prouver, en effet, que la différenciation
dialectale est la conséquence du régime des mariages
et des intermariages, lui-même conditionné, dans le
cas étudié, par celui de la propriété foncière.

En Dalécarlie, la terre, au lieu d'être, comme dans le
reste du pays, l'héritage exclusif de l'aîné, est divisée
en parties égales entre tous les enfants d'une même
famille : d'où le morcellement indéfini de la propriété
foncière. On y remédie par le mariage. Les paysans
épousent les jeunes filles dont les champs arrondissent
leurs terres. Les mariages n'ont donc lieu qu'entre habitants du même village.

Donc chaque paroisse renouvelle très peu sa population par l'apport d'éléments étrangers. Chacune d'elle
conserve son parler primitif, et ce parler tend à se différencier de plus en plus selon les paroisses et les villages.

Une communauté linguistique comprend toujours
des membres de valeur différente : des sujets indigènes,

des sujets immigrés, des enfants qui apprennent à parler. Il n'y a, de par cette diversité, ni unité phonétique, ni unité morphologique dans le parler populaire d'une agglomération.

Or, si les jeunes s'assimilent assez bien, l'adaptation des sujets adultes et illettrés est exceptionnelle et très superficielle ; ils constituent donc un élément permanent de trouble. Et si les enfants des immigrés grandissent avec les enfants indigènes et s'assimilent, l'assimilation est beaucoup moins profonde qu'il ne paraît, puisqu'il n'y a pas à proprement parler d'unité linguistique.

D'autre part, la transplantation par les intermariages étant successive et non simultanée, il semble que les sujets transplantés, s'ils ne s'adaptent pas, devraient rester isolés. C'est donc affaire de proportion numérique et d'équilibre.

* *

Il y a donc un lien étroit entre l'homogénéité et la stabilité sociales et l'homogénéité et la stabilité linguistiques. Le changement rapide est lié au fléchissement de la contrainte linguistique que produisent inévitablement les bouleversements politiques ou sociaux ou les altérations graves de la structure sociale ou familiale. En particulier, quand l'influence des adultes et des classes cultivées fléchit. Dans une société où les classes sociales reçoivent des degrés d'instruction différents, les classes supérieures ont un langage archaïsant, tandis que la langue subit dans les couches inférieures de la population un développement spontané et normal ; puis, lors des bouleversements sociaux, la langue des hautes classes, dont l'existence est tout

artificielle, disparaît, et il ne subsiste que la langue
populaire plus exposée au changement.

Car il faut ajouter, avec de Saussure, au risque de
paraître tourner dans un cercle, que l'instabilité politique ne fait que rendre sa liberté à la langue, qui
reprend dès lors son cours régulier. L'immobilité, favorisée par l'équilibre social et politique, est comme une
violence faite à la nature. La société n'explique pas
tout le changement. Elle explique seulement comment
le monde des possibles linguistiques passe à l'existence.

*
* *

Dans quelle mesure les changements phonétiques
conduisent-ils l'évolution linguistique ? Nous aurons à
revenir sur cette question. Leur influence est grande.
La chute des finales ne suffisait-elle pas à elle seule à
entraîner la disparition du système flexionnel ?

Mais une langue est un phénomène complexe où
interviennent d'autres facteurs que les facteurs phonétiques ; il nous faut étudier l'élément morphologique ;
il nous faut voir ce qu'il y a de grammatical, de logique
et de psychologique dans une langue, avant d'essayer
de répondre à cette question.

Constatons seulement que l'évolution des formes
grammaticales ou celle du vocabulaire n'est pas liée
nécessairement à l'évolution phonétique. Les trois
systèmes peuvent évoluer séparément et sous l'action
de causes différentes (1).

_____

(1) VENDRYES, p. 205.

CHAPITRE LV

LE SYSTÈME FORMEL DU LANGAGE

La matière sonore n'échappe pas tout à fait au conditionnement mental. A plus forte raison lorsqu'elle est constituée en mots. Le mot, par sa présence seule qui impose la signification, introduit l'ordre mental dans la succession phonique ; bien plus encore la grammaire, dont il est inséparable. Déjà les mots se groupent entre eux, sont solidaires associativement les uns des autres. Les signes se distinguent et s'opposent ; de plus ils se relient et se combinent. Comme l'a bien montré de Saussure, il y a un irrationnel à la base du langage ; tout le système de la langue repose sur le principe irrationnel de l'arbitraire du signe, qui, appliqué sans restriction, aboutirait à la complication suprême. Mais le langage repose aussi sur la rationalisation de cet irrationnel. Il réussit à introduire un principe d'ordre et de régularité dans certaines parties de la masse des signes. Le langage oscille entre le chaos et le cosmos.

Il n'y a pas de langue où rien ne serait « motivé ». Il n'y a pas de langue où tout serait « motivé ». Entre les deux extrêmes, maximum d'organisation et maximum d'arbitraire, il y a toutes les variétés possibles.

*
* *

Deux grandes unités se présentent à l'analyse : le
Mot et la Phrase. Le mot, comme l'a bien montré
Meillet, est un signe sonore, porteur d'une signification
et susceptible d'un emploi grammatical. Il a une valeur sémantique et un rôle morphologique : il est sémantème et morphème. Il y a des langues où les morphèmes
sont plus ou moins indépendants des sémantèmes :
qu'on se rappelle les mots vides et les mots pleins de la
langue chinoise. Il y a des langues comme le grec ou le
latin, où le mot renferme à la fois l'expression de sa
valeur sémantique et celle de son rôle morphologique :
ainsi les mots latins : amabat, voluit, etc. Aucun des
éléments du mot n'a d'existence indépendante. Le mot
offre un tout autonome et complet où le rôle morphologique, marqué par des affixes ou par l'alternance vocalique, est étroitement lié à la signification, marquée par
la racine. Le morphème exprime donc les relations que
l'esprit établit entre les sémantèmes. Il peut consister
en un élément phonétique ; comme par exemple la
négation : ne, ne pas. Il peut consister dans la nature ou
la disposition des éléments phonétiques du sémantème : Fuss et Füsse, en allemand ; modification des
sons du mot, ou bien encore de l'accent. Il peut être
marqué par la place des mots dans la phrase, par
l'ordre des mots : Pierre bat Paul (1).

Les fonctions attachées aux unités linguistiques, l'emploi des formes, sont la loi même du langage. La forme
est solidaire de la fonction. Les différentes formes d'un
mot qui se décline ou se conjugue ne signifient rien,

_____

(1) Voir VENDRYES, p. 85 et suiv.

sinon l'utilisation possible de ce mot dans le discours, la comparaison des fonctions attachées à ces
formes différentes. L'expression des relations domine
le langage. De là vient qu'il n'y a pas à faire de différence entre la morphologie et la syntaxe.

*
* *

Le mot n'a pas l'autonomie phonétique qu'on imagi-
nerait d'abord. Il est difficile à isoler et à définir. Les
illettrés qui écrivent ou qui parlent font dans la phrase
des coupures qui nous paraissent très arbitraires, et leurs
mots ne correspondent pas à ceux du grammairien.

Le mot se fond aisément dans le groupe accentué dont
il relève. Il se fond aisément dans le contexte. Il tient
étroitement aux mots voisins qui le déterminent et dont
il reçoit une signification actuelle ; son sens, indéterminé, équivoque, ne se précise que par ces relations de
voisinage. On s'en aperçoit bien à la difficulté de
répondre, quand on est questionné sur le sens d'un mot
que l'on connaît bien ; laquelle des acceptions possibles du mot faut-il présenter ? Au contraire, plus
le mot est encadré dans la phrase, plus la réponse est
aisée.

Il contracte volontiers avec ses voisins des associations indissolubles. Il s'engage dans des liaisons et des
formules toutes faites. Les mots n'ont point d'autonomie ; ils ne sont qu'un élément de combinaison plus ou
moins constante. Le mot ne nous apparaît que dans des
ensembles où sa valeur vient précisément du caractère
habituel de la combinaison. Nous ne connaissons pas,
nous ne pratiquons pas la valeur abstraite du mot ;
mais bien la valeur d'un certain nombre de combinaisons

où il est engagé ; et quelques-unes de ces combinaisons sont arrêtées une fois pour toutes.

Le mot se présente concret et complexe, porteur de
ses flexions, comme dans le cas du mot indo-européen,
ou lié à des affixes, qui ont même fonction ; Meillet
a bien montré qu'il n'y a point en latin de mot autonome
pour signifier *loup*, et que le mot s'y présente toujours
avec une flexion qui lui assigne à l'avance une position
dans la phrase et un rôle dans le discours : *lupus*,
lupum, etc. (1). Mais il en est de même dans les langues
où il semble que le mot se soit isolé, ait conquis son autonomie. En français le mot *loup* n'existe que dans le dictionnaire. Dans le discours, c'est *le loup*, *du loup*, etc.
qui se présentent (2). De même que le concept n'existe
qu'engagé dans un jugement qui exprime ses relations
avec d'autres concepts, le mot n'existe qu'engagé dans
les formes qui expriment son rôle dans la phrase. Il
s'enveloppe inévitablement de formes destinées à exprimer les modalités diverses de sa vie grammaticale.
Ainsi le mot se perd aisément dans la phrase, puisque
c'est dans la phrase qu'il vit vraiment, et que sans la
phrase il n'y a pas de langage (3). Isolé, n'est-il pas une
phrase virtuelle ? Nous le verrons bien en étudiant le
premier langage des enfants. De là vient qu'on a tant
de peine à l'isoler de la phrase. On s'en aperçoit quand
on apprend une langue étrangère.

---

(1) MEILLET, *Bulletin de la Société de Linguistique* (n° 71), p. 7 ; et *Journal de Psychologie*, 1923, p. 246.

(2) MEILLET, *Bulletin* (n° 71), p. 7. Les langues romanes n'ont perdu la
flexion casuelle des noms que pour se charger d'articles qui, d'une autre
manière et avec d'autres valeurs, définissent et réalisent les noms.

(3) L'autonomie du mot est plus ou moins marquée suivant les langues ;
l'autonomie du mot indo-européen est très forte ; voir VENDRYES, p. 105 ;
au contraire dans les langues dites agglutinantes.

Ce caractère indéfinissable du mot nous apparaîtra davantage encore quand nous étudierons le mot psycho- logique, le fonctionnement du mot dans l'esprit. Car l'écriture et le dictionnaire sont plus propres que l'es- prit à la vie isolée des mots. Il est vrai que bien des psychologues ont conçu l'esprit ou le cerveau comme une sorte de dictionnaire. Pas de métaphore plus fausse. Le mot supporte la signification concrète et momen- tanée, l'intention actuelle ; il prend sa valeur dans le contexte, dans la situation ; ou plutôt il commence par exister par le contexte, par la situation. L'esprit du moment se concentre dans le choix du mot. La formule verbale est d'abord l'expression d'une attitude men- tale. Or, ce caractère singulier du mot implique préci- sément l'existence simultanée dans l'esprit et l'interac- tion d'un grand nombre de formes verbales. Le mot qui émerge à la conscience en présence d'une situation donnée se détache d'un groupe linguistique auquel il emprunte sa valeur.

Et pourtant on sent sa réalité, alors même qu'il semble se dérober. Il y a dans les phrases des mots domi- nateurs, qui aident puissamment à la compréhension. La compréhension d'une phrase se fait non seulement par le mouvement général de la phrase, mais aussi par le sens de ses mots principaux, qui, tour à tour et à leur heure, viennent inscrire dans l'esprit la note qu'ils apportent au discours ; c'est ainsi que se fait la percep- tion de la mélodie. Les détails sont aperçus dans les ensembles, mais les ensembles se construisent sur les détails. Il n'y a pas que des pierres dans une maison. Mais que serait la maison sans les pierres ?

De même, dans la lecture, la configuration générale du mot joue un rôle important pour le déchiffrement

et la construction du texte. Un mot est un ensemble
significatif, défini par ses dimensions, par ses lettres
dominantes, par la différente hauteur des caractères
au-dessus de la ligne, etc. Il est aperçu en bloc.

Nous avons vu il y a peu de temps que la dissimilation et l'assimilation opèrent au sein du mot constitué
et sont parfois refrénées par le mot constitué. La figure
du mot n'est point totalement vaine : c'est elle en somme
qui provoque et contrôle les changements conditionnés.
Le squelette du mot persiste souvent à travers les changements spontanés. Les troubles du langage, l'aphasie
nous montreront aussi que la figure de certains mots
peut s'abolir dans l'esprit, qu'ils peuvent disparaître
et s'estomper comme tels, la signification demeurant
et aussi le plan du discours. Tout n'est point faux
dans la doctrine très incomplète qui faisait du mot une
image verbale, auditivo-motrice, une sorte de jeton
destiné à venir se placer, comme au loto, sur les cases
du discours.

**

Ce qui précède nous dispense de nous arrêter à l'antique théorie des racines. L'ancienne école partageait
les mots en racines, thèmes, suffixes, et donnait à ces
distinctions une valeur absolue. On a réagi. Ce que nous
venons de dire du mot s'applique à la racine.

Sans un système de dérivation, une langue n'est
qu'une poussière de mots. Un mot est la possibilité
d'un système de mots. On s'en aperçoit aisément.

Les mots se forment par composition : portefaix,
hôtel-Dieu, déplacer ; par création artificielle (par ex.
les mots savants) ; par emprunt (adoption de mots
étrangers).

* *

Le mot contient une pluralité de sens. Nous avons toujours plus d'idées que de mots et plus de mots que d'idées. Dès le premier langage enfantin, le mot désigne une situation complexe ; et avec l'accroissement de l'expérience, la complexité ne fait que croître. Le mot n'adhère point par nécessité de nature à la chose signifiée. Un concept est toujours ouvert ; il « attend » de nouvelles déterminations de sens : il est le produit d'une dissociation, d'une analyse qui l'isole d'expériences globales ; comment le mot, signe du concept, ne changerait-il pas de sens ? D'autant que le même mot signifie plusieurs concepts différents, et que le même concept est signifié par plusieurs mots. De l'indétermination initiale du concept, du caractère arbitraire du signe qui n'est jamais lié par ses origines étymologiques et de la discordance du concept et du signe résulte inévitablement la mobilité du sens, qui peut se restreindre, ou s'étendre ou se transformer. Le contact même des mots en altère le sens. L'emploi fréquent d'un même mot au milieu de contextes différents en use la valeur et suggère des sens nouveaux. « On a un bel exemple de polysémie dans le cas du mot *bureau*, désignant d'abord une étoffe de bure, puis un meuble recouvert de cette étoffe, puis un meuble à écrire quelconque, puis la pièce qui contient ce meuble, puis les occupations qui se font dans cette pièce, puis les personnes qui se livrent à ces occupations, et finalement même un groupe de personnes dirigeant une administration ou une société. » (1). Inversement, l'emploi constant

---

(1) VENDRYES, p. 233.

d'un même mot au milieu d'un contexte identique égare
l'esprit qui, faute de moyens de comparaison, est
exposé à modifier le sens ; c'est ce qui s'est produit
par exemple pour le mot *fruste* (1).

Enfin les valeurs affectives du langage viennent encore compliquer singulièrement ce processus intellectuel. Comment les mots changent-ils de sens ? La
question a été traitée de façon si précise et si magis-
trale (2) qu'il est inutile d'y insister. La discontinuité
de la transmission joue ici le même rôle que dans
les changements phonétiques spontanés ; de l'adulte
à l'enfant le mot s'affaiblit, se relâche, perd son sens
initial ; au bout d'un certain temps, il a tout à fait
changé de sens : *saoul, étonné,* n'ont plus aujourd'hui
leur sens du xvIIe siècle. Un groupe linguistique est
divisé en classes sociales qui usent différemment du langage, pour des besoins différents : chaque classe a son
langage et chacune restitue au langage commun un
certain nombre de vocables dont le sens originaire
s'est altéré dans ce milieu clos et porte sa marque
particulière ; c'est une sorte d'emprunt intérieur.

Les choses exprimées par les mots changent ; le
mot plume s'emploie encore pour signifier l'instrument
qui sert à écrire, et qui n'a plus rien de commun, que
la fonction, avec la plume d'oiseau (3). Ainsi l'histoire
des choses sociales se reflète dans la langue.

---

(1) VENDRYES, p. 231-2.
(2) MEILLET, *Année sociologique,* 1906, p. 1, et *Linguistique historique et
linguistique générale,* p. 230 ; VENDRYES, p. 229.
(3) Le changement de sens résulte ici, du reste, cómme l'a très finement montré Meillet, du concours de plusieurs causes. D'abord le changement de technique. Puis le fait psychologique qu'on se sert des mots qui
désignent des objets en pensant aux services qu'on en attend beaucoup
plus qu'à leur forme. Enfin ce changement de sens n'a pu se produire que

A ces raisons d'ordre psychologique ou social, il s'en ajoute d'autres, d'ordre grammatical.

Le groupement morphologique joue un rôle considérable dans la détermination et dans la fixité du sens. Les liens de la famille sémantique retiennent chaque mot dans le sens traditionnel. Si un mot essentiel de la famille change de sens, il attire avec lui les autres mots dans le sens nouveau : *habit* qui signifiait *état* a entraîné *habiller* « mettre en état » dans la catégorie des vêtements. Quand les liens de famille se relâchent, le sens s'égare. *Chétif* isolé de *capere* a perdu le sens de captif. *Vif*, en se séparant de *vivere*, a pu prendre le sens de *mobile, animé*.

La langue se forge ses outils grammaticaux par le passage des mots pleins aux mots vides. Par exemple, certains mots vagues, et rendus plus inexpressifs encore par la répétition, prennent un sens indéfini : *homo* = *on*.

L'usure sémantique collabore avec l'usure phonétique au renouvellement du vocabulaire.

⁎ ⁎

Une phrase exprime des notions, un rapport entre ces notions, une attitude mentale à l'égard de cet ensemble. Cela c'est la pensée même : les choses, les rapports, le sujet vivant. Les sémantèmes portent les notions et les morphèmes les rapports. Si je dis : le cheval court, je constate qu'un sujet accomplit une action déterminée. Ce rapport logique est exprimé par des catégories grammaticales : la troisième personne du singulier de l'indicatif, l'article défini.

---

chez des scribes, habitués à voir dans la plume l'objet qui sert à écrire : influence du groupe social.

Une phrase se présente d'abord comme une unité phonétique différenciée et organisée par le rythme, par l'intonation, par l'accent. Comme il y a des phrases musicales, il y a une musique de la phrase.

*
* *

La phrase n'est pas une succession de mots désignant une succession d'idées surgies une à une. Elle est l'analyse verbale d'une pensée, c'est-à-dire d'une représentation complexe. La possibilité de penser et de parler en phrases est liée au jugement, à l'unité à la fois synthétique et analytique de la pensée. La phrase est la décomposition d'un ensemble mental en ses éléments verbaux. Elle suppose leur distinction et leur liaison. Elle est un tout, à la fois successif et simultané ; car elle suppose l'ensemble présent aux éléments, et le glissement des éléments sur l'ensemble. Une intention la domine, une impulsion unique la règle.

Elle analyse l'ensemble mental suivant la valeur respective de ses éléments. Il y a dans une phrase des mots dominateurs ; il y a un ordre des mots qui dépend partiellement au moins de leur valeur. Il y a l'accent et le geste, toute l'expression de l'affectivité où l'émission verbale s'insère.

Le jugement n'a point nécessairement pour expression la phrase. Le jugement peut demeurer silencieux et porter directement sur des choses ou sur des images ; il est vrai que, chez l'homme, le jugement silencieux est rare et que les images subissent l'action des mots, dont elles sont l'équivalent, quand nous raisonnons sur elles. Nous pratiquons sur elles la même opération que sur les mots. De là vient que les troubles apha-

siques s'accompagnent si souvent d'altérations de la
pensée spatiale, des fonctions de combinaison et de
dissociation, même lorsqu'elles opèrent sur des données
qui ne sont point verbales. Mais il faut reconnaître
qu'il y a au-dessous du jugement toutes les opérations
automatiques sans raisonnement, et au-dessus du jugement toutes les intuitions sans raisonnement, encore que
ces dernières se construisent, pour ainsi dire, au sommet
du jugement et le supposent.

Le jugement n'a pas besoin que la phrase soit explicite ou complète. Il peut porter sur un seul mot, qui la
représente à vrai dire. Car le mot, l'élément, n'est objet
de pensée, n'est pensé que dans sa relation à un ensemble. Autrement le langage n'aurait point de sens.

D'autre part, des phrases entières peuvent venir à
l'esprit sans qu'il y adhère, et le sujet ne leur donne pas
le nom de jugements : comme par exemple lorsque nous
nous récitons un texte par cœur. Il y a un monde de
possibilités mentales et verbales en dehors du jugement. Mais ces possibilités pour nous sont les jugements de quelqu'un d'autre, vrai ou supposé, ou des
hypothèses que nous faisons nous-mêmes, ou tout autre
sujet. Le jugement est à la fois analyse et synthèse.
Il brise des ensembles confus, par exemple les données
de la perception ; il constitue des objets ou des concepts et les ordonne selon tel ou tel rapport.

Il part donc de synthèses implicites pour aboutir
à des synthèses explicites. Il progresse de terme à
terme. C'est sa nature d'impliquer au moins deux
termes. C'est l'essence même de la pensée discursive,
opposée à la pensée intuitive, de ne pas opérer instantanément une liaison, par fusion immédiate des objets
ou des termes, mais de progresser d'un objet à l'autre,

14

d'un moment de pensée à un autre ; de passer d'un
extrême à un autre au moyen d'un moyen terme.
La phrase est donc une synthèse de virtualités presque
instantanées que le langage développe par tranches
successives ; l'ensemble des procédés linguistiques par
lesquels s'exprime une situation chez un sujet.

Il y a donc psychologiquement plusieurs sortes de
phrases, selon que la liaison des parties est donnée
déjà dans la représentation d'ensemble ou selon qu'elle
se fait au fur et à mesure. C'est ce que Wundt appelle
la prédominance de l'aperception sur l'association et
réciproquement. Il en est ici comme de l'invention en
général. Un thème initial peut progresser par simple
analyse de la richesse primitive. Il peut se compliquer
d'éléments adventices et au besoin dévier vers le développement de l'un de ces éléments. Il peut subir l'action
de thèmes étrangers qui viennent se fondre avec lui,
se condenser en lui. Il peut se réduire à un thème antérieur, dont on s'aperçoit qu'il n'est qu'une variation.
Le développement de la pensée régit la construction
de la phrase.

*
* *

La phrase est donc l'expression linguistique d'une
représentation d'ensemble (c'est-à-dire d'une idée, d'un
jugement) dont les éléments sont distingués et exposés
suivant leur rapport logique. C'est à peu près la définition d'Hermann Paul (1) : « La phrase est l'expression
linguistique, le symbole du fait que la combinaison
de plusieurs représentations ou groupes de représentations s'est faite dans l'esprit du sujet parlant, et le

_____

(1) *Prinzipien*, p. 110.

moyen de réaliser la même combinaison des mêmes représentations dans l'esprit de l'auditeur. »

C'est à peu près la définition de von Gabelenz (1), sauf que ce dernier insiste surtout sur les éléments psychologiques de la phrase : « L'esprit décompose la représentation d'ensemble en ses éléments et la reconstruit à l'aide de ses éléments. Quel que soit leur nombre, leur degré d'abstraction, qu'il s'agisse de la confusion d'une scène de la rue ou d'une théorie scientifique, c'est toujours une image unique qui flotte devant l'esprit et qu'il doit décomposer avant de la recomposer en synthèse verbale. »

C'est enfin, sous les mêmes réserves, la définition de Wundt : « Au moment où je commence une phrase, j'ai déjà dans l'esprit le tout comme représentation d'ensemble ; mais cette représentation n'a quelque fermeté que dans ses traits essentiels : ses éléments sont encore obscurs et ne se précisent que dans la mesure où ils se condensent en représentations claires, comme mots particuliers. C'est un peu ce qui se passe quand on éclaire brusquement un tableau complexe : on a d'abord une impression approximative de l'ensemble, puis on aperçoit successivement les différentes parties toujours dans le rapport avec le tout. » (2).

Van Ginneken (3) compare cette analyse de Wundt à celle de James, et il voit dans cette phrase de Wundt

---

(1) *Die Sprachwissenschaft* (1re éd., 1891), p. 431.
(2) C'est un peu ce qu'écrivait E. DELACROIX (*Sa Vie et son Œuvre*, p. 409). « Il y a une impression qui résulte de tel arrangement de couleurs, de lumière, d'ombres, etc. C'est ce qu'on appellerait la musique du tableau. Avant même de savoir ce que le tableau représente, vous êtes pris par cet accord magique ; les lignes seules ont quelquefois ce pouvoir par leur grandiose. »
(3) P. 283.

l'analyse de son propre état d'esprit au moment d'écrire
ou d'énoncer ses périodes allemandes d'une allure
capricieuse et compliquée. Chez James, au contraire,
l'intention précise se réaliserait d'un coup en expression
définitive.

Ce qui apparaît d'abord dans l'esprit, suivant ce
dernier, c'est « l'intention de dire une chose, avant de
l'avoir dite : une intention tout à fait définie, distincte
de toutes les autres intentions, un état de conscience
absolument distinct.

« Les mots et les choses viennent à l'esprit ; l'intention
anticipative n'est plus ; mais au fur et à mesure que les
mots, qui la remplacent, arrivent, elle les agrée successivement s'ils s'accordent avec elle, les rejette s'ils ne
s'accordent pas. Elle a donc une nature bien déterminée ;
pourtant que pouvons-nous en dire sans employer les
mots qui appartiennent à l'état ultérieur qui la remplace ? L'intention de dire ceci ou cela, c'est le seul nom
qu'elle puisse recevoir. »

Il y a certes, suivant les langues, suivant les époques,
suivant les sujets, de grandes différences dans la structure des phrases. Il est certain que l'analyse de James
révèle un mode de décomposition de la pensée un peu
différent de celui de Wundt. « L'intention entièrement
définie de dire ceci ou cela » est quelque chose de plus
net que la « représentation d'ensemble qui n'a quelque
fermeté que dans ses traits essentiels ». Il semble que
chez l'un la pensée, dès le début plus précise, assigne à
l'expression sa forme, et que chez l'autre elle se précise
au cours de l'expression qui survient. Ce sont, je le
répète, deux attitudes mentales qui se rattachent à des
différences individuelles et qui peuvent se rattacher
aussi à la complexité de ce que l'on a à dire, car une

idée complexe requiert une multiplicité d'incidentes et
de subordonnées, au lieu qu'un jugement unique et
simple se contente aisément d'une proposition. Peu
importent ces variations. Notre définition demeure
vraie, et dans ces différents cas la phrase est l'expression
linguistique d'une représentation d'ensemble, dont les
éléments sont distingués et disposés suivant leurs rapports logiques, et suivant la structure de la langue.

*
* *

Toute phrase est faite pour énoncer quelque chose.
Donc elle comprend un prédicat (1).

Le sujet peut être exprimé ou ne pas l'être (par
exemple, on peut le sous-entendre, si la personne, à qui
l'on s'adresse, sait de qui ou de quoi l'on parle).

D'autre part, on peut énoncer une chose ou un événement, un procès. La phrase peut être verbale ou nominale : *Pierre bon* ; *Pierre vient.*

La distinction du nom et du verbe existe dans toutes
les langues. Le verbe être, loin d'être la copule de toutes
les propositions, est le dernier venu des verbes, un
verbe autonome, vidé de son sens propre. Il a été créé
pour assimiler la phrase nominale à la phrase verbale.
Il s'y est introduit pour exprimer le temps que le simple
rapprochement du sujet et du prédicat ne suffit pas à
exprimer. Il est absurde de réduire tous les verbes au
verbe être (2), tous les jugements au jugement d'attri-

---

(1) BRUGMANN, p. 662.
(2) Sous l'influence de Gottfried Hermann et de Silvestre de Sacy,
Bopp entendait le verbe comme cette partie du discours qui relie le sujet
à l'attribut. Donc il n'y a qu'un verbe, le verbe *être*. Dans le latin *dat,*

bution. Il y a des jugements d'attribution et d'inhé-
rence ; il y a des jugements de relation. Même quand
le verbe être figure dans la phrase, il masque souvent un
jugement de relation.

LES FORMES DE LA PHRASE

Il est donc juste de ne distinguer, avec Vendryes,
que deux « parties du discours », le nom et le verbe. Le
nom et le verbe sont en effet les deux formes verbales
qui subsistent :

1º si l'on écarte l'interjection, qui n'est qu'un élément affectif du langage ;

2º si l'on écarte les morphèmes : ainsi les prépositions
et les conjonctions dont le rôle peut être rempli dans
d'autres langues par des procédés morphologiques différents (la flexion casuelle, dans certaines langues, dispense de certains emplois de la préposition) ; ainsi
les articles, qui sont des outils grammaticaux ; ainsi
les pronoms personnels, qui sont ou des outils (je lis :
lego), ou bien jouent le rôle de substantifs : viens-tu, toi ?

3º si l'on réduit l'adjectif au substantif, ces deux mots
étant fréquemment interchangeables.

Ces éliminations opérées, il ne reste plus dans le
langage que les éléments que l'on peut appeler vivants
(noms et verbes), par opposition aux outils grammaticaux (prépositions, conjonctions, articles ou pronoms).

Ce qui revient à dire en somme que le langage exprime la substance, l'action et la relation.

----

la lettre *t* indiquant la troisième personne est sujet, *da* est l'attribut, et
la copule grammaticale est sous-entendue.

*
* *

En revanche, le nom et le verbe sont, au dire des linguistes, irréductibles l'un à l'autre. Ecoutons sur ce point Vendryes (1) :

La morphologie indo-européenne marque très nettement cette distinction irréductible, car elle présente pour l'un et pour l'autre des séries de suffixes et de désinences qui ne sont pas les mêmes. La même catégorie, par exemple la personne ou le nombre, a dans l'un et l'autre cas une expression linguistique différente (ex. : *Lego, Dominus*). Le nom et le verbe constituent donc deux systèmes morphologiques parallèles et indépendants.

Il est vrai que dans les langues sémitiques la distinction n'est pas aussi tranchée ; de même dans les langues finno-ougriennes.

Mais, même dans les langues où la distinction du verbe et du nom n'apparaît pas toujours dans les mots pris isolément, elle apparaît dans la phrase. Il y a des phrases nominales et des phrases verbales.

La phrase verbale exprime une action, définie dans le temps, attribuée à un sujet, dirigée vers un objet. Elle commande, elle constate, elle imagine une action.

La phrase nominale attribue une qualité à un objet.

*
* *

Là où le critérium morphologique fait défaut, on est donc amené à employer, pour distinguer le verbe du substantif, le critérium fonctionnel. Ce qui revient à

---

(1) P. 138.

dire que les formes grammaticales sont l'expression
différenciée de fonctions, qui peuvent s'exprimer,
quoique distinctes, par les mêmes procédés, à un stade
d'indifférenciation de la langue, ou, quoique identiques,
par des procédés différents, à un stade de différenciation avancée. Nous avons déjà vu les conséquences
linguistiques que l'on peut tirer de cette constatation.
Nous verrons plus tard, à propos du langage des enfants,
combien il est vrai que leurs premiers mots, substantifs dans leur forme, peuvent avoir signification verbale.

Dans les langues les plus évoluées, le verbe n'exprime pas toujours l'action ou l'état. L'action ou l'état
peuvent être exprimés par des noms (1).

Sous les moyens grammaticaux, il y a les intentions
et la pensée. La langue essaie d'établir une correspondance entre les catégories logiques et les catégories
grammaticales. Avant que cette correspondance soit
établie, l'intention peut conférer une signification différente à des formes semblables. Après que cette correspondance est établie, elle confère souvent une même
signification à des formes dissemblables. C'est à partir
de la distinction et de l'irréductibilité des fonctions que
s'établissent les formes grammaticales. La logique du
langage exige une distinction des formes correspondant
à la distinction des fonctions. Mais le principe « unité
de forme pour unité de fonction » est continuellement
contredit par le langage.

---

(1) Voir BRUNOT, *La Pensée et la Langue.* Le verbe n'exprime pas toujours l'action ou l'état ; exemple : « cela ne compte pas » ; « l'appartement
comprend quatre pièces ». L'action et l'état peuvent être exprimés par des
noms : « à cinq heures, départ du courrier ».

*
* *

On peut distinguer deux types de phrases, suivant le
mode de groupement des éléments dissociés de l'idée
à exprimer : la parataxe, simple juxtaposition de
phrases simples, simplement coordonnées entre elles
(et, et puis, et alors), ou opposées (mais, cependant),
et l'hypotaxe, subordination de phrases d'abord indépendantes, groupement sous une même. unité d'éléments d'abord distincts, avec des propositions princi-
pales et accessoires et des particules de subordination.

*
* *

La phrase est l'expression des rapports.

Vendryes ramène à trois les procédés en apparence
si divers que le langage emploie pour l'expression des
rapports.

Le premier consiste à exprimer le rapport au moyen
d'éléments phonétiques joints aux mots significatifs,
aux sémantèmes : par exemple les suffixes ou les désinences (1) ;

ou bien au moyen de mots séparés, comme par
exemple, les pronoms, les articles ;

ou bien encore au moyen de mots constitués de un
ou plusieurs éléments phonétiques qui peuvent s'éloigner l'un de l'autre dans la phrase : comme la négation
française *ne pas*.

La seconde catégorie comprend les morphèmes « qui

---

(1) Le suffixe servant à marquer la catégorie générale à laquelle le mot
appartient (nom d'agent, d'action, d'instrument, augmentatif, diminutif) :
la désinence marque. le rôle du mot dans la phrase (*domini, dominum*).
Sapir distingue, p. 62, des préfixes, des infixes et des suffixes.

consistent en la nature ou la disposition des éléments
phonétiques du sémantème ». C'est ce que quelques
linguistes ont appelé la flexion interne. L'exemple le
plus net en est fourni par l'alternance vocalique : par
exemple, la conjugaison allemande: *gibst, gab, gegeben,*
où les temps sont marqués par la différence de timbre
de la voyelle, qui joue ainsi le rôle d'un morphème (1).
L'accent de hauteur et le ton peuvent jouer le même
rôle. Il s'agit ici, comme le dit fort bien Sapir, de la
modification interne du radical ou de l'élément grammatical.

Enfin l'ordre des mots : Pierre bat Paul.

Il y a des langues, comme le grec, où l'ordre des mots
n'a généralement aucune valeur grammaticale définie,
encore qu'il y ait des manières plus usuelles de grouper
certains mots (2).

Il y a des langues où la place du mot dans la phrase
suffit à exprimer son rôle grammatical et est nécessaire
à l'expression de ce rapport; dans la phrase : Pierre bat
Paul, le rôle du sujet et du complément est marqué
seulement par la place du mot dans la phrase. La chute
de la flexion, la disparition des cas a eu pour conséquence la stabilisation de l'ordre des mots. Le latin
pouvait dire : *Romulus condidit Romam,* ou *Romam
condidit Romulus,* etc. Le sens de la phrase variait légèrement pour chacune des constructions employées ;
mais chaque mot gardait son rôle grammatical, quelle
que fût la construction employée (3).

---

(1) La flexion interne jouait un rôle considérable dans la déclinaison et
la conjugaison du vieux français : *je treuve, nous trouvons ; je parole, nous
parlons.*

(2) MEILLET, *Aperçu,* p. 45 ; voir KIEKERS, *Die Stellung des Verbs im
Griechischen.* Strassburg, 1910.

(3) Voir sur l'ordre des mots en latin le livre récent de MAROUZEAU.

Ainsi l'ordre des mots joue dans certaines langues un rôle grammatical très précis. Une certaine place dans la phrase correspond à une certaine fonction.

En outre, certaines manières de grouper les mots peuvent devenir plus usuelles ; il y a des dispositions conventionnelles, traditionnelles, encore qu'elles n'entraînent point toujours de signification grammaticale (1). Enfin, quand l'ordre est libre, il est réservé à l'expression seule, et il dépend du degré d'accentuation des concepts. L'attention que le sujet parlant donne à tel ou tel moment de sa pensée règle la disposition de son discours ; les mots importants viennent tomber aux places favorables ; les parties épisodiques du discours viennent s'insérer entre les éléments principaux.

Sapir (2) ajoute à ces procédés la composition, qui consiste à unir en un mot unique deux ou plusieurs radicaux; cette forme est singulièrement développée dans le grec classique; et le redoublement, procédé employé avec un symbolisme évident, pour exprimer la distribution, la pluralité, la répétition, l'habitude, l'intensité accrue, la continuité (3).

_____

(1) Voir dans BRUNOT, *Histoire de la Langue française*, III, 2ᵉ partie, l'histoire de la stabilisation croissante des mots dans la phrase française.

(2) SAPIR, p. 62. Comme Sapir range sous deux rubriques distinctes la modification interne du radical (exemple, l'alternance vocalique) et les modifications de l'accent — dynamique ou tonal —, il compte en tout six espèces différentes de procédés grammaticaux.

(3) HUMBOLDT, *Ueber das Entstehen der grammatischen Formen und ihren Einfluss auf die Ideenentwicklung*, 1822, avait esquissé une classification très intéressante des morphèmes. Affixation, ordre des mots, modification interne du mot, emploi grammatical de mots jadis significatifs, — tous ces procédés ont été nettement aperçus par lui. Si l'on abstrait du langage les mots significatifs qui représentent des objets, et l'ordre de ces mots, par lequel l'esprit introduit entre eux des rapports, il ne reste plus, pour exprimer les rapports, d'autres moyens que la modification des mots significatifs et la formation d'outils grammaticaux. *Ueber das Entstehen*, p. 14.

LES CATÉGORIES GRAMMATICALES

Les catégories grammaticales sont les notions qui s'expriment au moyen des morphèmes : genre, nombre, personne, temps, mode, interrogation et négation, dépendance, but, instrument, etc. Tout procédé morphologique isolable et qui correspond à une notion constitue une catégorie grammaticale. Il y a autant de catégories grammaticales que la totalité des langues possède de morphèmes.

De cette définition résultent immédiatement trois conséquences :

Les conditions générales du langage imposent à toute langue certaines catégories grammaticales.

A partir de ce minimum de logique, sans lequel aucune langue n'est possible, les catégories grammaticales et les catégories logiques cessent de se correspondre.

Les catégories grammaticales ne se définissent que par la forme qui les exprime. Elles sont relatives à une langue donnée et à une certaine période de l'histoire de chaque langue.

* * *

Les conditions du langage imposent à toutes les langues certaines catégories grammaticales ; ainsi dans le verbe, le nombre et la personne. Ces catégories fondamentales se retrouvent dans toutes les langues.

Au contraire, un certain nombre de catégories grammaticales n'existent que dans une langue donnée et à une certaine période de l'histoire de cette langue ; ainsi le duel en grec, ainsi dans certaines langues le pluriel inclusif et le pluriel exclusif. Le nombre des catégories grammaticales varie donc suivant les langues (1). Moins la grammaire d'une langue est développée, moins elle a de catégories grammaticales. Une langue ne comprend jamais qu'un nombre restreint de catégories qui s'imposent et qui dominent (2). Il y a entre les catégories grammaticales des différences d'importance suivant les langues. Dans toute langue, à côté de catégories épanouies, il y a des catégories en voie de disparaître ou en train de se former. La classification des catégories grammaticales est un travail de morphologie générale qui reste encore à faire. A chaque période de l'histoire d'une communauté linguistique, les catégories du langage influent grandement sur l'exercice de la pensée.

Les procédés d'expression d'une catégorie grammaticale, par exemple la personne et le nombre dans les verbes, sont en petit nombre. On ne peut que faire varier le verbe (*dico*, *dicis*) ou employer des mots accessoires (je dis, tu dis). Ces procédés n'ont rien d'immuable. Ils tendent à se succéder, par exemple au cours de l'histoire de l'indo-européen.

Les catégories grammaticales n'ont d'existence et ne se définissent que par la forme qui les exprime. Vendryes nous dit qu'on n'a pas le droit de parler d'un optatif dans une langue qui ne possède pas d'optatif.

---

(1) STEINTHAL, *Die Sprache im Allgemeinen*, p. 32. Les catégories et les formes grammaticales, qu'on considérait comme absolues, parce qu'on croyait pouvoir les déduire de la nature logique de la pensée, se réduisent en somme presque aux langues indo-germaniques et ne se déduisent pas des formes logiques.

(2) SAPIR, p. 86, par la comparaison de l'expression linguistique d'une même idée en différentes langues, montre d'une façon très claire comment les catégories grammaticales, nécessaires à l'intellection, varient dans chaque communauté linguistique. Voir aussi MALINOWSKI, p. 458.

Là où le subjonctif et l'optatif sont confondus, ceux
qui parlent ne distinguent plus dans la forme unique
qui subsiste les deux emplois qui comportaient précédemment deux formes distinctes. Ce sentiment d'unité
est imposé par l'unité de forme, quelle que soit la variété
des emplois. Cela n'empêche pas du reste la création
de nouvelles formes, correspondant à des emplois qui
n'avaient pas d'expression spéciale dans la langue (1).

Seulement, s'il est en effet prudent de ne parler
de catégories grammaticales qu'en présence des formes
qui les définissent et les constituent, il est permis de
faire remarquer une fois de plus la discordance, si
capitale dans tout le domaine du langage, de la fonction et de la forme. La fonction peut préexister à la
forme, comme la forme survivre à la fonction. D'où
l'existence, dans toute langue, de catégories virtuelles
ou en voie d'évanouissement. La création même de catégories grammaticales nouvelles n'implique-t-elle pas
une fonction encore sans forme et qui se cherche une
forme, une intention sans expression ? Pour l'enfant,
au début du langage, le nom peut jouer le rôle de verbe
et servir à désigner l'action. Il est possible qu'il en ait
été de même au début du langage. Il est parfaitement
légitime à un tel stade de ne point parler de verbe.
Mais il serait faux de ne voir qu'un substantif dans le
substantif employé par l'enfant avec une intention verbale. Les nouvelles catégories grammaticales viennent
dans une langue donnée combler les lacunes sur lesquelles venaient achopper les fonctions tâtonnantes,
en quête d'une expression.

La variété des emplois sous l'unité d'une forme donne

---

(1) VENDRYES, p. 107.

à cette forme un caractère équivoque et polyvalent, qu'ont bien remarqué les linguistes qui font jouer un grand rôle dans le langage aux fonctions et à la conscience linguistique. Il est vrai qu'on ne peut parler avec précision de catégories grammaticales sans produire des formes à l'appui. Il est vrai que la fonction déborde la forme, et l'intention la catégorie.

* * *

Il n'y a pas de catégorie grammaticale qui exprime uniquement une catégorie logique et qui soit seule à pouvoir l'exprimer. Il y a plusieurs expressions possibles d'une même catégorie logique. Nous pouvons dire : le palais du roi ou le palais royal ; après son départ ou après qu'il fut parti. Une même forme peut exprimer plusieurs catégories logiques (1).

La disproportion des catégories grammaticales et des catégories logiques peut être mise rapidement en lumière par quelques exemples.

Il suffit de rappeler le genre, qui répond à une conception ancienne des choses, maintenue par la tradition, après qu'on a cessé d'en comprendre la raison d'être. La catégorie de genre avait sa pleine valeur en indo-européen, c'est-à-dire dans la langue d'un peuple qui opposait d'une manière systématique et constante l'animé à l'inanimé. Meillet a montré avec

---

(1) MEILLET, *Introduction*, p. 162. Un trait tout à fait caractéristique de l'indo-européen est que les diverses catégories grammaticales n'ont pas chacune une expression propre ; par exemple, il n'y a pas une marque de pluriel à laquelle s'ajouterait la marque du cas et du genre pour les noms. Τι de dor τύπτ-τι indique à la fois qu'il s'agit d'un singulier, d'une troisième personne, d'un actif et d'un présent. La valeur d'une forme fléchie indo-européenne est donc complexe.

beaucoup de précision qu'il n'est guère de substantifs
en indo-européen où cette distinction ne se justifie.
Il y a pour l'eau et pour le feu deux types de noms, les
uns du genre animé, les autres du genre inanimé, suivant qu'ils étaient considérés comme des objets matériels, ou comme des forces vivantes.

La différence entre le masculin et le féminin ne se
laisse au contraire ramener à une signification définie
que dans les cas peu nombreux où elle marque l'opposition du mâle et de la femelle.

Ailleurs, dans les langues sémitiques, la catégorie
grammaticale du genre est gouvernée par l'opposition
du masculin et du féminin ; l'inanimé n'y a point
d'expression grammaticale. Ailleurs encore, dans les
langues polynésiennes, il n'y a point de genre, alors
que l'opposition du masculin et du féminin est marquée
avec une force singulière dans les mœurs et les institutions ; la terre par exemple étant classée avec les
femmes et ne pouvant être cultivée que par les femmes ;
l'idée est là et la forme n'est pas là ; alors que dans
d'autres systèmes linguistiques, la forme est là, et
l'idée n'y est pas où n'y est plus. Ailleurs encore, en
bantou par exemple, il y a quatorze genres. Comme
l'avait bien vu Wundt, la distinction des genres répond
à toute espèce de distinction de valeurs. Dans aucun
système linguistique cette distinction n'est opérée de
la même manière et ne se crée des instruments identiques. Dans aucun système linguistique elle n'est
pleinement cohérente. Alors même qu'elle a pu être
partiellement justifiée à l'origine, il est bien probable
que nulle part la division des choses en genres ne s'est
faite suivant un plan rigoureux ; quelques motifs prédominants ont pu assurer le genre de quelques substan-

tifs ; beaucoup d'autres ont sans doute reçu un genre
pour des raisons tout à fait extrinsèques. Nous voyons
dans certaines langues modernes le genre disparaître
par l'usure phonétique des éléments verbaux qui le
devraient porter ; la forme des substantifs, leur termi-
naison a pu et dû jouer un rôle considérable dans l'attribution d'un genre à ces substantifs (1).

La catégorie grammaticale de genre est donc arbitraire dans son fond. Une langue pourrait, peut s'en
passer tout à fait. Il est parfaitement possible de tout
exprimer et de la façon la plus complexe et la plus correcte sans exprimer par une forme grammaticale spéciale la différence du sexe, ou la différence de l'animé ou
de l'inanimé, ou la différence de ce qui est précieux et de
ce qui est vil (2). Il n'en est pas ici comme du temps, de
l'espace, de la quantité par exemple, faute desquels
tout tombe en confusion dans le langage.

La catégorie grammaticale de genre correspond à une
vue sociale des choses, à une table des valeurs, à un
tableau de classification, à une mythologie, à un code,
à des institutions déterminées. Elle les exprime plus
ou moins complètement et plus ou moins adéquatement à un moment de l'histoire. Même à ce moment il
n'est pas nécessaire qu'elle les exprime, comme le
prouve l'exemple du polynésien. Ce n'est pas l'utilité
au sens technique, ce n'est pas le besoin logique, ce
n'est pas la nature des choses que l'on trouve à l'origine de cette catégorie grammaticale. Nous sommes

---

(1) Il arrive en effet dans plusieurs langues que le genre masculin et le
genre féminin sont répartis entre certains suffixes ; cela n'arrive pas en
indo-européen où le genre consiste en une question d'accord et est marqué
par la forme de l'article et de l'adjectif. Voir VENDRYES, p. 111.

(2) Dans la langue des Masaï, il y a un genre pour ce qui est grand et
fort et un autre pour ce qui est petit et faible. VENDRYES, p. 113, note.

ici en plein arbitraire. Comment, sous quelle poussée, une table de valeurs s'est-elle forgé cette expression grammaticale ? Nous ne le savons pas. Nous savons seulement que le langage est bien loin d'être tout rationnel, que la discordance entre la forme et la fonction est précisément sa loi, que les catégories grammaticales débordent les catégories logiques ; le cas du genre n'est donc point extraordinaire. Le luxe ne signifie point toujours qu'on a le nécessaire. Nous savons d'autre part que le langage est avant tout, et surtout à ses origines, besoin de communication. Il exprime ce qui frappe le sujet, ce qui est saillant, ce qui domine sa conscience. Or les valeurs s'imposent ; rien d'étonnant qu'elles se soient trouvé une expression linguistique. Rien d'étonnant que certaines grandes classes où se résument des intérêts puissants se soient réfractées dans le langage.

Le genre exprime un tableau social des valeurs. Mais il ne l'exprime que partiellement. A chaque classe des valeurs un genre ne correspond pas. Qui voudrait tout expliquer aurait à expliquer encore pourquoi la catégorie de genre, théoriquement très vaste, sinon illimitée, se réduit et se précise dans les sociétés particulières. On conçoit qu'elle se réduise, pour passer dans le langage, car sa complication embarrasserait singulièrement le langage, mais pourquoi se réduit-elle par exemple ici à l'animé et à l'inanimé, ailleurs au masculin et au féminin ? (1).

Un certain tableau de genres ayant été adopté, comment s'est faite la répartition des choses entre ces

_____

(1) On sait que Sir James Frazer rattache la différence des deux genres à la langue spéciale des femmes ; le même nom aurait deux formes différentes selon qu'il est employé par l'un ou l'autre sexe.

genres ? Pourquoi, par exemple, tel mot est-il masculin, pourquoi est-il féminin ? Il y a de ces cas où le
genre grammatical est justifié : ce qui est mâle et ce qui
est féminin se répartit spontanément dans les deux
classes ; mais ce qui n'a point de sexe ? Pourquoi
chaise, en français, est-il féminin, et *fauteuil* masculin ? C'est à des raisons extrinsèques qu'on est obligé
de recourir. On aperçoit donc, dans une langue donnée,
qui emploie la catégorie de genre sous la forme mascu-
lin-féminin, toute une série de substantifs qui sont de
droit masculins ou féminins (1), puis toute une série
— beaucoup plus considérable — d'autres qui le sont
pour des raisons beaucoup plus lointaines de ressemblance, d'analogie logique ou affective (l'arbre par
exemple est féminin en latin, peut-être parce qu'il porte
des fruits) ; on n'ose guère du reste appuyer sur cette
ressemblance, sur cette analogie, car on pourrait être
dupe d'une illusion, on pourrait trouver une explication, à force de vouloir expliquer enfin ; toute une série
de substantifs qui ne sont masculins ou féminins que
pour des raisons extérieures de forme, ou par accident,
ou de façon très arbitraire (2).

(1) Brunot fait judicieusement remarquer, à propos du français (*La
Pensée et la Langue*, p. 86), qu'en ce qui concerne la plupart des êtres,
l'homme mis à part, la distinction du mâle et de la femelle est peu régulière, et n'a lieu que lorsqu'une raison spéciale attire l'attention sur le
caractère sexuel. La notion linguistique de genre est fort souvent à part de
la notion de sexe.

(2) Le même problème s'est posé aux sociologues à propos de la répartition des choses dans les classes formées sur le modèle des clans. Voir
Durkheim et Mauss, *Les classifications primitives*. Durkheim et Mauss,
dans ce mémoire, font intervenir surtout les affinités affectives. Les primitifs mettent ensemble les choses qui font même impression sur leur sensibilité, par exemple le corbeau, l'hiver. Dans les *Formes élémentaires de
la Vie religieuse*, p. 208, 464, Durkheim admet qu'on a rangé dans une
même classe les choses qui semblaient avoir le plus d'affinité avec celle qui

Il est probable, du reste, nous le disions, que nulle part et à aucun moment, dans aucune langue, la catégorie de genre n'a été pleinement justifiée. Comme elle n'est pas indispensable au langage, on ne saurait aucunement prétendre qu'elle est contemporaine du langage. Nous savons du reste qu'on peut parler avec un minimum de catégories grammaticales. Il est possible qu'on ait parlé pendant des siècles presque sans catégories grammaticales. En pénétrant dans une langue, la catégorie de genre a dû tendre à atteindre la totalité du vocabulaire, certainement sans réussir en une fois à assigner à tout substantif un genre précis et fixé pour toujours. Il a dû y avoir, sauf pour un certain nombre de substantifs privilégiés, beaucoup d'oscillation et d'équivoque. Il est probable que l'usage, les spéculations, le travail des classes sacerdotales sur la langue ont peu à peu codifié tout cela. Il en est ici comme des mythologies. On sait du reste que les rapports logiques et grammaticaux des noms entre eux et avec les choses produisent de nouveaux mythes, comme l'a montré Usener.

Quoi qu'il en soit de ces questions si difficiles à résoudre, la catégorie de genre n'est plus qu'une survivance, puisqu'elle est, actuellement du moins, inintelligible dans son principe. La plupart du temps elle n'a

servait de totem, ou bien encore ce qui sert à l'alimentation de l'animal totémique, ou à son culte, ou encore les animaux avec lesquels il est le plus étroitement en rapport. Quoi qu'il en soit, on pourrait écrire du genre ce qu'il écrit de ces classifications : « Sans doute, nous ne pouvons pas toujours comprendre l'obscure psychologie qui a présidé à beaucoup de ces rapprochements et de ces distinctions. Mais les exemples qui précèdent suffisent à montrer qu'une certaine intuition des ressemblances ou des différences que présentent les choses a joué un rôle dans la genèse de ces classifications. » *(Ibid.,* p. 208).

point de sens et elle s'exprime, au sein d'une même langue, d'une manière incohérente, par des procédés très disparates. Pourtant elle se maintient dans beaucoup de langues modernes, alors que le duel a disparu, que la flexion casuelle s'est beaucoup affaiblie.

Il serait aisé de montrer aussi bien comment, dans l'expression de la quantité, la catégorie grammaticale d'une part déborde la catégorie logique, d'autre part est incapable de la recouvrir. Le duel et la variété des pluriels sont des exemples bien connus (1). D'autre part, l'insuffisance des moyens généraux du langage a obligé la notation mathématique à se constituer. L'analyse du temps et de l'aspect est très inégale dans les différentes langues, et il n'en est pas une qui exprime tout le nécessaire et qui n'exprime que le nécessaire (2).

*
* *

Il y a une grammaire générale, puisqu'il n'y a point de langage sans catégories grammaticales, ni sans certaines catégories grammaticales. Mais cette grammaire générale s'arrête très vite. Il y a des conditions générales qui résultent de la nature même du langage et

---

(1) Voir l'excellent chapitre de BRUNOT, p. 103, sur l'expression de la quantité.

(2) L'aspect est l'expression du développement de l'action, envisagée dans sa continuité, ou à un point donné de son cours, dans son unité ou sa répétition, dans son terme, dans son résultat. Voir BRUGMANN, p. 521. C'est l'aspect qui est le plus exprimé dans les langues des peuples imparfaitement civilisés, et le développement pris par la notion de temps est en partie un fait de civilisation. Meillet montre comment la catégorie expressive et concrète de l'aspect, en perdant par l'usage son caractère expressif et concret, fournit un moyen d'exprimer la catégorie abstraite de temps.

qui s'imposent à toute langue (1). A partir de là, on se
heurte à des catégories qui se trouvent seulement dans
certaines langues et à l'expression variée des mêmes
catégories logiques dans les différentes langues (2).
Chaque langue est un point de vue sur le langage, un
aspect particulier de la logique du langage. Chaque
langue se construit au fur et à mesure et partiellement, en suite des besoins et du degré de développement de la société ; sans que l'on puisse toutefois juger
de la mentalité d'un peuple par les catégories que possède sa langue ; beaucoup se maintiennent qui n'ont
plus de raison d'être. Une langue est tradition et mémoire autant et plus que logique (3). Aussi les catégories grammaticales sont plus ou moins nombreuses
et plus ou moins développées, selon les langues ; chacune a sa grammaire implicite en même temps que sa
grammaire explicite. En même temps, dans chaque
langue la forme concrète des catégories grammaticales
varie profondément. Dans chacune il est impossible
de ramener les catégories grammaticales à un système
logique (4) : elles sont le résultat d'activités multiples

(1) Voir MEILLET, *Bulletin de la Société de Linguistique*, 1916-18, p. 133,
et *Bulletin de la Société française de Philosophie* (janvier 1912).
(2) DE GÉRANDO, *De l'Éducation des Sourds-Muets*, p. 64. La grammaire
générale ne peut rendre compte de toutes les formes admises par les grammaires particulières. Il y a même, dans celles-ci, plusieurs espèces de signes
qui n'ont par eux-mêmes aucune valeur pour l'entendement, et qui ne
remplissent qu'un office auxiliaire, relatif à la langue elle-même : ainsi par
exemple les genres.
(3) Nous retrouverons ce fait à propos des troubles psychologiques du
langage. Une théorie extrême rapporte l'aphasie à un déficit intellectuel.
Il ne faut pas oublier que la morphologie est, après tout, affaire de mémoire,
alors même qu'elle a l'air d'exprimer et de refléter des catégories logiques.
(4) Comme le dit très bien VENDRYES, p. 127 et suiv., l'esprit ne porte
son effort à la fois que sur une partie très menue du système linguistique.

et diverses, sans plan d'ensemble (1). D'où l'échec continuel de ceux qui veulent codifier et rationaliser l'usage. D'où l'intérêt de la tentative qui cherche à comprendre les formes par les fonctions qui sont beaucoup moins diverses (2). Il y a, sous la diversité des formes, une certaine unité des fonctions.

Il n'est donc point possible d'arriver à une grammaire générale qui soit autre chose que des généralités sur la grammaire. En effet, comment y arriver ? Ou bien on part de l'analyse de l'entendement, de la théorie de la connaissance, d'une table des catégories. Supposons-la parfaite ; supposons qu'elle soit la représentation exacte de la pensée humaine. Plus elle le sera, plus il sera impossible de l'ériger en grammaire générale sans faire violence aux grammaires historiques. La discordance entre les relations logiques et les morphèmes grammaticaux, entre le fait et le droit éclatera davantage. Nous aurons une théorie de la pensée et la constatation d'un état de fait dans les langues ; nous ne verrons pas se rejoindre les deux choses.

* *

Ne pourrait-on partir de l'état de fait, dans son intégralité ? Nous avons vu que la morphologie générale et comparée n'est pas encore faite. L'ensemble des pro-

_____

(1) La plupart des critiques adressées au langage portent à faux. On y voit l'expression de la pensée rationnelle, qui mutile la vie intérieure. Le langage n'est pas uniquement l'expression de la pensée rationnelle.

(2) Et en même temps la difficulté de la tentative. Comme le dit très bien VENDRYES, p. 132 ; si l'on range en des catégories logiques distinctes des faits qui ont même aspect grammatical, on fait violence à la langue. Si on laisse groupés sous une même catégorie grammaticale des faits qui n'ont logiquement rien de commun, on fait violence à la raison.

cédés grammaticaux par lesquels s'expriment les rapports logiques ne suffirait pas davantage à constituer
une grammaire générale. Nous retrouverions le même
défaut que nous avons déjà signalé, la discordance du
logique et du grammatical.

Mais, dans cet ensemble, ne pourrions-nous saisir ce
qui est commun à toutes les langues, et ce fond commun ne serait-ce pas précisément la grammaire générale ?

Mais ce fond commun sera très pauvre et se ramè-
nera inévitablement aux catégories grammaticales qui
expriment les relations indispensables au langage en
général (1).

Or, nous l'avons vu, ce qui est indispensable au langage est en somme assez peu de chose. Il faut bien qu'il
y ait des mots pour signifier les choses ; mais ces mots,
nous l'avons vu, peuvent fort bien n'être que très vaguement différenciés. L'expression véritable des rapports
entre les choses peut être très pauvre et même demeurer
presque sous-entendue. Il y a des procédés variés
d'intonation ou de geste qui permettent de suppléer
à l'absence des catégories. Les langues inférieures, la

---

(1) Le mot de grammaire générale pose deux problèmes : 1° la correspondance entre les catégories logiques et les catégories grammaticales ;
on se heurte aussitôt au fait de leur discordance ; 2° le tableau des catégories grammaticales communes à toutes les langues : on s'arrête presque
aussitôt, ces catégories étant extrêmement pauvres et les dissemblances
l'emportant aussitôt sur les ressemblances.

LEIBNIZ, *N. E.*, III, p. 5, dit : « Celui qui écrirait une grammaire universelle ferait bien de passer de l'essence des langues à leur existence et de comparer les grammaires de plusieurs langues ; de même qu'un auteur qui voudrait écrire une jurisprudence universelle, tirée de la raison, ferait bien d'y
joindre des parallèles des lois et coutumes des peuples... Cependant, dans
la science même, séparée de son histoire ou existence, il n'importe point
si les peuples se sont conformés ou non à ce que la raison ordonne. » Il
en est un peu de la grammaire générale comme de la religion naturelle.

langue des enfants ne se privent point de cette suppléance.

L'histoire des langues, leur évolution ne fournirait-
elle pas la solution ? Car ne nous montre-t-elle pas précisément l'élimination de certaines catégories grammaticales superficielles et inutiles ? Ne nous révèle-t-elle
pas les tendances logiques du langage ?

On nous dit que les langues évoluent du concret à
l'abstrait et, par suite, du complexe au simple. Ceci est
visible surtout quand on compare les langues dés primitifs ou des moins civilisés avec celles des civilisations plus parfaites. Ceci est visible encore quand on
compare avec elle-même une même langue à différents
degrés de développement de la civilisation. Ce caractère concret des langues primitives est marqué surtout
par la spécification concrète du vocabulaire, par la
prédominance des éléments spatiaux et pictoriaux (1).
Les langues primitives expriment toujours les faits
dans toute leur complexité. Elles ont des formes diverses
et spéciales pour désigner la même action, selon que
le sujet la fait debout, assis, couché ; un même objet
a différents noms, suivant les circonstances (2) ; les
catégories grammaticales sont très variées ; par
exemple, le pluriel sera marqué par le duel, le triel, etc.

Avec la civilisation, ces distinctions se simplifient
et s'effacent, parce que l'esprit devient de plus en plus
capable d'abstraction et de généralisation. Toutes les
langues semblent évoluer vers la simplification, vers la

---

(1) Lévy-Bruhl, *Les fonctions mentales dans les sociétés inférieures.*
(2) Boas, *The Mind of primitive Man*, p. 124 et suiv. L'Esquimau a
différents termes pour exprimer la neige sur le sol, la neige qui tombe, le
tourbillon de neige, etc. ; le phoque qui se chauffe au soleil, qui flotte sur
la glace, etc. Voir aussi *Handbook of american indian of Longuages*, t. I.

réduction des formes grammaticales aux catégories les plus générales et les plus essentielles.

On fait remarquer la simplification des formes grammaticales ; par exemple, la disparition progressive des flexions en indo-européen, le passage du mot autonome au mot-forme, le passage de la synthèse à l'analyse : « des formes plus courtes, qui chargent moins la mémoire, des formes plus régulières, de caractère plus analytique et abstrait ; un ordre des mots régulier » ; — c'est en ces termes que Jespersen définit le « progrès du langage » (1). Ou bien encore la réduction de la morphologie à l'expression de catégories abstraites et générales.

Nous verrons à l'œuvre, en étudiant l'évolution morphologique, l'analogie, le besoin d'uniformité, la tendance à normaliser, qui opère dans toutes les langues. Ne semblent-t-elles point tendre vers l'unité de forme pour l'unité de fonction ?

Or le principe d'univocité n'est-il pas la règle logique du langage ? Chaque notion ou élément de notion exprimé une fois et une seule et toujours par le même morphème ; la correspondance univoque entre le signe et la chose signifiée (2).

On apercevrait donc au terme de l'évolution des langues la coïncidence à peu près parfaite du grammatical et du logique.

Les premiers linguistes, hypnotisés par les vieux documents linguistiques, traitaient l'évolution du lan-

_____

(1) JESPERSEN, p. 322.
(2) COUTURAT, *Des rapports de la logique et de la linguistique. Revue de Métaphysique*, 1911. C'est la règle que s'imposent les langues universelles les plus parfaites. Voir COUTURAT, *Histoire de la langue universelle*. Renouvier disait que la langue internationale est empirique par son vocabulaire, et philosophique — c'est-à-dire rationnelle — par sa grammaire.

gage comme un processus de décadence. Ne doit-on pas
au contraire l'interpréter en termes de progrès ? soit
que l'on se place au simple point de vue de l'économie :
maximum de rendement pour un minimum d'effort,
expression la plus considérable et la plus intense avec
les moyens les plus simples ; soit qu'on aperçoive
le progrès logique sous l'économie, et comme la raison
de l'économie précisément. Mais on peut se demander
si, dans ces considérations, l'on n'est pas victime de
quelques illusions.

Le caractère concret du langage est lié à la multiplicité des besoins et à la variété des intérêts ; il n'est
pas indifférent à un chasseur et à un pêcheur d'avoir
plusieurs mots pour exprimer les différents aspects du
gibier. Partout où un semblable besoin se fait jour, il
crée des expressions pour se satisfaire. On retrouverait
dans les langues les plus civilisées le même foisonnement d'expressions concrètes partout où il est nécessaire d'avoir recours à un tel instrument (1).

Le caractère concret du langage, l'insuffisante élaboration ou même le manque de certaines formes
grammaticales ne sont pas nécessairement un obstacle
à l'expression d'idées générales. Les intérêts du primitif relèvent de la vie courante et son langage est fait
pour elle (2) ; mais il n'est pas impossible de le plier à

---

(1) Voir Boas, *The Mind of Man*. Par exemple, en anglais, l'idée de
l'eau est exprimée par une grande variété de mots : l'eau comme liquide,
comme eau courante, rivière, ruisseau, le lac, la pluie, la vague, la rosée,
l'écume. On peut parfaitement concevoir que cette variété de notions,
dont chacune est exprimée en anglais par un terme indépendant, puisse
être exprimée dans d'autres langues par des dérivations du même terme.
Cf. A. M. Hocart, *The Psychological Interpretation of Language*, *British
Journal, of Psychology*, V, p. 267-279, 1912.

(2) Whitney, p. 184 : « La meilleure pierre de touche de la valeur d'un
langage, c'est le parti qu'en ont tiré ceux qui le parlent. Si un peuple... a

l'expression de notions plus compliquées (1). Le niveau du langage dépend grandement de l'état des besoins de la société et de sa structure. La logique du langage, le développement logique du langage sont conditionnés par ces faits extra-logiques.

Et en fait, « l'histoire montre que des types linguistiques de structure très différente ont servi à l'expression de pensées également riches, et de manière à satisfaire toutes les exigences. On est ainsi amené à classer les langues seulement d'après l'importance des civilisations qu'elles représentent, c'est-à-dire d'après les idées auxquelles elles ont servi de véhicule et qu'elles ont contribué à répandre. » (2).

C'est donc le progrès de la civilisation que l'on retrouve sous le progrès linguistique. Il est vrai que de nouveau la question se pose : le progrès de la civilisation ne consiste-t-il pas précisément jusqu'à un certain point dans la rationalisation ?

Et certes, il est en tout cas inévitable que la langue reflète jusqu'à un certain point le progrès intellectuel. Toute discipline tend vers une langue scientifique, laquelle doit être aussi logique que possible. La langue commune subit jusqu'à un certain point l'action de ces langues spéciales, et les habitudes que les sujets parlants ont prises dans ces disciplines et dans ces langues.

_____

bien distingué, bien combiné, bien raisonné, sa langue, si imparfaite qu'elle puisse être au point de vue technique, contient tous les avantages qui résultent de ces faits, et elle est un instrument bien adapté. »

(1) Boas, o. c. Humboldt disait déjà (*De l'origine des formes grammaticales*, p. 7) que tout ou à peu près tout peut être exprimé dans une langue donnée par un sujet qui doit à une autre langue un degré supérieur de culture.

(2) Vendryes, *Le progrès du langage. Bull. de la Soc. franç. de Phil.*, 1922, p. 152.

Il y a, dans beaucoup de cas, un effort conscient et logique des sujets parlants sur le langage (1).

Quoi qu'il en soit, la tendance logique ne s'applique jamais à la langue dans son ensemble : nous allons voir bientôt que l'analogie, par exemple, ne travaille que sur une partie du système linguistique. Et l'on peut se demander si elle est besoin logique ou simplement habitude et moindre effort. Comme on peut se demander si la simplification de la flexion n'est pas due, avant tout, à l'usure phonétique et à la chute des finales.

On peut se demander de même si les simplifications qui se produisent sur un point du système linguistique n'entraînent pas de complications ailleurs. La disparition des flexions casuelles n'a-t-elle pas eu comme contrepartie l'édification de tout un système compensateur ?

Le caractère analytique d'une langue ne signifie pas, on l'a fait justement remarquer, un caractère plus élevé d'abstraction et d'intellectualité. Le français est plus analytique que le latin : l'expression, *le corps de l'homme* décompose plus avant l'« image verbale » que le latin traduit par *corpus hominis*. Mais c'est décomposition et non pas abstraction. L'essentiel est que chaque idée et chaque aspect de l'idée aient leurs symboles distincts. *Amabo* et *j'aimerai* sont tout aussi analytiques que *I shall love*.

Enfin, la tendance expressive, le besoin d'expressivité fait échec constamment au besoin d'uniformité.

_____

(1) GILLIÉRON et ROQUES, *Études de géographie linguistique*, p. 74: « À tous les degrés le langage est l'objet de préoccupations où se mêlent, à la volonté d'être pleinement intelligible, la conscience de la diversité des parlers individuels ou locaux, le sentiment confus d'une hiérarchie des parlers et des formes, un désir obscur de mieux dire. Le langage est ainsi l'objet d'une étude puissante, d'un travail d'amélioration et de retouche, qui paralysent la liberté de son développement. »

Ce besoin est créateur des formes nouvelles et, à mesure que le langage se contracte, se simplifie, devient plus abstrait, il l'étend, le complique, le concrétise. Au vocable générique et usé, se substituent dans le langage courant la diversité des expressions fortes qui font image ; à la tournure syntaxique, exacte et correcte, la variété des tours qui font impression. Ce qu'une langue gagne d'un côté, elle le perd de l'autre. Elle est continuellement soumise à l'action simultanée de deux principes en conflit : un principe d'expansion, d'exubérance, de création ; un principe de réduction, d'assimilation. Sans compter la puissance de la tradition, qui impose la survivance de formes surannées, ou médiocrement actives.

Aussi est-il permis de se demander si l'évolution linguistique peut être considérée comme un progrès, si elle va dans un sens déterminé, ou si elle ne reflète pas simplement les vicissitudes de la civilisation. Schleicher faisait violence à la réalité en voyant dans la langue une réalité organique qui porterait en soi-même sa loi d'évolution. Ne serait-ce pas continuer à en faire, dans un autre sens, une réalité organique, que de supposer que le génie d'un groupe ethnique tend à ramener sans cesse la langue dans certaines voies déterminées ? (1).

Et de Saussure, à qui nous empruntons cette remarque (2), constate qu'aucun caractère linguistique n'est permanent de droit ; il ne peut persister que par hasard.

_____

(1) HUMBOLDT (*De l'origine des formes grammaticales*) opposait la diversité des langues, le génie national, à l'idée d'un mouvement uniforme, d'un progrès continu dans le devenir des langues.

(2) DE SAUSSURE, p. 320.

« Dès qu'on suppose des traits permanents auxquels le temps ni l'espace ne peuvent rien changer, on heurte de front les principes fondamentaux de la linguistique évolutive. »

Aucun des caractères fondamentaux qui constituaient la langue européenne ne s'est maintenu intégralement. Plusieurs ont totalement disparu. Et s'il est vrai qu'on peut parler de certaines transformations plus ou moins communes aux diverses langues d'une même famille, cette communauté ne permet pas de conclure à la stabilité.

« Si un caractère se maintient dans le temps, il peut tout aussi bien disparaître avec le temps. » (1). « Tout ce que le temps a fait, le temps peut le défaire ou le transfigurer. » (2).

* * *

A défaut de progrès, quelques linguistes proposent d'admettre certaines tendances générales qui règlent l'histoire des langues. Ne peut-on ramener les changements aux tendances d'où ils procèdent ? Les lignes générales importent plus que le détail. Contre la linguistique historique qui se borne trop à constater, Meillet se propose précisément, nous l'avons vu déjà, de rechercher dans le langage de grandes tendances, principes actifs du changement, qui agissent avant de se manifester, et continuent d'agir longtemps après leur première manifestation.

Ainsi les tendances logiques que nous venons d'étudier : la tendance à la simplification, la tendance vers

---

(1) DE SAUSSURE, p. 323.
(2) *Ibid.*, p. 324.

l'unité de forme pour l'unité de fonction. Soit un grand
fait comme la convergence des changements linguistiques. Le linguiste remarque dans l'évolution des
langues un parallélisme des changements de structure
générale ; par exemple à *domus patris* correspondent
la maison du père, *the house of the father*, etc. ; un ordre
fixe des mots est substitué à un ordre libre et un mot
accessoire exprime la fonction (l'ordre, du reste, n'étant
pas le même dans toutes les langues). Il y a donc, à
travers les différences qui tiennent à des conditions
propres à chaque parler, des innovations identiques ou
du moins orientées dans une même direction.

Ces innovations se produisent indépendamment dans
les groupes différents, pourvu qu'ils soient placés dans
les mêmes conditions. C'est parce qu'ils se trouvent
dans les mêmes conditions et subissent les mêmes
actions que les sujets parlants admettent les mêmes
innovations. Ce qu'il y a d'invariable et de plus ou
moins général, soit dans les caractères du milieu social,
soit dans les caractères constitutifs des sujets parlants,
peut faire comprendre que les lignées distinctes aboutissent à des constructions analogues.

Pourquoi ce parallélisme ? Les catégories grammaticales sont peu nombreuses et résultent des conditions générales du langage. Par exemple, le verbe doit
exprimer entre autres le nombre et la personne ;
or, il y a deux procédés possibles d'expression : 1º la
flexion (*dico, dicis*) ; 2º l'emploi de mots accessoires
(*I say, we say*). La flexion a des défauts incontestables ;
elle masque l'unité du mot ; sa valeur expressive est
faible ; elle est discordante et variée, suivant les types
de conjugaison ; d'où la tendance à l'emploi de mots
autonomes ; tendance à la fois intellectuelle (vers

l'unité de forme pour l'unité de rôle grammatical, effort pour passer du mot-forme au mot existant isolément) et émotionnelle (recherche de l'expression plus intense).

C'est l'action de cette tendance qui rend compte du fait que les langues indo-européennes se sont développées parallèlement les unes aux autres.

Cette tendance à remplacer la flexion par des mots accessoires est renforcée par l'affaiblissement de la fin des mots, qui rend la flexion moins claire.

Mais l'usage diminue vite l'efficacité d'un tour expressif. Les mots accessoires perdent de plus en plus leur sens propre et leur autonomie. Au fur et à mesure qu'elle se détruit, la flexion tend à se reconstruire.

Ainsi les formes grammaticales vont sans cesse se normalisant. La luxuriance primitive de la morphologie s'atténue, parce qu'il est naturel d'exprimer de la même manière une même catégorie grammaticale dans une même langue. La tendance à l'unité d'expression de chaque catégorie grammaticale, la simplification de l'exubérance primitive, n'est-ce pas le principe même de la morphologie, qui, obscur au début, aspire à se réaliser, à mesure que le progrès de la civilisation détermine le progrès de la pensée abstraite et que disparaissent les catégories grammaticales concrètes, tandis que se maintiennent ou se développent celles qui répondent bien aux catégories abstraites de la pensée ?

Ce n'est pas seulement moindre effort et paresse linguistique (1). C'est logique. Un fait analogue apparaît dans toutes les institutions spirituelles. C'est tou-

_____

(1) Comme le soutient BALLY, *Stylistique*, I, p. 18,

jours à l'origine un foisonnement de formes, le pullu-
lement des individualités et des différences, qu'un principe inverse d'équilibre et d'uniformité vient assimiler : créant du reste des distinctions nouvelles, plus
subtiles et plus complexes. L'unification et la différenciation sont éternellement aux prises, et se combinent éternellement.

Ainsi disparaissent ou tendent à disparaître les
flexions complexes de l'indo-européen, et des formes
comme le duel, le pluriel exclusif, etc. ; partout le
progrès de la civilisation tend à détruire les formes
demi-concrètes et à ne laisser subsister, pour le nombre,
par exemple, que l'opposition abstraite des deux catégories, unité et pluralité. Partout il soutient l'effort
pour passer du mot-forme, existant seulement à l'état
de formes fléchies multiples dont chacune a une valeur
particulière, au mot existant isolément et toujours semblable à lui-même ; (dans une ingénieuse étude de
détail, Meillet montre par exemple que la disparition
du prétérit simple est un moment de cette évolution)..

Un principe logique, un principe affectif commandent
ainsi l'évolution des formes grammaticales, considérée
abstraitement. Dans la constitution même des formes
grammaticales, on trouve aussi bien à l'œuvre la
logique et le sentiment ; car il y a deux procédés pour
forger des outils grammaticaux : l'innovation analogique, qui ne crée que d'après un modèle préexis-
tant et qui repose sur l'habitude et l'assimilation, et le
passage d'un mot autonome au rôle d'élément grammatical, où interviennent à la fois le facteur logique et le
facteur affectif. En effet, pour parler avec force, pour
obtenir une expression intense, les langues ajoutent
des mots accessoires, qui, à l'usage, s'affaiblissent,

se dépravent et tombent au rang de simples outils
grammaticaux; suppléés, pour maintenir l'intensité
d'expression, par d'autres qui s'affaiblissent à leur tour.
En même temps, la pensée de l'ensemble de la phrase
et du rôle logique joué dans la phrase par tel ou tel
mot peut lui assigner un sens grammatical, très différent de son sens initial. Ainsi s'explique par exemple
le caractère négatif pris par des mots comme *pas,
point, rien, personne, jamais,* mots dont aucun, par lui-
même, n'avait le caractère négatif, mais qui, par suite
de la façon dont ils ont été employés dans la phrase,
sont devenus des particules à valeur négative pleine.
Tout mot employé comme accessoire de phrase tend à
perdre son sens propre pour prendre une valeur due
simplement à son rôle dans certaines phrases. Les
rapports logiques, qui font la structure mentale de la
phrase, adoptent comme signes les mots qui, par leur
position, sont aptes à les supporter et à les figurer.

D'autre part, les langues indo-européennes, s'éten-
dant sans cesse sur de nouveaux domaines, ont sans
cesse été acquises par des populations qui, antérieurement, employaient d'autres langues. Or, une population qui acquiert une langue nouvelle a peine à s'assimiler une morphologie complète et délicate. Toute
extension de langue a pour effet de simplifier le système
linguistique et d'y supprimer des distinctions plus ou
moins superflues. Durant le temps où les deux langues
sont juxtaposées, il y a des individus qui, parlant l'une
d'elles d'une manière imparfaite, introduisent le
trouble dans les parties délicates et peu stables de la
morphologie.

Donc, si l'on veut expliquer, de manière complète,
les changements linguistiques, par exemple la réduction

de la flexion, il faut faire intervenir simultanément
trois principes :

1º La tendance à normaliser, inhérente à toute morphologie ;

2º La difficulté qu'éprouvent des populations nouvelles à s'assimiler une grammaire compliquée ;

3º Un fait d'ordre phonétique, la débilité de la fin du
mot, qui a pour effet de faire disparaître la partie du
mot qui porte précisément la flexion.

Les tendances générales du développement linguistique sont croisées par des tendances propres à chaque
langue. Aussi n'aboutissent-elles que lentement et pas
toujours à la même date et sous la même forme.

Mais le développement inverse se fait en même
temps, parce que les mots accessoires — mots isolés non
fléchis —, substitués aux mots fléchis, perdent de plus
en plus leur sens propre et leur autonomie et tendent à
faire partie intégrante des mots qu'ils déterminent.
Exemple : *je dis. Je* n'a aucun sens, et si on veut l'exprimer, il faut dire : *moi, je dis.* De même *dicam* est
devenu *dicere habeo, j'ai à dire*, puis *je dirai.*

Ainsi, il y a des actions universelles qui produisent les
convergences, et des actions particulières à telle ou telle
langue qui déterminent les divergences des langues
anciennement unies. Et aucune tendance n'est si
forte, qu'elle ne soit soumise au balancement des
grands principes psychologiques qui dominent l'évolution du langage, le besoin de l'expression intense,
l'usure de l'expression intense par l'usage même que
la langue en fait.

Ainsi sont aux prises les forces de maintien : le
caractère systématique d'une langue, la puissance de
la tradition ; les forces de changement : la tendance à

normaliser, le besoin d'expression intense; l'usure
sémantique et phonétique, la discontinuité de la transmission, les différences sociales, les contacts de langues.

Et les forces de changement sont telles que la même
direction n'est pas indéfiniment poursuivie ; car les
procédés grammaticaux pour l'expression des fonctions
étant en petit nombre, quand l'un d'eux s'est établi,
il lui arrive exactement ce qui était arrivé à celui qui
le remplace, et l'oscillation recommence.

De même, chaque langue tend constamment, par son
développement naturel, à se briser en parlers divers, et
constamment les sujets parlants réagissent, rétablissant des langues communes, comprises par des sujets
nombreux sur des domaines étendus.

Ainsi se trouve vérifiée la formule que nous emprun-
tions tout à l'heure à de Saussure : Aucun caractère
linguistique n'est permanent de droit (1). Le plus qu'on
puisse faire, c'est de parler de certaines transformations plus ou moins communes aux diverses langues
d'une même famille : transformations soutenues par
des conditions historiques.

De telles transformations linguistiques obéissent
donc, au moins en partie, à des conditions historiques.
C'est ainsi que la rapidité du changement qui a amené
le latin aux langues romanes actuellement parlées n'a
pas été partout la même ; la persistance de la langue
originaire, les invasions barbares, les grands mouvements de population, les grands changements sociaux

---

(1) Cf. VENDRYES, *Le progrès du langage. Bulletin de la Société française
de Philosophie*, 1922, p. 152 : « Il n'y a jamais dans une langue d'acquisitions définitives ; les qualités que peut présenter une langue à un moment de
son évolution ne durent pas, si ceux qui parlent cessent de les apprécier
et consentent à les perdre. »

expliquent au moins en partie cette diversité. Toute
unité linguistique repose, en fin de compte, sur une
unité de civilisation. La différenciation du latin en un
grand nombre de parlers distincts a pour cause la dissolution de l'Empire romain. C'est à l'unité de civilisation de l'Europe occidentale au Moyen âge que l'unité
romane devait son existence ; à l'unité de culture de
l'Europe moderne que les langues modernes doivent
d'avoir sans cesse consolidé cette unité, malgré la divergence des développements linguistiques. L'unité linguistique qui se constitue par l'extension d'une langue
nouvelle, par la substitution d'une langue commune à
des parlers d'une même famille, traduit, non pas une
unité d'origine, mais l'existence de rapports sociaux,
qui ont existé à un certain moment, le sentiment d'une
unité de civilisation. Il y a tendance à l'unité de langue
là où il y a unité de civilisation.

Ainsi, la différenciation des langues, qui repose sur
les grands accidents historiques qui rompent une civilisation, et imposent à certains groupements une langue
nouvelle, et sur des facteurs constants comme la discontinuité de la transmission — puisque, la langue se
transmettant d'individu à individu, la continuité des
langues n'est assurée que par une suite de créations
successives dont chacune apporte inévitablement quelques différences avec l'état antérieur —, ou encore la
différenciation sociale, chaque classe sociale modi-
fiant le langage commun, — a comme contre-partie le
travail qui tend à maintenir ou à restaurer l'unité linguistique, travail qui exprime l'unité de civilisation.
Et cette tendance est si forte qu'une certaine espèce
d'unité tend à se réaliser à travers des idiomes distincts,
comme cela se produit, par exemple, pour les grandes

langues de l'Europe actuelle. Ainsi la différenciation est suivie d'une réaction.

Il n'y a pas de développement naturel des langues. L'évolution linguistique reflète le devenir des sociétés. Il ne s'agit donc pas d'une marche définie, indépendante des conditions linguistiques et sociales, d'une force interne analogue à ce principe de développement progressif qu'ont rêvé quelques biologistes, comme Eimer ou Naegeli. Il ne s'agit pas non plus de la réalisation d'un plan logique. Il ne s'agit pas davantage d'une série d'adaptations à des circonstances accidentelles. Le développement est ici mouvement en avant, piétinement sur place, déviation, retour en arrière.

LA CRÉATION DES FORMES

Le changement phonétique atteignait tout le système du langage. Il frappe la même articulation dans toutes les combinaisons où elle se présente. Il ne laisse pas de résidu.

L'évolution morphologique, ne portant que sur les mots, n'a chaque fois qu'une extension limitée et laisse subsister des résidus : par exemple *vous dites* à côté de *vous prédisez*.

L'évolution morphologique est régie par l'analogie, par le besoin d'uniformité, qui entraîne l'élimination d'un certain nombre de formes, en ramenant à la règle les morphèmes anormaux, en émondant l'irrégularité, la dissymétrie ; et aussi par un principe créateur, le besoin d'expressivité, où l'on peut discerner deux choses : le besoin de renforcer, au moyen de termes déjà existants, les expressions affaiblies ; le besoin de créer

les formes nécessaires à l'expression. La grammatica-
lisation, qui en est la suite, transforme en outils grammaticaux des mots significatifs, dont la puissance d'expression s'est refroidie.

Telles sont, avec la puissance du matériel linguistique
existant, les forces internes qui se disputent la langue,
soumise au dehors à l'effet des conditions historiques
qui l'étendent, la limitent, la diversifient ; différenciation et unification liées elles-mêmes à la discontinuité de la transmission, à la différenciation sociale,
ou à l'unité de civilisation.

Le changement sémantique est donc plus complexe
que le changement phonétique, puisqu'ici le signe est
plus motivé et retenu dans le système et maintenu par
lui, ou isolé du système et exposé aux hasards ; et
puisqu'il subit en plus l'influence des nécessités internes (fonction logique, besoin d'outils) et externes
(changement des choses). D'autre part, il subit les mêmes
grandes lois :

variabilité interne ;
usure par l'habitude ;
discontinuité de la transmission ;
différences sociales ;
influences étrangères (emprunt).

**

L'analogie est l'effet de la présence dans l'esprit d'un
système de formes. Elle suppose un modèle et son imitation régulière. Elle suppose que les formes se rangent
dans l'esprit et qu'elles tendent à s'imposer. La forme
analogique jaillira sous leur pression. Comme l'a bien
dit de Saussure, une partie du phénomène était déjà

accomplie avant qu'on ait vu apparaître la forme nouvelle. Le mot nouveau existait en puissance dans la
langue, par la vertu des formes qui le suscitent ; ainsi
indécorable d'après le modèle *impardonnable* (1).

Le succès de l'analogie se ramène donc à une lutte
de dominance et de résistance entre les formes que le
sujet a dans l'esprit. Elle élimine les formes débiles,
parce que rarement employées. Elle suppose une
faiblesse de la mémoire, incapable de maintenir la
forme rare (2). Ainsi elle met aux prises un système
grammatical, centre d'irradiation analogique, qui tend
à s'imposer, et le jeu de la mémoire et de la tradition
qui maintiennent contre lui les formes irrégulières.
Aussi l'analogie est-elle toujours possible, jamais nécessaire.

La conservation d'une forme peut du reste tenir,
comme l'a montré de Saussure, à deux causes exactement opposées : l'isolement complet, ou l'étroit enca-
drement dans un système qui, resté intact dans ses
parties essentielles, vient constamment à son secours.
Un mot fortement encadré est maintenu par les formes
qui viennent à son secours. Un mot tout à fait isolé
s'impose par sa singularité même. C'est dans le domaine
intermédiaire des formes insuffisamment étayées par
leur entourage que l'analogie peut déployer ses effets (3).

Les innovations analogiques ne sont pas toutes

---

(1) DE SAUSSURE, p. 227, 233.
(2) Par exemple, Meillet a montré, *Linguistique historique et linguistique
générale*, p. 155, l'élimination du prétérit simple : *nous aimâmes, vous
aimâtes*, qui a une flexion très singulière, et se trouve, au point de vue
proprement morphologique, en infériorité par rapport à la forme com-
posée qui a pour tous les verbes une seule et même structure. Ici la forme
difficile est simplement éliminée au profit de la forme commode.
(3) DE SAUSSURE, p. 243.

durables ; par exemple, celles des enfants. La langue
n'en retient qu'une minime partie.

Il faut distinguer l'analogie du raisonnement qui
conclut en vertu d'une ressemblance entre les objets
sur lesquels on raisonne. L'analogie linguistique ne
consiste aucunement à calculer la quatrième propor-
tionnelle, à déterminer un terme par la connaissance de
l'un des couples et d'un des termes du second ; pas plus
qu'à s'élever par l'observation des rapports à la raison
des choses, ou à lier entre elles des ressemblances extérieures dont on ne connaît point la raison. Il n'y a pas
de raisonnement dans l'analogie linguistique ; tout au
plus l'action de l'esprit qui continue spontanément un
mouvement antérieur.

L'analogie n'entraîne pas nécessairement la disparition de la forme qu'elle vient de doubler. *Honos* et
honor ont coexisté. L'analogie produit souvent des
formes qui ne remplacent rien.

Il faut distinguer cette tendance à l'uniformité de
la tendance à l'univocité, expression de la loi d'économie de Mach et d'Ostwald, principe logique suivant
lequel chaque fonction grammaticale doit s'exprimer
par un seul signe et chaque signe exprimer une seule
fonction. L'analogie ne s'exerce que sur des points
isolés, au hasard des circonstances. Elle n'est pas régie
par un dessein d'ensemble (1).

L'analogie ne dépend en somme que de deux facteurs : la prédominance dans l'esprit de certaines
formes, qui constituent un système, c'est-à-dire une
habitude ; la force de résistance des formes étrangères
à ce système ; cette force de résistance a sa base dans

_____

(1) VENDRYES, p. 185.

la langue elle-même, dans les habitudes de la communauté linguistique et dans la mémoire du sujet. Le
sujet tend à ramener les formes peu familières aux
formes familières, les formes instables aux formes
stables (1), ou bien, au fur et à mesure de ses besoins, à
créer les formes nécessaires sur le type des formes familières et stables. Cela n'engage aucun raisonnement,
aucune pensée (2).

Comme l'a bien montré Bally, l'attitude d'esprit du
sujet parlant, qui tend à relier entre eux les mots selon
leur forme extérieure, est maintenue à la fois par la
communauté de sens et par la communauté de forme.
Des mots assez différents, comme saler et sel peuvent
demeurer en contact. Plus le sens d'un mot est connu,
plus les associations se rattachant à des faits de pensée
tendent à étouffer celles que provoque la forme du mot.

---

(1) Les notions de stabilité et de familiarité varient du reste avec les individus. Voir Thumb et Marbe, *Untersuchungen über die psychischen Grundla-
gen der sprachlichen Analogie*, 1901.

(2) La fausse analogie, autrement nommée l'étymologie populaire,
suppose au contraire la comparaison au moins rapide et superficielle de
deux formes, un commencement d'interprétation d'une forme incomprise
par une forme connue. On déforme le mot pour l'accommoder aux éléments qu'on y croit reconnaître ; c'est le cas de *choucroute* (de *Sauerkraut*),
de *calfetrer* devenu *calfeutrer*, sous l'influence de *feutre* (De Saussure,
p. 245-6). L'étymologie populaire est fréquente chez les enfants ; quand ils
ne comprennent pas les mots abstraits, ils cherchent souvent à leur donner
un sens, en les déformant à l'aide de mots connus (Helga Eng, *Abstrakte
Begriffe bei Kindern*, p. 41). Voici un exemple récent d'étymologie populaire (Leenhardt, *Notes sur la traduction du Nouveau Testament*,
Revue d'histoire et de philosophie religieuses, 1912, p. 195) : Les traductions
de la Bible à l'usage des indigènes des îles Loyalty ont laissé leur nom grec
ou latin aux animaux, ou végétaux, inconnus dans le pays. Ils ont appelé
Rana la grenouille des pluies d'Égypte. Mais un jour un fonctionnaire
introduisit la grenouille australienne dans l'archipel calédonien. La bes-
tiole se multiplia et devint populaire sous son nom français. Notre langue
s'étant répandue avec l'école, des Canaques ont vu dans la *Rana*, le mot
renard. Et la pluie de grenouilles fut remplacée par une pluie de renards.

Plus les associations mentales font défaut, plus les associations formelles de phonétique tendent à occuper
la première place dans le langage.

*
* *

L'analogie ne crée point de formes nouvelles. Pourtant la langue est perpétuellement amenée à en fabriquer. Le besoin de formes est à l'origine même de la
langue ; et l'esprit est continuellement amené à réparer
l'usure que les formes subissent, et par conséquent
à transformer la morphologie.

Par exemple, la chute des finales et la disparition des
flexions ont rendu nécessaire l'intervention d'un autre
procédé, qui consiste à créer tout un système de mots
accessoires servant de morphèmes ; ainsi les prépositions et l'article ont remplacé la flexion casuelle.
Nous voyons dans beaucoup de cas ces outils grammaticaux naître de mots significatifs, ces mots vides
naître de mots pleins (1).

Le passage du mot autonome au rôle d'élément gram-

_____

(1) Par exemple *chez* du substantif *casa*. Certains participes ou adjectifs sont devenus de véritables prépositions ; *pendant la nuit, vu les circonstances*, etc. (VENDRYES, p. 195-6). — « Il est probable que la flexion indo-
européenne ou sémitique est née de l'agglutination à la racine d'éléments
originellement indépendants, qui flottaient d'abord autour d'elle et s'y
sont soudés avec le temps... On peut affirmer que ces éléments flexionnels
résultent de l'extension analogique d'anciens mots autonomes, plus ou
moins déformés, et réduits au rôle d'outils grammaticaux. » (VENDRYES,
p. 203). D'après HUMBOLDT, *De l'origine des formes grammaticales*, p. 21,
les flexions doivent sans doute leur origine à des mots jadis significatifs.
Dès qu'on se met à analyser une langue avec quelque exactitude, l'agglutination, l'adjonction de syllabes significatives se fait voir de toute part
et l'analogie conduit à l'admettre partout à l'origine. Il est possible toutefois, ajoute Humboldt, que, chez certains peuples particulièrement doués
par l'intelligence des formes abstraites de la pensée, la flexion apparaisse
dès l'origine.

matical résulte ainsi du besoin d'outils grammaticaux et de l'affaiblissement de la signification concrète,
de la valeur expressive de certains mots. Comme l'a
bien montré Meillet, le besoin d'être expressif, de parler avec force fait que les langues ajoutent des mots
accessoires qui renforcent l'expression : *Ego dico.*
L'expression en devenant usuelle s'affaiblit et le mot
devient propre à fournir un outil grammatical (1).

La pensée de l'ensemble de la phrase et du rôle logique joué dans la phrase par tel ou tel mot peut lui
assigner un sens grammatical très différent du sens
initial. Ainsi s'explique par exemple le caractère négatif pris par des mots comme *pas, point, personne, rien,
jamais,* mots dont aucun, par lui-même, n'avait le
caractère négatif, mais qui, par suite de la façon dont
ils ont été employés dans la phrase, sont devenus des
particules à valeur négative pleine. Tout mot employé
comme accessoire de phrase tend à perdre son sens
propre pour prendre une valeur due simplement à son
rôle dans certaines phrases. Les rapports logiques,
qui font la structure mentale de la phrase, adoptent
comme signes les mots qui, par leur position, sont aptes
à les supporter et à les figurer.

La pensée de la signification d'ensemble de termes
associés les soude en une locution unique : *toujours,
aujourd'hui.* L'esprit renonce à l'analyse et applique
le concept en bloc sur le groupe de signes, qui devient
alors une unité simple. L'agglutination suit l'appréhension synthétique (2).

_____

(1) MEILLET, *Linguistique générale,* p. 131. *Suis* qui est autonome dans
une phrase comme *Je suis celui qui suis* est un simple outil grammatical
dans *Je me suis promené.*
(2) DE SAUSSURE, p. 248.

C'est ainsi que se forment les outils du langage, les groupes articulés, instruments de la syntaxe, sur lesquels se déroule la phrase. On peut dire qu'ils prennent en partie leur valeur de la position qu'ils occupent habituellement dans la phrase, qu'ils sont des positions hypostasiées. La préposition a d'abord été un adverbe accompagnant les cas de déclinaison, devenus trop peu clairs par eux-mêmes : l'ablatif s'accompagnant de *ab* ou de *ex*, l'accusatif de *in* ou de *ad*. L'habitude de les voir joints à un cas suggère l'idée d'un rapport de cause à effet. Simple mot d'accompagnement d'abord, la préposition se met à régir.

LA CLASSIFICATION DES LANGUES

Il y a une classification tripartite des langues, qui remonte à Schlegel et à Humboldt, et qui prétend les répartir entre trois grands systèmes morphologiques. Par malheur, elles relèvent toutes à peu près de ces trois systèmes à la fois. Le français par exemple est une langue flexionnelle, parce qu'il dit : *il veut, nous voulons* ; une langue agglutinante, puisqu'il dit : *finir-ai, finir-ais*, exprimant la catégorie grammaticale par des éléments liés au mot ; une langue isolante, puisqu'il dit : *Pierre bat Paul*, exprimant les catégories grammaticales par l'ordre des mots (1). En latin et en grec, qui seraient des langues flexionnelles, il y a, à côté des flexions, les prépositions, procédé analytique et même isolant ; les préfixes (*praecurrere, decurrere*), qui sont un procédé d'agglutination.

---

(1) MEILLET, *La valeur des classifications de langues, Revue du Mois,* 1922.

Les langues à flexion seraient celles qui expriment dans un même mot l'idée et la catégorie grammaticale, soit par l'addition des désinences flexionnelles, soit par les modifications du radical, et qui font de ce procédé la base de leur grammaire. Ainsi les flexions casuelles des langues indo-européennes ; ainsi la conjugaison française : *je chantais, nous chantions*.

Dans les langues agglutinantes, les particules, qui expriment les relations, se placent avant ou après le mot, sans se souder à lui ; elles conservent leur caractère individuel et indépendant. Des mots en eux-mêmes immuables, reçoivent des affixes formatifs.

Ainsi en turc *Ev* signifie *maison* ;

Evden, hors de la maison (den est le suffixe de l'ablatif) ;

Ev-ler den, hors des maisons (*ler* est la marque du pluriel).

Dans les langues isolantes, chaque mot, constitué par une syllabe, renferme une idée complète et est incapable de recevoir des affixes, ou de subir un changement interne pour exprimer les catégories grammaticales : l'ordre des mots, l'intonation jouent ici le principal rôle. Le chinois fournit le type classique de cette catégorie de langues : *Ta jin*, un grand homme ; *Jin ta*, l'homme grandit.

Mais en chinois les mots vides sont bien près des particules employées dans les langues agglutinantes. Jespersen fait remarquer que la classification du chinois comme langue isolante n'est peut-être que le résultat de son système d'écriture ; si le chinois était écrit alphabétiquement, peut-être constaterait-on que les mots vides sont écrits avec les mots pleins, et parlerait-on d'affixes et d'agglutination. Et l'intonation qui sert à distinguer par exemple le substantif *roi*

et le verbe *devenir roi* est une sorte de flexion interne.
Le protochinois était peut-être du reste une langue
flexionnelle (1).

Comme on l'a bien montré, les différents procédés
d'expression des catégories grammaticales tendent à
se détruire par l'usage. L'histoire de l'indo-européen
nous montre le passage du mot-forme, existant seulement à l'état de formes fléchies multiples, au mot
existant isolément. Le procédé de conjugaison indo-
européen (*dico, dicis*) a le tort de varier suivant les
mots, et de dissimuler l'unité du mot. Le besoin d'une
expression plus intense (*ego dico*) et l'affaiblissement
des finales ont facilité la disparition de la flexion.
Mais, au fur et à mesure qu'elle se détruit, elle tend à se
reconstruire. Dans *je dirai, tu diras,* personne ne reconnaît le verbe avoir (2).

*
* *

On a souvent décrit l'évolution historique des langues
comme soutenue par trois phases qui correspondaient
aux trois types que nous venons d'examiner. Au premier degré serait l'état isolant, puis viendrait l'état
agglutinant ; et enfin l'état flexionnel.

Schleicher a exposé avec beaucoup de netteté cette
théorie (3). Le langage exprime des significations et
des relations. Au premier degré de son développement,

---

(1) JESPERSEN, p. 373. BALLY fait remarquer de même, *Le Langage et
la Vie,* p. 65, que, si le français était une langue de sauvages non fixée par
l'écriture, un explorateur linguiste transcrirait : *jem* (j'aime), *tuem, ilem,
nouzemon, ilzem.* Il parlerait d'agglutination, et même, en comparant *ilem*
et *ilzem,* d'incorporation, le signe du pluriel étant un *z* infixé dans le complexus verbal.

(2) MEILLET, *o. c.,* p. 71.

(3) *Sprachvergleichende Untersuchungen,* 1848.

la signification est la seule chose que les mots indiquent ; la relation entre les mots est suggérée par leur position seulement ; telles sont les langues isolantes.

Au second degré, la signification et la relation sont toutes deux exprimées, mais les éléments formels sont simplement ajoutés à la racine. Forme et contenu se juxtaposent seulement : c'est l'agglutination.

Au troisième degré, le contenu et la forme sont fondus ensemble ou absorbés en une unité plus haute, la racine étant devenue capable de modifications internes, aussi bien que de recevoir des affixes pour marquer la forme ; c'est la période flexionnelle.

Schleicher ajoutait, ce qui simplifiait les choses, que cette évolution, qui a un caractère temporel, ne peut pourtant par être vérifiée par l'histoire des langues. Elle est antérieure à l'histoire. L'histoire n'apparaît --- ce qui est une vue bien hégélienne --- qu'avec la conscience de la liberté. C'est avant l'histoire que les langues se forment par un processus organique. Dans les temps historiques, tous les langages déclinent, asservis qu'ils sont à la littérature, subjugués qu'ils sont par l'évolution de la pensée vers la liberté.

Forme et contenu du langage se balancent ainsi dans un jeu de distinction et de conciliation qui évoque la philosophie de Hegel, à qui Schleicher doit au fond le tableau de cette évolution. On sait que Max Müller et Whitney ont repris cette théorie, Max Müller pour y rattacher des vues de philosophie de l'histoire. La période isolante correspond selon lui à la phase familiale de la civilisation, l'agglutination à la phase nomadique, la flexion à la phase politique (1).

(1) Schlegel, Humboldt, et en général la philosophie linguistique de leur époque, ont beaucoup discouru sur ces thèmes. On trouve chez Frédéric

*
* *

Il est vrai que l'histoire complète du langage a
quelques-uns de ces traits. Il est probable que le premier langage a été comme le langage de l'enfant, qui
débute par des mots isolés — qui ont, il est vrai, la signification de phrase —, puis continue par des mots qui
n'expriment que des significations et où la relation n'est
guère marquée que par un ordre de valeur surtout
affective. Un vocabulaire grossier, fait de symboles
naturels, complété par le geste, improvisé d'un côté,
deviné de l'autre, tel fut sans doute le langage au commencement. On se bornait, pour toute grammaire, à
jeter en avant, dans l'ordre qui s'offrait à l'imagination, les signes que la pensée de l'auditeur devait

---

SCHLEGEL l'esquisse de cette classification tripartite (*Ueber die Sprache und
Weisheit der Indier*, 1808), reprise et précisée par A. W. Schlegel, sans intention d'évolution historique d'ailleurs. Ce dernier proclame la supériorité
des langues flexionnelles, seules « organiques », parce qu'elles renferment
un principe vivant de développement et d'accroissement, et qu'elles ont
seules « une végétation abondante et féconde ». HUMBOLDT (*Ueber die
Verschiedenheit des menschlichen Sprachbaues*) admet la classification tripartite. (Il ajoute une classe incorporative pour les langues américaines
où l'objet peut être inséré dans la forme verbale entre l'élément qui indique la personne et la racine). Il ajoute que toutes les langues relèvent
plus ou moins de ces différents types. Et il admet prudemment que la
diversité de structure des langues est telle qu'il faut désespérer d'arriver
à une classification compréhensible. Ces réserves faites, il enseigne que le
langage, au début, n'exprime que les choses ; c'est à celui qui écoute
d'ajouter mentalement les relations. Avec le temps, l'ordre des mots se
stabilise, et certains mots perdent leur autonomie, pour exprimer des relations. A la phase suivante, les relations sont marquées par l'ordre des mots
et par des outils grammaticaux. Ceux-ci deviennent graduellement des
affixes, mais ils ne se perdent pas encore dans le mot : on voit encore les
sutures ; le résultat est un agrégat et non une unité. Enfin le mot est un
mot-forme, modifié dans sa structure même par les relations grammaticales qu'il exprime, et les outils grammaticaux sont devenus de purs
symboles, expression de la relation, vides de toute signification matérielle.

unir. Le passage du mot plein au mot vide, la construction des outils grammaticaux a été la première étape
décisive vers la construction d'une véritable langue (1).
C'est tout ce que nous pouvons dire. Les relations du
« contenu » et de la « forme », pour reprendre l'expression de Schleicher, sont probablement soumises à une
sorte d'oscillation continue, bien plutôt qu'à un développement rectiligne. Si l'on en croit Hirt, les flexions
indo-européennes proviendraient de l'agglutination, au
mot proprement dit, de mots, jadis pleins et autonomes, qui ont perdu leur pouvoir d'expression. Si
l'on en croit Jespersen (2), le protochinois aurait connu
les flexions. Il est probable que les procédés d'expression se détruisent, ne fût-ce que par l'affaiblissement
que l'usage leur fait subir, et qu'ils se reconstruisent
alternativement.

---

(1) MEILLET, *Linguistique*, p. 130. L'origine des formes grammaticales est
hors de nos prises. Toutefois l'analogie étant par définition exclue, la seule
hypothèse qui reste est l'attribution progressive d'un rôle grammatical
des mots autonomes, ou à des manières de grouper les mots. La «grammati-
calisation » des mots autonomes crée des formes neuves, introduit des
catégories qui n'avaient pas d'expression linguistique, transforme l'ensemble du système.

(2) JESPERSEN, p. 308.

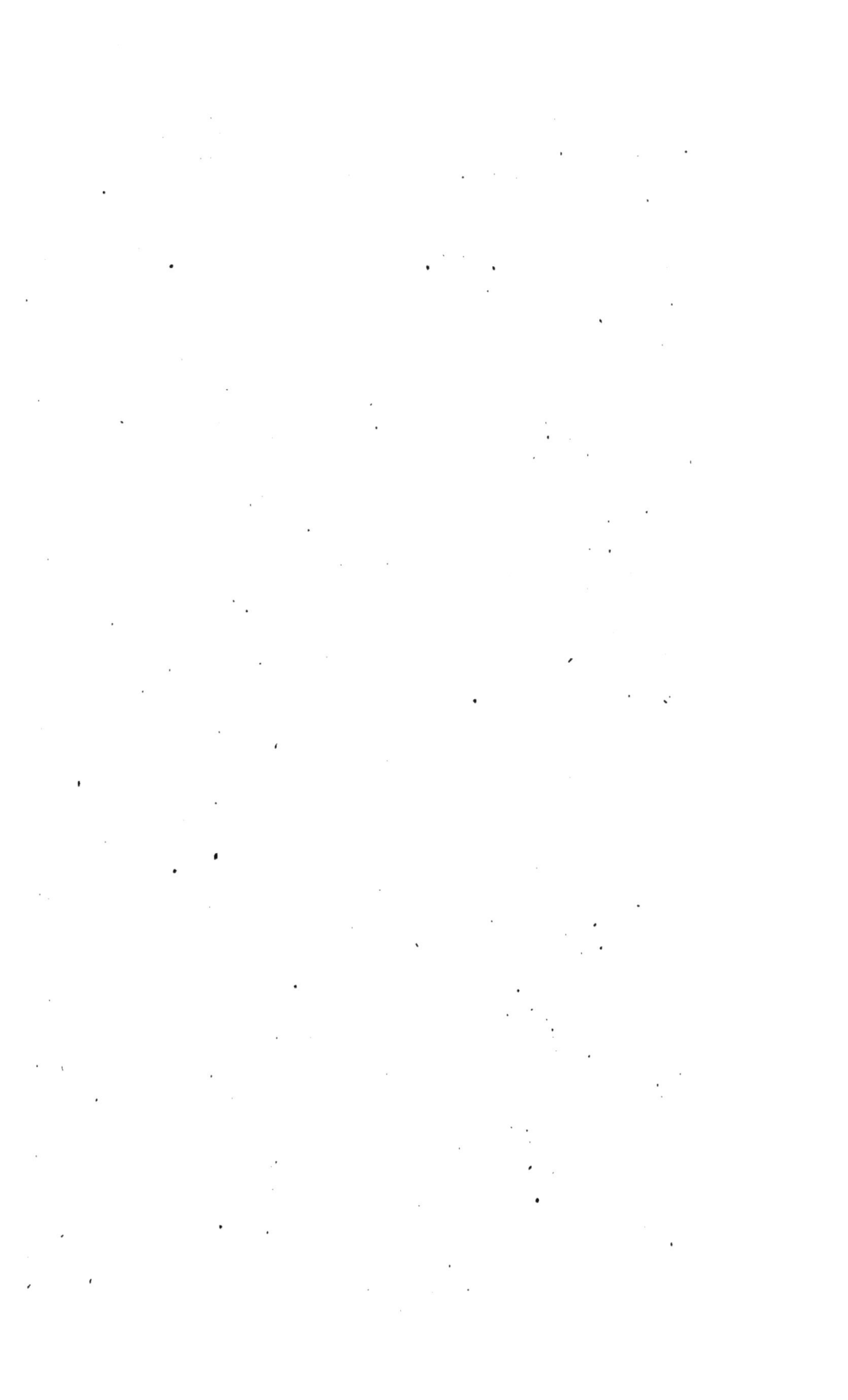

LIVRE III

CHAPITRE PREMIER

L'ACQUISITION DU LANGAGE. LE LANGAGE DE L'ENFANT

Après avoir étudié la langue, il nous faut étudier le sujet parlant. Chercher comment la fonction du langage s'acquiert, opère et disparaît, tel sera l'objet des prochains chapitres.

*
* *

Le langage peut servir à établir la chronologie de l'enfance, plus que l'enfance celle du langage. Le mot d'enfance est un terme très vague et qui désigne des périodes de développement distinctes. Les divisions des psychologues restent assez discutables. Le plus simple, encore que l'approximation soit bien grossière, n'est-il pas de distinguer, avec Stümpf :

1o une période qui s'étend de la naissance à l'apparition du langage ;

2o du langage à l'âge scolaire ;

3o de l'âge scolaire à l'adolescence.

Nous verrons les différentes étapes de l'acquisition du langage introduire dans ces périodes d'importantes sous-divisions (1).

* *

Il y a chez l'enfant beaucoup moins de fixation préalable que chez l'animal. La longue période de l'enfance et du jeu correspond précisément à l'établissement graduel de fonctions multiples et complexes.

L'enfance réunit les deux qualités opposées de la spontanéité et de la docilité. Sans la spontanéité, sans une part même minime de réaction personnelle, d'invention, de découverte, l'enfant est incapable d'apprendre ; comme sans la docilité. Les tâtonnements intellectuels ou affectifs de l'enfant expriment précisément cette curiosité, ce pressentiment, ce don d'anticipation, qui animent son imitation. Sa spontanéité s'exprime aussi en opposition, que parfois l'éducateur sent vivement dans le caractère et même dans l'intelligence. L'enfance est pressentiment, ignorance qui

---

(1) Le fait que les différentes fonctions se développent avec une vitesse différente et interfèrent rend toute classification malaisée, ou bien alors il faut, avec CLAPARÈDE (*Psychologie de l'enfant*, 5e éd., p. 519) prendre pour principe cette diversité des fonctions. C'est ainsi qu'il distingue :

1° une période d'acquisition :

a) intérêts perceptifs et mouvements : 1re année ; b) intérêt glossique : 2 à 3 ans ; c) éveil intellectuel : 3 à 7 ans ; d) intérêts spéciaux et objectifs : 7 à 12 ans ;

2° une période d'organisation et d'établissement des valeurs : intérêts sentimentaux, éthiques et sociaux : 12 à 18 ans ;

3° une période de production et de travail : l'âge adulte.

Jusqu'à un certain point les études de Jung sur le caractère nous permettent d'esquisser l'évolution mentale de l'enfant : période sensorimotrice, période conventionnelle, période intuitive, période rationnelle : division soutenue par les deux grands types, Introversion, Extroversion.

tâtonne et devine, anticipation. Elle devance et suit
à la fois ce qu'elle reçoit ; inégalement et par périodes ;
tantôt en retard, tantôt en avant ; souvent en avance,
mais sans stabilité et par éclairs; s'aidant, dans les
périodes de lente maturation, de ces synthèses brusques
effectuées à la lumière de ces pressentiments ; toujours
en excès ou en défaut.

De là vient que l'imitation de l'enfant, dans le langage comme ailleurs, est vite intelligente. L'imitation,
chez lui, dépend de la richesse de l'activité spontanée ;
elle se montre plus puissante là même où la spontanéité se présente sous des formes plus variées ; en
quelque genre qu'un individu montre une facilité
spontanée, c'est là qu'il montrera de l'aptitude à
imiter et à apprendre. Il y a dans l'imitation enfantine
une nuance de désir et un espoir de maîtrise. Il y a
dans l'imitation enfantine tout l'éveil intellectuel de
l'enfant. Il n'y a pas que brutalité, force contraignante dans la présentation continue ou répétée du
modèle qui finit par s'imposer. Il y a la sollicitation
du milieu et l'ascendant du modèle. Mais il y a aussi
la vérification des résultats, la correction, la décomposition et la recomposition, la comparaison continue
avec le modèle.

* *

L'acquisition d'une fonction aussi complexe que le
langage met en jeu des processus variés.

Elle suppose d'abord l'éducation des mouvements et
des sensations. Le nouveau-né débute par des réflexes
et par quelques mouvements instinctifs et par quelques
sensations mal différenciées. Leur élaboration, leur

organisation demandent beaucoup de temps et beaucoup de peine.

Dans le cas du langage, il ne s'agit pas simplement
de la maturation d'un instinct, comme dans la marche.
La marche ne s'établit que quand le système nerveux
est parvenu à un certain stade de développement,
stade qui correspond à l'harmonie parfaite entre les
éléments du névraxe ; car elle a pour facteurs l'équili-
bration, la coordination, le sens musculaire, etc. ; elle
exige l'association du cortex, de la moelle, du cervelet et
même de l'oreille interne. Elle se produit donc à des
époques différentes dans les diverses espèces animales,
selon que la coordination nécessaire s'établit plus ou
moins tôt ; certains animaux, par exemple les cobayes,
présentent, dès la naissance, un faisceau pyramidal complètement myélinisé, et à ce développement parfait et
précoce des voies motrices correspond l'exercice parfait
et précoce de la motilité volontaire. Lorsque cette coordination s'est établie, la marche apparaît inévitablement.
Les exercices pour hâter son apparition sont à peu près
inutiles (1). Tout instinct se manifeste à une certaine période de la vie et l'époque de son apparition dépend moins
de la rencontre du stimulus convenable que de la perfection du mécanisme nerveux qui s'y rapporte. Certes,
comme toutes fonctions de coordination, le langage suppose un certain état de développement de la substance
cérébrale, mais il n'en résulte pas nécessairement ; il est
probable qu'il n'y a point de centres innés du langage.
Et, en tous cas, une assez longue éducation est indis-

---

(1) D'après une statistique de Grancher, qui porte sur 168 enfants
sains, la marche apparaît entre 10 et 16 mois. Quelques enfants précoces
commencent à marcher à 8 ou 9 mois ; quelques enfants retardés, à 2 ans
seulement.

pensable. Il est vrai qu'il faut ajouter aussitôt que cette
éducation est soutenue par le développement nerveux
et mental. Les fonctions ne se constituent pas seulement par l'expérience. Un certain niveau de développement est préalable à l'expérience elle-même. A tel
âge l'enfant est bien incapable de telle opération. A
tel âge elle lui devient possible. Toute la vie enfantine,
sensorielle, motrice, intellectuelle, est dominée par la
notion de développement.

Pour parler comme les philosophes, l'*a posteriori*
suppose donc un *a priori*. L'esprit n'est point table
rase, mais plan en relief. Jusqu'à un certain point
même ce relief ne s'opposerait-il pas à l'acquisition de
l'expérience ? la constitution de l'enfant n'y serait-
elle point tout d'abord réfractaire ? On attribue en
général la lenteur des acquisitions à la débilité naturelle de l'enfant, à l'insuffisance d'expérience, à
l'inhabileté sensorielle et motrice, au trop maigre
contingent d'associations et d'habitudes, aux accidents
de l'imitation. Au contraire Piaget suppose qu'il y a
chez l'enfant, jusque vers sept ans environ, un stade
prélogique, égocentrique, qui ne cède que progressivement au développement mental et à l'expérience et
qui est tout d'abord presque imperméable à l'expérience; un peu comme la mentalité primitive de Lévy-
Bruhl. Peut-être, dans ce cas, suffit-il de dire que l'esprit doit d'abord dépouiller les éléments subjectifs,
affectifs, qui surchargent ses opérations, avant de pouvoir atteindre la région des représentations objectives? qu'il s'élève progressivement de l'incapacité
synthétique et de la synthèse confuse à des créations
mieux ordonnées. Mais il est juste de reconnaître
qu'il rencontre dans sa constitution initiale quelques

obstacles en même temps que beaucoup de secours, et
qu'il change peu à peu de caractère, par la pression du
milieu et par son propre développement.

L'enfant part, pour ses acquisitions, d'un certain
degré de développement. Un certain degré de développement mental est condition de l'acquisition de l'expérience. On ne va pas de rien à quelque chose, par une
simple accumulation des expériences nouvelles et par
la simple élimination des erreurs. L'établissement graduel d'une fonction suppose d'abord la maturation et
l'apparition de cette fonction. Il y a une heure et un
moment où une acquisition devient possible. Le langage
est un test de niveau. L'établissement de la fonction
verbale suppose un certain degré d'intelligence. On
s'en aperçoit à la transformation qui s'opère dans toute
la conduite de l'enfant alors qu'il commence à parler. Les
observations de Boutan et d'autres psychologues qui
ont comparé les enfants à l'âge de la parole avec
d'autres avant l'âge de la parole, et les uns et les autres
avec des anthropoïdes, ont bien montré que la technique
de l'enfant se simplifie, se systématise, s'intelléctua-
lise au moment de l'apparition du langage. Le langage
est ici effet et cause. Inversement, nous verrons en
étudiant l'aphasie quel déficit conditionne sa disparition et quel déficit sa disparition entraîne.

En tant qu'apprentissage, l'établissement de la
fonction verbale suppose d'abord la méthode des
essais et des erreurs, la sélection hédonique et la conso-
lidation par l'habitude des résultats obtenus ; les
groupes musculaires striés affectés à la phonation,
échappant presque complètement au contrôle de la
vue, la sélection s'exerce inévitablement entre des
mouvements accomplis au hasard, et dont quelques-

uns sont retenus à cause de leurs résultats intéressants, et l'habitude consolide l'association entre les mouvements d'articulation et de phonation et les sensations auditives.

L'imitation joue un rôle considérable, puisqu'il s'agit ici d'apprendre à reproduire, et que le système à reproduire est constitué en dehors de l'individu. Mais, comme l'a bien indiqué Stern, l'imitation a plusieurs phases et plusieurs formes. C'est d'abord l'imitation de soi-même et sous deux formes : la réaction circulaire de Baldwin, la répétition de certains mouvements, chez certains enfants presque indéfinie, comme si l'acte laissait après lui un état d'excitation, qui déclenche sa reproduction; processus analogue à la persévération, à la stéréotypie. C'est ensuite l'imitation intentionnelle de ce que l'on a déjà fait; la série d'efforts imitatifs réitérés, se rapportant au même modèle ; il y a ici phénomène volontaire à quelque degré.

Puis vient l'imitation d'autrui. Mais dans autrui c'est d'abord nous-mêmes que nous imitons, et l'enfant imite d'abord d'un autre ce que lui-même sait faire. Ce n'est qu'ensuite qu'il aborde les exemples nouveaux pour lui. L'imitation, même sous cette première forme, est-elle aussi précoce que le veut Preyer ? Les observations de Baldwin et de M. Drummond obligent à en douter.

Enfin l'imitation peut être immédiate ou différée. Cette dernière implique, entre la perception du modèle et sa reproduction, un temps de latence, une période d'incubation ; nous la verrons à l'œuvre dans le langage.

Le jeu intervient aussi. Le jeu est d'abord excès d'énergie et dépense de luxe ; l'enfant joue avec ses

organes vocaux et ses perceptions auditives, comme il
joue avec ses membres et avec les objets. Le jeu est
adresse, expérimentation, réussite. Le jeu est préexer-
cice, apprentissage ; la fonction en voie d'établissement se pressent et s'exerce dans le jeu. Le jeu est
action et rêve; l'enfant, qui joue à parler, rêve sur le
langage et s'imagine qu'il parle, avant de savoir parler ;
il ne fait attention qu'à l'intention et au commencement d'exécution ; l'intention qui commence à se réaliser passe à ses yeux pour la chose et pour l'action.
C'est une loi de la vie enfantine, que nous retrouvons
dans le dessin et ailleurs. C'est le stade symbolique de
la pensée.

Ainsi l'établissement du langage est un moment de
l'acquisition de l'expérience : l'éducation des sens et
des mouvements, la formation des intérêts et de l'intelligence en sont les conditions essentielles. L'enfant
se constitue un langage en même temps qu'il se conquiert un corps et qu'il se constitue, comme une personne, dans la société. Tous ces principes convergent
vers l'établissement de la fonction. Tous les développements partiels de la fonction sont sans cesse portés et
soutenus par le développement total.

La marche du développement peut être, du reste,
à ses différentes périodes, accélérée ou ralentie. Elle
suit la loi de toutes les acquisitions organiques. C'est
une courbe en S. Après un début assez lent, le progrès
s'établit, traversé de périodes de stagnation et d'accroissement brusque. L'établissement de la fonction verbale est lié du reste au progrès général de l'enfant :
apprendre à coordonner les mouvements des bras et
des jambes, savoir se servir de son corps, reconnaître
son entourage, comprendre les situations, voilà les

acquisitions générales de l'enfant qui sont contempo-
raines de l'établissement de la fonction verbale.

Dans l'établissement d'une fonction aussi complexe,
différents facteurs entrent en jeu, qui n'interviennent
point simultanément ; c'est ainsi qu'à une certaine
période, l'intelligence prendra le pas et qu'à un langage surtout affectif succéderont l'analyse et la généralisation. Ce n'est pas le même langage que nous allons
rencontrer à toutes les étapes de l'évolution enfantine.
Nous verrons s'engager progressivement des forces de
plus en plus importantes, et des fonctions de plus en
plus centrales. Enfin, ici comme partout dans l'évolution enfantine, le point de départ est constitué par
une donnée schématique et synthétique, qu'enveloppe
une généralité confuse : l'enfant débute par des approximations générales et confuses, qu'il rectifie progressivement, qu'il précise et qu'il étend à la fois.

**

On peut distinguer dans la formation du langage
trois grandes périodes : le cri, le babillage et le langage
proprement dit, en ayant soin d'y distinguer, avec Jespersen, le « petit langage », la période individualiste
du langage enfantin, et le langage commun, la période
sociale.

**

Le cri est d'abord un réflexe respiratoire. Il est ensuite l'expression vocale de besoins et d'émotions (1),

---

(1) Voir BECHTEREW, *Psychologie objective*, p. 87, 123, 160.

puis un jeu moteur, enfin l'utilisation volontaire d'une
réaction motrice automatique.

Le cri de l'enfant n'est pas d'emblée un moyen de
communication, un langage. Il devient tel par l'intervention de l'entourage qui le prend pour signe des
besoins de l'enfant. L'enfant remarque alors l'effet
produit par ses cris ; et il crie pour obtenir cet effet,
parfois jusqu'à la tyrannie, comme on le sait d'observation.

**

Du cri, l'enfant va vers le langage par trois voies :
le babillage, émission phonétique spontanée, sur laquelle viendront se découper les sons du langage; l'imitation mécanique, qui importe en lui les premiers phonèmes nécessaires; la compréhension des situations,
qui lui permet de donner aux mots perçus la valeur de
signes. Les exercices vocaux des premiers mois sont
très probablement spontanés. Les enfants sourds-
muets babillent de telle manière qu'on met un certain
temps à s'apercevoir de leur surdité (1).

Les premiers sons émis par les enfants ne peuvent pas
être identifiés avec les nôtres. L'enfant a sa phonétique
propre.

Meringer a observé chez ses enfants, qui n'enten-

---

(1) GUTZMANN prétend (*Die Kinderfehler*, VII, p. 206) que le babillage
de l'enfant sourd est phonétiquement moins riche.

O. BLOCH (*Journal de Psychologie*, 1921, p. 694) a constaté chez sa
fille Françoise, à vingt-deux mois, qu'avec un vocabulaire, il est vrai, très
restreint, elle se livre à des jeux vocaux où les sons ne paraissent ni avoir
aucun sens défini, ni être des imitations.

Ces jeux disparaissent assez vite, une fois que l'enfant dispose d'un certain vocabulaire. C'est alors avec les mots ou les sons qu'il acquiert, qu'il
se livre à des exercices.

daient que de l'allemand, une variété de phonèmes que
cette langue ne possède pas, par exemple des sifflantes,
comme en ont les langues slaves, des sons mouillés et
nasaux, comme ceux qui caractérisent les langues romanes (1). Jespersen (2) fait observer que l'enfant, dans
son babil, émet des sons (*k*, *g*, *h*, *r*) qu'il trouvera plus
tard difficulté à émettre dans des mots réels, ou qui
sont inconnus au langage qu'il pratiquera. Ce n'est
pas la même chose d'articuler par jeu et quand on peut,
ou à un moment déterminé et quand il faut.

Les labiales, *p*, *m*, *b*, apparaissent de bonne heure,
probablement parce que les lèvres de l'enfant sont
exercées par la succion (3), peut-être aussi plus tard
par imitation visuelle ; lorsque l'enfant cherche à imiter
ce qu'il entend, les phonèmes articulés tout à l'avant,
avec un mouvement bien visible des lèvres, viennent au
premier plan (4).

Grammont suppose, d'autre part, que l'enfant exerce
en général ses organes vocaux en produisant de préférence des sons qui lui procurent à la fois des sensations
auditives et des sensations tactilo-motrices assez
intenses ; par exemple, des phonèmes articulés vers

---

(1) Cette observation va contre l'hypothèse de Wundt, de Preyer et de
K. Moore, qui veulent que le babil enfantin diffère suivant les races et manifeste déjà les sons prédominants de l'idiome national. L'observation de
Meringer est confirmée par Pavlovitch, p. 18, qui a noté chez Douchan
des groupes rares et difficiles : nga, ngr.

(2) Jespersen, p. 106.

(3) Jespersen, p. 104,

(4) Cette hypothèse est proposée par Grammont (*Mélanges Meillet*).
D'après Wundt, le langage se développerait plus tardivement chez les
enfants aveugles. Jespersen, p. 106, conteste le rôle de la vue ; d'après
lui, l'enfant regarde les yeux et non les lèvres de sa mère. Il faut retenir,
en tout cas, des remarques de Jespersen, le rôle de l'alimentation dans
l'établissement du premier langage. Les mouvements de succion ou de
mastication jouent un rôle dans le développement phonateur.

l'arrière (comme le *gr*) qui grattent et qui râclent. C'est ici la recherche de la sensation forte et complexe.

Ronjat a constaté que certains de ces sons primitifs disparaissent à partir du moment où l'enfant cherche à imiter; certains sons, qu'il avait su émettre, doivent être réappris quand il acquiert le langage par imitation, et cela au prix de difficultés plus ou moins grandes.

L'extrême plasticité de ce babillage est nécessaire pour expliquer que l'enfant, à cet âge, puisse assimiler n'importe quel langage.

Peut-être y a-t-il déjà, du reste, une spécialisation affective de ces phonèmes, qui est comme la forme élémentaire de la valeur du langage. Pavlovitch constate que, chez Douchan, les sons gutturaux, précédés d'une voyelle ouverte de timbre *a*, accompagnent la joie : l'inflexion de voix, qui finit par la voyelle pleine, longue et ouverte, sert pour exprimer le mécontentement. Stern remarque qu'un grand nombre de phonèmes significatifs du langage enfantin proviennent du babillage : y avait-il déjà tendance à la signification, dans la conscience de l'enfant, ou bien la signification a-t-elle été surajoutée par l'adulte ? (1).

Le ruban sans fin de ce primitif langage se découpe-t-il spontanément, ou sous l'influence de l'adulte ? On constate d'abord des kyrielles, des litanies de sons : *Dadadada, Mamamama.* Puis l'enfant prononce des

---

(1) STERN, *Kindersprache*, p. 300. On trouve, par exemple, dans le babillage, des phonèmes que la langue a recueillis comme interjections : *ouè, ouè* ; des complexus en *m*, en *am*, en *ma*, qui semblent associés au désir, à la demande, au besoin : *Mama ?* Mme Spielrein a essayé d'établir (*Intern. Z. f. Psychoanal*, VI, p. 401) que les syllabes dont se sert le bébé pour désigner sa mère *(Mama)*, formées de labiales, témoignent d'une simple prolongation de l'acte de la succion. *Mama* serait un cri de désir, puis un ordre donné à l'être, qui peut seul permettre d'assouvir ce désir.

groupes de deux ou trois syllabes (1). Est-ce parce
qu'il entend des mots ? Est-ce, comme le suppose
Pavlovitch, la première trace du sentiment du mot ?
En tout cas, l'emmagasinement de ces groupes sylla-
biques paraît précéder la formation du mot comme
tel, ensemble de phonèmes pourvus d'une signification.

* *
*

En même temps qu'il apprend à émettre, l'enfant
apprend à comprendre. On lui parle, et on parle à son
intention. Il associe les sons perçus et les actes dont ils
sont les signes ; et cela d'autant mieux que l'adulte
simplifie le signe et accentue la signification. On parle
devant lui ; il s'exerce à comprendre le langage qui ne
lui est pas adressé directement, à l'aide des attitudes,
des actions qui précèdent, accompagnent ou suivent le
discours, à l'aide des mots dont il sait déjà le sens. Il
s'instruit par la vue et par l'ouïe, à l'aide d'hypothèses
et de rectifications incessantes. La variété, la fréquence
des essais jouent un grand rôle ; comme aussi les dissociations ou les associations accidentelles que produit
l'expérience ; par exemple, l'apparition de mots déjà
connus dans des situations ou dans des phrases nouvelles ; par exemple, l'apparition de mots inconnus dans
des situations ou des phrases familières. Le contexte,
l'analyse de l'ensemble, la variation des ensembles
éduquent la compréhension, qui prend appui sur la
parole naissante, mais la précède de beaucoup. La
compréhension est en avance sur la parole. La compréhension est le phénomène fondamental du langage.

_____

(1) PAVLOVITCH, p. 26.

*
* *

Grammont a constaté que, chez son enfant, quitté
par sa nourrice italienne avant qu'il sût parler, le
langage manifestait un certain nombre de particularités linguistiques, qui provenaient du parler de la
nourrice (1).

Stern (2) cite le cas d'une enfant qui, ayant vécu en
Silésie jusqu'à un an et demi et étant ensuite venue à
Berlin, n'eut plus jamais l'occasion d'entendre de
silésianismes. A cinq ans, elle retrouva certaines particularités linguistiques qu'on ne pouvait rapporter qu'à
cette période.

O. Bloch apporte à Françoise, alors dans son vingt-
troisième mois, à une époque où son vocabulaire était
encore très restreint, donc facile à connaître, un petit
drapeau, et spontanément, en le voyant, elle s'écrie *po* :
or, il est à peu près certain qu'elle n'a pas entendu prononcer le mot ni joué avec l'objet depuis trois mois
environ (3).

A certaines périodes l'emmagasinement prédomine ;
à d'autres l'activité linguistique s'extériorise davantage.

---

(1) GRAMMONT, *Observations.*
(2) *Kindersprache,* p. 257.
(3) *Journal de Psychologie,* 1921, p. 695. Voir aussi le cas cité par BARBIER
(*Erlaubung und Verlust der Sprache. Zeitschrift für Kinderforschung,*
XII, 1907) ; une enfant de quatre ans, qui parlait déjà fort bien, devient
sourde et perd complètement le langage ; à huit ans elle est mise dans une
école de sourds-muets et réapprend péniblement le langage oral. Subitement après un an d'enseignement, reparaissent des souvenirs verbaux, qui
étaient demeurés latents cinq années environ.
Voir aussi JESPERSEN, p. 143 : Frans (quatre ans onze mois) emploie
dans son danois le mot *Yesterday,* que M. B... a dit devant lui trois semaines
auparavant.

* *
*

Le premier degré de l'élocution, le babillage, va de
pair avec le premier degré de compréhension, l'interprétation des sons entendus par la situation et par les
actes.

Le deuxième degré, l'imitation des sons entendus,
prépare et accompagne le deuxième degré de compréhension, l'intellection véritable. Au deuxième stade
l'enfant répète plus ou moins habilement les sons
perçus. En général, la compréhension déborde l'élocution ; rares sont les enfants chez qui le langage parlé
est en avance sur le langage compris.

L'imitation du langage fait partie des processus généraux d'imitation qui, à partir d'un certain âge, dominent la conduite de l'enfant (1). Nous avons vu plus
haut qu'il ne faut pas la faire commencer aussi tôt
que le voudrait Preyer. Néanmoins il est rare que, vers
le onzième mois, l'enfant ne sache pas répéter des sons
qu'il entend et qu'il sait émettre spontanément. On
sait d'autre part toute l'importance de l'imitation
différée, et que les excitations auditives peuvent demeurer latentes.

J'ai noté chez plusieurs enfants, corrélativement avec
le début de la grande effervescence linguistique, la
tendance à imiter tout ce qu'ils voient ; chez un enfant de treize mois, l'imitation continuelle des mouvements des animaux qui l'intéressaient, des gestes de
jeu des autres enfants. En même temps les sons

(1) Les enfants de un an et demi à deux ans et demi environ ont une
facilité toute spéciale pour conserver les attitudes qu'on leur donne et cela
pendant un temps assez long, sans manifester de fatigue. Voir A. COLLIN,
Le Développement de l'Enfant.

l'intéressaient comme tels et avant tout les cris de
la rue.

Chez un autre, à neuf mois, j'ai noté, avec un jeu
d'imitation verbale très développée, une extrême
attention visuelle lorsqu'il imitait les sons, et la tendance très marquée à l'imitation des mouvements ;
pendant deux ou trois mois, ensuite, s'est établie une
période d'écholalie pour la dernière ou les deux dernières syllabes de la phrase entendue.

Les mouvements vocaux se coordonnent progressivement aux sensations auditives et les sensations auditives se précisent par l'intervention des mouvements.
La voix, d'abord réaction motrice diffuse aux excitations les plus variées, puis dépense motrice spontanée,
puis tâtonnement de la fonction d'expression, se subor-
donne à l'ouïe et la prend pour règle, comme d'autres
mouvements se subordonnent à la vue. Le langage
d'autrui devient, à ce stade, la norme du langage de
l'enfant. Il s'engage dans la difficile reconstruction du
langage entendu.

Comme nous l'avons dit, les mouvements vocaux
s'accordent d'autant plus volontiers avec la perception
auditive du langage, que le langage que l'enfant entend
est fait en partie de sons qu'il émet spontanément et
sous le contrôle de l'audition de soi-même. Il s'y reconnaît un peu. Mais il lui reste tout un travail de sélection, d'affinement, d'organisation et d'utilisation à
volonté. Il faut qu'il extraie ces sons du discours, qu'il
les enchaîne comme il les entend, qu'il devienne familier avec leur suite, qu'il apprenne à les émettre autrement que sous la poussée contraignante de leur montée
à la conscience.

D'autre part, cette coordination motrice de la voix à

l'ouïe, lui permet, comme on le sait, de constituer vraiment ses perceptions auditives. Il est inutile de rappeler que les perceptions demeurent obscures, tant qu'elles ne sont point analysées et décomposées par les mouvements. Sans doute il entre déjà dans la perception des mouvements qui en sont constitutifs ; les mouvements des yeux, par exemple, sont indispensables à la perception visuelle d'un objet de quelque grandeur. Toute perception est motrice par quelque endroit. Mais on sait l'importance des mouvements d'imitation pour la perception exacte des mouvements un peu complexes. On a pu dire, non sans raison, que percevoir un mouvement, c'est savoir le répéter. Le mouvement d'abord gauche et vague se précise par la perception du modèle, en même temps que la perception du modèle se précise par le mouvement qui vise à le reproduire. On va de mouvements diffus et d'ensemble et de perceptions globales et indifférenciées, à des perceptions et à des mouvements complexes et bien enchaînés, par le rapprochement de ces deux éléments et par leurs échanges réciproques. L'audition complète suppose la prononciation ; elle n'est possible qu'à cette condition. Itard a échoué, lorsqu'il a voulu restaurer l'ouïe chez des enfants restés muets. Chez les sourds partiels l'audition incomplète est soutenue et complétée par l'articulation intérieure (1). Ils apprennent à entendre en apprenant à parler. Ils arrivent peu à peu à entendre les phrases dont on leur a appris d'abord la prononciation et la signification.

Les mouvements vocaux d'abord peu dépendants

(1) MARICHELLE, *La Rééducation auditive*, *Journal de Psychologie*, 1922, p. 786.

des perceptions auditives, mais qui s'effectuent souvent
en même temps qu'elles, s'y accrochent, y demeurent
attachés : synthèse rendue plus aisée par l'unité fonctionnelle et la coordination sensori-motrice préalable.

Il y a parallélisme fonctionnel entre l'audition et la
phonation. A la pulsation du souffle, comprimé par
les consonnes, dilaté par les voyelles, au rythme des
contractions et des relâchements, des résistances organiques, des contacts, répond le jeu du tympan avec ses
alternances identiques de tension et de détente (1).

L'audition réfléchit la phonation. Inversement, la
phonation réfléchit l'audition. Leur association, indistincte au début, se précise par l'exercice. Sous l'influence de l'assimilation fonctionnelle, les deux systèmes se spécialisent et se règlent l'un sur l'autre. Leur
association repose au début sur les éléments identiques
de leur fonctionnement, sur le rythme moteur sous-
jacent à l'exercice de l'une et l'autre fonction, sur la
forme identique imposée à des données sensorielles
différentes.

*
* *

On sait que l'enfant parle d'abord par mots isolés ;
qu'il n'a pendant quelques mois à sa disposition qu'un
très petit nombre de mots ; qu'au bout de ce temps son
vocabulaire s'accroît très rapidement, si rapidement que
l'observateur a de la peine à se tenir à la page. Tel
qui se complaisait à noter que son enfant à dix mois
use de trois mots, à douze de vingt-quatre, à quinze de
cent huit, commence à perdre pied à dix-sept mois et

_____

(1) Marichelle, *La Rééducation auditive, Journal de Psychologie*, 1922,
p. 786.

n'établit plus sa statistique qu'avec beaucoup d'hésitation. On sait aussi que les mots enfantins ont le caractère de phrases : non point sans doute la structure de
la phrase, mais l'intention de signifier ce que signifierait
une phrase. Contre l'apparence, l'enfant ne parle pas
par mots isolés ; il émet des mots qui signifient des
désirs, des besoins, des ordres, des constatations que
le mot représente comme un signal. L'illusion du mot
isolé vient de la réflexion de l'adulte sur le langage de l'enfant.

On a beaucoup insisté sur le caractère strictement
affectif ou volitionnel des premiers mots enfantins.
Meumann disait que ce sont des mots « de désir ou de
sentiment » (1). La désignation des objets serait,
d'après lui, tout à fait secondaire. De même Ament,
de même Stern (2). Pour celui-ci, les premiers mots
enfantins n'expriment qu'une réaction subjective, une
attitude, et non pas une constatation de fait. Il a
remarqué chez ses enfants que le *non* de constatation
a suivi de deux ou trois mois le *non* affectif ; de même
pour le *Ich*. Tout en reconnaissant l'exactitude du
fait en général, il faudrait bien se garder de croire que
la constatation est tout à fait absente de la pensée enfantine. Un enfant (un an vingt-cinq jours) usait du
mot *main* aussi bien pour désigner une main sur une
photographie que pour désigner qu'on lui donnât la
main. Un enfant de deux ans environ, mais retardé
pour le langage, disait : *Maman po,* pour dire à son père
que sa mère était partie : simple constatation, sem-
blait-il, énonciation d'un fait, sans réaction affective

---

(1) MEUMANN, *Die Entstehung der ersten Wortbedeutungen beim Kind,*
1902.
(2) *Psychologie der frühen Kindheit,* p. 251.

visible (1). Y a-t-il du reste un langage qui ne soit
qu'affectif ? Le langage purement affectif ne serait-il
pas uniquement un moment de l'expression d'une émotion ? Pour qu'il y ait vraiment langage, ne faut-il
pas que les mots s'attachent, par delà le jeu des émotions, à quelque chose de solide, choses, concepts, dont
ils signifient et assurent l'objectivité et la perdurabi-
lité ? Pour s'élever à l'usage des signes ne faut-il pas
s'abstraire jusqu'à un certain point de l'affectivité ;
entrer dans le monde des abstraits, faire servir l'intérêt à se désintéresser ? Le langage met en jeu et expose
toutes les réactions affectives que l'on voudra : mais
des réactions affectives à des choses, à des situations
perçues comme telles et engagées dans des systèmes
logiques ; ou sinon il n'est qu'un réflexe émotif, et il
faudra toujours expliquer le passage de ce stade émotif
au vrai langage.

L'enfant qui babille et qui émet des kyrielles de
sons : *dadada, mamama, nanana*, leur donne une signification en appliquant l'un d'eux de manière régulière
à obtenir de l'adulte la chose souhaitée ; c'est en exposant son désir au moyen d'une des expressions de ce
désir qu'il obtient qu'on le satisfasse ; mais cette expression, en se fixant, prend valeur nominale ; et
chaque enfant a son mot particulier et chaque enfant
sait bien vite qu'à chaque chose un nom correspond.

Ce qui est indiscutable, c'est, comme nous le verrons
plus loin, que le mot a d'abord sens indéterminé, valeur
indifférenciée. Il ne signifie pas un objet, une chose,
mais tout ce que l'enfant entend, sait ou veut de cette
chose, et sa signification ne se précise que peu à peu.

---

(1) COHEN, *Journal de Psychologie*, 1923, p. 673.

A treize mois, l'enfant de Pavlovitch disait *robe*
avec un geste de la main, pour signifier *promenade*,
ou bien la robe et le manteau, le petit chapeau blanc,
la voiture d'enfant, bref tout ce qui se rapportait à la
cérémonie de la promenade, jusqu'à ce qu'il eût appris
les noms de ces différents objets (1).

* *

La compréhension déborde l'élocution.

L'enfant, dès les premiers mois, réagit correctement
à quelques mots entendus (2). Alors qu'il n'a encore
qu'un vocabulaire de trois ou quatre mots, il comprend
déjà un assez grand nombre de mots et d'expressions (3).
Alors que son vocabulaire est encore assez limité, il
comprend à peu près tout dans une conversation ordinaire (4). Cela est particulièrement visible, quand,
pour une raison ou pour une autre, l'enfant est en
retard pour le langage (5).

Ainsi la compréhension précède et déborde l'élocution. L'enfant comprend beaucoup sans pouvoir répéter
ni parler. Il répète aussi sans comprendre ; c'est précisément l'ajustement de ces deux processus qui donnera
le langage total.

---

(1) PAVLOVITCH, p. 134.
(2) PAVLOVITCH, p. 24 : Douchan, à trois mois, réagit correctement à
quelques mots entendus. Il ne faut pas s'exagérer la valeur de cette compréhension primitive, qui dépend souvent de l'intonation plus que du mot.
L'enfant de Tappolet (0 ; 6) faisait de vagues mouvements vers la fenêtre,
quand son père lui demandait *Wo ist das Fenster* ? Mais il fit les mêmes
mouvements, quand on l'interrogea en français sur le même ton.
(3) PAVLOVITCH, p. 31, Douchan à huit mois.
(4) PAVLOVITCH, p. 31, Douchan à seize mois.
(5) JESPERSEN, p. 112, cite une petite fille (un an sept mois) qui apporte
tout ce qu'on lui demande et comprend beaucoup de questions, alors
qu'elle ne dit pas un mot.

Parler c'est en somme lier des signes à l'exercice de l'intellection ; c'est penser en signes : signes moteurs, signes sensoriels. L'établissement de la voie sensori-intellectuelle précède et déborde l'établissement de la voie intellectuelle-motrice. Il nous est plus facile d'aller de la perception du signe à la signification, que d'aller de l'intention de signifier à l'expression articulée. Prenons note du fait. Nous en verrons plus tard la portée. Le système moteur des signes est plus difficile à manier que le système perceptif. Il est plus facile de percevoir que d'agir, de construire une perception que de construire un acte, un système de mouvements.

La compréhension des gestes et des mots se greffe d'abord sur le langage d'action, sur la compréhension des mouvements d'expression, qui apparaît très tôt, sur la liaison par conséquent des sentiments et de leur expression, de la signification et de son enveloppe matérielle, laquelle liaison est une donnée immédiate de l'expérience.

L'enfant commence donc, comme l'animal, par rattacher aux objets ou aux actes les mots que l'adulte prononce à son intention en présence des objets, ou en accomplissant les actes ; la plupart du temps, l'adulte appuie la parole par le geste ou par le regard. Il répond aux signes comme il répondrait aux choses ; il s'établit des réflexes conditionnels.

Il peut, par ce mécanisme élémentaire, puiser assez avant dans le langage de l'adulte : saisir dans une phrase incomprise un mot dominateur et compris ; identifier plusieurs phrases incomprises au moyen de mots dominateurs et compris ; jusqu'à un certain point dissocier par variation des concomitances ; tâtonner dans le vaste langage de l'adulte.

N'y a-t-il point là déjà un commencement d'intellection, comme le donne à penser tout le reste de sa conduite (1), quelque chose de plus qu'une simple réponse exacte à un signal correctement perçu ? Il est vrai de dire, à ce stade, que le langage, perçu ou émis, est encore du langage d'action. Mais n'y a-t-il pas déjà quelque chose de plus qu'une simple association entre un signe et une réaction ? N'y a-t-il pas là déjà les deux processus fondamentaux de la compréhension : grouper des choses diverses sous l'unité d'une notion, si vague que soit cette notion ; ordonner ces notions entre elles, les construire en un système, si élémentaire que soit le système ? N'y a-t-il pas déjà, en d'autres termes, au stade monoverbal, une forme élémentaire de jugement ? En d'autres termes, où commence l'intelligence ? La question se pose pour la compréhension, comme pour l'usage du langage. Elle est très difficile à trancher chez l'enfant : l'imperfection de ses mécanismes physiques, l'instabilité de son comportement peuvent masquer l'intelligence.

Il est probable que l'enfant réagit d'abord mécaniquement, animalement aux signes sonores. Il est impossible de maintenir l'hypothèse, quand on le voit comprendre vraiment le langage, c'est-à-dire, isoler les uns des autres, et des gestes qui les accompagnent, et des situations, les mots, les formes verbales,

_____

(1) De sa conduite spontanée, s'entend. Quand on le met en présence de tâches à exécuter, il n'arrive pas toujours qu'il s'en tire mieux qu'un animal. Köhler a fait sur des enfants les mêmes expériences que sur ses chimpanzés. Un enfant de un an trois mois sort du labyrinthe aussi vite que ses chiens ou ses singes ; un enfant de deux ans un mois se sert aussi bien que ses singes d'un bâton pour attraper des fruits, mais il échoue à se servir des caisses. Voir aussi GÉZA RÉVÉSZ, *Archives de Psychologie*, 1923, p. 323.

les groupes de mots, pour aussitôt les ressaisir dans leur
aspect synthétique, dans leur présence simultanée au
sein de la phrase, dans l'ordre syntaxique qui figure
l'ordre logique sous-jacent. Deux faits ici dominent :
l'immense élargissement du symbolisme, capable de
figurer tout l'univers mental et non plus seulement
quelques objets privilégiés et qui déclenchent des réactions d'intérêt ; la structure morphologique des éléments verbaux, l'intervention des morphèmes, capables de figurer les relations logiques qui sont les lois
et le plan de cet univers mental, sans qui il est amorphe
et inexistant.

L'attitude mentale de l'enfant qui comprend et qui
parle doit donc s'élargir jusqu'à la mesure de cet univers logique et verbal. Analyser la continuité sonore du
discours entendu, décomposer la phrase, des flexions
et des morphèmes déduire les relations logiques, retenir dans une appréhension simultanée cette mélodie
évanescente et qui se construit à mesure qu'elle s'évanouit, construire au fur et à mesure un ensemble sur
des éléments qui disparaissent au fur et à mesure, faire
une synthèse en même temps qu'une analyse, attendre
en sachant ce qu'on attend, imaginer, prévoir, interpréter, aller de l'intelligence de l'ensemble à l'intelligence des éléments et *vice versa*, tel est le jeu d'opérations fort complexes et que nous décrirons ultérieurement, qu'à partir d'un certain degré et sous une certaine forme la compréhension du langage met inévitablement en œuvre ; toutes les fois qu'il ne s'agit pas
d'une compréhension et d'une perception réflexes.

Ici apparaît donc le caractère propre du langage. Le
mot n'est pas seulement signal sonore, capable de
déclencher des réactions affectives ou motrices ; il est

instrument de pensée, capable de déclencher des réactions intellectuelles, permettant de grouper une famille de choses sous une unité de caractères, sous un point de vue unique, sous une même vue de l'esprit; il est une méthode pour former des idées ; il engage des concepts, schèmes opératoires de découpure et de combinaison du monde des perceptions.

Il est nomenclature : nomenclature jamais arrêtée, jamais définitive, jamais close : qui se poursuit aussi avant que se construit un univers mental.

Les mots dépassent donc le stade des signaux sonores et par le concept qu'ils engagent, et par le caractère indéfini du système de signes qu'ils constituent, et par les lois mêmes du système de ces signes.

Mais le langage n'est pas seulement nomenclature. Il y a, nous l'avons vu abondamment, un système linguistique, un code des signaux, une règle du jeu. La langue est un grand système, en partie logique. Elle n'est rien sans la pensée.

Puisqu'il faut inévitablement arriver à l'intellection véritable, ne peut-on supposer qu'il y en a déjà comme une ébauche dans les premières réactions verbales de l'enfant ? Il interprète les signaux sonores à la lumière de son savoir primitif, d'abord tout d'action et de sentiment. Il les comprend en comprenant leur liaison avec un objet ou une situation qui s'insère dans sa vie. Il exerce déjà sous une forme très humble cette fonction qui consiste à ordonner le savoir autour de la perception, et la perception autour du savoir, à apercevoir, à assimiler. Il commence à comprendre au moment où il commence à intégrer dans un ensemble, qui a déjà quelque teneur logique, des perceptions ici en partie verbales, qui ont déjà une signification.

On a supposé que l'enfant traverse une période de compréhension et d'élocution purement réflexes. On peut se demander, si ce stade mono-verbal, avec vocabulaire extrêmement limité, ne correspondrait pas précisément au stade du perroquet, que nous avons précédemment étudié. Le langage serait à ce stade un jeu linguistique vif et plaisant, dont la règle n'est pas comprise, et où l'enfant est content de recevoir plus qu'il ne donne. Tout le temps que l'enfant s'en tient à son court vocabulaire stagnant, ou même quand son vocabulaire commence faiblement à s'accroître, le plus simple n'est-il pas de parler de compréhension et d'élocution réflexes ? L'hypothèse n'échouerait que devant l'accroissement rapide du vocabulaire, et surtout devant l'apparition de la phrase.

Stern suppose, en effet, que le véritable langage ne commence qu'avec la conscience que le mot est un signe. Il y a une période où le langage est employé, pratiqué, sans être encore compris comme langage, comme signe. Il serait très difficile, du reste, de percevoir chez l'enfant normal, chez qui le langage est, comme l'a bien dit Wundt, un développement prématuré, l'apparition de la conscience du signe. Tout au plus pourrait-on en percevoir le premier symptôme précisément dans l'accroissement rapide du vocabulaire (1).

(1) Stern signale un autre symptôme, les questions de l'enfant sur le nom des choses (premier âge du questionnement, par opposition au second âge [quatre ans environ] où domine la question *pourquoi ?*) ; on tirerait de ses questions l'impression que l'enfant a compris que tout a un nom. Je suis tout à fait éloigné de reconnaître l'existence générale de ce premier âge du questionnement, et là où le fait se produit, de lui attribuer la portée que lui assigne Stern. WALLON fait très judicieusement remarquer (*J. de Ps.*, 1924) que pour l'enfant, au début du langage, le nom peut rester

Stern ajoute que, lorsque, par suite d'une infirmité,
le développement du langage est retardé et ralenti, on
peut apercevoir beaucoup mieux ce passage du langage
réflexe au langage intelligent.

La biographie de tous les sourds-muets aveugles
instruits nous apprend qu'après bien des efforts inutiles, parfois après des mois de lassitude, de dégoût,
d'hébètement, il apparaît soudain que les élèves ont
compris à quoi sert le signe. Cette compréhension est
le point de départ du véritable développement du langage. C'est l'idée d'une relation déterminée et universelle entre signes et choses signifiées : la clef du système verbal. Helen Keller décrit cette expérience de la
façon la plus saisissante : longtemps c'est resté un jeu
pour elle de comprendre les caractères tracés sur sa
main, et brusquement, un beau jour, elle s'aperçoit
que tout a un nom (1).

---

quelque temps un attribut, plutôt qu'un substitut de l'objet. « Avant d'atteindre à cette identité qui l'ouvre à toutes les directions de la pensée, il appartient à des séries distinctes, et le fait de se produire dans l'une ne peut faire
conclure qu'il ait, hors d'elle, sa pleine indépendance et son individualité
totale. Lorsque l'enfant d'un an et six mois se fait dire le nom de chaque
objet, il met à l'épreuve une connexion nouvellement découverte, mais rien
n'indique qu'il ne fasse encore de l'un le simple attribut de l'autre. Seule
la généralisation systématique de la question témoigne alors qu'il s'agit
non d'une notion accidentelle et passive, mais d'une tendance préludant
à la fonction qui assignera à toute réalité un substitut symbolique. »

(1) STERN, Helen Keller. ARNOULD, Ames en prison. Le sourd-muet
aveugle est tout à fait incapable de se créer spontanément un langage,
non parce qu'il est sourd, mais parce qu'il est aveugle. Le sourd-muet
non éduqué arrive assez vite à se créer un langage artificiel rudimentaire,
parce qu'en somme il voit le langage de ceux qui l'entourent. Au contraire
pour le sourd-muet aveugle. Il faut qu'on lui fasse toucher le langage si
l'on peut dire, et à maintes reprises ; il faut que le langage vienne à lui, à
sa sensibilité tactile, puisqu'il n'a point de sens à distance, pour qu'il comprenne ce que c'est qu'un langage. Il est bien incapable, dans cette voie,
de précéder l'éducateur. — Nous pouvons, jusqu'à un certain point, apercevoir ce moment presque réflexe chez certains imbéciles, arrêtés au stade

*
* *

Il est incontestable que le vocabulaire traverse une
période de stagnation avant d'aborder celle de l'accé-
lération rapide, pour parvenir enfin à la phrase. Voici
un exemple qui dispense de beaucoup d'autres :

« Jacqueline s'en est tenue à *papa, maman,* pendant
six mois. Au dix-neuvième mois, son vocabulaire
commence à se multiplier, mais, en deux mois, elle
n'acquiert qu'une douzaine de mots environ ; au vingt-
et-unième mois, les acquisitions s'intensifient, j'en ai
relevé vingt-quatre... Le premier mot de Raymond,
maman, apparu vers le douzième mois, est resté seul
jusqu'au quatorzième et, du quatorzième au seizième,
il n'acquiert que quatre ou cinq mots. Françoise, plus
tardive, a commencé par *papa, au revoir* au seizième
mois, auxquels elle n'a ajouté du dix-septième au
vingt-et-unième que *maman, dodo, coucou, pain.* Mes
relevés des mois suivants ne me permettent pas de
chiffrer les acquisitions de Raymond et de Françoise.
Mais, quoi qu'il en soit, il arrive un moment où toute
statistique est inutile, sinon impossible. » (1). Il arrive
souvent que le bagage initial est plus riche que ne l'ex-

inférieur du langage. Ainsi Denise étudiée par BINET et SIMON *(Langage
et Pensée, Année psychologique,* t. XIV). Elle n'a à sa disposition que quelques mots courts et simples : *oui, non, bonjour, au revoir, voilà, papa, maman, zut,* qu'elle emploie correctement, mais très rarement. En revanche,
elle est capable de comprendre un certain nombre de questions très simples.
Elle est capable, jusqu'à un certain point, d'associer des objets à des
mots ; presque incapable d'associer des mots à des objets. C'est une imbécile profonde. Elle peut à peu près s'habiller seule ; mais elle ne sait
pas se coiffer seule ; elle ne sait pas éplucher les légumes. Elle ne sait
pas copier un carré, comparer deux poids, deux lignes, faire une commis-
sion. Elle a le langage de son niveau mental.

(1) BLOCH, *Journal de Psychologie,* 1921, p. 696.

posent les exemples ci-dessus ; que la période de stagnation est moins longue (1) ; mais le fait de la stagnation
est très général.

Seulement convient-il d'expliquer cette stagnation
par l'usage réflexe du langage, et d'interpréter l'accroissement rapide par l'intellectualisation du langage,
comme le veut Stern ?

Ce serait, je crois, n'apercevoir qu'une partie du
phénomène. Le langage est compris en même temps
qu'émis. Or, nous avons vu que la compréhension, phénomène essentiel, précède et déborde l'élocution. Il
semble que la compréhension soit déjà fort avancée
et largement entrée dans la voie intellectuelle, alors que
l'élocution garde encore les apparences d'un langage
réflexe.

D'autre part, le comportement général de l'enfant
exprime, à cette époque, une intelligence de plus en
plus vive, de plus en plus éveillée, qui n'autorise guère
à admettre l'hypothèse d'une utilisation purement ma-
chinale du langage.

Comment alors expliquer cette stagnation ? Peut-on
se contenter de dire qu'il en est de même au début de
tout apprentissage ?

On sait en effet que *aller Anfang ist schwer*, que, d'une
façon générale, une fonction est lente à se mettre en
train. Mais il s'agit ici d'une stagnation vraiment très
prolongée.

Peut-être se produit-il ici, de façon plus marquée, à

(1) Voici par exemple, d'après Jespersen, le résultat de l'enquête très
consciencieuse de Mrs Winfield Hall sur le vocabulaire de son enfant :
dix mois, trois mots : onze mois, douze mots ; douze mois, vingt-quatre
mots ; treize mois, trente-huit mots ; quatorze mois, quarante-huit mots ;
quinze mois, cent huit mots ; seize mois, cent quatre-vingt-dix-neuf
mots; dix-sept mois, deux cent trente-deux mots.

cause de la difficulté du début, de l'insuffisance et aussi
de la paresse de l'enfant, précisément ce qui se produit
au cours de toute l'évolution mentale. On en vient vite
à se contenter de ce qu'on a ; ce que l'on a jusqu'à un
certain point empêche d'acquérir autre chose. Il faut
sentir vivement des besoins plus étendus ou un pouvoir qui s'accroît, pour étendre ses moyens d'action.
Le vocabulaire que l'on manie dispense d'en acquérir
un autre. Un peu comme les dessins qu'il sait faire
empêchent l'enfant d'en faire de nouveaux. Il se
complaît dans son premier vocabulaire ; il jouit de
son pouvoir exercé à peu de frais ; et, comme il a
d'autres moyens plus faciles et plus affectifs de se
faire comprendre, c'est à eux qu'il recourt le plus
volontiers.

En revanche, quand ses intérêts se développent, et
aussi sa mémoire et sa facilité d'élocution, quand il
aperçoit l'intérêt du langage, le progrès se précipite.
La venue de la phrase le hâte singulièrement. L'enfant
adhère aux essais et aux tâtonnements du vocabulaire
et de la syntaxe, comme à un jeu vif, plaisant de devi-
nettes.

Il resterait à expliquer pourquoi le retard porte surtout sur le langage émis, sur l'élocution. Nous avons
vu précédemment, et nous verrons plus loin que c'est
là une fonction plus difficile. Il y a là un mécanisme
physique très délicat à manier (1).

_____

(1) BLOCH, *J. de Ps.*,1921, p. 696 : « On peut dire que, de tout ce que
l'enfant a à acquérir, c'est le plus souvent la prononciation qui s'acquiert
le plus lentement ; ...le mécanisme grammatical est à peu près correct,
le vocabulaire l'est également, quand la prononciation est encore imparfaite. »

* *
*

L'enfant doit acquérir la possibilité d'articuler les sons qui constituent le système de sa langue; et, d'autre part, celle de les grouper dans les complexes que forment les mots.

Or, il perçoit inexactement les sons ; il s'en souvient mal ; son appareil phonateur est maladroit ; par suite du moindre développement de ses habitudes motrices, de sa mémoire et de son attention, les effets de contact des sons sont chez lui renforcés (1).

Il débute donc par des approximations grossières. Puis ces imperfections diminuent.

Enfin, lorsqu'il a achevé d'apprendre sa langue, sa phonétique est fixée une fois pour toutes (2).

Jespérsen fait remarquer (3) que, quand un enfant remplace un son par un autre, c'est qu'il y a, en général, entre les deux sons des éléments communs qui causent à l'oreille une impression semblable, encore que les adultes aient quelque difficulté à la découvrir, habitués qu'ils sont à noter les différences.

Inversement, l'enfant distingue souvent des différences entre deux sons que nous estimons semblables ; et le phonéticien est d'accord avec l'enfant sur ce

---

(1) O. BLOCH, *Notes sur le langage d'un enfant* (*Mémoires Soc. Linguistique*, XVIII, p. 37), fait remarquer la grande mobilité de l'articulation au début du langage, et que cette mobilité est moins sensible dans les premiers mois que dans les suivants, à cause du caractère restreint du vocabulaire.

(2) Dans l'apprentissage d'une langue étrangère, on se rend maître plus facilement des sons pour lesquels on n'a pas d'équivalent dans sa langue maternelle.

(3) JESPERSEN, p. 106. Quand on apprend une langue étrangère, ce que l'on remarque le plus difficilement, c'est la légère différence qui distingue la prononciation des mêmes lettres dans les deux langues.

point que le son en question est articulé différemment,
selon sa position dans la syllabe, et selon les sons qui
l'environnent ; mais l'enfant exagère les différences, et
nous la similarité. •

Même quand l'enfant s'est rendu maître des sons isolés,
il peut lui être difficile de les prononcer dans des groupes.

Il lui est difficile de retenir la figure du mot. Souvent
il n'en prononce qu'une partie, généralement les dernières syllabes. Ce n'est pas qu'il lui soit difficile
d'émettre de longues suites de syllabes. C'est qu'il lui
est difficile de retenir la suite de syllabes qui constitue
le mot. Nous aurions la même difficulté s'il nous fallait
répéter un nom bulgare ou sanscrit que nous n'aurions
entendu que peu fréquemment. Il y a du reste du système dans les substitutions de son chez les enfants et
comme une constance de l'écart. Ils disent souvent *t*
pour *k*. C'est que les deux sons sont produits par un
arrêt complet du souffle par la langue : mais dans un
cas c'est par la pointe, dans l'autre par le dos de la
langue. Un enfant qui dit *t* pour *k*, dira *d* pour *g* (1).

Donc l'enfant mutile et écorche les mots. Volontiers
il redouble les syllabes. La reduplication est facilité
mécanique et plaisir ; elle a aussi valeur expressive et
elle sert à insister ou à marquer fortement.

Il faut noter en outre chez lui l'influence des habitudes antérieures qui conditionnent les acquisitions
nouvelles. Les mots familiers ont tendance à déformer
les mots nouveaux.

Il vient un temps où l'enfant corrige ses fautes, où il
dit : *cochon* et non plus *tochon*. Il arrive souvent qu'il

_____

(1) JESPERSEN, p. 107. GRAMMONT, *Observations sur le langage des
enfants*, 1902.

entende correctement avant de pouvoir prononcer correctement ; il corrige parfois les fautes des autres, avant de savoir éviter les siennes ; il s'aperçoit parfois de ses fautes avant de pouvoir les éviter.

La route de la perfection n'est pas une ligne droite. Parfois les nouvelles acquisitions lui coûtent de l'effort ; parfois elles surviennent sans préparation visible. L'enfant peut reperdre ce qu'il a acquis ; rien de moins stable que les acquisitions enfantines. On sait que les souvenirs de l'enfant ne sont que très inégalement à sa disposition ; il en est le maître un jour, et le lendemain il est incapable de les évoquer.

Le passage est souvent brusque d'une forme à une autre. L'enfant de Grammont est passé sans transition de *kotuk* à *du sucre*.

Un enfant que je connais est passé sans transition de *tagn* et de *taratara* à *canard*.

L'enfant passe quelquefois sans transition de toute une série de formes enfantines à des formes correctes. Un enfant que je connais a laissé tomber tout d'un coup toute une série d'approximations assez grossières : *ago* (encore), *atlos* (quelque chose).

On constate donc inévitablement chez l'enfant un grand nombre de fautes phonétiques dont les unes tiennent à l'incapacité de prononcer tel ou tel phonème, et les autres aux effets de contact des sons, renforcés chez l'enfant pour les raisons que nous avons indiquées. Toutes les modifications phonétiques, morphologiques, syntaxiques, qui caractérisent la vie des langues, apparaissent dans le parler des enfants (1). Le langage de

---

(1) Voir les assimilations relevées par O. Bloch sur Jacqueline et Françoise. Voici quelques faits que j'ai relevés chez un enfant de cinq ans :

l'enfant est plein d'actions analogiques. *Tiendre* y apparaît régulièrement pour *tenir* ; *peindu* pour *peint*. Il est plein de croisements et de contaminations (1).

L'enfant reconstruit donc à sa mesure ce qu'il entend. Il part de ce qu'il sait, il se sert de ses moyens : ses instruments sensoriels, moteurs, psychiques, affectifs sont simultanément à l'œuvre ; tous leurs défauts isolés, et toute la difficulté qu'il éprouve à coordonner leur action, se retrouvent dans son langage. Les différentes phases du développement du langage répondent au développement des intérêts de l'enfant et de son intelligence (2). Le milieu social et l'adulte y jouent leur rôle. L'adulte accélère en général le progrès de l'enfant.

Ainsi se constitue lentement la « praxie », le mécanisme articulatoire, ensemble de procédés que l'habitude rend aisés, que le sujet devient capable de déclencher et de manier directement à volonté. A cette automatisation correspond une différenciation cérébrale ; des contacts s'établissent, des voies se fraient, un plan de coordination, un tableau de commande se construit. Certaines lésions pourront altérer gravement cet automatisme ou même le faire disparaître tout à fait.

---

fatigué (*fatigué*, assimilation), *étraper* (*attraper*, dissimilation), *Porcinet*, (*Pornichet*, métathèse).

(1) Voir de nombreux exemples dans O. Bloch.

(2) Comme le fait très bien remarquer Wallon, *J. de Psych.*, 1924, « les mots, si fréquemment qu'ils soient redits devant l'enfant ou même par lui, n'ont pas le pouvoir de lui imposer leur sens, tant que l'éveil de la notion correspondante ne lui fait pas un besoin d'en user lui-même correctement. »

LA PHRASE

Nous avons vu que le mot est phrase, qu'il a, comme on dit, caractère « holophrastique ». L'apparition de la phrase n'est donc pas un événement psychologique, puisque l'enfant, au moyen du mot isolé et aussi grâce à sa mimique et à la perspicacité de l'entourage, exprime déjà des intentions ou des constatations complexes. Pourtant elle marque l'acquisition d'un procédé nouveau, sans lequel, à vrai dire, il n'est point de langage, la décomposition d'une idée par le discours, et la puissance d'exprimer tout ce qui, au stade précédent, restait sous-entendu. Les mots isolés de l'enfant ont l'intention de la phrase, mais non point sa structure. Phrase implique structure. La phrase est un mécanisme compliqué (1), dont l'enfant ne devient maître qu'après des essais laborieux. La phrase est comprise, du reste, quelque temps avant que l'enfant ne s'en serve.

La phrase est d'abord de deux mots. Elle s'étend très vite. L'ordre libre gouverné par la valeur affective et la puissance contraignante des choses à dire domine d'abord ; ce n'est que peu à peu que les conventions s'établissent (2). Il peut arriver aussi que l'ordre des

(1) D'après les observations de O. Bloch, *La phrase dans le langage de l'enfant, J. de Psychol.*, 1924, dès que l'enfant commence à grouper deux mots, il est très rapidement, on peut dire presque immédiatement en mesure d'en grouper davantage ; les groupes de trois ou quatre mots suivent d'assez près les groupes de deux mots. Mais pendant quelques semaines, les groupes sont peu nombreux et peu variés.

(2) Les premiers groupes de mots se signalent par l'absence de toute expression de relation, c'est-à-dire de toute expression grammaticale, ce qui les rapproche du mot isolé. O. Bloch, *art. cité.* Il y a une période prégrammaticale.

mots n'ait aucune valeur expressive, et qu'il dépende uniquement de l'inhabileté de l'enfant.

La phrase de l'enfant est d'abord dépourvue de moyens grammaticaux et réduite à l'expression la plus simple. La pauvreté linguistique l'oblige à l'économie et à l'emploi des formes faciles : style télégraphique et style nègre. La sensibilité et la volonté fortes de l'enfant confèrent aussi à son langage une brièveté frappante.

« En même temps que le vocabulaire s'accroît quotidiennement, les formes grammaticales, avec leur troublante complexité, entrent dans l'usage, et tout cela se présente, non pas lentement et méthodiquement, comme il nous est loisible de le faire quand nous nous proposons d'acquérir une langue étrangère, mais dans le désordre de la vie. » (1).

Ce n'est que peu à peu que la simple juxtaposition des phrases fait place à un agencement plus complexe.

Le vocabulaire continue de se développer. Le sens des mots se stabilise ; le progrès du vocabulaire suit le développement de l'esprit (2).

Les mots employés d'abord, pendant une année environ, par l'enfant, sans sentiment de la flexion, présentent peu à peu, au début de la troisième année, de nombreuses normalisations fonctionnelles (3). Pavlovitch constate, dans le parler serbe de son fils, à la fin de la deuxième année, tout un système d'associations morphologiques (4) ; le système des formes

---

(1) O. BLOCH, art. cité.
(2) WALLON, J. de Psych., 1924 : «Ce que l'enfant ne serait pas apte à rechercher spontanément lui reste étranger, et l'ordre, dans lequel surviennent ses questions, montre la capacité graduelle qu'a son intelligence de s'assimiler les choses. »
(3) RONJAT, p. 64.
(4) PAVLOVITCH, p. 140.

casuelles essentielles s'est établi ; dans les verbes, les
notions d'action, d'impératif et de temps sont apparues ;
il y a des formes des trois personnes au singulier et de
la première au pluriel. L'analogie intervient amplement dans la morphologie enfantine. Elle va souvent à
l'encontre de l'imitation.

Certains faits donnent à penser que l'enfant y réfléchit quelquefois. Frans (deux ans neuf mois), seul dans
son lit, remarque qu'il faut dire *small hands* et non *lille
hands* (en danois *lille* n'est pas usité avec un nom
pluriel) (1). Souvent un enfant, qui se trompe, et qu'on
rectifie, cite la forme analogique qui fait autorité pour
lui. L'enfant se corrige : *Papa, hast du mir was mitge-
brungt, gebrungen, gebracht ?* (von Gabelenz) (2). Ce
n'est pas par de simples exercices d'imitation que l'enfant acquiert la possibilité de faire des phrases ; il
faut un effort volontaire et continu pour acquérir la
maîtrise de la langue. Si dans certains cas l'enfant prend
tout faits les groupes de mots et se montre incapable
de les décomposer, dans d'autres, des termes purement
grammaticaux sont mis en valeur comme mots indépendants (3).

L'emploi des formes grammaticales suppose chez
l'enfant à la fois une perception du discours plus différenciée et plus fine et l'attention aux circonstances qui

---

(1) JESPERSEN, p. 130.
(2) L'enfant de Meringer (deux ans cinq mois) dit *Hausin* et ajoute :
Man kann auch Häuser sagen. A. COLLIN remarque, *L'enfance du débile
intellectuel* (*Annales Médico-Psychologiques*, 1919) que l'enfant débile
commence par avoir un langage plus correct que l'enfant intelligent qui
étend à tous les verbes les flexions dont il a la pratique, ou qui crée des
mots sur le type de ceux qu'il connaît.
(3) O. BLOCH, *art. cité.* Par exemple J... à deux ans et demi comprend
Où es-tu ? comme un simple interrogatif ; *E tu imach*, dit-elle en cherchant
une image.

motivent ces différences fixes et variables ; au lieu de réagir à des mots massifs et dominateurs, il réagit à l'interaction des mots et aux formes, d'abord inaperçues, qui marquent cette interaction. Les sous-entendus de la logique se précisent à son esprit en même temps que les formes de la grammaire se dégagent de la confusion primitive. Il commence à percevoir le rôle d'un mot donné dans la phrase.

Les relations sont d'abord sous-entendues, puis maladroitement exprimées. Le lieu, le temps, la dépendance, le motif, le moyen s'expriment d'abord souvent par simple juxtaposition, avant d'utiliser les prépositions et les adverbes qui conviennent. Les éléments de liaison entre les groupes verbaux, les conjonctions restent longtemps inexprimés. La juxtaposition est le premier système que l'enfant pratique (1).

L'enfant en général, au début de la troisième année, commence donc à percevoir les relations du mot dans la phrase et à éprouver le besoin de les exprimer. C'est l'âge où il commence à percevoir plus finement les rapports et les différences.

L'habileté grammaticale des enfants est très inégale. Il y a des enfants à peu près normaux qui à cinq ans et au delà ne sont pas encore capables de faire des phrases correctes ; ils parlent petit nègre. Ce trouble présente, du reste, tous les degrés (2).

---

(1) Voir sur tous ces points l'étude si minutieuse d'O. Bloch, que nous avons déjà citée.
(2) Liebmann, *Agrammatismus infantilis. Arch. für Psychiatrie*, 1901; E. Villiger, *Sprachentwicklung und Sprachstörungen beim Kind*, 1911.

L'ÉTENDUE ET L'ACCROISSEMENT DU VOCABULAIRE

Les pédagogues ont peut-être attaché trop d'importance à la question et trop de prix à leurs travaux. Les dénombrements de vocabulaire ont été longtemps à la mode, sans que les auteurs aient su précisément ce qu'ils mesuraient.

On trouvera dans Wundt (1) un certain nombre d'observations statistiques, celles de Preyer, de Holden, de Humphreys sur des vocabulaires d'enfants à différents âges. On est plein d'admiration pour la patience avec laquelle les auteurs ont consacré un temps considérable à noter, au fur et à mesure de son apparition, chacun des mots employés par les sujets. Mais en valait-il toujours la peine, et les résultats, obtenus sans mé-

(1) *Die Sprache*, II, p. 307. Voir aussi M. DRUMMOND, *The Dawn of Mind*; BRANDENBURG, *Language development during the fourth year*, 1919 ; JESPERSEN; William BOYD (*Pedagogical Seminary*, 1914). On consultera utilement sur cette question la première partie du livre de Mlle DESCOEUDRES, *Le développement de l'enfant de deux à sept ans*, qui n'est malheureusement pas libéré de toutes les prénotions qui pèsent sur la question, mais qui est cependant à bien des égards un excellent travail ; on y trouvera, page 23, une revue historique de la question. Mlle Descoeudres a cherché à dresser une échelle de tests permettant l'évaluation du langage des enfants. Par un choix habile de questions, elle a cherché à déterminer si les enfants qu'elle devait amener à placer le mot à l'endroit voulu, dans une phrase, en étaient capables ou non. Elle a donc établi, à grand renfort de patience, leur vocabulaire parlé total.

Elle a cherché ensuite s'il y avait corrélation entre le vocabulaire total des enfants, si patiemment inventorié, et les tests complets auxquels elle les soumettait. Ayant établi cette corrélation, elle conclut qu'on peut renoncer aux longs et fastidieux interrogatoires qu'elle a d'abord pratiqués, et qu'il suffit de soumettre l'enfant aux tests complets, puis de multiplier le résultat, c'est-à-dire le nombre des mots prononcés, par 7 ou 8.

Enfin, pour abréger, elle a dressé une liste de tests partiels, dont les résultats sont également en corrélation avec les tests complets. Outre le livre cité, on peut consulter A. DESCOEUDRES, *La mesure du langage de l'enfant*, Journ. de Psych., 1924.

thode, ou par des méthodes assez différentes, sont-ils toujours comparables ? (1).

En vertu de tout ce que nous avons dit du mot, on peut soutenir que, grammaticalement, le dénombrement est impossible. Par exemple, grâce à l'existence des suffixes, le nombre des mots n'est jamais grammaticalement limité. Galoper peut donner galopeur sur le modèle de trotteur. « Il y a nombre de mots, écrit Vendryes, dont je n'ai pas actuellement conscience, que je n'ai jamais employés et qui font partie de mon vocabulaire, puisqu'ils me viendraient à l'esprit, si j'en avais besoin et que je les comprendrais. »

Faut-il compter toutes les flexions d'un nom et d'un verbe pour autant de mots (travaux de Bateman et de Brandenburg) ? faut-il ne compter pour plusieurs que les formes verbales qui ont un radical différent (*aller*, *va*, *ira*) ? faut-il ne compter que pour un mot toutes les formes d'un verbe ou d'un mot ?

De même, chaque mot a autant de sens que d'emplois ; et chaque sens fait-il ou ne fait-il pas un mot différent ?

Il importe donc de préciser tout au moins la convention que l'on applique.

D'autre part, si on se contente de noter pendant quelques jours tous les mots que prononce un enfant, on ne dépasse peut-être pas son vocabulaire usuel, c'est-à-dire les mots qui forment le fond de sa conversation. Il faut donc chercher à atteindre son vocabulaire total, déterminer la fréquence relative des différents mots. Et il faut atteindre aussi le vocabulaire

(1) Il y a des écarts énormes. A deux ans, les enfants de Stern fournissent 300 mots ; ceux de Deville, 688 mots ; ceux de Major, 143 mots, ceux de Grant, 828 mots ; ceux de Bakonyi Hugo, jusqu'à 1.500 mots.

qu'il comprend. Or, le questionnement place l'enfant dans des conditions très différentes de la réalité (1).

Enfin, il faut tenir compte, dans l'appréciation du fait, du milieu social et du genre d'éducation. Une des raisons qui font que le vocabulaire des enfants est d'abord peu étendu, c'est que les mots qu'on leur adresse sont en réalité fort peu nombreux et toujours les mêmes ; quand les grandes personnes parlent entre elles devant eux, les jeunes enfants ne comprennent pas ce qu'on dit et ne retiennent à peu près rien. Ils sont dans la même situation que celui qui voyage dans un pays étranger dont il sait mal la langue ; il peut saisir et comprendre des mots isolés ou des phrases qui lui sont adressés, mais une conversation entre indigènes lui échappe totalement.

L'extension rapide du vocabulaire tient pour une part à la façon dont l'adulte se comporte à l'égard de l'enfant ; pour une autre part, à un fait d'intelligence : à l'art d'analyser une complexité verbale et d'y reprendre son bien. Les enfants y sont très inégalement habiles (2).

LA SIGNIFICATION DES MOTS

Jespersen constate chez un enfant de un an six mois (3) que le mot *of* (*porc*) signifie d'abord *porc*, puis *dessin*, puis *écrire*. Ce sont les mêmes extensions, les

---

(1) Après une bonne critique des tests de vocabulaire chez l'enfant, Jespersen suggère de rechercher plutôt les mots qu'un enfant d'un âge donné ne sait pas.

(2) Mlle Descoeudres cite un enfant de deux ans six mois qui n'emploie qu'une trentaine de mots, tandis qu'un autre garçon, du même âge et d'un milieu social moins élevé, a déjà 650 mots à sa disposition.

(3) JESPERSEN, p. 113.

mêmes déplacements et ailleurs les mêmes restrictions
de sens qui règlent le langage des adultes. Le mot
Tripos, dans le langage des étudiants de Cambridge,
est passé, de la chaise à trois pieds où s'assied l'examinateur, à l'examinateur lui-même, puis aux vers
comiques mis sous son nom, puis à la liste des reçus,
inscrite au verso.

Mais, chez l'enfant plus encore que chez l'adulte, les
mots ont d'abord une valeur très générale ; ils indiquent
en même temps, nous l'avons vu, la chose et l'action
liée à la chose. Le sens initial est très large et passable-
ment indéterminé. Nous avons vu que, chez Douchan
à treize mois, le mot *robe* veut dire *en promenade,* et
puis *la robe, le manteau, le petit chapeau blanc, la voiture d'enfant,* jusqu'à ce qu'il ait appris le nom de ces
différents objets.

Quand Françoise dit *Méné* (1), elle n'indique pas
seulement l'action de sortir et de se promener, mais les
actions concomitantes de prendre ses vêtements de
sortie dans l'armoire où ils se trouvent. Quand elle
acquiert le mot *pain* au dix-septième mois, elle l'emploie pour désigner non seulement du *pain,* mais des
gâteaux, des fruits.

Les mots sont vagues, mobiles, et de signification
complexe. Un substantif ne désigne pas seulement un
objet, mais toutes les actions avec lesquelles il est en
relation dans l'expérience de l'enfant.

Un enfant que j'ai observé à seize mois disait *Nom,*
quand on lui montrait une petite boîte de cuivre où
son visage se reflétait. On lui avait dit en lui montrant
la boîte : *Regarde le petit bonhomme.* Il avait pris l'habi-

(1) O. BLOCH.

tude de réclamer *Nom* pour qu'on lui montrât son image dans la boîte, puis dans un miroir quelconque. *Nom* était d'abord l'action totale ; puis la boîte, les glaces, les objets où on se mire, et en même temps le bébé qui se mire. En fin de compte, il a gardé *Nom* pour se désigner lui-même, et ce nom a longtemps tenu en échec (presque jusqu'à la septième année) son nom de baptême.

C'est l'effet du « syncrétisme enfantin » qui enveloppe dans une appréhension d'ensemble, dans une confuse synthèse, des éléments qui se dégageront peu à peu. Le mot *toutou*, appliqué d'abord à un chien particulier, est étendu à l'espèce toute entière, comme le mot *papa* à tous les hommes. Il n'y a pas là généralisation. L'enfant reconnaît vaguement une certaine ressemblance, dans laquelle baignent plusieurs espèces d'êtres, sans se soucier d'en noter les marques distinctes. Il va du schéma à l'image. C'est aussi l'effet de l'inexpérience. Il n'y a rien de surprenant à ce que Francine, à vingt-cinq mois, appelle un chat *toutou*, car elle ne voit jamais de chats et on n'a pas l'occasion de prononcer ce mot devant elle. C'est l'effet de la pauvreté linguistique. Il faut bien se servir de ce que l'on a. L'enfant qui sait le mot *Bam* (balle) et qui l'emploie pour désigner la lune qu'il aperçoit parle avec ce qu'il a (1).

Peut-être que l'enfant qui dit *ôter la peau du crayon* pour tailler le crayon, ne fait pas une comparaison, mais s'exprime comme il peut.

C'est aussi l'effet de la coopération de l'entourage.

___

(1) Mlle DESCOEUDRES, *Le développement de l'enfant*, p. 115, cite quelques bons exemples ; *joli* est tour à tour employé comme contraire de *vieux*, de *triste*, d'*épais*. *Vieux* sert de contraire à *neuf*, à *jeune*, mais aussi à *content*.

On a donné un cheval à un enfant. Le mot *dada* est
associé chez lui au plaisir de jouer avec le cheval ;
toutes les fois qu'il dit *dada,* on lui donne le cheval.
Il remarque une vache de porcelaine et dit *dada.* Les
parents pensent qu'il nomme ainsi la vache, alors que
le mot exprime simplement le désir de jouer avec.
Les parents répètent le mot *dada* et habituent l'enfant
à nommer ainsi la vache (1). De même, l'enfant prend
souvent pour le nom de l'objet un mot quelconque prononcé à propos de l'objet (2). L'enfant commet les
mêmes erreurs d'interprétation que l'adulte ; on trouve
chez lui, comme chez l'adulte, « l'étymologie populaire ».
Machen immer die Nachtigallen Nacht ? demande Hilde
Stern (3 ans 4 mois), et elle dit *Güterei,* au lieu de
Konditorei (3).

* *

Il serait peut-être téméraire de soumettre l'évolution
du vocabulaire à la loi, d'ailleurs plus générale, que
Stern a cru pouvoir formuler ; succession de trois stades :

1º le stade de la substance (emploi des substantifs) ;

2º le stade de l'action (emploi des verbes) ;

3º le stade de relation (particules, adverbes, nombres,
etc.) (4).

---

(1) JESPERSEN, p. 113.
(2) JESPERSEN, p. 114. Dans le plus ancien vocabulaire groenlandais, le
mot *panygmah* est donné pour *épingle.* Il signifie en réalité *de ma fille.*
L'Anglais qui interrogeait l'indigène a montré l'épingle. L'Esquimau a
répondu qu'elle était à sa fille. L'Anglais a cru qu'il lui indiquait le nom.
L'enfant commet les mêmes erreurs que l'adulte dans l'interprétation
d'un mot par le contexte.
(3) STERN, p. 373.
(4) *Psychologie der frühen Kindheit,* p. 111, 126, 253; *Kindersprache*
p. 180.

Heureusement que la théorie de Stern a plus de
portée et qu'elle ne s'applique pas seulement au vocabulaire, mais à toute l'évolution mentale de l'enfant.
La pensée enfantine commence par le stade de la
« substance » : du chaos de l'expérience naïve se dégagent des choses, objets ou personnes ; puis vient le
stade de l'action ; ce que font les personnes ou ce qui se
passe en elles ou dans les choses attire l'intérêt. Enfin
ce sont les rapports des choses qui attirent l'attention.

C'est ainsi que, suivant son âge, l'enfant qui interprète des images y nommera des objets ou des personnes, ou bien verra en gros l'action qui se passe, ou
bien l'interprétera à la fois dans sa synthèse et ses
détails (1). En effet, les mots de l'enfant ne sont ni des
substantifs, ni des verbes (2). Ils ont, comme l'a bien
montré Bloch, une valeur indéterminée. Il serait
absurde de prétendre les classer en substantifs, en
verbes, en particules (3). La première phase du lan-

_____

(1) STERN, *Psychologie der frühen Kindheit*, p. 136 ; BINET, *Idées modernes* ; PIAGET, *Archives de Psychologie*, 1923 ; K. BÜHLER, *Die geistige
Entwicklung des Kindes*.

(2) Cette observation réduit la portée des remarques de DREVER, *Journal
of exp. Pedag.*, 1915, qui veut que le milieu se reflète dans les substantifs,
les intérêts de l'enfant dans les verbes, et son *mental grip* dans les pronoms,
adverbes, prépositions et conjonctions. De même Whipple, constatant
que son enfant possède une moins grande proportion d'adjectifs que le
dictionnaire, veut que l'emploi de l'adjectif suppose une certaine maturité ;
la capacité de discerner les qualités des objets et d'abstraire ces qualités
des choses auxquelles elles sont attachées. Il est possible, ajoute-t-il, que
le nombre total d'adjectifs employés par un jeune enfant, donne le degré
de son développement.

(3) Comparer SCHUCHARDT BREVIER, p. 217. « Die eingliedrigen Sätze
der Kindersprache beziehen sich in der Regel auf Geschehnisse und haben
daher verbalen Charakter, auch wenn sie in Substantiven bestehen. »
C'est qu'il n'y a pas, au fond, antériorité de la substance sur la cause. Un
objet pour un enfant, c'est une substance, mais c'est une substance parce

20

gage enfantin ne se laisse pas décrire grammaticalement. C'est la phrase seule qui fait la distinction des
diverses espèces de mots.

Encore est-il fort malaisé, nous l'avons vu plus haut,
de distinguer radicalement, au sein de la langue constituée, les parties du discours. Raison de plus pour ne
pas les aller chercher dans une langue encore amorphe
et polyvalente. Le verbe n'apparaît qu'avec la conjugaison, avec les temps et les personnes ; le substantif
n'apparaît qu'avec les flexions ou les morphèmes qui
en tiennent lieu. Les différentes espèces de mots n'apparaissent qu'avec les modalités grammaticales qui constituent précisément leurs différences.

Bien entendu, l'apparition de ces classes différentes
avec leurs marques constitutives n'implique pas que
l'enfant les connaisse comme telles. Il ignore la grammaire, comme l'illettré. Il manie les catégories grammaticales sans les connaître. Il en est de même de tous
les principes, de toutes les relations. La pratique précède de loin la théorie. Peut-être même ce qu'on aperçoit le plus tard est-il ce qu'on pratique le plus tôt ?

*_*_

Selon Piaget, la fonction primitive du langage chez
l'enfant, c'est d'accompagner, de renforcer, de sup-
planter l'action. L'enfant parle d'abord pour lui-
même ; le monologue est son procédé favori ; ou s'il
a l'air de s'adresser à d'autres, de tenir conversation,

---

que c'est un système causal. La conception d'un faisceau stable et relativement immuable de sensations et d'images apparaît comme le produit de
la causalité. Voir BRUNSCHVICG, L'Expérience humaine et la Causalité
physique, p. 469. Ce qui le prouve nettement, c'est la priorité de la définition par l'usage.

l'interlocuteur n'est là bien souvent qu'à titre d'excitant : il n'est pas écouté, la conversation apparente n'est que du monologue collectif. Ainsi l'enfant pense tout haut devant ses propres actions ; il est obligé de parler en agissant, car il n'a point « de continence verbale », et il ne parle que de soi et pour soi, car son langage est égocentrique. La fonction de communication est secondaire. La part d'information adaptée est minime. L'échange et la discussion proprement dite ne commenceraient guère que vers sept ou huit ans, lorsque l'égocentrisme de l'enfant commence à s'effacer.

Il faut ajouter aussitôt que ces vues sont basées sur l'analyse des conversations que tiennent entre eux des enfants de même âge (quatre à sept ans) à la Maison des Petits : la vie sociale entre enfants y paraît assez restreinte ; les enfants, libres de travailler comme il veulent, jusqu'à cinq ans ne travaillent guère que solitairement, et de cinq à sept ans par petits groupes, éphémères et irréguliers ; ce n'est que vers sept ou huit ans qu'apparaît le besoin de travail en commun.

Mais il va sans dire qu'avec des enfants plus âgés ou plus jeunes ou avec des adultes, leur conversation est toute différente, et la part de communication, d'information, de discussion ou d'échange y apparaîtrait aussitôt beaucoup plus considérable. Et, de plus, il me paraît très probable, d'après de nombreuses observations, qu'à l'état de vie libre, dans le jeu, dans la rue, chez eux, même entre enfants de cet âge et de même âge, la part de la communication est aussi beaucoup plus considérable. Toutefois il faut signaler l'intérêt des recherches de Piaget ; et je serais tout à fait porté à admettre qu'une partie des conversations apparentes

n'est en réalité que du monologue collectif. N'en est-il
pas ainsi du reste fort souvent entre adultes ? On parle
souvent devant l'interlocuteur plutôt que pour lui ; et
souvent on ne lui demande que l'illusion d'être entendu
et compris. Il y a ainsi beaucoup de conversations où
tout le monde parle de soi et pour soi et où personne
n'écoute, et où même personne ne tient vraiment à
être écouté.

.

Le développement verbal, comme le développement
intellectuel de l'enfant, part du schéma, de l'idée confuse, du plan indéterminé, pour évoluer vers les représentations particulières et concrètes d'une part, vers
les notions abstraites et la figuration symbolique d'autre
part.

Le « petit langage » de l'enfant peut être comparé à
ses dessins, esquisse très fragmentaire où il voit pourtant les choses. L'enfant qui dessine part du gribouil-
lage, comme l'enfant qui parle part du babillage. Il
gribouille au hasard, et tel trait, dessiné par hasard,
devient par décret arbitraire le support d'une image
mentale. La reconnaissance ou l'intention d'exprimer
se satisfont de peu.

Puis une forme vague évoque ou représente une personne ou un objet pour un temps, ou pour longtemps :
plus ou moins quelconque, plus ou moins semblable.
L'aperception, d'abord partielle, le développement de
la capacité synthétique entrent en scène ; le savoir et
la perception se combinent et se combattent ; l'enfant
dessine ce qu'il sait et non pas ce qu'il voit ; de même
que son langage est plein de ce qu'il pense.

L'enfant qui dessine doit vaincre les mêmes difficultés musculaires que l'enfant qui apprend à parler ; son inhabileté motrice, sa mobilité, son incapacité initiale à organiser des groupes de mouvements.

On trouverait dans le jeu de l'enfant bien des re-remarques confirmatives.

LA NÉGATION

Stern fait justement remarquer que les premiers jugements de l'enfant sont positifs. Il affirme d'abord. C'est la marche habituelle de l'esprit. D'une manière générale, l'être lui est plus familier que le non-être. A trois ans, un enfant peut déjà reconnaître et énumérer quelques objets qui figurent sur une image ; ce n'est qu'à sept ans qu'il peut y trouver des lacunes.

La négation apparaît d'abord sous forme affective ; c'est un procédé de défense plutôt qu'une constatation négative. L'enfant refuse, s'oppose, se dérobe.

Il y aurait, d'après Stern, deux étapes dans la formation des jugements négatifs :

1º l'antithèse, toute proche encore de la réaction affective : *ballon pas à maman, non à bébé* (un an neuf mois) ; ou bien encore procédé de dénégation en face des affirmations d'autrui : *Du alter Junge*; — *ich nicht alter Junge, ein neuer Junge* (deux ans neuf mois) (1) ;

---

(1) J'ai observé un certain nombre de faits analogues ; exemple : un habit rouge, pas vert. Voir Mlle DESCOEUDRES, p. 193 : « belle maison, ça, pas vilain », etc. Le plus bel exemple de pensée par antithèse que je connaisse se trouve dans le livre de Mlle DESCOEUDRES, p. 53. Il s'agit d'un garçon de quatre ans, à qui l'on montre l'image d'un tramway, en lui disant de raconter tout ce qu'il voit : « Si on a mis une pierre sur les rails du tramway, il déraille, si on n'a pas mis de pierre, il ne déraille pas ;

. 2° la constatation d'un manque : l'enfant constate qu'un joujou n'est pas à sa place, qu'il lui manque telle ou telle chose.

LE NOM ET LE PRONOM PERSONNEL

Le nom personnel n'apparaît pas tout d'abord. L'importance du moi est telle et si omniprésente, qu'il peut demeurer un certain temps inexprimé.

L'enfant reconnaît très tôt son nom et réagit à l'appel de son nom. Mais souvent il possède déjà un vocabulaire d'un certain nombre de mots avant de se nommer soi-même. Il dit qu'il veut écrire, qu'il veut manger, sans se nommer à ce propos.

Le nom personnel apparaît souvent en réponse à la question : «comment t'appelles-tu ?» Ou bien, quand il y a plusieurs enfants : « qui veut ceci ? qui aura cela ? » C'est aussi la question qui déclenche l'apparition du pronom personnel *moi*.

On a dit parfois à tort que l'apparition du pronom personnel *je* ou *moi* marquait l'apparition de la conscience claire de soi ; et l'on sait que Fichte voulait dater la naissance spirituelle de son fils du jour où il avait dit *je*.

Il ne semble pas qu'il en soit ainsi. Le sentiment vif de soi ne manque pas à l'enfant. Ce qui est vrai, c'est que le mot *moi* apparaît assez tard et en général comme réponse affective. Je crois que chez l'enfant

---

s'ils n'avaient pas de roues, ils ne pourraient pas marcher, mais si ils ont des roues, ils peuvent marcher ; s'ils n'avaient pas de numéros, on ne saurait pas que c'est des trams suisses, mais ils ont des numéros, on sait que c'est des trams suisses. » Et l'enfant continue à propos de l'image d'un lac : «S'il n'y aurait pas de lac, les bateaux ne pourraient pas nager, etc. »

français le *moi* précède de beaucoup le *je* et précisément parce qu'il est plus personnel. Le *je* n'est qu'un
outil grammatical.

Le maniement des pronoms est difficile et ne peut
s'apprendre par simple répétition, comme les substantifs. Car les pronoms sont interchangeables ; tout le
monde dit *je* en parlant, et le *je* n'est à personne, et le
je qui parle devient le *tu*, quand on lui parle, ou le *il*,
quand on parle de lui. Un effort d'attention et d'analyse est nécessaire (1). Stern a fait cette remarque que
le nom propre ne précède pas nécessairement le pronom
personnel. Quand il s'agit de premiers-nés, le nom
propre généralement précède; mais quand il s'agit
d'enfants qui viennent après d'autres, le pronom personnel *Ich* apparaît souvent en même temps que le nom ;
non pas comme instrument grammatical, mais sous la
forme primitive et volontaire du *moi*. Quand la mère
demande : « qui aura cela ? » les enfants répondent, avec
une joyeuse émulation : *Ich* ! et les plus jeunes en
apprennent ainsi l'usage.

* *

L'apprentissage de la langue maternelle semble se
faire très aisément et parfaitement réussir. Et pourtant
l'enfant lutte contre toute espèce de difficultés : difficultés sensorielles, motrices, intellectuelles. Il n'est pas
inévitablement prédisposé au langage, et il est fort

---

(1) Un enfant sourd-muet, étudié par Mlle DEGAND, *Arch. de Psych.*, X,
1911, p. 387, ne parvenait pas à employer le pronom *je*, pour se désigner,
bien que certains des exercices scolaires eussent ce but ; il employait
toujours son nom : *Je O. être sage* (je vais être sage) ; *O. a j'ai un papa* (j'ai
un papa). Ce n'est que vers l'âge de douze ans (il parlait assez facilement
dès sept ans) qu'il a nettement employé *je*, d'une façon spontanée.

occupé, car il a tout à apprendre. Mais ce qu'il doit
apprendre repose en grande partie sur le langage. L'enfant baigne, pour ainsi dire, dans le langage, qui est
pour lui, la plupart du temps, une sollicitation de tous
les instants. Ce ne sont pas seulement ses intérêts intellectuels, ce sont ses besoins personnels et sociaux qui se
satisfont par le langage. La trame du langage recouvre
la trame de la vie. Le mot paraît en même temps que
l'émotion et que le fait. Toute la puissance de la vie
passe dans le langage.

L'apprentissage du langage est plus ou moins rapide,
selon qu'on s'occupe plus ou moins de l'enfant, selon
qu'il a des frères ou des sœurs. Les filles y seraient plus
précoces et plus expertes, selon Jespersen. Il fait
honneur de cet avantage à leur réceptivité, à leur talent
d'actrices (1). Le garçon serait plus gauche et plus original (2).

La facilité avec laquelle certains enfants, par exemple
celui de Ronjat, acquièrent deux langues différentes
montre toute la puissance des moyens linguistiques,
puissance qui disparaît si vite au début de la vie et
qui, dès quatre à cinq ans, est déjà fort diminuée.
L'enfant bilingue a deux systèmes linguistiques bien
distincts et il passe sans peine de l'un à l'autre (3).
L'enfant persévérerait plus longtemps dans son « petit
langage », que sa famille adopte volontiers, s'il ne sor-
tait pas du cadre étroit de sa famille.

-----

(1) JESPERSEN, p. 146.
(2) JESPERSEN, p. 146.
(3) Au point de vue du système articulatoire, les deux langues se développent parallèlement ; des phonèmes étant acquis ou perdus dans un
système, les phonèmes identiques ou correspondants de l'autre système
sont en même temps acquis ou perdus ; les assimilations, les dissimilations,
etc., s'opèrent simultanément dans les deux langues.

LANGAGE D'ENFANT ET SABIR

L'adulte adopte une partie du langage de l'enfant et le fait survivre. Bien des mots, bien des tournures subsistent que l'enfant aurait laissé tomber et que l'adulte a recueillis.

L'adulte altère son langage pour aller au devant de l'enfant. C'est la loi qui gouverne tous les Sabirs. On croit toujours qu'il faut corrompre son langage pour être aisément compris des enfants et des inférieurs. L'Européen aborde l'indigène avec un anglais, un espagnol ou un français diminué et de basse qualité, qui représente à ses yeux une langue à la portée de cet inférieur linguistique, encore que cette langue soit toute conventionnelle. La nourrice fait de même à l'égard de l'enfant (1). L'indigène, comme l'enfant, a quelque peine à aborder la langue supérieure. Le supérieur linguistique lui en offre un exemplaire réduit et corrigé. Les *Pidgin*, *Beach la Mer*, etc., ne sont pas, à proprement parler, des langues mixtes, mais de l'anglais, avec des additions et des emprunts faits par les Anglais eux-mêmes.

Ainsi collaborent la faiblesse de l'enfant et la bienveillance de l'adulte, l'impuissance de l'inférieur et la condescendance du supérieur linguistique. Il s'établit une langue à la mesure de l'inférieur, une langue minima, un substitut de la langue. La grammaire se simplifie, le vocabulaire se restreint, les fautes de prononciation sont acceptées ; et, avec cet instrument

---

(1) Voir sur ces questions JESPERSEN, p. 224. Voir aussi SCHUCHARDT, *Brevier*, p. 128 et suiv. ; PICK, *Arch. suisses de Neurologie*, 1923.

élémentaire et faussé, les parties en présence s'efforcent d'exprimer beaucoup de choses ; d'où le recours
à des moyens ingénieux et parfois comiques ;
d'étranges paraphrases, d'étranges figures, d'étranges
circuits.

L'INVENTION

Jusqu'à quel point l'enfant invente-t-il ? Jusqu'à
quel point se borne-t-il à recevoir et à assimiler ?
D'invention réfléchie et volontaire il ne saurait être
question, sauf pour des détails, et quand l'enfant est
déjà maître d'une langue. Mais le langage émotif, l'interjection ne jaillissent-ils pas spontanément des sentiments de l'enfant, et n'en fait-il pas un langage ?
Mais n'imite-t-il pas les sons et ne donne-t-il pas à bien
des objets un nom qui est une onomatopée ? N'utilise-
t-il pas souvent comme nom un geste vocal, émis par
lui ou par un autre en présence de l'objet ou de la personne ? On le voit, ce sont ici les mêmes questions et
les mêmes hypothèses qui se sont posées pour l'origine
du langage : la théorie de l'invention, la théorie de
l'interjection, de l'imitation, du geste sonore. Mais sur
le terrain de l'observation enfantine nous pouvons
arriver à quelque précision.

Quelques observateurs veulent que certains complexus du babillage enfantin (*am, ama, mama,* etc.), à
cause de leur originaire valeur expressive, se soient
trouvés aptes à désigner la mère. On peut voir sur ce
point les recherches de Stern (1). Il est vrai que de tels
complexus se trouvent dans le babillage de tous les

_____

(1) STERN, p. 104.

enfants, où ils paraissent exprimer la faim et le désir. Mais Meillet nous fait remarquer qu'il y a des langues comme le géorgien, où *Mama* signifie père. Et surtout, de tels mots peuvent fort bien provenir de l'enfant sans avoir été vraiment faits par lui. Il est possible, il est probable que ce sont les adultes qui les ont cueillis sur les lèvres de l'enfant, pour leur donner figure de mots.

L'observation de Laura Bridgmann (1) semble bien indiquer la possibilité de tirer certains vocables des émissions affectives. Certains cris de joie par lesquels elle saluait certaines personnes sont devenus pour elle les noms de ces personnes. Un tel phénomène pourrait bien apparaître dans le langage de l'enfant, s'il n'était rendu inutile par tout ce qu'il apprend. On le voit largement développé dans les *Lautbilder* qu'admettent bien des langues de soi-disant primitifs (2).

*   *   *

Certainement l'enfant a tendance à imiter les bruits. Mais il n'est pas sûr que ses onomatopées ne lui viennent pas de l'adulte.

Stern (3) n'a observé sur ses enfants que cinq cas d'onomatopées incontestablement forgées par eux : la plus intéressante est un *fff*, imitatif du sifflement d'une lampe et qui a persisté quelque temps dans leur parler. Jespersen a observé chez Frans (deux ans trois mois) un *vakvak* pour désigner les corbeaux. Cramaussel a observé chez ses enfants plusieurs onomatopées par eux

---

(1) STERN, p. 346.
(2) LÉVY-BRUHL, *Les Fonctions mentales*, p. 175 et suiv.
(3) STERN, p. 324.

forgées. Ici encore le langage de l'adulte empêche l'épanouissement de cette tendance. Venant au devant des besoins, il supprime l'effort pour les satisfaire. Il les satisfait, du reste, volontiers par le moyen que l'enfant laissé à lui-même emploierait peut-être. Car l'adulte use volontiers d'onomatopées, il en crée à l'occasion et il en fournit volontiers à l'enfant (1).

CRÉATION DE MOTS

Frans, observé par Jespersen (2), a inventé, dans ses jeux, beaucoup de mots qui n'avaient que peu ou pas de connexion avec des mots existants. Jespersen a recueilli, de ses amis, de nombreux documents confirmatifs.

Pourtant Wundt, Preyer, Meumann, Meringer, Blomfield, Stern ont nié le fait.

Il est vrai, comme le dit Stern, que beaucoup d'apparentes créations d'enfants se réduisent à l'analyse. Hilde à deux ans disait *Eischei*, pour *laufen*, et cela avait l'air d'un mot inventé ; c'était en réalité le *Eins, zwei*, dont on avait parfois scandé sa marche. Elle disait aussi *Bichu* pour *commode* ; cela venait de *Bücher*, qui désignait les livres qui y étaient enfermés. Stumpf

---

(1) Les onomatopées et les exclamations jouent en tous cas dans le langage un rôle secondaire. Les onomatopées vraies sont peu nombreuses et déjà arbitraires ; elles ne sont que l'imitation approximative et à demi conventionnelle de certains bruits. En outre, elles sont entraînées dans l'évolution phonétique, morphologique. Elles obéissent aux lois phonétiques, même si la transformation que ces lois leur imposent doit leur ôter leur valeur expressive. Voir De Saussure, p. 105; Grammont, *Remarques sur l'onomatopée*; Delbrück, p. 78 ; Steinthal, *Ursprung der Sprache*, p. 227.

(2) Jespersen, p. 151.

a expliqué lui aussi les créations en apparence si
étranges du langage de son fils. L'enfant d'Ament, à un
an neuf mois, disait *Adi* pour *Kuchen*. Mais quelques
jours plus tard *Adi* est apparu pour dire *artig*. L'enfant voulait donc dire : *ich bin artig, gieb mir Kuchen*.
L'enfant de Strümpell, à dix mois, disait *Tibu* pour
oiseau. Mais l'enfant avait une nourrice esthonienne et
l'on a trouvé ensuite que c'était un mot esthonien.

Ainsi disparaîtraient, devant une critique sévère,
toutes les prétendues créations du langage enfantin (1).
Il est plus que vraisemblable que l'enfant ne crée pas
de rien, ni de propos délibéré. Il est difficile néanmoins
de nier qu'il ait, dans certains cas, l'art de trouver des
sons inédits, qu'il pourvoit d'une signification, ou de
détourner du langage de l'adulte des mots qu'il dote
d'un sens nouveau, ou de déformer des mots courants
pour en faire un usage tout nouveau. J'ai observé un
enfant dont le jeu favori est dominé par un grand thème
immuable ; il s'agit de la vie, imaginée dans le plus
grand détail et avec le plus grand luxe, de ses ours et de
ses poupées ; il fabrique volontiers, pour les y loger,
des noms de lieu ; pour seconder les pouvoirs qu'il leur
attribue, des noms d'instruments mystérieux. Ainsi le
Balaichine, sorte de massue, dont il arme un de ses
personnages. Si ce n'est pas création, c'est tout au moins
néologisme.

Mais il faut convenir que cette activité enfantine
est trop tôt prévenue par le don gracieux du langage
pour pouvoir s'exercer efficacement. La grâce supplée

---

(1) STERN, p. 345, admet pourtant qu'à un âge plus avancé, l'enfant est
plus créateur en fait de langage. Günter, à cinq ans, invente *Roopen*, pour
dire : attacher une ficelle.

la nature, et la rend presque inutile. Aussi faut-il voir
ce qui se passe, lorsque l'évolution normale du langage
est entravée.

*
* *

Chez certains enfants, l'apparition du langage est
précédée d'une période d'incubation et de maturation
prolongée, et elle se fait alors brusquement, par une
phrase complète. C'est le cas de Carlyle enfant, qui,
après une longue taciturnité, entendant un enfant
crier, s'écria *What ails Wee Jock ?* (1). Edmond Gosse
rapporte de sa propre enfance un fait analogue.
Mme Montessori (2) cite une petite fille (dont elle ne
dit pas l'âge) qui ne parlait pas, au grand effroi de ses
parents. Un beau jour, elle s'intéressa aux emboîte-
ments solides, et, après avoir recommencé son travail
avec un intérêt passionné, elle courut à sa maîtresse en
disant : *Viens voir* !

Mgr Baudrillart rapporte (3) : « Maurice ne commença
à parler que fort tard... Il paraissait distrait et cependant il écoutait. La première fois qu'il se décida à parler, ce fut pour réciter tout d'un trait plusieurs vers du
Loup et l'Agneau que l'on avait, devant lui, appris à
son frère. »

J'ai connu moi-même un petit garçon qui n'a commencé à parler qu'à deux ans environ et par une phrase
complète : *Suzanne pas polie.*

On trouve, du reste, des cas intermédiaires, comme
celui que rapporte Meringer (4). A un an sept mois,

(1) JESPERSEN, p. 145.
(2) *Pédagogie scientifique,* II, p. 53
(3) *Vie de Mgr d'Hulst,* I, p. 42.
(4) *Aus dem Leben der Sprache,* p. 81.

Marthe sait beaucoup de choses, comprend des phrases, de petites questions, mais elle ne parle pas. Elle dit seulement *Ama, Mutter*.

A un an huit mois, elle a un petit vocabulaire de cinq mots qui croît très lentement jusqu'à quatre ans. Puis elle part tout d'un coup.

Stern rapporte le cas d'une enfant négligée par ses parents, qui ne savait presque rien dire à deux ans six mois. Elle n'avait que le mot *clef*. Transportée dans un autre milieu, elle apprend à parler du 2 janvier au 22 mars. Le 22 mars, elle dit : *Hanne, Hanne, ziehe mir Schuhe an, jetzt kann ich allein laufen* (1).

L'INVENTION D'UNE LANGUE

Psammétique, roi d'Egypte, au dire d'Hérodote, ayant voulu savoir si les Phrygiens étaient plus anciens dans le monde que les Egyptiens, fit élever à l'écart deux jeunes enfants, dès leur naissance, en interdisant qu'on leur fît entendre aucun langage. Quelques mois après, les enfants demandaient à manger en disant : *bekos*, ce qui signifie *pain* en phrygien. Psammétique en conclut à l'antériorité du phrygien.

On ne peut renouveler cette expérience. Et l'on sait fort bien qu'elle ne donnerait pas les lumières qu'en attendait Psammétique. Mais il y a des exemples d'enfants non conformistes, qui, pour une raison ou pour une autre, peu atteints par le langage des adultes, se construisent un semblant de langage.

Voici d'abord le cas de von Gabelenz (2) :

(1) STERN, p. 257.
(2) *Die Sprachwissenschaft*, p. 65.

L'enfant dont il parle s'était formé des mots où les consonnes étaient l'élément fixe et constant. En revanche, par apophonie spontanée, les voyelles variaient selon la signification du mot. La voyelle était d'autant plus basse que l'objet désigné était plus grand.

Ainsi : une chaise ordinaire était : *Lakel* ;
la chaise de la poupée était : *Likill* ;
la chaise du grand-père était : *Lukull.*

Quand son père était debout devant lui avec sa grande fourrure, il ne disait pas *Papa*, mais *Pupu*.

Pour les objets ronds, il avait la racine *M*. La lune se disait *Mem*, un plat rond *Mom*. Les étoiles *Mim mim mim.*

Le fils de Stumpf (1) se servit deux ans durant d'une langue à lui personnelle, sorte de babillage pétrifié. Elle comprenait des interjections comme *Aja* : schön ; *E* : hässlich ; des onomatopées comme *Hsch* : le train ; *Tap* : la bouteille ; tout cela devenu un vocabulaire et mêlé de quelques mots très déformés, empruntés au langage courant. L'enfant usait fréquemment de la composition ; il disait pour couteau : *Wausch Kap* (*Fleisch kaput*) ; pour fourchette : *Wausch Hopa* (*Fleisch Aufnehmer*) (2).

A trois ans trois mois, il commença à parler aisément et avec une prononciation à peu près correcte la langue de tout le monde. Il ne voulait plus rien savoir de son parler primitif quand on essayait de le lui rappeler.

_____

(1) STUMPF, *Eigenartige sprachliche Entwicklung eines Kindes. Zeitschrift f. päd. Psych.*, 1900, p. 1-29.

(2) Ce procédé est assez fréquent. Un enfant sourd-muet observé par Mlle DEGAND, *Arch. de Psychol.*, X, 1911, p. 389, disait : *maison poule* (poulailler), *dodo oiseau* (nid), *bouche plante* (racine), *tousser nez* (tabac à priser).

* *
* *

Il se mêle souvent à cette invention utilitaire, surtout quand l'enfant est plus âgé, une nuance de jeu et
de secret. Mme Stern se souvenait d'avoir à onze ans
fabriqué avec sa sœur un langage secret dont il ne lui
restait que quelques bribes (1). Barth rapporte que son
frère, dans sa première enfance, s'était composé tout
un langage à lui. Sa grand'mère pouvait encore réciter
dans son extrême vieillesse un petit jargon d'une
dizaine de lignes qu'elle s'était composé dans son enfance (2).

* *
* *

Horatio Hale (3) cite le cas de deux jumeaux nés à
Boston, qui, à l'âge où les enfants se mettent à parler,
commencèrent à parler entre eux un langage à eux particulier. Une petite sœur, de cinq ans plus âgée, essaya
vainement de leur faire parler la langue maternelle.
Ils avaient des mots que la famille apprit à identifier :
comme *Nisiboa* pour voiture. Ils étaient complètement
occupés l'un de l'autre et vivaient l'un pour l'autre.
Envoyés à l'école à sept ans, ils apprirent régulièrement l'anglais.

Le même Horatio Hale cite, d'après le docteur
Hun (4), une petite fille de quatre ans et demi qui,
après avoir dit à deux ans *Papa, Maman,* commença
à se servir exclusivement de mots de son invention. Elle

---

(1) STERN, p. 345.
(2) FLOURNOY, *Des Indes,* p. 303.
(3) *Proceedings of the American Association for the Advancement of
Science,* XXXV, 1886.
(4) *Monthly Journal of Psych. Medecine,* 1868.

enseigna son vocabulaire à un frère plus jeune ; ils s'entretenaient ensemble. Ce dernier employait avec sa mère le mot usuel, avec sa sœur le mot de leur langue enfantine. Les parents essayaient vainement de réagir. Le docteur Hun cite vingt mots de ce vocabulaire. Il le croit formé d'emprunts au français. Jespersen (1) y voit surtout de l'anglais déformé et des onomatopées (2).

Il y a encore le cas cité par Jonasson et Eschricht (3) : une petite fille islandaise qui converse avec ses frères dans une langue inintelligible à son entourage. Les parents essaient vainement de lui apprendre l'islandais, perdent courage et apprennent sa langue, qui est de l'islandais défiguré.

Vient enfin le cas observé par Jespersen lui-même en 1903 (4), le cas de deux jumeaux de cinq ans et demi, qui avaient été complètement négligés par leur mère, et élevés pendant un certain temps, pendant que leur mère était à l'hôpital, par une vieille sourde, qui ne s'occupait pas d'eux. Ils avaient quatre ans, lorsque les autorités paroissiales découvrirent à quel point ils étaient négligés et qu'ils ne savaient même pas parler de façon intelligible. On les envoya dans un orphelinat, où ils se montrèrent timides et réticents. Ils apprenaient à comprendre beaucoup de choses, mais ils ne parlaient toujours pas le danois, et ne parlaient du reste que très peu en présence d'autres personnes. Entre eux, ils causaient beaucoup.

---

(1) JESPERSEN, p. 184.
(2) Hale cite trois autres cas, mais les exemples qu'il donne sont trop insuffisants pour qu'on puisse s'en faire une idée nette.
(3) Dans R. Maanedskrift, Copenhague, 1858.
(4) JESPERSEN, p. 183.

Dans ce que Jespersen parvint à déchiffrer, il y avait du danois défiguré, du « petit langage », des onomatopées. Il n'y avait pas de flexions. L'ordre des mots était différent du danois.

Mais leur langage s'était déjà socialisé, et continua de le faire ; par exemple, on y vit apparaître le génitif.

Ce n'était donc pas une langue indépendante de toute langue ambiante. Mais le cas fournit une précieuse indication sur la possibilité qu'auraient des enfants de constituer une langue, si les conditions étaient encore plus favorables (1).

* *

A un âge plus avancé, lorsqu'il y a invention d'une langue, c'est en général la langue maternelle qui sert de patron, et les procédés employés se rapprochent de ceux qu'emploie l'argot (2).

Mlle Smith, dont Flournoy (3) nous a rapporté la si curieuse observation, ne forge une langue, en apparence nouvelle, qu'avec ses souvenirs. Son vocabulaire est puisé dans des langues connues d'elle. Il s'est formé sous l'influence des procédés sémantiques que l'on constate dans les langues ordinaires. En vain ce « candide

_____

(1) Farrar, cité par Romanes, écrivait en 1865 : « Les enfants, très négligés dans quelques-uns des villages indiens et canadiens et qu'on laisse seuls pendant des journées, sont capables d'inventer et inventent effectivement pour leurs besoins une sorte de *lingua franca*, totalement ou en partie incompréhensible pour tous, sauf pour eux-mêmes. » Moffat cite des cas analogues dans les villages de l'Afrique du Sud (Mission Travel).

(2) Procédés phonétiques, qui consistent à modifier certains phonèmes ou à en changer l'ordre; procédés morphologiques : emploi de suffixes particuliers ; procédés sémantiques : donner aux mots, grâce à une manière originale d'envisager les choses, une signification inusitée et d'ordinaire imprévue.

(3) FLOURNOY, *Des Indes à la planète Mars* ; Victor HENRY, *Le Langage martien.*

inventeur » du martien a pris à tâche de le rendre aussi
extraordinaire que possible, de lui donner un aspect
exotique. Le sujet est resté pris dans les ornières du
rythme et du nombre ; et il a contrefait et dénaturé plus
qu'inventé. Une notable proportion de mots reprodui-
sent d'une façon suspecte le nombre de syllabes ou de
lettres de leur équivalent français, et imitent parfois
jusqu'à la distribution des consonnes et des voyelles :
tarviné (langage), *dodé* (ceci), *valini* (visage). De même le
français a fourni la phonétique, la grammaire et la syntaxe.

Mlle Smith, personne instruite et intelligente, spirite
convaincue et médium renommé dans les milieux spi-
rites de Genève, a besoin, pour justifier ses romans de
réincarnation ou de transfiguration dans les astres, de
parler le sanscrit et le martien. Il s'agit pour elle de
confirmer par une preuve linguistique la vérité de ses
dires et d'éblouir les adeptes. Son sanscrit est une sorte
de sanscritoïde, un pastiche remarquable des sons et
des intonations du sanscrit. Son martien est une déformation de sa langue maternelle. Comme l'a bien dit
Flournoy, la loi à laquelle son esprit obéit est que ces
mots familiers soient rendus chacun par un substitut
d'aspect exotique. Il faut, avant tout, et il suffit que
cela n'ait pas l'air de français à ses propres yeux. Elle remplace, au hasard, par de nouvelles figures de son, la place
qui est marquée dans son esprit pour chaque mot français.

Ce n'est point calcul intellectuel. C'est aussi bien
habitude et jeu linguistique, en partie basé sur des
influences d'ordre esthétique, sur des facteurs émotionnels, qui dirigent le choix des phonèmes privilégiés
et des terminaisons favorites (1).

---

(1) FLOURNOY, p. 224. Flournoy note très finement la corrélation entre
les visions éclatantes, lumineuses, colorées, qui caractérisent le cycle

* *
*

Les glossolales, qui prophétisent 'dans une sorte
d'état extatique, fabriquent le plus souvent des langues
inintelligibles à tous et même à eux-mêmes.

Au plus bas degré, des cris inarticulés, des émissions
vocales confuses, souvent accompagnées de convulsions,
de hoquets, de sanglots et de spasmes. Puis c'est un
pseudo-langage, analogue à celui des glossolales de
Corinthe, inintelligible à l'auditeur, parfois même au
glossolale ; ou bien l'intelligence qu'il en a est intermittente, partielle et fragile. Plus haut encore, c'est
comme un langage véritable ; le rapport des mots aux
idées est constant et se maintient tout au long des
textes recueillis ; c'est ici la contrefaçon plus ou moins
adroite d'un langage : ainsi Hélène Smith de Flournoy, ou la voyante de Prévorst de Jung Stilling.
Emancipation du langage, confuse expression verbale
de sentiments indicibles et étranges, contrefaçon linguistique où il entre une part de fabrication intentionnelle.

Il s'agit, dans tous ces cas, de se construire une langue
nouvelle, qui soit la langue de l'Esprit : d'exprimer en
cette langue et par cette langue l'inspiration qui vient
de l'Esprit ; d'agir et d'édifier au moyen d'elle, et
d'abord d'agir sur soi et de s'édifier soi-même. Le sujet
qui, en vertu de ces besoins, et dominé par une doctrine de l'Esprit et par une tradition religieuse (1),
crée une langue, la crée suivant sa puissance linguistique, à l'aide des éléments qu'il a à sa disposition. Sa

martien, et la langue aux voyelles élevées et sonores qui jaillit dans ce
même cycle.

(1) DELACROIX, La Religion et la Foi, p. 297.

langue lui apparaît plus ou moins comme étrangère à
lui. Il y en a qui ne se comprennent pas du tout. Il y
en a qui comprennent en gros ce qu'ils disent ou qui, du
moins, ont présents à l'esprit simultanément et leur
langage et une signification plus ou moins confuse, mais
dont parfois le vague n'exclut pas l'intensité. Il y a
ceux qui, disant ne pas comprendre, donnent aux
assistants, par leur mimique et l'allure de leur débit,
l'impression vive qu'ils se comprennent ; d'autres
ont seulement le souvenir d'avoir compris ; d'autres
enfin se comprennent tout à fait.

*
* *

Certains aliénés forgent parfois des langues symboliques, pour exprimer leurs idées délirantes.

« Il y a des déments paranoïdes qui inventent des
langues avec une naïveté tout enfantine, exactement
comme les enfants baragouinent, prétendant parler
telle ou telle langue étrangère. » (1). Ainsi un dément
paranoïde, bien étudié par Maeder (2), qui vit dans un
véritable mythe, dont il est le géant et le héros. Pour
l'exprimer, il s'est forgé une langue : *Die Excellenz-
sprache* ou encore *Salisjeur.* Il a créé sa langue pour
son usage personnel, sans chercher à la propager. C'est
avec lui-même qu'il s'entretient, avec le monde que sa
fantaisie lui a créé. Elle n'a pas le caractère « démons-
tratif » de la plupart des glossolalies.

Elle porte l'empreinte de la démence précoce : au-
tisme, repliement sur soi-même. Elle est fortement

---

(1) Preisig, *Arch. de Psych.*, XI, 1911, p. 102.
(2) *Arch. de Psych.*, IX, 1910, p. 208.

affective et infantile. Derrière chaque mot se cache une valeur émotionnelle considérable. Son vocabulaire vit d'emprunts à la langue commune, ou à des langues étrangères, avec les déformations que nous avons signalées. Sa syntaxe et sa grammaire sont réduites. La phrase tend vers la mosaïque de mots.

*
* *

Celui-là même qui s'efforcerait de créer un langage qui ne ressemblât à rien, ne pourrait échapper aux langues qu'il connaît, et aux procédés linguistiques qu'il pratique ordinairement.

L'argot, la plupart du temps, emploie les mots même de la langue courante, déformés par un certain nombre d'artifices, au fond très simples, très faciles à retenir et à répéter.

Visant à n'être compris que des initiés, il se borne toutefois à modifier certains phonèmes ou à en changer l'ordre ; à user de suffixes particuliers, à introduire des mots étrangers ou à donner aux mots courants, grâce à une manière originale d'envisager les choses, une signification inusitée et d'ordinaire imprévue. C'est ce que Leibniz avait bien vu (1).

*
* *

L'invention se montre peu dans le langage, en particulier dans le langage de l'enfant, parce qu'il est peu besoin d'elle. Comme l'adulte, et par des procédés que

---

(1) *Nouveaux Essais*, III, 2 : « ..mais qu'ils forment ordinairement sur les langues ordinaires, qui leur sont connues, soit en changeant la signification reçue des mots par des métaphores, soit en faisant de nouveaux mots par une composition ou une dérivation à leur mode. » Voir NICE-FORO, *Le Génie de l'Argot*.

nous examinerons plus tard, il plie la langue commune
à l'expression de sa vie personnelle ; il se fait peu à peu
sa langue au sein d'une langue qu'il commence par
ignorer et dont la logique lui échappe.

La pratique le porte à croire qu'il sait sa langue maternelle et qu'il la parle comme tout le monde. En réalité, il la parle à sa manière et il ne la sait jamais ; en
réalité, il y a une disproportion considérable entre la
conscience linguistique et le langage objectif. « C'est
une erreur de croire que, dans la pratique de la langue
maternelle, on comprend tout ce qu'on dit ou écrit ; il
nous échappe en parlant une foule de mots sans signification pour nous, et nous conservons, à notre insu,
une quantité de vestiges du passé de la langue dont
nous ne saisissons pas le sens, même grossièrement. » (1).

Heureusement que, pour comprendre l'esprit d'une
langue et pour la parler à sa mesure, il faut en ignorer
beaucoup de choses.

Ainsi on ne fabrique pas ce qu'on n'a pas besoin
de fabriquer ; on prend tout fait et on ajuste comme
on peut. Quand pour une raison ou pour une autre
on ne peut pas recevoir les choses toutes faites, quand
pour une raison ou pour une autre on est isolé de la
communauté linguistique, ou bien l'on reste inerte,
ou bien l'on invente.

Nous avons vu à l'œuvre quelques-uns des modes
d'action de cette activité libérée. Elle est moins libre
qu'il ne paraît. La plupart du temps, quand on invente,
on recourt encore à l'imitation et à l'emprunt. La plupart du temps, quand on invente, on commence par
imiter de travers, par déformer, par simplifier. Pour

_____

(1) BALLY, _Stylistique_, I, p. 78.

autant que l'imitation maladroite ne peut être invo-
quée, il semble que l'on voie entrer en jeu quelques-
uns des procédés élémentaires, à la fois affectifs et
arbitraires, sur lesquels après tout il faut bien que le
langage se soit établi : symbolique naturelle, valeur
expressive des sons, liaison de l'affectivité et de ses
moyens d'expression. Mais, nous le répétons, ces créations aberrantes ne vont pas loin, et c'est encore et
toujours aux langues à nous renseigner sur le
langage.

L'APPRENTISSAGE D'UNE LANGUE ÉTRANGÈRE

La méthode directe consiste à utiliser, pour l'apprentissage d'une langue étrangère, les procédés par lesquels l'enfant acquiert sa langue maternelle : répéter
ce qu'on entend, essayer en tâtonnant l'expression
retenue, découvrir par élimination les cas où il convient
de s'en servir. Mais la méthode directe systématise les
moyens employés, écarte les tâtonnements, va droit au
but. On cherche d'abord à créer, comme point de départ,
une base formée par quelques mots simples et usuels,
puis, pour élargir le vocabulaire et les connaissances
grammaticales, on va du connu à l'inconnu, en intro-
duisant tout élément nouveau à l'aide d'éléments
anciens ; obligeant, du reste, l'élève à fixer dans sa
mémoire, par un usage constant, tout ce qu'il acquiert.
La règle se dégage de l'usage, tout comme dans la
langue maternelle, au lieu de la précéder.
La méthode indirecte ou analytique démonte le
mécanisme de la langue jusque dans ses éléments les

plus menus. Elle fournit à l'élève les mots enseignés un
à un par la traduction, les règles qui servent à les
assembler et le fait reconstituer la langue pièce à
pièce. Traduction et analyse, voilà ses instruments.

LE LANGAGE VISUEL. LA LECTURE

Un symbolisme au second degré, qui devient un symbolisme direct : ainsi se présente la lecture. On apprend
à lire en apprenant les éléments des mots, ou bien en
partant du mot tout entier, ou même de courtes phrases ;
ou même encore, en combinant à point voulu les deux
méthodes (1).

L'adulte lit par mots et par phrases. La méthode
analytique ou syncrétique, celle de Jacotot et de
Decroly (2), vise à installer d'emblée l'enfant dans la réalité psychologique du langage : ne parle-t-il pas par
mots et par phrases ? n'a-t-il point affaire à des choses
tout entières, que les mots désignent ? ne faut-il point
viser d'abord, en tout, les ensembles et les complexus,
au sein desquels les détails se dessinent et prennent leur
valeur par leur position réciproque. Ce qui est simple,
c'est le mot et la phrase. En tout, on connaît les ensembles avant les parties.

Le grand avantage de la méthode, c'est d'unir l'enseignement de la lecture à l'observation des choses, de

---

(1) Huey, *Psychology of reading*; Schumann, *Psychologie des Lesens*
(*Psychologische Studien*, 1908; Mlle Descoeudres, *Education des anormaux.*

(2) Hamaïde, *La méthode Decroly*, 1922; Secelle et Dekock, *L'éducation des enfants anormaux et arriérés*, 1920.

faire appel à la mémoire des formes et des ensembles, à la vision et au dessin.

L'inconvénient serait de surcharger la mémoire et de revenir presqu'à l'idéographie ; de favoriser la divination, l'à peu près ; de négliger les éléments sonores auxquels bien des enfants sont sensibles.

Cette méthode naturelle serait très longue, si on laissait l'enfant atteindre de lui-même au stade auquel il est capable de dissocier les éléments des mots. Aussi paraît-il opportun de recourir à une méthode mixte. Quand l'enfant a acquis une certaine quantité de mots, le maître attire son attention sur ceux qui présentent des syllabes semblables et le guide vers la décomposition. L'analyse détaillée de la structure du mot est jointe à l'aperception globale (1).

On peut aider aussi la lecture par l'écriture (2).

L'enfant qui commence à lire lit d'abord sans comprendre. Il sait déchiffrer son texte, mais il ne sait pas encore associer un sens à ces mots ou à ces éléments de mots qu'il énonce correctement. Il faut qu'on lui répète ce qu'il a lu pour qu'il le comprenne. Il comprend à l'audition et ne comprend pas à la lecture. Son attention est concentrée sur le déchiffrement ; il ne lui reste pas d'attention disponible pour comprendre. D'autre

---

(1) Bowden, *Learning to read. Elem. Sc.*, XXI, No 1.
(2) Montessori, *Pédagogie scientifique*, II, p. 216, 452.
Pour l'enseignement de la lecture aux anormaux, voir Mlle. Descoeudres, *Education des anormaux*, p. 228.
Vaney, *Bulletin de la Société Alfred Binet*, mars 1907, distingue différents degrés dans l'apprentissage de la lecture :
1º le degré sous-syllabique : l'enfant syllabise, mais avec lenteur et beaucoup de fautes (six à sept ans) ; 2º lecture syllabiqué (sept à huit ans) ; 3º lecture hésitante (huit à neuf ans) ; 4º lecture courante (neuf à dix ans) ; 5º lecture expressive. L'imbécile peut arriver aux degrés inférieurs de la lecture et de l'écriture.

part, son déchiffrement est fragmentaire ; il se fait
morceau par morceau, sans respecter les coupes d'intelligibilité ; il défigure les mots et la phrase.

A mesure que le mécanisme s'automatise, laissant
l'esprit libre, à mesure que l'habitude saisit, dans la
phrase lue, et les ensembles verbaux et les coupes
d'intelligibilité, l'intellection pour elle-même se développe.

Lorsque ces deux mécanismes s'altèrent, comme dans
certains cas d'aphasie, le malade retombe au niveau de
l'enfant, et la lecture peut être correcte, sans intelligence du texte, ou plus ou moins incorrecte, et *a fortiori*, sans intelligence, jusqu'au degré où le mécanisme
tout entier est aboli.

* *

On a étudié de très près les mouvements des yeux
dans la lecture (1). On sait que le déplacement des yeux
se fait par saccades ; que le nombre des déplacements
des yeux pour une ligne lue est toujours inférieur au
nombre des lettres qui constituent la ligne. Donc les
lettres ne sont point fixées et perçues l'une après
l'autre ; à chaque position de repos des yeux, à chaque
fixation du regard correspond l'aperception d'un certain nombre de lettres. En lecture rapide, le nombre des
pauses est moindre, et elles sont de moindre durée ; le
champ de lecture contient alors un assez grand nombre
de lettres. Suivant l'état de l'attention, la même ligne

----

(1) Erdmann et Dodge, *Psychologische Untersuchungen über das Lesen*,
1898 ; Koch, *Archiv für gesamte Psychologie*, 1910 ; Javal, *Psychologie
de la lecture et de l'écriture*, 1905 ; Huey, *Psychology of the reading* ;
Zeitler, *Tachistoskopische Untersuchungen über das Lesen* (*Phil. Stud.*,
XVI, 1906) ; Dearborn, *The psychology of reading* ; Wundt, *Phys.
Psychologie*, III ; Judd ; Stratton ; Mac Allister.

peut être divisée en un plus ou moins grand nombre de sections.

La lecture se fait seulement pendant l'arrêt du regard ; pendant le mouvement des yeux, on ne perçoit qu'une traînée grise. L'œil reste immobile un temps qui est environ douze fois moins long que la durée totale du mouvement des yeux.

L'espace lu à droite et à gauche du point de fixation n'est pas égal ; il est en général plus grand à droite. L'attention se dirige en avant. Le début des mots est plus apte à en suggérer la fin que *vice versa* (1).

Lorsque l'attention se fixe sur les caractères plus que sur le sens du texte, le nombre des mouvements augmente.

Quand nous lisons un texte facile, le champ de lecture est plus grand que le champ de perception nette et de reconnaissance précise (2). Nous devinons certaines lettres. On ne fixe pas la première lettre de la ligne, mais un point plus ou moins distant du début. Le point fixé tombe toujours sur un mot, ordinairement au milieu d'un mot, jamais sur un intervalle.

Nous reconnaissons les mots courants d'après leur configuration générale, sans percevoir nettement les

_____

(1) L'attention des expérimentateurs ne s'est portée que sur la lecture horizontale. Il me paraît qu'il faudrait tenir compte dans une certaine mesure de la lecture verticale. Le vaste champ de la vision nous permet d'atteindre une partie de la page et, à l'avance, de démêler sa structure, la dimension des phrases, des paragraphes, et les alinéas, peut-être même quelques mots importants. Nous sommes toujours en avance sur ce que nous lisons, et ce fait est d'importance pour la construction du sens.

(2) Dearborn montre que les noms, les adjectifs et les verbes, surtout ceux qui sont familiers aux lecteurs, permettent des bonds particulièrement larges entre les pauses de fixation ; au contraire, les courts mots « connectifs et non substantifs », les parties transitives du langage qui se présentent tantôt avec un mot, tantôt avec un autre, ne peuvent, sans danger d'erreur, se fondre dans des ensembles plus larges.

lettres isolées qui constituent ces mots. C'est ce qu'on
établit en plaçant le sujet à une distance du texte supérieure à la distance de vision nette ; il lit pourtant des
fragments.

Les erreurs commises respectent la configuration
générale du mot, sa longueur, sa structure : *Constitution* sera lu *Configuration* ; *Amphytrite, Amplitude*.
Dans la lecture rapide (1), il est fréquent de prendre un
mot pour un autre, à cause d'une analogie de forme.

Les expériences faites sur des phrases mettent en
lumière l'influence du contexte sur la reconnaissance
du mot.

Le mot est lu en bloc ; seuls les mots exceptionnels
par leur longueur et très peu familiers sont déchiffrés
par fragments (2).

La forme du mot, la largeur, la hauteur jouent un
rôle très important. Il y a des lettres prédominantes :
la première lettre, les majuscules, les lettres qui
dépassent la ligne en haut et en bas ; la largeur des
lettres, le nombre des jambages interviennent aussi. La
première moitié du mot a plus d'importance.

Certaines erreurs de lecture ont une base sensorielle ;
d'autres sont déterminées par le contexte ou l'état
mental. Certaines lettres absentes peuvent être perçues.
Les lettres reconnues ne sont pas toujours plus distinctement perçues que les non reconnues.

---

(1) Nous laissons ici de côté l'examen des causes internes de ces
lapsus. Les préoccupations du sujet ou simplement les représentations
adventices concourent à les former, en même temps que les défauts
de la perception.

(2) Dans certains cas d'aphasie, le mot dans son ensemble peut être lu
et compris, sans pouvoir être décomposé en syllabes, et sans que les lettres
soient reconnues. On a publié des cas de cécité littérale avec conservation
de la lecture des mots.

Il y a donc dans la lecture une part de mécanisme et une part d'intelligence ; la constitution d'abord d'habitudes motrices pour la perception, le groupement et l'interprétation des signes ; habitudes motrices soutenues par les exigences intellectuelles de la tâche ; un mécanisme intelligent en somme. Les lois de la perception visuelle et de la construction intelligente des formes significatives se combinent ici. L'attention exploite et dirige les mouvements constitutifs de la perception. Nous retrouvons ici l'appréhension synthétique, la constitution d'ensembles organisés et différenciés, l'attitude de choix, l'interprétation, la position centrale vis-à-vis des données, qui sont les procédés d'action de la conscience intelligente. Il s'agit en effet de construire des ensembles, qui puissent devenir des éléments, sur lesquels l'esprit puisse opérer comme sur des éléments et qu'il puisse survoler automatiquement. Il s'agit de construire des habitudes que l'on puisse manier automatiquement, laissant l'esprit libre pour l'interprétation difficile (1).

L'esprit peut aller directement de la perception visuelle au sens sans faire le détour de l'articulation intérieure ou de l'audition (2). On peut lire des yeux.

---

(1) Au début de l'apprentissage de la lecture, l'attention s'emploie tout entière à déchiffrer ; et l'enfant lit sans comprendre, même si le texte est facile. Il en est de même toutes les fois que l'opération matérielle est difficile, ou quand l'esprit est affaibli. Certains aphasiques peuvent lire à haute voix sans comprendre ce qu'ils lisent. Le sujet est incapable de partager entre deux actions simultanées une activité insuffisante. « Le cerveau tendu vers l'acte de la lecture, dit Moutier, ne peut en même temps déchiffrer le mot et le comprendre. »

(2) On invoquait autrefois, en faveur de la nécessité de l'articulation, l'impossibilité d'épeler que présentent certains aphasiques moteurs, qui ne peuvent pas par exemple déchiffrer le mot écrit verticalement ou énoncé lettre par lettre. Mais quand même il y aurait, dans ces cas-là, impossi-

Mais c'est affaire de type, de degré d'instruction et aussi d'entraînement.

En tout cas, certains sujets peuvent lire en sifflant, en répétant une syllabe, en faisant des mouvements qui empêchent le langage intérieur. Mais l'articulation intérieure joue un rôle chez bien des lecteurs. Quandt a vu des mouvements des lèvres chez tous les enfants qu'il a examinés (1).

Les deux procédés se combinent souvent ; et chez beaucoup de sujets l'articulation verbale est en retard sur la vision ; ils s'en aperçoivent par exemple à la fin d'un paragraphe ou d'une page où il leur reste un certain nombre de mots à articuler. Ce retard, du reste, peut varier suivant le texte ; un mot peu familier et qui retient l'œil peut permettre à la voix de se rattraper. La lecture rapide accroît cet écart (2). Cet écart est jusqu'à un certain point une condition de lecture intelligente. Le texte est abordé, débrouillé, préparé pour la compréhension plus vive de l'analyse motrice. On s'en aperçoit lorsqu'on lit à haute voix un texte que l'on ne connaît pas ; n'a-t-on pas soin d'explorer à l'avance, en profitant de la différence de rapidité entre la vision et l'audition ?

L'interprétation se construit à mesure, comme pour la parole entendue. Une partie de ce que nous lisons demeure dans la mémoire immédiate, jusqu'à ce que le sens soit élaboré. Le foyer de l'attention se déplace ;

---

bilité d'épeler, reste à démontrer qu'elle est sous la dépendance des troubles d'articulation. Voir Bernard LEROY, *Le Langage.*

(1) Dans un cas de cécité verbale, observé par PIÉRON, *Le Cerveau et la Pensée*, p. 252, pendant la rétrocession avec rééducation, la lecture à haute voix permettait une compréhension indirecte.

(2) HUEY, *Psychology of Reading*, p. 116.

il est quelquefois en arrière du point de fixation visuelle : quand une difficulté nous retient, quand la
phrase se lit automatiquement ; mais la direction de
l'attention est ici comme ailleurs plus généralement en
avant (1).

* * *

L'écriture relève du geste qui désigne et qui imite.
Elle est un geste figé. Tous les systèmes d'écriture partent de la désignation ou de la représentation grossière
des objets et des événements, qui devient de plus en
plus conventionnelle, et qui, à un moment donné,
quitte les choses que les mots symbolisent, pour représenter les mots eux-mêmes selon leurs sons constitutifs. Mais, lors même qu'elle représente les choses, l'écriture diffère du dessin, en ce qu'elle est inséparable de
la langue. Si dans l'écriture idéographique les caractères sont une peinture d'idées, ils les rappellent par
l'intermédiaire du mot. Avant d'écrire des mots, on
écrit des idées au moyen d'images. Il est possible que
la vertu magique de l'image ait constitué la première
valeur du signe. Mais les images ne deviennent langage
graphique qu'à condition de s'affranchir de cette valeur.
« Tout en étant le talisman chargé de vertus magiques,
le signe apparaissait comme la reproduction matérielle
d'un objet et s'imposait comme tel à l'esprit. Il y a
eu peu à peu élimination des caractères magiques du
signe, subordination des représentations subjectives et
mystiques aux représentations objectives et rationnelles,
et finalement substitution de celles-ci à celles-là. » (2).

----

(1) On pourrait répéter toutes ces remarques sur la lecture tactilo-
motrice des aveugles.
(2) VENDRYES, *Le Langage*, p. 371.

22

L'écriture oscille, à ses débuts, entre le réalisme de la figuration visuelle, qu'imposent au primitif une vue magique des choses et le réalisme visuel, et l'idéalisme de la figuration symbolique, que lui imposent les besoins de sa mémoire et le « réalisme logique » (1) de son esprit.

De même que le geste indicatif se rencontre à côté du geste imitatif, nous trouvons les signes mnémoniques à côté de l'écriture pictographique. Les bâtons de messager, encore en usage chez les Mélanésiens, les Achantis, servent, par leur forme, par les marques particulières qu'ils portent, à faire connaître les commandements d'un chef, l'ordre du jour d'une assemblée (2). « C'est avant tout pour l'envoyeur un moyen de prévenir les défaillances et de se garder des infidélités. Le bâton est un guide-âne, un aide-mémoire. Il offre dans les combinaisons de ses coches un schéma algébrique et figuré de la communication qui doit être faite, un squelette du discours. Il indique le nombre et l'enchaînement des idées; mais les idées en sont absentes.» (3). Les idées en sont absentes, elles demeurent latentes dans la mémoire du messager, réveillées par le signe qu'il porte, véritable moyen mnémotechnique (4), jusqu'au moment où une certaine coche, une certaine marque sur le bâton en vient à représenter une idée déterminée. Alors s'établit la communication de la pensée sous forme visuelle.

De cet ordre relèvent les nœuds de corde des Péru-

---

(1) Nous prenons ce mot au sens où le prend LUQUET dans son livre si intéressant sur le dessin chez l'enfant.
(2) DENIKER, *Races et peuples de la terre*, p. 160.
(3) VENDRYES, p. 372.
(4) BERGER, *Histoire de l'écriture*.

viens, les « Quippos ». Les cordes sont de différente couleur ; chaque couleur a sa signification ; la forme, le nombre des nœuds ont aussi une signification. Actuellement encore, les tribus d'Ardrah dans l'Afrique de l'Ouest emploient ce système ; tandis que d'autres tribus africaines emploient le bâton de message (1).

Le caractère mnémonique l'emporte ici sur le caractère graphique. Le rôle de ces instruments est avant tout de fixer la mémoire, de lui fournir des points de repère (2). Il se peut qu'une idée s'associe à un signe particulier et qu'un langage emblématique s'établisse (3); mais il n'y a pas encore là un système d'expression, un moyen d'exprimer indifféremment toutes les idées.

L'image parlante est le germe de l'écriture idéographique. Parmi les pictogrammes primitifs il n'y a pas seulement des marques, des blasons, signes mnémoniques, ou moyens de consécration, d'attribution à soi-même, empreinte du moi sur les objets familiers par l'imposition d'une image ; il y a aussi des récits, plus ou moins complexes, des peintures suivies représentant une succession d'événements ; quelque chose comme des images d'Epinal.

De même que le geste se simplifie, et qu'en se simplifiant il devient conventionnel ; de même que le geste ne retient plus qu'un moment de l'action, un aspect

(1) M. E. THOMPSON, *Psychology of writing*. Baltimore, 1911.
(2) Comme le nœud du mouchoir, les grains du rosaire, les encoches du boulanger.
(3) Les Malais de Sumatra se servent de la signification symbolique de certains objets pour s'adresser des communications ; on envoie des messages formés de paquets contenant différents objets : morceaux de sel, de poivre, de bétel... ayant respectivement la signification de l'amour, de la haine, de la jalousie. Suivant la quantité et la disposition des objets dans le paquet, le message sert à exprimer tel ou tel sentiment. Tel serait par exemple un bouquet, entre gens connaissant le symbolisme des fleurs.

de la chose, pour désigner l'action ou la chose, de même
aussi la peinture oscille entre le réalisme visuel, le
besoin de tout représenter, et le schématisme conven-
tionaliste, le besoin de n'indiquer que l'essentiel,
cela seul qui doit être compris. La peinture, pour devenir un signe, oscille donc entre la réalité matérielle et
la signification conventionnelle.

On voit disparaître tout ce qui ne concourt pas à
rendre directement l'idée. Dans les figures, on supprime
les accessoires pour ne garder que les traits caractéristiques. On abrège autant que possible l'image, qui
devient un signe ; un canot avec cinq traits exprime
cinq hommes. La peinture d'objets ou de scènes tend
vers la peinture d'idées, vers l'idéogramme.

L'écriture idéographique consiste en effet à représenter chaque idée ou chaque objet par un signe adéquat.
Aucune écriture connue, ni l'écriture chinoise, ni l'écriture hiéroglyphique, n'est strictement idéographique.

En effet, la structure du langage, comme l'a profondément montré Meillet (1), conduit nécessairement à
noter les sons ; aucune autre notation symbolique n'est
satisfaisante.

Aucun dessin ne suffit à rendre graphiquement une
langue, si simple qu'en soit la structure.

Beaucoup de mots ne se laissent exprimer pleinement par aucun signe graphique. L'image, le picto-
gramme est toujours en retard sur l'idée. Les procédés
grammaticaux ne se laissent point représenter par des
images ; sauf pourtant l'ordre des mots qui se laisse
exprimer par l'ordre des dessins (2). L'écriture idéo-

_____

(1) *La langue et l'écriture*, *Scientia*, 1919, p. 290.
(2) Aux premiers stades de la pictographie, les images sont arrangées
de toute manière sans ordre déterminé : arrangement protoplasmique que

graphique ne traduit la grammaire que quand la grammaire consiste uniquement dans l'ordre des mots.

Les langues qui n'utilisent ni la division des mots en radical et désinence, ni les alternances vocaliques, les langues dont la grammaire est restreinte à l'ordre des mots et à l'emploi de mots accessoires, comme les langues d'Extrême-Orient, peuvent se contenter d'une écriture idéographique. Chacun des mots, principaux et accessoires, est rendu par un signe particulier. Il est vrai que le système idéographique est ainsi compliqué d'un nouveau principe, le principe de la distinction des signes vides et des signes pleins : le signe spécial pour exprimer la notion grammaticale, que l'écriture idéographique ne rend pas naturellement (temps, mode, négation, etc.), s'ajoute au signe de l'idée, comme l'exposant à la lettre algébrique (1).

Ainsi, dans l'écriture idéographique, les signes sont, en partie au moins, d'anciennes images qui n'ont plus de lien reconnaissable avec les idées indiquées par les mots qu'ils représentent. Le mot, l'association d'un sens et d'un son, a étouffé peu à peu l'image visuelle. Le langage visuel de l'écriture hiéroglyphique se développe sur le plan du langage auditif et moteur. Les signes idéographiques après tout sont en partie phonétiques. Ils représentent non les idées elles-mêmes, mais

---

l'on retrouve dans le dessin des tout jeunes enfants et aussi dans leur langage.

Les images se présentent ensuite en série : la succession spatiale représenté la succession temporelle. Tous les arrangements concevables ont été employés ; mais la tendance a été presque partout à l'arrangement en lignes verticales ou horizontales. Voir HUEY, *Psychology of reading*, p. 226 et suiv.

(1) Voir le développement et l'explication de ce principe dans VENDRYES, p. 376.

les idées-mots. Il en est ainsi souvent dans notre esprit,
nous avons eu occasion de le montrer. Nos images mentales — non verbales — sont souvent construites sur
le plan de notre discours intérieur et contrôlées par lui.

La structure de la langue conditionne donc les
grandes inventions dans le domaine de l'écriture.
Partout où il existe des affixes et des alternances de
voyelles ou de consonnes pour exprimer les formes
grammaticales, l'écriture idéographique est impuissante ; et il faut arriver à noter les sons comme tels,
indépendamment de leur valeur sémantique. Il vient
un temps où les idées débordent les symboles et ont
besoin des divisions du discours et de l'arrangement en
phrases. L'idéographie pure y est impuissante. Aucune
écriture connue n'est strictement idéographique.

Le phonogramme, comme peinture graphique des
sons, provient d'idéogrammes conventionnels. Les idéogrammes qui d'abord ont exprimé directement l'objet
prennent ensuite valeur symbolique. La tête de bœuf
signifie le bœuf ; la lune signifie le mois ; l'abeille signifie le roi ; la plume d'autruche signifie la justice ; les
rapports extrinsèques ou intrinsèques, directs ou conventionnels, permettent de faire dévier le signe primitif vers des significations de plus en plus arbitraires :
de la métaphore claire à l'énigme.

Le rébus est l'intermédiaire entre l'idéogramme et
le phonogramme. Dans le rébus, comme on sait, le
signe graphique ne représente plus la chose, mais le
nom, et plus précisément le son qui signifie le nom. Au
Café du Commerce, cabriolet se traduit en rébus par le
cabri, l'eau, le lait. En aztèque, Itzcoatl s'écrit serpent
et couteau. Cet insipide jeu de société représente une
phase de l'évolution de l'écriture.

Phase instable, car un calembour n'est pas une position tenable. Le même signe peut représenter des sons
différents, puisqu'un disque représente dans le système
idéographique, la lumière, le soleil, le jour ; inversement, le même son représente des signes différents.
Homophonie et polyphonie sont les défauts de l'idéographie phonétique (1).

Des combinaisons différentes se sont donc réalisées.
A côté des notations phonétiques certaines langues ont
conservé des idéogrammes. Certaines écritures, comme
le chinois, sont restées à mi-chemin entre l'idéogramme
et le phonogramme.

D'autre part, l'écriture phonétique, avant d'atteindre
l'alphabétisme, a d'abord traversé le stade de la décomposition syllabique (2).

* * *

L'enfant qui apprend à écrire dépense d'abord trop
d'activité motrice. Il lui faut d'abord éliminer les
mouvements inutiles et régulariser ses mouvements (3).

Il écrit d'abord les lettres une à une ; pour chacune
il lui faut une impulsion nouvelle. Jusqu'à ce qu'il
sache écrire, il n'y a pas pour lui d'impulsion d'ensemble du mot ; chaque trait a une valeur absolue.

---

(1) Voir les excellents développements de VENDRYES, p. 379. Le chinois
a corrigé l'homophonie par le procédé des clefs, signes complémentaires
ajoutés aux idéogrammes phonétiques pour en préciser le sens.

(2) MEILLET, *La langue et l'écriture*, Scientia, 1919, p. 290 ; MORET,
L'écriture hiéroglyphique, Scientia, février 1919 ; *Rois et dieux d'Egypte* ;
BERGER, *Histoire de l'écriture* ; HUEY, *Psychology of reading* ; DANZEL,
Die Anfänge der Schrift, 1912 ; DE MORGAN, *L'humanité préhistorique* ;
CLODD, *Story of the alphabet*, New York, 1900.

(3) THOMPSON, *Psychology and pedagogy of writing* ; WUNDT, *Experimentelle Psych.*, III, p. 612 ; WOODWORTH, *Le mouvement* ; MEUMANN,
Vorlesungen, II.

Il lui faut recommencer l'effort pour chaque lettre. On ne remarque pas de maximum de pression portant sur un mot ou sur une portion du mot.

La rapidité motrice, l'exactitude des mouvements croissent avec l'âge, mais les mouvements d'ensemble, d'un membre par exemple, se développent plus vite que les mouvements fins et systématisés, les mouvements des doigts.

L'écriture exige l'ajustement de larges régions musculaires (mouvements du bras et de la main pour porter les doigts en avant, mouvements des doigts pour former les lettres) et nerveuses ; le mouvement systématisé ; l'immobilité. L'immobilité nécessaire à l'habileté motrice ne s'acquiert que peu à peu. Des enfants de quatre à sept ans sont incapables de rester tranquilles plus d'une minute.

L'enfant apprend à écrire sous le contrôle de la vision. Puis l'acte graphique peut devenir purement moteur et tactile, et enfin presque automatique. Quand le mécanisme est acquis, les yeux servent surtout à surveiller l'alignement, l'espacement ; la formation des lettres dépend surtout de la sensibilité tactile et musculaire. L'œil n'intervient que pour les mouvements très précis, par exemple quand on essaie de copier exactement l'écriture de quelqu'un. L'œil intervient pour nous rendre compte, lorsque nous écrivons, de ce que nous avons fait. La sensibilité musculaire suffit à nous rendre compte de ce que nous faisons.

Il faut donc acquérir une certaine habileté motrice, sous le contrôle de la perception et de la mémoire des formes (au moins à l'état normal). La plupart du temps, la lecture associe la perception visuelle, la perception acoustique et les mouvements d'articulation. Chez beaucoup de sujets, les mouvements de l'écriture dépendent plus de la vue que l'articulation verbale ne dépend de l'ouïe.

Les mouvements de l'écriture, malgré la différence des caractères, tendent à la forme rythmique ; quelle que soit la forme de la lettre, le temps qu'on met à l'écrire est d'abord à peu près constant. Les groupes de lettres tendent à se lier en unités motrices verbales. Nous n'écrivons pas lettre à lettre ; nous n'avons pas besoin de relire le commencement du mot avant d'écrire la fin. On sait parfois mieux écrire un mot d'un coup, que lettre à lettre. Certains malades, capables d'écrire correctement des mots entiers, sont incapables de les écrire lettre à lettre.

Nous avons à notre disposition deux procédés, un procédé synthétique et un procédé analytique. Le premier s'applique surtout aux mots courts et familiers. Les mots longs sont écrits relativement plus vite que les courts. L'énergie musculaire, mesurée par la pression, croît d'abord, pour décroître ensuite.

L'enfant n'acquiert pas toujours d'emblée l'orientation conventionnelle ; il écrit dans tous les sens ; toutes les orientations se rencontrent et se mêlent ; l'enfant est indifférent à l'orientation de ses caractères graphiques, comme de ses dessins. L'association correcte des données spatiales visuelles et musculaires demande un certain temps d'apprentissage, l'orientation exigeant une relation particulière des formes extérieures avec le corps du sujet (1).

L'ajustement initial du mouvement global est com-

(1) MEYERSON et QUERCY, L'orientation des signes graphiques chez l'enfant. Journ. de Psych., 1920.

plété et corrigé par le contrôle continu qui permet les
ajustements fins. Plus le mouvement est automatique,
plus son énergie, son étendue, sa direction dépendent
de l'ajustement initial.

Le graphisme peut donc se rendre indépendant de
la vision et de l'audition. La dictée intérieure peut
manquer complètement, comme aussi la lecture intérieure. Il tend à s'établir un mécanisme autonome.
Les variations du graphisme selon les formes de l'aphasie et au cours de la maladie montrent bien l'interaction
variable des divers mécanismes verbaux et aussi sa
relative indépendance (1).

LE LANGAGE DES SOURDS-MUETS

L'enfant normal va de l'audition des sons du langage à la reproduction des mouvements phonateurs,
dont il ignorera toujours l'extrême complexité.

Suivant une marche inverse, l'enfant sourd, à qui
l'on veut apprendre à parler, doit analyser ces mouvements pour produire des sons qu'il ne connaîtra jamais.
L'articulation correcte de l'alphabet phonétique exige
près de deux ans d'enseignement ; en même temps,
l'enfant apprend la lecture sur les lèvres. Ce n'est
qu'après une longue gymnastique élémentaire que l'on
associe les sons ou les signes labiaux et les idées. La
première phase de la démutisation est du pur dressage. On part d'exercices d'imitation, de respiration,
d'articulation, d'attention (2). Par exemple, on fait

---

(1) Voir PIÉRON, *Le Cerveau et la Pensée*, p. 206; BARAT et CHASLIN,
in *Traité de Psychologie* de DUMAS, I, p. 750.

(2) Dr PIOGER, *La surdi-mutité à l'Institut départemental d'Asnières*,
1900. La méthode a été inventée au XVIIe siècle par un moine espagnol,

d'abord imiter des mouvements larges très visibles ;
lever le bras, lever les deux bras, puis plus restreints,
fermer un œil, puis plus difficiles encore à percevoir,
plier'un doigt.

On développe les organes respiratoires par des mouvements gymnastiques ; on varie à l'infini les exer-.
cices de souffle. On apprend à mettre la bouche dans
les positions diverses exigées par les différents sons et à
mettre en action les cordes vocales ; on exerce l'enfant
à percevoir par le toucher le mouvement des cordes
vocales, et à grouper les sons élémentaires qu'il acquiert
peu à peu.

En même temps, les élèves s'habituent à lire sur les
lèvres du maître quelques courtes phrases, qu'ils ne
savent pas encore prononcer, mais dont ils comprennent la signification, à force de les voir associées aux
actes de tous les jours : lève-toi, va à ta place, etc. (1).
La lecture sur les lèvres ne permet pas de différencier
toutes les voyelles et toutes les consonnes. La lecture

J. P. Bonet. Voir De Gérando, I, p. 311. Voir, sur l'enseignement oral, les
remarques dubitatives de Binet, *Année psychologique*, 1909. — Grégoire
disait en 1906 qu'il parvenait à avoir dans son Institut du Brabant 20 %
de sourds parlants ; 20 % s'expriment avec beaucoup de difficulté ; les 60 %
qui restent arrivent à peu de résultats au point de vue de la parole : ils sont
instruits, mais leur langage est très défectueux. Demoor pense que, si
20 % seulement des sourds-muets retirent un bénéfice réel de l'enseignement oral, il faut s'en prendre au manque de classement des sujets, et
à ce fait que, dans bien des cas, on s'est évertué à donner une certaine éducation à des êtres absolument inférieurs (*Arch. de Psych.*, V, 1906, p. 275). —
Voir la réponse de Marichelle à l'enquête de Binet : *L'enseignement de
la parole aux sourds-muets* (*Bulletin international de l'Enseignement des
Sourds-Muets*, 1910).

(1) Dans la perception verbale aussi les mots se groupent en syllabes,
mots et phrases, et la perception du groupe est plus facile que celle de
l'élément. « J'ai mangé du pain » sera compris aisément, alors que le mot
pain isolé peut être confondu avec *bain* ou *main*. Les mots seront d'autant plus faciles à déchiffrer qu'ils renfermeront un plus grand nombre
de syllabes. Marichelle, *L'enseignement de la parole*, p. 19.

sur les lèvres est intimement liée à la vie habituelle du
sourd-muet. Elle ne constituera jamais pour lui un
moyen de communication commode que dans un contexte donné, dans un milieu et dans des circonstances
déterminées. Il faut ici que l'esprit ajoute beaucoup
à la perception. Il faut donc qu'il soit dirigé par la situation, de manière à interpréter correctement la perception.

Des exercices acoustiques, chez les sourds incom-
plets, peuvent utilement intervenir. L'éducation recherche les restes d'audition, travaille à augmenter
dans la mesure du possible la perception auditive, à
parfaire le fonctionnement des éléments subsistants.

Certains sourds-muets arrivent à faire, dans leur
milieu, un usage constant de la parole et de la lecture
sur les lèvres. La lecture sur les lèvres est, il est vrai,
une construction très fragile et très délicate. La prononciation reste le plus souvent défectueuse. Néanmoins l'articulation verbale soutient chez le sourd-muet
la lecture et l'écriture. Elle introduit dans son langage
la vie émotionnelle, le mouvement et le rythme. Elle
multiplie les occasions d'employer le langage. Pour
suppléer à la parole, il reste, comme le remarque de
Gérando (1), le dessin, qui peut être converti en
écriture symbolique ; le langage d'action, qui peut
être converti en signes méthodiques ; l'écriture ; et
enfin la dactylologie, écriture fugitive, alphabet
manuel, qui a pour objet d'imiter plus ou moins
fidèlement, par diverses positions de la main et des
doigts, les différents caractères de l'écriture.

Les méthodes adoptées pour instruire les sourds-
muets consistent dans une certaine combinaison de

(1) DE GÉRANDO, I, p. 259.

ces moyens divers et dans l'art de les faire concourir ensemble. Elles partent du besoin du langage et de l'aptitude au langage chez le sourd-muet non éduqué. Les sourds-muets, réunis entre eux, constituent un langage de signes, un vrai langage conventionnel ; toutefois, laissés à leurs seules forces, ils ne vont pas très loin (1). Des méthodes ingénieuses se sont appliquées à mettre à leur disposition, outre le langage oral inventé très tôt et retrouvé de nos jours, un langage idéomimique, qui, partant comme le geste de l'expression naturelle des émotions et de l'imitation volontaire de ces mouvements d'expression, aboutit à des signes purement arbitraires, en passant par l'imitation volontaire, la réduction et la combinaison de mouvements simples d'expression, la métaphore, et enfin la pure convention (2) ; ou bien encore un langage dactylologique ou verbomimique, c'est-à-dire un langage mimique littéral ou syllabique, traduction plus ou moins arbitraire des sons, alphabet manuel.

(1) Pantomime fondée sur la nature et l'analogie, dit de Gérando; le sourd-muet forme sa langue en saisissant par exemple et en imitant dans un objet le trait le plus saillant et le plus imitable ; il en fait le signe de l'objet. Lorsque les sourds-muets qui n'ont pas été élevés ensemble se trouvent réunis, ils unifient leurs langues diverses par de mutuels échanges. Ce langage mimique se réduit, se simplifie, et devient vite conventionnel. Les idéogrammes sont, à leur point de départ, des descriptions motrices.

Voir Bernard LEROY, *Le Langage*, p 30 et suiv.; et, sur le langage des gestes et sa syntaxe voir WUNDT, *Die Sprache*; LÉVY-BRUHL, *Fonctions mentales*, p. 180.

(2) DE GÉRANDO, I, p. 169, 230. De Gérando fait remarquer que l'écriture a suivi la même évolution en passant du dessin à l'idéographie. Le dessin, comme peinture des idées, et l'écriture symbolique ou idéographique, ne sont que deux degrés successifs d'un même langage d'analogie, qui, commençant à l'imitation descriptive des formes sensibles, s'élève progressivement à l'expression métaphorique des notions abstraites et intellectuelles, en devenant plus concis par la réduction. La simplification progressive efface l'analogie.

C'est un langage idéomimique que l'abbé de l'Epée
avait voulu constituer, prétendant continuer l'œuvre
du sourd-muet lui-même dans le même esprit et construire un nouveau langage sur les bases de celui qu'il
s'était donné naturellement. La création des « signes
méthodiques » était une idée entièrement neuve. Il
leur adjoignait la lecture et l'écriture, et comme
moyens auxiliaires l'alphabet manuel et l'articulation
artificielle. Mais l'écriture devenait secondaire et repré-
sentait non point la chose même, mais le signe méthodique.

L'abbé Sicard abandonna, dans la pratique, l'articulation artificielle, dont son élève Paulmier conserva
la tradition. L'abbé s'attachait à rectifier et à développer les signes méthodiques de l'abbé de l'Epée, en
même temps que sa pédagogie générale (1). Des signes
méthodiques grammaticaux s'efforçaient de transposer
la syntaxe orale dans le langage mimique ; l'abbé
Sicard s'évertuait du reste à faire comprendre comment les formes grammaticales, au lieu d'être de simples
conventions et des règles purement matérielles, représentent les vues de l'esprit et les fonctions des idées dans
le tableau de la pensée. Dès 1827, Neumann jugeant
l'Institut des Sourds-Muets de Paris, lui reprochait de
fonder son enseignement sur des signes très arbitraires,
qui perdaient de ce fait l'avantage attaché à la pantomime naturelle, et qui, n'étant point fondés sur le langage commun, retardaient l'étude de la langue nationale.

Le principe sur lequel repose l'éducation verbomimique consiste à enseigner la langue dans le système

_____

(1) Voir la critique de DE GÉRANDO, II, p. 479, contre les signes méthodiques et d'une manière générale contre la méthode idéomimique.

des signes écrits, c'est-à-dire à faire jouer à l'écriture le rôle que joue la parole dans l'enseignement ordinaire.

Ainsi, comme le disait fort bien de Gérando, toute méthode d'enseignement pour les sourds-muets commence par leur emprunter la pantomime qu'ils se sont formée, dans toute l'étendue qu'elle peut avoir acquise, pour servir de lien de communication entre le maître et l'élève. Tout apprentissage de langue se base sur le langage naturel et sur une langue déjà connue des deux interlocuteurs.

En outre, l'instituteur doit reconnaître et déterminer avec soin jusqu'où s'étendent les idées de son élève, sous quel aspect elles s'offrent à lui. Jamais exploration du champ mental et diagnostic de niveau n'ont été plus nécessaires qu'en présence des infirmes du langage. Tous les éducateurs insistent sur le rôle immense du développement des fonctions mentales, de la vue et de l'habileté manuelle pour l'apprentissage du langage ; sur l'importance de la méthode intuitive (1). Le groupement des enfants sourds-muets en catégories distinctes est d'autant plus nécessaire que les méthodes pédagogiques utilisables pour assurer leur développement varient suivant le degré de leur infirmité et leurs aptitudes.

Cela fait, l'instituteur n'a plus qu'à montrer la langue sous forme visible et à l'associer dans l'esprit de son élève à des réactions motrices. La vue supplée l'ouïe ; les associations sensitivo-motrices se font entre la vue, la main, l'appareil bucco-laryngé.

_____

(1) DE GÉRANDO écrivait déjà, II, p. 647 : « L'art de donner un langage aux sourds-muets doit être accompagné de l'enseignement logique de la langue ; enseignement qui dépend de deux conditions : l'art de mettre en jeu l'intuition et l'exacte coordination entre les idées ; de sorte qu'elles naissent les unes des autres, les expressions s'expliquant aussi parallèlement les unes par les autres. »

Bien entendu, l'âge auquel s'établit la surdité, le degré de surdité, la débilité mentale ou les déficiences qui accompagnent souvent la surdité congénitale jouent un rôle considérable lors de l'acquisition du langage (1). La surdi-mutité est une infirmité dont les conséquences pour l'enfant varient considérablement. Souvent la surdité n'est qu'un symptôme important d'une affection qui atteint d'autres organes et altère même la santé générale de l'enfant.

***

En apprenant à parler, le sourd-muet apprend à entendre. Ou du moins, il y a des sourds-muets qui apprennent à entendre en apprenant à parler. Ils se signalent à l'éducateur par la bonne sonorité de leur voix. « Chez eux, le champ de l'audition brute pour la voyelle *a* non criée s'étend à plusieurs mètres, et ils possèdent encore quelques vestiges d'audition différenciée. » (2). On leur enseigne la parole, en s'aidant de la vue et du toucher, et, même dans les cas où on ne se préoccupe pas de leur audition, ils arrivent à entendre les phrases dont on leur a appris la prononcia-

_____

(1) Voir, sur les causes de la surdi-mutité acquise ou congénitale : DEJERINE, *Séméiologie*, p. 163. Sur l'audi-mutité, voir P. MARIE, *La Pratique neurologique*, p. 196.

(2) MARICHELLE, *Journal de Psychologie*, 1922, p. 779. Pereiro, en 1762, avait déjà divisé les sourds-muets en trois classes : 1° les sourds complets ; 2° ceux qui ne perçoivent que des bruits ; 3° ceux qui différencient quelques voyelles. Et il avait remarqué que les sourds de la seconde espèce parviennent à connaître auriculairement quelques mots. « Les paroles, outre les différences qu'elles font sentir à l'oreille entre les sons qui les composent, en ont d'autres encore... qui viennent du nombre, de la mesure et des diverses inflexions de leurs syllabes, des variétés qu'éprouve dans chaque mot l'intensité de la voix. Or, les sourds et muets de cette classe, qui apprennent à parler, sont capables de remarquer ces différences. » (*Ibid.*, p. 772.)

tion et la signification. Cette auto-éducation ne va pas très loin et ne dispense pas de la rééducation auditive.

Comme l'a très bien vu Marichelle, si l'audition verbale se développe en apprenant à parler, ce n'est pas nécessairement que l'audition brute s'améliore ; c'est que « les signes à interpréter, les sons ou les lettres, sont ramenés à l'intérieur du champ de perception dont jouit encore le sujet » (1). La parole se rapproche de l'organe qui doit la percevoir. Elle pénètre dans le champ auditif de l'élève qui commence par percevoir sa propre parole.

La phonation est en effet reliée à l'audition. Il y a entre elles un parallélisme fonctionnel. Les mêmes mouvements rythmiques, avec les mêmes alternatives de tension et de détente, se déroulent parallèlement dans la bouche et dans l'oreille de celui qui parle. L'articulation intérieure jusqu'à un certain point suggère l'audition. C'est ce qui fait que l'ouïe bénéficie de la parole, et qu'on n'entend que si l'on sait prononcer. Marichelle rappelle judicieusement que Itard avait échoué en voulant restaurer l'ouïe chez des enfants restés muets (2). Chez le sourd partiel, initié à l'articulation, l'audition reste incomplète ; « les mots et les phrases revêtent pour eux l'aspect d'une sorte d'esquisse acoustique où figurent seulement les traits les plus saillants de la pulsa-

_____

(1) MARICHELLE, p. 787.
(2) « S'adressant à des enfants confinés dans le mutisme, puisqu'à l'école leur instruction se faisait exclusivement par le geste et l'écriture, Itard trouve sur sa route des obstacles insurmontables. Chez le normal, c'est l'oreille qui construit et règle la parole, chez le jeune sourd, c'est, au contraire, la parole qui, pénétrant par une autre voie, doit servir de guide et de point d'appui à l'audition renaissante. Ayant aperçu la cause de ses premiers insuccès, le savant médecin s'improvise professeur d'articulation... Il réalise la création d'un cours d'instruction où la parole et l'ouïe, développées de concert, se prêteront un mutuel secours. » MARICHELLE, p. 774-5.

tion aérienne, rythmée par la pulsation syllabique ».
Les mots sont des silhouettes indistinctes. Ils ne réussissent à interpréter ce dessin schématique que par le
jeu de l'articulation intérieure, qui est aussi le moyen
principal de la rééducation de l'ouïe. Sans elle, l'audition reste sourde ; la perception des mots et des phrases
ne se fait que par l'interprétation motrice de leurs caractères acoustiques les plus accusés ; sans cette interprétation motrice, rien n'est aperçu.

C'est donc l'enrichissement de l'audition différenciée
qui constitue le fait capital de la rééducation auditive.
L'oreille du sourd se forme, en plusieurs années, à la
perception auditive des mots et des phrases. Il apprend
à tirer parti de ce qui lui reste d'audition. Il se fait un
réveil fonctionnel de l'ouïe chez le sourd-muet qui
apprend à parler.

L'audition brute ne s'accroît que faiblement, même
par des exercices acoustiques. Toutefois il est possible,
en combinant le massage vibratoire des exercices acoustiques et les exercices psychologiques, d'accroître
nettement l'audition différenciée. Il y a des sourds
partiels qui, pour recouvrer l'audition verbale, ont
besoin d'exercices acoustiques particuliers, et ces exercices complémentaires sont profitables même à ceux
qui sont capables de rééduquer leur oreille en apprenant à parler. « Le premier problème qui se pose donc
à l'éducateur est celui de l'appréciation des restes auditifs d'après l'importance desquels il jugera, si tel ou
tel de ses élèves peut ou non tirer un profit suffisant
de la pratique des exercices acoustiques. » (1)

(1) MARICHELLE, p. 776.

*
* *

Nous avons des signes pour les yeux et pour l'oreille ;
nous n'en avons pas encore pour le toucher, disait
Diderot. « Faute de cette langue la communication
est entièrement rompue entre nous et ceux qui naissent
sourds, aveugles et muets. Ils croissent, mais ils restent
dans un état d'imbécillité. Peut-être acquerraient-ils
des idées, si l'on se faisait entendre à eux dès l'enfance
d'une manière fixe, déterminée, constante et uniforme ;
en un mot, si on leur traçait sur la main les mêmes caractères que nous traçons sur le papier, et que la même
signification leur demeurât invariablement attachée. »
Diderot remarquait justement que l'expression par les
caractères ordinaires de l'écriture est peut-être trop
lente et incommode pour le sens tactile ; mais un langage tactile est possible ; il ne s'agit que de le fixer et
d'en faire une grammaire et des dictionnaires (1).

Le principe de l'éducation des sourds-muets aveugles
était déjà défini, sans qu'il s'en doutât, dans une lettre
de Saboureux de Fontenai, sourd-muet lui-même, élève
de Pereire :

« Avec le secours de la dactylologie, on peut également parler aux sourds-muets et aux aveugles.
M. Pereire et moi nous nous trouvâmes un jour dans
une chambre, dans le temps qu'il faisait une nuit si
noire que nous ne pouvions pas nous entrevoir ; M. Pereire ayant besoin de me parler, me prit la main et
remua distinctement mes propres doigts, selon les
règles de la dactylologie. Le sens du tact ébranlé par
les mouvements de mes doigts dirigés par sa main, me

---

(1) DIDEROT, *Lettres sur les Aveugles*, I, p. 294.

fit comprendre nettement tout ce qu'il voulait me dire.
Il continua quelquefois de me parler de la même manière dans des jours d'hiver très obscurs ; je l'entendais
avec la même facilité. » (1).

L'éducation des sourds-muets aveugles, pratiquement très différente, ne pose donc aucun problème psychologique particulier.

Le degré, la date de la surdité ou de la cécité importent
grandement ; il y a beaucoup de sourds-muets à la vue
faible et d'aveugles à l'ouïe faible. La combinaison de la
surdi-mutité congénitale et de la cécité congénitale est
rare. Chez un certain nombre de sourds aveugles-nés, l'infirmité sensorielle est en connexion avec l'idiotie (2). Il y a
parmi les sourds aveugles une majorité d'enfants inédu-
cables. Chez d'autres, l'esprit est normal ou même sur-
normal; Helen Keller et Laura Bridgmann en témoignent.

Le sourd-muet aveugle a besoin d'être éduqué comme
un aveugle et comme un sourd. Il faut d'abord lui
apprendre à entendre ; on lui fait toucher les objets
d'une main, en faisant de l'autre main le signe de ces
objets ; puis on le met en possession du langage mimique ou oral en usage chez les sourds-muets, on l'instruit comme sourd-muet ; enfin on l'instruit comme
aveugle par la méthode Braille.

---

(1) DE GÉRANDO, I, 428. L'abbé Deschamps enseignait à ses élèves à
lire par le tact des lettres en relief, afin de pouvoir s'entretenir la nuit, et
il appliqua ce principe à l'éducation des sourds-muets aveugles.
DE GÉRANDO, Éducation des sourds-muets, p. 163. Voir aussi DUGALD-
STEWART, Philosophie de l'Esprit humain, III, appendice.
C'est de la même manière que John Howard Cummings, aveugle à
seize ans, sourd à vingt-quatre ans, se servait d'un gant alphabétique ; il
mettait le gant sur sa main gauche et ceux qui voulaient lui parler, n'avaient
qu'à toucher les lettres. (ARNOULD, p. 317.)
(2) LEMOINE, Les sourds-muets aveugles, 1913 (Thèse de médecine).
Lorsque l'infirmité est acquise, elle amène un état de torpeur et de gêne
intellectuelle qui dure assez longtemps.

Il est nécessaire de développer par l'éducation physique l'adresse de l'infirme, et il faut prendre appui sur
les sens qui subsistent, sur le sens tactile et musculaire
qui vont assurer la suppléance.

On sait comment Laura Bridgmann est devenue
aveugle, sourde et anosmique, à l'âge de deux ans, par
suite d'une scarlatine. Mais c'était une enfant intelligente et éveillée, et qui déjà parlait un peu. A l'institution des aveugles de Boston, on lui apprit à lire. Le nom
d'un objet usuel était imprimé en caractères saillants ; on
lui fit promener les doigts de la main droite sur le mot,
en même temps que de la main gauche elle touchait
l'objet désigné. Après plusieurs essais, l'interprétation
du signe se fit et l'association fut créée. Ce fut alors
qu'on lui apprit l'alphabet des sourds-muets, et qu'on
lui apprit à parler par le langage des doigts.

La finesse de discrimination tactile de Laura Bridgmann était très grande. Elle était arrivée à lire sur le
corps tous les mouvements des émotions, à trouver un
sens à chaque posture du corps, à chaque mouvement
d'un membre. Dans le jeu des muscles, elle saisissait
sans peine le mouvement ferme du commandement,
la détente de l'hésitation, la secousse de l'impatience (1).
Elle reconnaissait les personnes au toucher avec une.

(1) LAMSON, *The Life and Education of Laura Bridgmann*, 1878 ;
STANLEY HALL, *Mind*, 1879.
  Laura n'a pas été éduquée oralement. Le docteur Howe a observé chez
elle de curieux gestes vocaux et une certaine invention verbale : « Lorsqu'elle rencontre des élèves ou des amis intimes, ou moi, instantanément
ses organes vocaux émettent un son : rire éclatant pour l'un, gloussement
pour l'autre, son nasal pour un troisième, son guttural pour un quatrième ;
ce sont des signes qu'elle attache à chaque personne. Quand on lui parle
d'un tel et d'un tel, elle émet le son caractéristique, qui pour elle est un nom,
et aussi lorsqu'elle pense à eux. Le nombre de ces signes vocaux est de
50 à 60. »

promptitude remarquable. Ses doigts étaient toujours
en mouvement.

On se rappelle comment Helen Keller raconte que
longtemps c'est resté pour elle un simple jeu de comprendre les signes que l'on traçait sur sa main, l'autre
main étant mise en contact avec les objets ; brusquement, un beau jour, elle s'aperçut que tout objet a un
nom. Le langage commence au moment où, après bien
des efforts inutiles, parfois après des mois de lassitude,
de dégoût, d'hébètement, l'enfant comprend à quoi sert
le signe (1).

Marie Heurtin, sourde-muette aveugle de naissance,
a été amenée à dix ans à Larnay ; c'était une enfant
violente, avec des accès de rage et d'excitation intense,
mais aussi fort intelligente (2).

La sœur Sainte-Marguerite, ayant remarqué que
Marie avait une particulière affection pour un petit
couteau de poche, qu'elle avait apporté, le lui prit ;
l'enfant se fâcha. On le lui rendit et on lui mit les deux
mains l'une sur l'autre, l'une coupant l'autre, ce qui est
le signe du couteau chez les sourds-muets, puis on lui
reprit l'objet. On le lui rendit, dès qu'elle eut l'idée
de refaire elle-même le signe qui lui avait été appris.

De même pour les œufs qu'elle aimait particulièrement, pour le pain, les autres aliments, son couvert,

---

(1) La compréhension du système verbal se fait parfois assez vite. Olivier
Caswell élevé par Miss Lamson, a compris au quatrième essai. Voir LAMSON,
The Life of Laura Bridgmann. Il y a des infirmes qui se montrent inédu-
cables ; Maurice Karlsson, qui n'a pu apprendre que quelques mots-
ARNOULD, p. 358.

(2) Voir le beau livre d'ARNOULD, *Ames en prison* ; P. F. THOMAS,
Marie Heurtin, Revue de Paris, 1901.

L'abbé Sicard disait que le moment le plus délicat pour le professeur
est celui où il met le premier objet dans la main de l'élève, car il s'engage
à créer un monde pour cet enfant et à le lui faire connaître.

une minuscule batterie de cuisine qu'elle aimait aussi beaucoup.

C'est alors qu'on lui enseigna l'alphabet dactylologique, en lui montrant l'équivalence qui existe entre tel signe résumé, qu'on lui avait appris tout d'abord, et le groupe de signes dactylologiques, qui en est comme la monnaie (1). Elle avait maintenant à sa disposition une nouvelle langue, dans laquelle on pouvait lui signifier un nombre illimité de choses.

On lui apprit alors à lire par la méthode Braille ; c'est-à-dire qu'on lui fournit la vue ; et on lui montra une nouvelle équivalence entre les groupements de points et l'alphabet dactylologique.

On lui a appris à écrire en écriture anglaise, ou en points Braille, ou en écriture typographique en points ; et enfin on lui a appris à dire quelques mots (2).

Riemann conseille fortement l'emploi de la méthode orale, qui ne semble guère donner de résultats notables que si la surdité n'est pas complète (3).

---

(1) Dans les deux cas l'éducation débute donc par un dressage ; l'infirme apprend par obéissance, par confiance, par jeu, par curiosité ; il apprend avant de comprendre.

(2) On trouvera dans le livre d'ARNOULD l'analyse de bien d'autres cas, Marie Poyet, Marthe Obrecht, etc., dont chacun a posé un problème particulier aux dévouées éducatrices de Larnay, mais qui tous étaient justiciables de la même méthode générale : créer la notion de signe, constituer le langage mimique et dactylologique avec leur équivalence ; apprendre à parler oralement et à écrire en divers systèmes d'écriture. Tout cela est mené de front. ARNOULD, p. 453.

Après la période scolaire, le sourd aveugle ne doit pas être renvoyé chez lui ; ses acquisitions sont fragiles et ont besoin d'être continuellement entretenues.

(3) RIEMANN, Zeitschrift für pädagogische Psychologie und Pathologie, II, 1900. Sur une classe de dix élèves, un parlait normalement ; mais il n'était devenu sourd qu'à sept ans ; trois parlaient distinctement ; ils avaient un reste d'audition ; quatre ne parlaient intelligiblement que pour des initiés ; ils étaient atteints de surdité complète ; deux étaient complètement inintelligibles.

CHAPITRE II

LE FONCTIONNEMENT PSYCHOLOGIQUE
DU LANGAGE

AUTOMATISME ET PENSÉE

Toute action coordonnée repose sur une substruc-
ture de réflexes montés peu à peu au cours de la vie,
et le rôle de l'esprit est seulement de déclencher l'ensemble de ces mécanismes, selon le but à atteindre,
la direction à suivre, le contrôle à exercer. Plus l'action est complexe, plus elle engage d'automatismes
différents et coordonnés. L'action verbale a toute
la complexité de la pensée, doublée de toute celle de
l'élocution et de la compréhension. Parler et comprendre
la parole, c'est déployer les processus les plus profonds
de la pensée et un jeu très familier d'habitudes intellectuelles et sensori-motrices.

La pensée dépasse le mécanisme du langage, mais
elle le suppose. Et même dans beaucoup de cas elle
s'efface complètement. Sans parler des mots qui nous
échappent et de l'expression involontaire de nos sentiments, une bonne part du langage courant est faite
de formules qui ne correspondent qu'à un sentiment

très vague et à une intention très floue ; mais c'est
par elles que nous avons exprimé, en d'autres circonstances, un sentiment déterminé. Alors même que nous
éprouvons une impression précise et la volonté de l'exprimer, les formules verbales n'ont pas été voulues
expressément ; elles surgissent avec une certaine spontanéité. Et dans tous les cas nous recourons à un mécanisme sensori-moteur, dont nous avons appris à vaincre
les difficultés et dont nous sentons à peine le déroulement.

Dans toutes les habitudes constituées, la perception
de la première phase de l'acte détermine l'exécution
de la seconde. Tous nos actes habituels sont de longues
chaînes de mouvements, dont chacun fournit au suivant son stimulant, conscient ou non. Avant d'agir,
il est rare qu'on s'imagine en train d'agir, ou même
qu'on imagine ce qu'on va faire ; et si on se l'imagine,
ce n'est certes pas par images motrices. Il n'y a pas
d'images motrices, si l'on entend par là des images
dues à l'état de tension nerveuse, qui précéderait le
mouvement. Donc, la plupart du temps, on se borne
à percevoir le point de départ, le signal qui détermine
l'acte dans le temps, les repères qui le limitent dans
l'espace, les objets et les personnes auxquels il se rapporte. Les perceptions et les intentions déterminent
directement l'exécution de l'acte, sans l'intermédiaire d'une image mentale de l'acte lui-même.

∗
∗ ∗

Le premier stade du langage, c'est la formation
d'habitudes articulatoires et auditives, la construction
de figures motrices et sonores et qui se correspondent.

Nous avons étudié, dans le chapitre précédent, la coordination entre l'audition et la phonation ; nous avons vu combien elle est lente à s'établir : apprendre à articuler les sons qui constituent le système d'une langue donnée, à les grouper dans les complexes fixes qui forment les mots, à les émettre à volonté et dans des groupes, apprendre à les percevoir et à les distinguer dans le discours, nous avons vu toute la difficulté de la tâche ; elle demande bien près de deux ans à l'enfant. Nous avons étudié ses tâtonnements, la série d'approximations successives par lesquelles il s'élève de ses premières ébauches à la perception différenciée et aux mouvements définis par lesquels se caractérisent les figures articulatoires et sonores.

Cet automatisme se monte et s'inscrit dans l'organisme par la puissance de la répétition ; il s'établit dans le cerveau une différenciation fonctionnelle qui commande ce système constitué de praxies ; un trouble dans les régions qui lui sont affectées pourra, nous le verrons, le désorganiser ou le faire disparaître. Les figures articulatoires et sonores peuvent s'effacer et disparaître comme telles. C'est cette forme d'aphasie que Head appelle l'aphasie verbale et que nous étudierons plus loin. Les mots sont évoqués avec difficulté et tendent à devenir anormaux dans leur structure ; ou bien le malade n'est plus capable de retenir les mots. Les formes supérieures, les formes plus complexes du langage peuvent persister, les règles du jeu, le tableau sur lequel il se joue ; les jetons sont perdus ou abîmés. L'altération de ces éléments essentiels, encore qu'inférieurs, n'est pas sans répercussion sur tout le langage. Tout n'était point faux dans les théories « classiques » de l'aphasie.

*
* *

Mais ces figures se réfèrent à autre chose qu'à elles-mêmes. Elles ont une signification. Ce sont des signes. Elles sont substituées à des situations, à des expériences, à des attitudes, à des idées ; elles leur sont équivalentes. Un mot a un sens, auquel il est lié par l'habitude. La substitution du mot au sens, totale dans les cas simples, suppose le sens absorbé en quelque sorte par le mot; l'évocation du sens par le mot, fréquente dans les cas difficiles, suppose pour commencer une série d'associations entre le mot et des souvenirs et des notions. Dans les deux cas, c'est l'habitude répétée qui a établi cet automatisme du second genre, cette implication du sens dans le signe. C'est grâce à elle que nous usons des mots, sans avoir besoin de chercher le sens qu'ils contiennent ou spontanément évoquent. La signification adhérente au signe, tel est le second aspect de l'automatisme verbal. C'est ainsi que se produit une économie de pensée, parce qu'est rendu possible, en cours de route, l'oubli du cours réel des notions.

Cette adhérence, cette liaison plus ou moins étroite, sur laquelle repose le langage, émission et compréhension, peut, elle aussi, être abolie. C'est ce que Head appelle l'aphasie nominale. Les signes verbaux peuvent cesser de correspondre à la signification. Les mots sont mal compris et usités mal à propos. Leur figure sonore ou articulatoire persiste, mais leur valeur intrinsèque a disparu ; les monnaies subsistent avec leur forme et leur effigie, mais la valeur monétaire n'est plus.

Sans doute tout n'est point arbitraire dans le langage. Mais ce qui y est naturel ou logique ne joue qu'un rôle de second plan, de sorte que c'est la convention et l'habitude qui font les valeurs. Le langage conventionnel aboli ou bouleversé, il reste trop peu de langage naturel pour qu'il n'y ait pas simplement retour au langage d'action et à l'expression des émotions ; la « symbolique des sons » est trop une symbolique et fait trop peu de place aux relations naturelles entre le son et le sens. La signification repose tout entière sur la mémoire. Alors même que la logique intervient, elle opère à partir de données mnésiques. Les mots sont arbitraires, nous l'avons vu, et il n'y a pas de raison pour que, par nature, tel mot signifie telle chose plutôt que telle autre. Les mots sont groupés en famille, il est vrai ; à partir de telle convention initiale, il y a une raison pour que tel sens soit exprimé de telle manière ; *terre* appelle et supporte *terrer*, *terreux*, *atterrir*, etc... Mais cette logique apparente est encore mémoire, car il faut tenir la clef du système d'abord, et ensuite entre les formes possibles quelques-unes seulement sont usitées, et les fonctions sont loin de s'ajuster exactement sur les formes, comme nous l'avons vu plus haut. Tout revient donc, au terme, à une association mnésique entre la signification et le signe, à une liaison arbitraire, qui s'établit et peut disparaître, entre la figure articulatoire et sonore, le mot d'une part et les notions qu'il évoque d'autre part. Ce que l'habitude a fait, la désuétude ou un choc brusque peuvent le défaire.

* * *

Les signes subissent, dans leur teneur intrinsèque, la même loi d'habitude qui les rive à leur signification ou à leur configuration. L'habitude les abrège et tend

à n'en laisser subsister que l'indispensable. De même
que nos perceptions, la plupart du temps, se ramènent
à quelques données subjectives très rapides et très
élémentaires, à quelques éléments sensoriels ou moteurs insignifiants, que nous prenons pour des perceptions parce que cette esquisse est soutenue par les
mêmes tendances et les mêmes impressions affectives
que la perception complète, de même nos signes s'a-
brègent, se réduisent. La même économie qui se fait
dans le jeu des associations qu'ils évoquent, s'opère
sur eux d'abord. Grâce à eux nous survolons des ensembles. Mais nous commençons par les survoler.

A la lecture ou à l'audition nous reconnaissons
les mots courants d'après leur configuration générale,
sans percevoir nettement les éléments qui les constituent (1). Quand nous entendons la parole, nous percevons quelques timbres essentiels, à l'aide desquels
la suite se reconstruit. Le sujet qui lit ne perçoit pas
les lettres, mais lit par mots et par groupes de mots.
C'est ce dont on s'aperçoit bien si on se place pour lire
à une distance supérieure à celle de la vision nette ;
on peut encore, à leur aspect, attraper quelques mots.
C'est ce que prouvent bien aussi les erreurs de lecture
qui respectent pourtant la configuration générale du
mot : comme quand on prend *Constitution* pour *Configuration*, *Amphytrite* pour *Amplitude*. Tous les travaux sur le mécanisme de la lecture nous révèlent
l'action de l'ensemble sur le détail, et du contexte

---

(1) Dans la plupart des cas, en effet, nous ne pouvons différencier nettement qu'une partie des signes acoustiques et nous suppléons aux lacunes.
Cela est particulièrement visible quand on nous parle à distance, ou avec
une prononciation défectueuse, ou au milieu du bruit.

sur les mots. Nous lisons les mots en bloc ; seuls les mots exceptionnels par leur longueur et leur rareté sont déchiffrés par fragments. Et l'on a pu assez bien doser le rôle que jouent, dans cette appréhension d'ensemble, les différents éléments du mot, la largeur, la hauteur, la forme, le nombre de jambages, les traits qui dépassent la ligne en haut et en bas, les majuscules.

La manipulation des signes suppose ainsi toute une série de procédés d'abréviation et d'adaptation rapide. C'est ce que montre très bien le mécanisme de la lecture. On apprend d'abord à comprendre plus que l'on ne perçoit, à deviner sur quelques indices. La lecture se fait seulement pendant l'arrêt du regard sur la ligne ; or la portion de ligne vue à chaque arrêt du regard déborde le champ de la vision nette ; et pourtant nous lisons, dans la plupart des cas, par l'effet du contexte et la vertu de l'ensemble significatif, ce que nous n'apercevons pas lettre à lettre. On apprend du reste à choisir un point de fixation favorable, en général au milieu des mots.

***

Une troisième forme d'automatisme intervient pour l'expression des relations. Le grammatisme est tout entier mémoire, ou, en vertu de ce que nous venons de rappeler et de ce que nous avons dit dans un chapitre antérieur, logique basée sur la mémoire. C'est par mémoire et habitude que les formes se groupent dans l'esprit et que s'établit la valeur significative des morphèmes.

Il y a un agrammatisme, une aphasie « syntactique », qui, laissant passer les mots, avec la double fonction que nous venons d'analyser, détruit la phrase grammaticale, et ne laisse plus subsister qu'une sorte de petit nègre, ou de style télégraphique.

* *
*

Enfin, dans l'acte même le plus aigu où la pensée s'élabore pour s'exprimer, interviennent les habitudes intellectuelles, les effets des jugements antérieurs, qui ramassent les notions, qui réduisent l'expérience ou le savoir en schèmes maniables, en complexus qui peuvent être aperçus d'un seul coup ou mus d'une seule impulsion. Il n'y a pas que le langage qui s'automatise sous les différents aspects que nous venons de passer en revue. Sans l'habitude, l'intelligence est, à chaque effort nouveau, une création, qui est obligée de tout créer. Avec l'habitude elle a ses matériaux et ses procédés de travail ; ses matériaux qui sont de vastes ensembles notionnels, des « masses d'aperception » et de savoir, fortement constituées ; ses procédés de travail, l'utilisation de ses aptitudes et de ses moyens, l'art de faire front à la difficulté et de la manier, le répertoire des règles, qui permettent de l'analyser, l'ensemble des points de vue d'où il convient de la considérer : la méthode en un mot.

Lorsque ces automatismes intellectuels font défaut, le langage se vide de signification. Si les automatismes verbaux ont persisté, il y a excès du langage sur la pensée. C'est le cas de ceux qui parlent pour ne rien dire et dont le vocabulaire et la syntaxe débordent de beaucoup le pouvoir mental. Chez tout homme il y a quelque chose de cela. Chez l'enfant aussi, il y a plus de mots que d'idées. Le langage peut s'émanciper, comme il arrive dans le langage réflexe, le psittacisme, l'agitation verbale.

*
* *

Le langage suppose donc, à son stade supérieur et comme opération suprême, l'art d'analyser à la fois et de construire, l'art de découper la pensée à l'aide des symboles, et de suivre, à l'aide de l'enchaînement des symboles, le déroulement de la pensée. Le langage suppose donc une fonction qui lui est antérieure, qui s'impose à lui et peut, jusqu'à un certain point, lui survivre. L'aperception d'une idée, suivant la forme qu'elle prend, peut ou non passer sur le quadrillé du langage. Si elle s'analyse, si elle se différencie, en un mot si elle prend la forme discursive, il lui est difficile d'échapper au discours.

\Ici se rejoignent et s'affrontent l'aspect synthétique et l'aspect analytique de la pensée ; l'art de construire des ensembles et l'art d'y apercevoir, d'y lire les éléments constitutifs⌋ C'est ici que tous les automatismes précédemment décrits interviennent pour l'analyse de la pensée, sans eux mouvante et nébuleuse.

Or il arrive que la pensée reste mouvante et nébuleuse, par le refus de l'analyse. Il arrive que l'esprit devienne incapable de dissocier, de différencier des ensembles ; de les différencier suivant un jeu de signes qui s'engagent dans des formes et qui s'ajustent à la notion marquée ou plutôt qui marquent la notion en se formulant à propos d'elle. Il arrive que l'esprit devienne incapable de réintégrer les éléments dans l'en-

semble, d'apercevoir la signification d'ensemble. Head,
en décrivant l'aphasie sémantique, a en partie aperçu
cette lacune.

Le langage implique donc à son sommet un jeu délicat d'analyse et de synthèse ; et l'analyse fonctionne
en amenant avec elle tous les procédés que nous avons
décrits, et la synthèse en fonctionnant fournit les
thèmes, la substance du langage.

L'intention, dirigée en avant, l'attention au fur et
à mesure, la mémoire immédiate qui recueille et maintient dans le champ de la conscience, pour l'élaboration du sens, les éléments qui se succèdent, voilà les
moments de l'action verbale, comme de toute action.
Le langage suppose, sous sa forme suprême, la pensée
active, l'intelligence libre, maniant, suivant les lois
constitutives du champ de conscience, les automatismes
fonctionnels.

Le langage complet suppose tous les processus que
nous venons de décrire.

Il en est ainsi de toute la vie mentale. Construire
un mécanisme, l'utiliser suivant la diversité des circonstances, le maintenir, le développer, le perfectionner
au besoin, telle est la tâche propre de l'intelligence.
Et ces mécanismes sont à base d'intelligence. Le langage repose d'abord sur un acte intellectuel, la correspondance du signe et du signifié. A leur tour, les mécanismes déjà constitués servent à en inventer d'autres.
Le langage instrument de la raison est une technique
universelle.

/ Construire un mécanisme, diriger une finalité appuyée
/sur ce mécanisme, telle est la double tâche de l'esprit.

Il s'agit d'abord, nous l'avons vu, de constituer, par
l'habitude, des ensembles que l'on peut ensuite sur-

voler, des ensembles de plus en plus complexes que l'on survole de plus en plus rapidement et facilement, des masses que l'on peut faire intervenir d'un coup. On construit des figures motrices et sonores, des formes grammaticales, des associations de mots, des suites de phrases, des jeux de tournures : un vocabulaire, une grammaire, une phraséologie.

Tout cet édifice matériel est le support de l'esprit, qui s'organise autour de lui. Le signe porte, comme un fil mince, ténu, fragile, le poids très lourd de l'expérience, de la signification et du savoir; la structure des signes, la morphologie supporte le jeu des relations logiques.

A l'aide de tous ces procédés, de ce système de recettes, l'esprit aperçoit au sein des ensembles qu'il construit la diversité dont ils sont riches. La fonction irréductible à tous ces automatismes, qui a permis en partie de les constituer et sans qui ils fonctionnent à vide, est toujours synthèse : former des représentations d'ensemble. L'autre fonction qui a permis de les constituer et qui repose en partie sur eux est analyse : l'art de lire les perceptions et les représentations, d'y apercevoir les différents moments qu'il faut isoler ; découper, distinguer, opposer, mettre en relation des termes d'abord confondus.

Sans l'interaction des automatismes décrits, et de la pensée synthétique et analytique, il n'y a pas de langage, et pas de pensée ni d'action. Sans la finalité, le mécanisme n'est qu'automatisme et répétition. Sans l'automatisme la finalité reste nébuleuse. La vie mentale suppose à la fois la raison constituée et la raison constituante, la tradition et la nouveauté, la pointe aiguë de l'« aperception » et la masse de l'acquis;

l'esprit en devenir et l'esprit stabilisé. C'est la loi de toute l'action, de toute la création humaine. Toute organisation est ainsi : elle se crée d'abord ses moyens matériels, ses mécanismes, qui varient avec. chaque grand type d'organisation, et elle s'en sert pour ex- ploiter la richesse confuse des données mentales.

Suivant le degré de tension de cet acte synthé- tique, il peut y avoir excès de la pensée sur le langage, comme dans le cas où l'intention trop riche ne trouve pas son expression ; comme aussi parfait équilibre, quand l'analyse verbale est pleinement d'accord avec la synthèse; ou fléchissement du langage par fléchis- sement de la pensée : comme il arrive par exemple quand le dément, incapable de maîtriser sa pensée, laisse échapper des phrases décousues et tombe peu à peu au chaos verbal, ou quand l'incohérence ver- bale exprime l'excitation et la discordance de la pensée.

* * *

Toute organisation est à ce prix. Toute organi- sation repose ainsi sur un système d'automatismes que l'acte déclenche, sur un langage et les lois de ce langage. Un sentiment qui cherche à s'exprimer, par exemple par un chant, manie un système de sons fixes et déterminés. Il y a des éléments et des lois du langage musical ; le rythme, l'harmonie, le timbre, l'intensité, la structure de la phrase qui règle la succession des sons. Les notes ne sont pas perçues pour elles-mêmes, mais d'après leur rapport entre elles et avec la tonique. Les ensembles se construisent grâce aux automatismes de toute espèce qui mettent les éléments à la dispo- sition de la synthèse constructive.

* *

L'action verbale, pas plus que toute autre action, n'a besoin, dans la plupart des cas, ni de la représentation précise des éléments du discours, ni de celle des mouvements d'élocution.

La décomposition n'a lieu qu'à l'époque d'apprentissage ; quand nous apprenons une langue, nous mettons bout à bout — dans l'unité entrevue de la phrase — des mots ou de petits groupes de mots. Bien vite l'acte complexe a un caractère global, et la succession des mouvements élémentaires suit une marche automatique. Il devient difficile de penser, de vouloir, d'exécuter isolément les mouvements simples d'un exercice décomposé.

D'autre part, il n'y a pas besoin de se représenter les mouvements à accomplir ; nous nous représentons ce que nous voulons dire et non point ce qu'il faut faire pour le dire ; et c'est cette représentation du but, cette intention qui déclenche les automatismes moteurs.

SENTIMENT ET LANGAGE

Nous avons rencontré cette doctrine que le langage ne serait pas fait pour exprimer des notions, mais seulement pour communiquer des sentiments. Elle est vraie en partie (1). Nous avons vu que le premier langage des enfants est surtout affectif et volitionnel.

_____

(1) Il y a, dans certaines civilisations, un vrai langage des sentiments, c'est-à-dire une codification des gestes et des actes que le sujet doit

Il est probable qu'il en a été de même du premier langage. Mais nous avons vu aussi qu'il n'y a point de
langage sans quelque élément notionnel. Le mot ne
serait qu'un cri ou qu'un réflexe émotif, s'il ne groupait
sous l'unité d'une figure sonore une pluralité d'objets,
d'événements ou de relations, et s'il n'était capable,
au moins virtuellement, de se combiner avec d'autres.
Tout langage a une valeur affective ; si ce que je dis
m'était indifférent, je ne le dirais pas. Mais aussi tout
langage vise à communiquer quelque chose. Si l'on
n'avait absolument rien à dire, on ne dirait rien. Le
langage vise à communiquer des idées et des sentiments.
Communiquer n'est pas assez : il vise à les exprimer.

Or, précisément, le sentiment profond n'est-il pas
inexprimable ? On a souvent fait au langage ce reproche
qu'il serait capable d'exprimer les choses, la matière,
les solides, l'intelligence qui les pense, elles et leurs
relations, mais qu'il serait incapable d'exprimer la
vie intime et profonde, essentiellement ineffable.
Les poètes se plaisent à ce reproche, que tout leur art
vise à démentir. La philosophie bergsonienne l'a développé avec la subtilité admirable que l'on sait. De cette

---

accomplir, dans certaines circonstances, une symbolique minutieusement
ordonnée, dont les ritualistes établissent et maintiennent la correction.
Le sujet doit manifester ses sentiments ; il doit manifester d'une manière
déterminée des sentiments déterminés. Ainsi il fait plus que se manifester
ses sentiments ; il les manifeste aux autres, parce qu'il doit les leur manifester. Il se les manifeste à soi en les exprimant aux autres et pour le compte
des autres. Les rites du deuil, les gestes de la douleur, par exemple, ne
sont plus de simples réflexes physiologiques ou psychologiques, des mouvements individuels et spontanés. Ce sont tout à la fois « les rites de céré-
monies réglées, les mots et les formules d'une langue systématisée ».
GRANET, *Le langage de la douleur en Chine. Journal de Psychologie*, 1922,
p. 98. Voir aussi : MAUSS, *L'expression obligatoire des sentiments. Journal
de Psychologie*, 1921, p. 425.

impuissance à s'exprimer, à se socialiser, soit refoulement, soit incapacité initiale, des psychiatres ont
fait le symptôme essentiel de la conscience morbide (1).

Une partie seulement de la vie affective s'écoule
en langage. L'autre va vers l'ineffable. Et pourtant le
langage s'essaie à la ressaisir par la magie de l'art et
par les moyens affectifs dont il dispose.

Il y a certes, comme le disait Stendhal, en opposant
après Maine de Biran la sensation à la perception,
il y a certes dans toute situation affective quelque
chose d'indéfinissable et d'inexprimable. La sensation
forte occupe l'âme et échappe à l'esprit. « Cela empêche
de penser à force de sensation. » (2). Stendhal a
été vivement frappé par la formule de Biran : « Toutes
les fois que nous sommes animés de quelque sentiment
un peu énergique, nous ne distinguons rien, nous sentons trop pour percevoir. » (3).

Il y a des sentiments vagues et indicibles, qui fuient
l'expression peut-être parce qu'ils n'ont rien à dire.
Il y a des sentiments vertigineux et confus qui fuient
l'expression peut-être parce qu'ils ont trop à dire.
Le trop et le trop peu de la vie affective viennent buter
contre le langage. La série des états confus va de l'infra
au supralogique, des appauvrissements de conscience,
de la stupidité et de l'abrutissement, jusqu'à l'exaltation et la plénitude ; de la torpeur béate, de l'obnu-

---

(1) Pour Freud, on le sait, la plupart des troubles mentaux viennent de
la répression des complexus émotifs, de leur refoulement dans l'inconscient. Pour Blondel, qui diffère beaucoup de Freud par d'autres aspects de
sa doctrine, c'est l'impuissance du « psychologique pur » à s'exprimer et à
se socialiser qui est la base commune des psychoses.
(2) STENDHAL, *Amour*, p. 137.
(3) Ed. COUSIN, I, p. 150, note. Voir DELACROIX, *La Psychologie de
Stendhal*, 1918.

bilation pathologique à l'extase lyrique du grand ar·
tiste.

Il y a des sentiments vagues et indicibles que nous
n'arrivons pas à saisir, que nous ne comprenons pas,
que nous ne savons pas nommer. Quand on parle de
sentiments dont on n'a pas conscience, c'est ceux-là
surtout que l'on veut dire (1). On en a conscience,
mais on ne sait pas ce qu'ils sont. Etranges, indéfi-
nissables, souvent avec une pointe de peine, l'angoisse
de l'inconnu, même lorsqu'ils ne sont pas pénibles.
Un trouble innommé.

Il y a des sentiments vagues que nous refoulons,
dont nous nous détournons, des sentiments que nous
ne voulons pas voir au plein jour. Ici c'est moins l'expression qui se dérobe, que le consentement d'exprimer. Tout au plus l'inquiétude secrète qui nous éloigne
d'eux garde-t-elle parfois quelque chose de ce que nous
venons de décrire.

Il y a des sentiments fascinants et absorbants, d'où
la marque personnelle semble pourtant avoir disparu ;
des états de conscience anonyme ou dépersonnalisée,
ces aubes et ces crépuscules de conscience, ces états
panthéistiques au-dessus du niveau du moi, la rêverie
sentimentale, l'absorption confuse, le chant intérieur,
les sons de l'âme ; la rêverie ineffable, innommable, à
la fois paresse et exaltation ; la rêverie sans paroles du
lyrique ou du musicien.

La grande rêverie musicale et métaphysique de

---

(1) Ou bien encore ceux qui, parfaitement visibles à d'autres, et même
chez le sujet s'exprimant en un fort clair langage d'action, ne sont point
compris pourtant selon leur nature par le sujet et nommés selon leur nom ;
ainsi un amour encore inaperçu qui régit pourtant toute la conduite, et à
qui il ne manque que d'être vu.

l'extase. Vertige, obscurité, fusion, infini, intuition.
Sentiment immense au delà des sentiments particuliers. Richesse ineffable au delà de la méditation et de
la prière. Profondeur ineffable au delà des mots sacrés.
Abstraction d'une pensée vide d'images et de formes.
Contemplation de l'être-même. L'extatique pense le
sentiment de l'extase comme sentiment cosmique.
Il le reporte en dehors de lui au cœur du monde. Il
y joint l'absolu.

*
* *

Il y a donc écart entre le sentiment et le langage,
excès du sentiment sur le langage ; soit que dans tout
sentiment il y ait quelque chose d'inexprimable, soit
que certains sentiments, presque totalement, se dérobent à l'expression, ou ne permettent d'eux-mêmes
qu'une expression tout à fait analogique et toujours
inadéquate. Mais il y a de même, et nous le verrons,
écart entre la pensée et le langage, excès de la pensée
sur le langage.

Pourtant le langage pénètre fort avant dans la vie
secrète. La rêverie affective volontiers se projette
en images, et ces images reviennent sur la profondeur
du sentiment, et elle s'entrevoit et s'analyse au contact
de ces images. Or volontiers ces images se découpent
sur le plan du discours, et, alors même qu'elles ne s'accompagnent pas d'une légende, elles en révèlent l'intention et la mesure.

J'ai montré ailleurs (1) tout ce qui reste d'intellectualité diffuse dans la contemplation qui se retire
de la méditation, dans l'intuition qui se retire du dis-

_____

(1) DELACROIX, *La Religion et la Foi*, p. 264.

cours ; tout ce qu'il y a de connaissance dans cette
sentimentalité qui ne se satisfait que dans l'ineffable,
dans cet émoi profond où paraissent s'engloutir et
d'où paraissent surgir des mondes. Elles échappent
au langage. Il en est tout près. Tout l'art du mystique s'emploie à dire la contemplation, à formuler
l'ineffable.

Et tout l'art de l'artiste et du poète. Tous les artifices de l'art, tous ses procédés sont à l'œuvre pour
exprimer l'inexprimable. On peut dire que telle est
sa tâche. L'art est toujours musique. Tous ses moyens
musicaux visent à établir, au delà de ce qui se voit,
de ce qui se sent, de ce qui se dit, de ce qui se pense,
la secrète musique, qui est l'âme de tout, et qui s'échappe
à soi-même si elle n'est pas discours musical, et qui se
redouble soi-même, dès qu'elle est discours musical,
et qui vient de sa musique animer tout discours. Le
paraître commande l'être et le tient en contrainte.
La vie devient présence de l'esprit. Le « langage orné
de voiles et pourvu de limites » représente l'insondable
et l'illimité.

*
* *

C'est à la même fin que visent les procédés ordinaires
de la conversation, les intonations, les mouvements
de la parole, les gestes, la musique du discours.

Dans toute conversation, il y a d'abord ce qui se
dit ; ensuite ce qui s'exprime par la mimique et les
variations du langage affectif ; enfin les sous-entendus
auxquels donnent accès la parole logique et affective.
C'est souvent cette dernière qui est importante. La
plupart du temps on s'entend à demi-mot. On échange
des phrases courantes ; la conversation véritable,

profonde, chemine en dessous. C'est souvent lorsqu'on
cesse de se parler qu'on commence à se comprendre,
parce qu'on s'est regardé. Des mouvements et des
inflexions de la voix, comme des figures d'une danse
et de l'enchantement d'une mélodie, se dégage une
sorte de fascination ; une communication intime s'établit entre les interlocuteurs.

*
* *

Il y a dans tout langage des éléments affectifs ;
l'interjection par exemple et la valeur expressive des
sons. Le langage affectif précède, nous l'avons vu,
le langage intellectuel. Peut-être même le langage
organisé a-t-il pour base la fixation de ces éléments
amorphes et inconsistants qui constituent le pré-
grammatical. A son tour le langage affectif peut s'ali-
menter au langage grammatical. Un mot constitué,
une phrase peuvent redevenir de purs réflexes, des
cris poussés sous l'influence d'un sentiment. Les jurons
nous en donnent un abondant exemple, et aussi les
exclamations.

Il y a une affinité naturelle entre certaines catégories de sons et certains sentiments. Les phonèmes,
par leur qualité intrinsèque, se prêtent plus ou moins
à la valeur expressive des mots. Une voyelle palatale
se prête volontiers à l'expression de la ténuité, de la
légèreté, de la douceur ; une voyelle non palatale à
celle de la lourdeur, de la gravité, de la tristesse. Un
son éclatant et aigre est plus apte à exprimer une émotion vive qu'une émotion sourde et comme voilée.
Mais encore faut-il que le sens s'y prête, et la suggestion du sens renforce chez le parleur comme chez l'au-

diteur l'effet du timbre, d'ailleurs extensible et modi-
fiable dans une certaine mesure (1). Il accentue et
retient les sonorités qui s'harmonisent avec le sens
du texte.

Les jeux expressifs de la voix sont des moyens puissants. Intensité du son, allongement ou abréviation,
variation de hauteur, déplacement d'accents, suspension de voix et silences : les inflexions de la voix et
le rythme du débit. Le ton anime, précise ou donne le
sens. Donner le ton juste avec ses intensités, ses assourdissements, l'allongement, l'élévation des syllabes et
des mots, mettre l'accent, s'arrêter, ralentir, accélérer,
faire ressortir ou escamoter, telle est l'œuvre du sentiment (2), de l'intonation affective, interférant avec
l'intonation logique, avec les élévations et les abaissements qui résultent du sens et de la liaison du discours.

Ce qui s'accomplit dans la voix d'une façon particulièrement perceptible — parce que les muscles vocaux
sont particulièrement aisés à mouvoir et que l'émotion
agit d'une façon particulièrement notable sur la fréquence et l'amplitude de la respiration, sur la tension
des cordes vocales et des muscles qui articulent (3) —
s'accomplit aussi dans tout le corps. L'attitude tout
entière est moyen d'expression. La gesticulation confuse et violente exprime l'intensité de l'émotion.

---

(1) Voir GRAMMONT, *L'harmonie du vers français.*
(2) BALLY, *Stylistique,* I, p. 139 et suiv.; *Le Langage et la Vie,* p. 58 et
suiv. ; BRUNOT, *La Pensée et la Langue,* p. 540 et suiv. ; VENDRYES, p. 166
et suiv.; ROUDET, *Éléments de Phonétique.* Ces variations émotionnelles
interfèrent avec le rythme traditionnel de la phrase, avec l'accent musical
et le jeu des intonations qui donnent à chaque langue sa musique particulière.
(3) SPENCER, *Essai sur la Musique.*

Des mouvements plus précis et significatifs esquissent les actions que le parleur se représente ou son attitude à l'égard de ses représentations. Le geste exprime, indique, imite, esquisse. Il traduit d'abord les sentiments du parleur ; puis son attitude logique, c'est-à-dire en somme le mouvement de sa pensée, ses élans et ses arrêts, ses hésitations et ses reprises, la division, la scansion du discours ; il mime par des mouvements dans l'espace les changements de direction de la pensée ; il symbolise les rapports logiques des idées par des figures spatiales. La main a un rôle privilégié, la main habituée à tout faire et par conséquent à tout exprimer, la main chez beaucoup habituée à écrire, c'est-à-dire à dessiner, à souligner, à ponctuer la phrase. De là vient le très inégal affinement du geste, selon les civilisations et les professions. De là vient aussi en partie le caractère de dextralité de la gesticulation (1). Il ne faut pas oublier non plus que le geste, s'il accompagne le langage, ne lui est pas nécessairement postérieur, et qu'il ne se borne pas à lui battre la mesure. Il plonge au delà du discours, dans la pensée en train de se faire ; de là vient qu'il exprime souvent, comme le regard, l'inexprimé et le sous-entendu ; de là vient son importance chez le primitif et l'enfant, aussi bien que chez le subtil penseur.

*
* *

L'affectivité intervient dans le choix des mots et dans la structure de la phrase.

Entre plusieurs expressions concurrentes, nous le

---

(1) Chez le chef d'orchestre, la main droite mesure le temps et divise l'espace ; la main gauche dessine dans l'air l'arabesque de la mélodie, elle marque les hésitations, les élans, le calme.

verrons, c'est, la plupart du temps, la compatibilité
avec les complexus affectifs prépondérants qui décide.
Il en est ici comme de l'évocation des idées et des images.

La construction expressive, c'est l'ensemble des
infractions à l'ordre régulier, qui mettent précisément
en valeur la nuance affective : « Qu'il est amusant, ce
livre ! Vite, donnez-le moi. » Renversement de l'ordre
régulier, ou ellipse : « Vous ici ? » Tantôt on lance en
avant un mot, un membre de phrase, quitte à le rattraper ensuite, au moyen d'un élément morphologique ;
tantôt on le rejette à la fin, quitte à le faire pressentir,
à l'annoncer par anticipation dans le corps de la phrase ;
tantôt on rompt brusquement la structure de la phrase,
dont la deuxième partie repart sur un plan nouveau.

Les éléments que la langue écrite s'efforce de présenter d'une façon bien régulière et correcte apparaissent, dans la langue parlée, séparés, disjoints,
désarticulés. C'est la valeur affective qui leur assigne
leur place et leur ordre. Comme l'a fort bien dit Vendryes, le langage parlé se borne à mettre en valeur les
sommets de la pensée. Il a sa rhétorique instinctive
et pratique, ses exigences d'expression intense. Les rapports logiques n'y sont marqués qu'incomplètement
avec le secours de l'intonation et du geste, ou bien ils
doivent être suppléés par l'esprit de l'auditeur.

* *
*

L'affectivité n'est pas sans action sur le langage grammatical. Vendryes l'a bien montré par
l'histoire du futur (1) et par l'étude du redouble-

---

(1) VENDRYES, p. 179. Voir aussi les remarques de BALLY, *Stylistique*,
I, p. 286. La cohésion strictement logique des membres de phrase est une

ment (1). L'expression pousse à des créations incessantes ; elle innove toujours. L'expression du sentiment peut devenir un procédé grammatical et la logique
emprunter le langage de l'affectivité. De l'affectivité
qui s'use (car rien ne s'use autant que ce qui est expressif), laissant vide la locution qu'elle avait d'abord
remplie, voilà le procédé de formation de bien des
formes grammaticales. Et, inversement, la formule
logique perd son caractère intrinsèque et ne fait plus
à l'esprit qu'une impression de sentiment (2).

« Ainsi l'affectivité pénètre le langage grammatical,
le dépouille et le désagrège. C'est par l'action de l'affectivité que s'explique en partie l'instabilité des grammaires. L'idéal logique d'une grammaire serait d'avoir
une expression pour chaque fonction, et une seule
fonction pour chaque expression... Mais les phrases
ne sont pas des formules algébriques. Toujours l'affectivité enveloppe et colore l'expression logique de la
pensée. » (3).

Le sentiment intervient donc dans la langue comme
dans la parole. Il ne se borne pas à envelopper la formule de la pensée, à flotter autour d'elle, à la nuancer
ou à l'estomper. Il agit sur la forme grammaticale
elle-même et sur la grammaire et sur la langue. Nous
avons vu plus haut le rôle que jouent dans la structure

---

entrave pour l'expression parlée, parce qu'elle gêne les mouvements de la
sensibilité et de la volonté. L'expression se fait par secousses. Cette dislo-
cation est du reste un stimulant pour l'attention, que l'ordre logique des
mots endort. Voir aussi BALLY, *Le Langage et la Vie*, et SECHEHAYE,
La Stylistique (DE SAUSSURE, *Mélanges*, 1908).

(1) VENDRYES, p. 180.
(2) VENDRYES, p. 181.
(3) VENDRYES, p. 182. La tendance expressive contrarie la tendance vers
l'univocité. Voir BALLY, *Le Langage et la Vie.*

de la langue les oscillations du besoin d'expressivité.

Ainsi se construit le rythme du discours, ordre dans le temps moteur et sonore, choix des accents. Le rythme est la règle de la dépense motrice, de la répartition de l'attention, des poussées affectives ; d'où sa puissance emphatique et persuasive ; car cette forme immédiate de nos sentiments et de nos idées ne peut être perçue sans être répétée, sans envahir la conscience qui la perçoit ; d'où la suggestion qui rend docile et prompt à sympathiser, l'oubli de soi, la docilité à l'influence étrangère, l'effacement momentané du rythme personnel, l'invasion. Le rythme, en nous envahissant, nous impose la loi d'une durée étrangère ; il construit en nous les sentiments et les attitudes au moyen de leurs points de repère rythmiques ; il nous prépare à l'intellection.

LA PENSÉE SANS PAROLE

La pensée formulée se place entre l'automatisme mental et la pensée intuitive. La plupart de nos actes sont régis par des habitudes mentales qui nous dispensent de raisonner et de formuler ; pour sauter un fossé, pour nous diriger dans la rue, pour atteindre, à l'aide d'un bâton, un objet situé hors de notre portée, pour faire face à une nécessité de la vie courante, nous n'avons pas besoin, la plupart du temps, de définir la difficulté et de chercher par quelle méthode la résoudre. Nos habitudes nous suffisent. Notre automatisme moteur est préordonné à la difficulté, soutenu çà et là de quelques jugements rapides, qui n'ont pour termes que des images et des mouvements. Nous pouvons comprendre de la même manière beaucoup de phrases de la conversation courante, sans qu'il y ait rien dans l'esprit que le sentiment de comprendre et l'attitude de réponse à la question.

Au degré supérieur de la vie mentale apparaissent ces intuitions inexprimées qui précèdent souvent nos actes ou nos élaborations intellectuelles. Il semble que l'intuition précède la formule et de beaucoup la dépasse.

Entre les deux, la pensée qui s'explicite en discours, qui se réalise en images, qui se développe en raisonnement.

La question est donc de savoir jusqu'à quel point les images, et en particulier les images verbales, interviennent dans ces jugements rapides, dans ces intuitions qui prétendent s'en passer, ainsi que dans les portions inexprimées de la pensée qui s'explicite partiellement, et aussi ce qui se passe en leur absence. C'est, appliquée au langage, la vieille question de la pensée sans images.

*
* *

Tous les travaux ont montré (1) que, dans les processus d'intellection, l'image est fragmentaire, arbitraire, accidentelle. Elle symbolise le travail mental, plutôt qu'elle ne l'exprime. Elle n'en représente jamais que des fragments. Elle survient surtout quand l'opération est effectuée ou près de s'effectuer ; ou bien quand il est nécessaire de la jalonner de points de repère, ou quand une difficulté survient. Elle abonde aussi quand la pensée se détend, se laisse aller.

Comment s'en étonner ? Les théories de l'image

---

(1) Voir MEYERSON, *Traité de Psychologie* de DUMAS, t. I, p. 502 ; DELACROIX, même traité, t. II, p. 113, *La Pensée et les Images.*

avaient oublié que l'image est toujours dépassée par
le savoir, et qu'elle est enveloppée dans une notion.
Une image en elle-même, et comme chose en soi, n'a
pas de sens. Une image n'a de sens et ne devient
une réalité psychologique, une chose pour l'esprit,
que si elle est mise en rapport avec d'autres images,
avec des mouvements, avec des mots, avec des notions.
Images sensorielles et images verbales reposent donc
sur un jeu de rapports, sur un système de relations
transitives, dont elles ne sont que l'aspect substantif.
L'esprit est plus ou moins présent dans ces choses
mentales que sont les images sensorielles ou verbales.
    Ainsi, sous les images et les formules il y a toujours
des notions. Sous tous les signes, il y a la puissance
de les réaliser, la puissance de les intégrer à la fois dans
le système des choses, dans le système des notions et
dans le système des signes ; la puissance de les voir
dans un ensemble qui leur confère leur signification
et leur valeur et d'assurer l'adéquation constante de
ce système de signes et du système des notions. Binet
disait justement que penser ce n'est pas « contempler de
l'Epinal ». Mais contempler de l'Epinal, c'est déjà penser.
    L'image suppose donc l'esprit, loin d'être capable
de l'expliquer ; loin de faire la compréhension, elle la
suppose ; il faut qu'elle soit comprise d'abord. Elle
est un instrument spirituel.
    De là vient que les observations et les analyses font
évanouir l'illusion un peu naïve de l'image cliché,
objet bien délimité, idole de l'ancienne psychologie.
L'image mentale est beaucoup plus spirituelle. Plastique, elle l'est sans doute parfois, et diffluente aussi (1).

_____

(1) RIBOT, L'Imagination créatrice.

Mais sous quelque forme qu'elle se présente, elle est déjà vision intellectuelle ; elle présente à l'esprit des choses déjà élaborées, vues d'un certain point de vue, avec une schématisation correspondante, avec une accentuation de certains traits, un grossissement de certains caractères ; elle est toujours un peu comme le croquis de l'artiste, qui exprime sa façon de voir le site.

L'image mentale se découpe selon les besoins et les exigences de la pensée. Ce n'est pas qu'elle n'en soit qu'une réalisation obéissante. Il arrive souvent que des images surgissent dont on n'a que faire. Nous voulons dire que l'image elle-même comme chose, comme objet, représente une création mentale, un arrêt de la pensée qui a décrété un objet, qui a construit son univers intérieur sur un plan intellectuel.

De là vient que le développement des images est plus complexe que ne l'avaient supposé les premiers observateurs. Au lieu d'une succession kaléidoscopique, on assiste souvent à une mise au point, à l'évolution ou à la dissolution progressive d'une même image, très semblable aux étapes de l'invention, à la poussée de ces mouvements tentaculaires par lesquels une image cherche son complément, à l'extension ou à la rétraction par lesquelles elle se promeut dans l'esprit ou se ramasse sur soi. On a parlé d'aubes et de crépuscules d'images (1). La métaphore est ingénieuse. Elle exprime un des aspects de cette vie mentale.

Ainsi il y a inévitablement excès de la pensée sur les images. La mise en rapport, l'interaction des images, le savoir qu'elles supposent, débordent ce qu'elles représentent. Elles ne représentent ce qu'elles repré-

_____

(1) Spaier, *Revue philosophique,* 1912.

sentent que par la présence invisible de tout ce qu'elles supposent.

Et d'autre part, la pensée a besoin des images. Les rapports supposent des choses. Objets et rapports, voilà la pensée.

*
* *

Que nous pensions avec des mots ou avec des images, il faut donc pour penser autre chose que des mots ou que des images.

Et d'autre part, on peut penser indifféremment avec des mots et avec des images, surtout lorsqu'au contact des mots les images ont pris de plus en plus figure de signe et lorsque l'habitude de la pensée verbale les a pliées à un ordre, à une syntaxe qui les rend plus aisément maniables. On peut penser avec n'importe quelle matière, dès qu'elle devient le support d'une intention de généralité, dès qu'elle se plie aux rapports sans lesquels il n'est point de pensée. Seule la contemplation absorbante d'une matière sensible, la fascination d'une image, dans laquelle l'esprit se perd, exclut l'intellectualisation de l'image, est aux antipodes de la pensée.

Mais peut-on se passer des mots et des images ? Peut-on penser sans quelque matière sensible ? Trouvons-nous quelque part cet *Actus purus* que Wundt dit renouvelé de la scolastique ?

Ce que nous trouvons dans toutes les observations qui prétendent révéler une telle pensée pure, c'est le sentiment d'un savoir et d'un pouvoir, qui, si l'on y regarde de près, s'accompagne toujours d'opérations commençantes et au moins partiellement formulées.

Prenons le cas où un sujet comprend une pensée un peu difficile. Il sent qu'il s'adapte, qu'il se met au niveau, qu'il assimile et qu'il répond. Il le sent par intellection commençante, ou par confiance en soi, du fait d'expériences antérieures. Dans le second cas, il ne comprend pas, il se borne à penser qu'il pourrait comprendre. Dans le premier cas, il comprend et il commence à expliciter sa compréhension. Le choc de la compréhension, où se heurtent la difficulté et l'esprit, produit dans l'esprit un désarroi et un regroupement à la fois des notions (1), qui est aperçu précisément comme la compréhension, en même temps que s'ébauche le développement discursif que le sujet peut, suivant les cas, poursuivre ou interrompre. Ainsi, dans la vision panoramique, à laquelle peut succéder un défilé successif (2), viennent presque toujours au premier plan certains traits, certains aspects partiels par lesquels le développement va commencer ; à peu près comme quand nous voulons exprimer une idée, aperçue d'un coup : tel ou tel mot se présente d'abord

---

(1) C'est à peu près ce qui se produit, dans un autre plan, pour l'émotion-choc : désarroi d'abord, rupture d'équilibre, trouble de toutes les fonctions ; puis réadaptation brusque ou progressive. Nous décrivons en ce moment l'aspect intellectuel du phénomène de la compréhension. Il est évident que le choc intellectuel s'accompagne d'un choc affectif, et pour une raison double. D'abord parce que le problème a, la plupart du temps, pour nous un intérêt et une valeur, et qu'il suscite par sa nature des réactions affectives. Ensuite parce que ce choc mental ne peut pas ne pas se répercuter dans toute la vie organique. L'éveil de l'attention, la mise en garde, même en face d'un problème intellectuel, a toujours quelque chose d'un choc émotif. Le premier moment de l'attention, la surprise, l' « admiration », comme disait Descartes, est un véritable choc émotif; à la rupture de l'équilibre succède plus ou moins vite une réadaptation.

(2) Un de mes sujets, Mme Ber., décrit ainsi son expérience : « Une idée générale me donne un peu l'impression d'un panorama de montagnes, vu d'une hauteur, d'où l'on aperçoit des foules de choses... Mes schémas sont faits d'idées très nettes et d'images floues. »

dans l'aperception synthétique, avant de figurer le premier terme de l'exposition analytique.

A moins, bien entendu, que le sujet ne se confie à ce sentiment de puissance, à cette confiance en soi qui le dispense de toute intellection et qui n'est que l'appréhension rapide de ce fait qu'ayant jadis compris des choses semblables, il est capable de comprendre aujourd'hui, le classement rapide de la difficulté nouvelle dans l'ordre des difficultés familières ; ou bien l'appréciation rapide de son état physique et mental, de son niveau, opération mentale fort élémentaire et qui est de l'ordre de la reconnaissance intellectuelle. Opération mentale qui se gonfle et se fortifie de l'adaptation motrice, de la mimique interne, et des états affectifs qui constituent la trame de nos sentiments de familiarité. Ce qu'on appelle l'attitude mentale est toujours lié, comme l'a si finement fait remarquer Bergson, à la conscience d'une attitude.

En présence d'une difficulté ou d'un problème, nous hésitons, nous suspendons notre jugement ; à cet arrêt, à cette hésitation succède la réorganisation de notre expérience ; nous prenons position, nous affirmons plus ou moins, passant par les différentes formes de la modalité du jugement. Notre adhésion varie en degré. Or, affirmer ce n'est pas seulement penser abstraitement, c'est vouloir. On affirme musculairement. Les degrés de l'adhésion se marquent bien par la mimique interne et l'affirmation musculaire. Mais le jeu de l'affirmation musculaire suppose d'abord une prise de position mentale, comme le jeu du sentiment suppose d'abord une réaction mentale à une situation. Il ne suffit pas de dire que l'intellection est une réponse motrice. La conscience de l'attitude motrice se lie

inévitablement à l'attitude mentale, qui pourtant lui
est irréductible. Or l'attitude mentale n'est pas autre
chose que l'opération que nous sommes en train d'effectuer. Elle n'est pas autre chose que l'esprit en arrêt,
ou comprenant, ou inventant, et poursuivant son travail avec plus ou moins de sûreté. Des opérations mentales qui toutes se ramènent à l'unité, car l'intelligence est une, et c'est après tout la même opération
mentale que comprendre ou inventer (1) ; des sentiments intellectuels qui expriment l'appréhension confuse de l'opération par le sujet, et le retentissement de
la question et de la recherche sur son affectivité, et
l'expression motrice de ces opérations et de ces sentiments, — voilà ce qu'on appelle attitudes.

Dans toutes les opérations mentales où nous avons
conscience de penser, qu'il s'agisse de compréhension
ou d'invention, ce qu'on note c'est d'abord le sentiment
d'un pouvoir, qui est un commencement d'évocation
et d'opération. L'opération est commencée ; l'esprit
est orienté ; dans le sentiment présent il y a déjà l'appel
et la présence implicite de ce qui va venir. Un travail
qui commence, alors que sa direction est déjà assurée
et que son résultat en quelque manière est déjà obtenu :

---

(1) Il y a toute une série de degrés de difficulté, donc de différences de
niveau dans la compréhension, mais comprendre est toujours comprendre,
c'est-à-dire réduire une difficulté, la supprimer par réduction à du déjà
connu. Ici la difficulté est au premier plan, et domine en quelque sorte la
solution. Dans l'invention, au contraire, c'est la solution, l'hypothèse qui
semble apparaître d'abord, et la difficulté est au second plan. Mais dans les
deux cas l'opération est la même. L'esprit se joue toujours entre une difficulté et une solution.

Binet signale dans l'intelligence deux autres fonctions : la direction et
le contrôle. La direction n'est pas autre chose que la continuité de l'application. Le contrôle n'est pas autre chose que l'esprit critique, c'est-à-dire
le fait de ne pas accepter sans examen préalable. Ce sont en effet des qualités de l'intelligence. Ce ne sont pas des procédés intellectuels.

voilà le paradoxe de la compréhension, comme de l'invention intuitive. Une pensée d'ensemble encore non formulée, qui enveloppe le début de son expression, et dont l'expression se hâte, se presse à la conscience.

A moins bien entendu que le sujet ne se retranche dans un sentiment de familiarité et d'habitude, par lequel il est sûr de s'épargner tout travail mental, et qui n'implique qu'une adhésion tout à fait implicite, un simple choc de reconnaissance ; ou qu'il ne transporte l'opération ailleurs, comme il arrive souvent. Il sait quelque chose de semblable, ou il sait qu'il a su quelque chose de semblable, ou il sait qu'il a réussi dans un cas analogue. Familiarité ou commencement de travail sur la donnée substituée.

Et s'il s'agit de la réflexion où l'on cherche sans trouver, l'opération est seulement plus complexe. Au lieu qu'il y ait cette unité entre la pensée d'ensemble et son début d'expression fragmentaire, il y a discordance : mais ils sont maintenus l'un en regard de l'autre, et c'est cela le propre de la réflexion. Toute réflexion commence avec la difficulté sentie, avec le pour et le contre, avec l'alternative. Le problème est posé. Toute solution ou tout commencement de solution est examiné dans son rapport avec ce problème. La solution glisse sur le quadrillé du problème : le problème contrôle et vérifie les processus libérateurs. Le problème est maintenu au centre de la pensée et tout s'ordonne autour de lui. Ainsi l'hypothèse se développe et elle se vérifie ou s'infirme au contact du problème. Ici par conséquent le processus est dédoublé. Au lieu que l'esprit glisse aisément et spontanément de l'un à l'autre des termes qu'enveloppe son intuition d'ensemble, deux systèmes s'affrontent dont l'un est plus fixe et l'autre plus mobile, et c'est de leur compatibilité que jaillira l'impression d'avoir trouvé (1).

Dans le cas de la difficulté, de la compréhension ralentie et difficile, l'oscillation entre les deux positions et la présence simultanée des deux systèmes se marque inévitablement par des essais de solution, par des raisonnements qui ne peuvent pas ne pas se formuler. Difficulté, précision et aperception de la difficulté, aperception et développement d'une hypothèse, confrontation, vérification, voilà le travail mental qui ne peut guère ne pas s'accompagner de distinction logique et verbale. Il s'agit d'adapter en tâtonnant des moyens à une fin, comme lorsqu'on veut arriver à telle heure à tel endroit et qu'on passe en revue les moyens de transport qui peuvent permettre l'opération. Ou bien il s'agit de ramener à une loi un fait qui se présente ; ou bien il s'agit de l'expliquer, c'est-à-dire de le réduire à une donnée antérieure. Ou bien il s'agit simplement d'identifier un objet.

La difficulté peut plus ou moins être mise en formule. La tâche pour la pensée est d'arriver à une formule du problème et à une formule des solutions.

*
* *

Il semble donc que, dans tous les cas, la pensée opère sur une donnée, sur quelque chose, sur un schéma, sur un signe. Nous n'apercevons jamais la virtualité

---

(1) Voir DEWEY, *How we think.* — BERGSON montre, avec beaucoup de sagacité, comment l'invention part du problème résolu et cherche ensuite à combler l'intervalle. Une forme d'organisation antérieure aux éléments qui doivent s'organiser ; la concurrence entre ces éléments, composition ou lutte, interaction des représentations, l'équilibre final, c'est ainsi qu'il décrit l'invention ou l'intellection. (*Énergie spirituelle*, p. 178).

pure sans un commencement de réalisation, le pur pouvoir sans un commencement d'exercice, la force sans le mouvement. Il est vrai que la puissance d'abréviation de la pensée est extraordinaire, et qu'un rien suffit souvent. Nous arrivons à faire tenir des développements entiers dans un mot. D'où l'illusion de ceux qui croient qu'il n'y a rien (1).

Bien entendu, la forme de l'opération à effectuer, ou qui est en train de s'effectuer, peut être présente à l'esprit en même temps que les données numériques. C'est ce que signalent de nombreuses observations. Conscience du procédé, de la méthode, de la clef logique ; conscience des relations et de l'ordre, du classement, nous sont exposés au même titre que la conscience de l'intention, des ensembles indistincts, des représentations d'ensemble, des schémas de toute espèce, du sein desquels émergent des détails entrevus.

---

(1) J'ai montré dans d'autres travaux, *La Religion et la Foi*, p. 264, et *Les Grands Mystiques chrétiens*, p. 376 et suiv., que les visions intellectuelles des mystiques n'échappent point à cette analyse. Ce que Nicole appelait des « pensées imperceptibles » flotte alentour. Il reste beaucoup d'intellectualité diffuse dans la contemplation qui se retire de la méditation, dans l'intuition qui se retire du discours. Le mystique ramasse les thèmes de la méditation, la complexité de la dogmatique religieuse, dans l'unité de l'intuition : il donne valeur ontologique aux grands états d'âme qui les résument et qui lui paraissent les dépasser ; des sentiments intellectuels puissamment synthétiques et décrétés divins par une attitude de l'esprit, voilà la matière, musicale, affective et logique à la fois, des grandes intuitions ineffables. C'est l'unification de son âme et de son esprit, par delà les degrés de la méditation et de la contemplation, qu'il atteint et qu'il proclame. Et lorsqu'à côté de ces intuitions ineffables qui transcendent la religion, il décrit, sous le nom de visions intellectuelles, la connaissance incompréhensible de mystères spécifiquement religieux, de la Trinité par exemple, c'est qu'il met dans l'incompréhensible un sens logique, et que, dans un moment d'illumination intellectuelle qui éclaire d'un jour nouveau de vieilles croyances familières, il entrevoit, au moyen de l'analogie, logique ou sentimentale, ou du raisonnement dialectique, des rapports logiques sous les mystères de la religion. Voir *Les Grands Mystiques chrétiens*, p. 396.

Le pouvoir, la fin et les moyens sont ici entr'aperçus, si l'on peut dire, dans leur détermination réciproque et progressive.

Le savoir, c'est donc l'esprit en travail et faisant face à une difficulté et apercevant ce travail, son mode de fonctionnement, et apercevant d'un coup d'une façon confuse la totalité de sa tâche, et au fur et à mesure de façon distincte une partie seulement.

La formule verbale sort donc d'une nébuleuse intellectuelle, des sentiments intellectuels que nous avons définis.

La pensée n'est jamais « pure ». Avec quoi penserait-elle ? Elle suppose toujours une conscience confuse de ses objets et de son rapport à eux. Sans doute elle condense ses objets d'une façon incroyable, comprenant les images dans des signes, dans des schémas, dans des mouvements, ou même encore dans les procédés moteurs ou mentaux qui représentent les opérations qui se sont effectuées sur elles. Très vite du reste l'immédiation primitive est remplacée par les moyens termes et la marche du raisonnement. L'intuition est l'anticipation rapide ou le résumé terminal ; l'appréhension synthétique qui précède ou qui suit, et où la conscience de la synthèse prime celle de l'analyse. Ou bien encore on décore de ce nom les sentiments intellectuels, anticipatifs et cumulatifs, qui en sont une forme inférieure. Dans les deux cas, la succession des images ou du discours est comme abolie au profit de l'unité. Il se passe ici dans l'esprit ce qui se passe lorsque nous saisissons un rapport de ressemblance ou de différence entre deux termes, avant de savoir quelle est la qualité des deux termes. Jusqu'à un certain point, nous saisissons les rapports avant les termes, et c'est ce qui

nous fait croire que nous pouvons penser sans les
termes.

La pensée va donc de l'implicite à l'explicite,
de la virtualité à l'acte. Et en même temps elle va de
l'obscurité à la clarté. Dans la plénitude, dans l'ampleur, dans l'intensité de l'intuition qui est peu à peu
explicitée, il y a de l'indétermination et de la confusion.
Elle a fécondité et richesse, puisqu'elle est l'origine
et la source. Elle a fécondité et richesse, puisqu'elle
est un moment et un mode de regroupement de l'esprit.
Il y a tout l'esprit au dedans d'elle. Mais cette richesse
ne devient utilisable qu'au moyen de l'analyse. Et
nous sommes toujours enclins à la surestimer et à exagérer son caractère ineffable, car l'espèce de linéa-
ment d'unité et de rapport, sous lequel elle nous apparaît, semble toujours déborder les détails et les éléments qui viennent s'ordonner successivement sur ce
schéma.

Donc la formule est nécessaire à la pensée et elle
l'exprime, parce qu'elle en est partie intégrante.
Le langage explicite et totalement formulé, ou seulement ébauché et partiellement remplacé par des
images pliées à la syntaxe du discours et qui, ici et là,
jouent le rôle des mots, le langage est nécessaire à la
pensée. Il lui permet de prendre conscience de soi.
Ainsi se construit l'objet en réponse à l'attente de l'esprit.

*
* *

Nous retrouvons donc ici comme partout l'excès
de la pensée sur le langage et du langage sur la pensée.
La pensée déborde le langage et le langage s'organise
au sein de la pensée. Les automatismes verbaux

préexistent à l'usage de la pensée et ils se présentent au premier signe de la pensée, s'imposant à elle et la débordant. De cet écart, de cette lutte, entre la spontanéité, avec son exigence du verbe, et l'automatisme, avec sa contrainte sur l'esprit, résulte toute la personnalité du langage et du style, toute l'individualité oratoire, tout le raffinement personnel. De cet écart résulte la puissance même de s'exprimer. Sans l'adaptation nouvelle à la situation, qui précède la formule et les mots et d'où elles jaillissent, le langage n'est qu'un réflexe. De cet écart résulte aussi l'émancipation possible du langage, sa libération de la pensée. La formule peut s'affranchir de l'esprit et se substituer à l'esprit. L'esprit pur, la formule pure, voilà les extrêmes. Ils ne sont eux-mêmes possibles que parce que la pensée fait le langage en se faisant par le langage : comme l'existence est nécessaire à la pensée et la pensée nécessaire à l'existence ; ainsi tous les cercles vicieux que relève la philosophie.

Quand le signe manque, tout se trouble. Une pensée simple reste possible ; mais la comparaison des complexes et la réflexion qui s'y applique retombent à tout instant dans la confusion.

Nous verrons, par l'étude de l'aphasie, combien l'analyse est nécessaire à la synthèse, à quel point « la forme propositionnelle » suppose l'intégrité de la pensée. Lorsqu'elle fléchit, lorsque le sujet en est devenu incapable, il est devenu incapable en même temps de toute « intention ultime », c'est-à-dire en somme de la composition de tout acte mental. Sans doute un certain nombre d'opérations intelligentes peuvent être accomplies par lui, et notamment, comme l'a bien montré Head, toutes celles qui sont basées sur des rapprochements de sensations, sur des correspondances d'ordre sensoriel. Toutes celles, au contraire, qui impliquent une adaptation plus complexe, une perception et un ajustement de rapports invisibles, de schémas, de signes, d'éléments intellectualisés, disparaissent.

Le malade peut garder l'impression qu'il a toutes ses pensées, toutes ses conceptions, et que seuls les symboles lui font défaut. Mais ses pensées sont atteintes dans la mesure où le symbolisme est atteint. Et il suffit parfois d'un trouble assez léger du symbolisme pour désagréger gravement la pensée (1).

DE LA PENSÉE A LA PHRASE

La phrase est, nous le savons, l'expression linguistique d'une représentation synthétique, dont les éléments sont distingués et disposés suivant leurs rapports logiques.

---

(1) Sans doute des aphasiques guéris, qui nous ont rapporté leur observation, comme le docteur Saloz (NAVILLE, *Mémoires d'un médecin aphasique, Archives de Psychologie*, XVII, 1918, p. 1), nous disent : « J'avais déjà toutes mes pensées, toutes mes conceptions ; c'étaient les symboles, que je n'avais plus à ce moment. » (P. 10.). Mais le même malade dit ailleurs : « Tout me paraissait un peu tomenteux, un peu nuageux, comme dans un rêve ou plutôt un cauchemar... j'avais à certains moments l'impression comme d'un voile qui s'appesantissait sur moi et me rendait mes pensées floues comme dans un rêve, les yeux ouverts ; j'avais aussi le sentiment lointain de choses déjà vues. » (P. 9.).

Le docteur Saloz était atteint d'aphasie motrice à peu près totale (quelques mots seulement, *Oui, Non, Merci*, restaient à sa disposition), avec aphasie sensorielle assez faible. Par conséquent, le « langage intérieur » était loin d'avoir entièrement disparu, et le malade accuse même, à défaut du mot en toutes lettres, un curieux sentiment de l'articulation verbale de la pensée. « Le sens ou l'intuition du mot me restait comme le souvenir d'un écho lointain qui me rappelait la chose. J'avais donc perdu la mémoire du mot, mais il me restait le souvenir de la place qu'il occupait. » (P. 10.).

Comment l'esprit va-t-il de cette représentation synthétique à l'expression linguistique ?

Décomposer la représentation synthétique pour la recomposer ensuite, telle est la solution que proposent, on s'en souvient, von Gabelenz et Wundt (1). Plus simple encore est l'analyse de James. L'intention de dire précède l'expression, mais elle contient déjà précisément toute l'expression.

L'analyse de Wundt est un peu vague. Le tout de la phrase est-il présent d'abord à l'esprit sous forme linguistique, ou sous forme prélinguistique ? Il semble que Wundt aille vers le premier sens, mais cette assertion est-elle toujours exacte ? et même si elle l'est, quelle est cette forme linguistique, obscurément conçue, qui se décompose et s'explicite successivement? Et comme on ne peut nier qu'elle soit débordée par la représentation synthétique qu'elle a pour fonction d'exprimer, quel est son rapport à cette représentation? Et de quelle manière cette représentation implique-t-elle, exige-t-elle, pour ainsi dire, son expression linguistique ? (2).

L'analyse de James est, elle aussi, un peu courte. Une intention donnée tout d'un coup, avec une détermination parfaite, et à laquelle succède sa réalisation

(1) Voir plus haut, page 211. Wundt écrit : « Le tout d'une phrase apparaît devant nous, avec toutes ses parties obscurément conçues, d'abord comme une représentation d'ensemble, et celle-ci se démembre ensuite par l'aperception successive de chacune de ses parties. »

(2) BRUGMANN, p. 40-42, a eu le mérite de poser la question tout entière : « Dans la prononciation des séries phonétiques, il y a nécessairement une succession de mouvements articulatoires, mais pour le sujet parlant, au moment où il commence un mot ou une phrase, l'ensemble existe déjà dans son esprit à l'état conscient, comme une représentation d'ensemble du son et du sens ; il y a en même temps l'aperception du son et du sens dans un acte simultané et unique. »

verbale, qui l'exprime adéquatement : cette description ne dit rien des cas où l'intention est beaucoup moins
déterminée, et elle suppose la phrase toute faite avant
d'être formulée. Le problème général est escamoté.

Quelques observations donnent à penser qu'entre
la représentation synthétique, encore assez indéterminée du point de vue verbal, et l'expression parfaite,
il s'intercale un stade intermédiaire qu'un sujet de
Bühler décrit ainsi : « J'ai eu, avant que les mots
viennent, une conscience du rythme, quelque chose
comme un schéma du temps ; j'ai eu, avant ces mots,
la conscience d'une forme, quelque chose dans quoi
les mots, à leur arrivée, ont pu s'encadrer. » (1).
Un malade de Hughlings Jackson parlait aussi d'une
phase de « sense of rythme and metre » précédant le
choix des mots.

Généralisant ce type d'observations, Pick suppose,
après le schéma psychologique, qui contient la pensée,
un schéma de la phrase, un schéma grammatical, qui
précède le choix des mots. Ce schéma devient efficace
par sa décomposition, et il s'achève en mots « par un
processus schématique de grammatisation des mots »
(2). Pick distingue donc la pensée intuitive, la formule

---

(1) BÜHLER, *Archiv für die ges. Psychologie*, XII, p. 85. Cf. *Journal des
Goncourt*, I, p. 14 : « Figurez-vous que l'autre jour, Flaubert me dit :
« C'est fini, je n'ai plus qu'une dizaine de pages à écrire, mais j'ai toutes mes
« chutes de phrases. » Ainsi il a déjà la musique des fins de phrases qu'il n'a
pas encore faites ! Il a ses chutes, que c'est drôle ! hein ? »

(2) PICK, *Die agrammatischen Sprachstörungen* : « L'acte de formuler un
schéma de la phrase (*die schematische Formulierung*) — et partant la syntaxe et la partie correspondante de la fonction grammaticale — précède
le choix des mots. L'essentiel de la construction psychique doit être achevé,
même au point de vue grammatical, avant que le choix des mots se produise. On est obligé d'admettre que le schéma psychologique, que nous
avons posé en analogie avec le complexus des relations objectives du contenu de la pensée, appelle d'abord un schéma grammatical de la phrase

mentale, le schéma grammatical, la formule verbale explicite. La première phase est celle de l'attitude, de la « Bewusstseinslage » (Marbe) ; la pensée y est encore indifférenciée. La seconde est celle de la prise de conscience de la différenciation psychologique : « Bewusstheit » (Ach) ; les idées sont distinguées, mais encore sans expression verbale. La troisième est celle du schéma de la phrase. La quatrième est celle du choix des mots. L'antériorité de la troisième sur la quatrième est prouvée par ce fait que le sens du mot dépend de la structure de la phrase.

Il y a, entre la pensée et son expression par le langage, une série d'échelons fonctionnels qui peuvent être altérés par les troubles pathologiques. Parmi eux, ce mécanisme qui ordonne grammaticalement les mots, cette « qualité formelle », ce plan général, cette « innere Sprachform ».

Reprenant cette doctrine, van Woerkom (1) distingue les étapes suivantes dans l'élaboration d'une idée et de sa formule verbale :

1º la conception de l'idée globale ;

2º un processus psychique d'analyse et de synthèse dans le temps et dans l'espace ;

3º la conception du schéma de la phrase sans symboles verbaux ;

4º Le choix des mots.

Par l'analyse très serrée d'un cas d'aphasie, van

---

correspondant à ces relations. On peut se représenter le développement de ce schéma comme celui d'une représentation d'ensemble dans le sens de Wundt, qui devient efficace par sa décomposition en parties et s'achève par des mots, par un processus schématique de grammatisation des mots. »

(1) *Journal de Psychologie*, 1921, p. 730. Voir aussi MARTY, *Untersuchungen*, I, p. 120.

Woerkom s'efforce de montrer que le trouble essentiel
que présente son malade est constitué par l'altération
des notions d'espace et de temps, par l'impossibilité
de manier ces deux schémas pour la construction de
l'expérience et de la pensée.

La production d'un schéma englobant ces deux formes
étant d'après lui la première étape de la construction
d'une phrase, on comprend pourquoi le malade ne
peut pas commencer une phrase tout en sachant parfaitement son contenu. Il est capable de pensée indifférenciée, mais incapable de différencier, de distinguer
cette pensée, pour l'amener ensuite au stade d'élaboration verbale. L'altération de la pensée verbale
a pour cause l'altération de la pensée temporelle et
spatiale, l'altération de la pensée qui manipule les
notions, ou plutôt qui construit les notions selon ces
schémas fondamentaux.

On obtiendrait une vue du même ordre mais plus
souple, si l'on renversait la classification des formes
d'aphasie que Head a proposée (1), et si l'on supposait,
ce que Head n'a point fait, qu'elles s'impliquent logiquement à partir de la plus complexe. Au plus près de
la pensée serait la fonction sémantique, qui pose la
forme « propositionnelle » des actes mentaux, qui
construit les ensembles en les décomposant, qui détermine les moments successifs d'un acte complet,
en les enveloppant dans le but final, dans l' « intention
ultime ». Plus bas serait la fonction syntaxique qui
joue le rôle du schéma grammatical de Pick, et que
Pick a eu l'honneur d'avoir importé définitivement
dans la psychologie. Plus bas encore la fonction nomi-

_____

(1) Voir le chapitre suivant.

nale, usage et maniement des mots. Plus bas encore
la fonction verbale qui règle l'élocution et l'audition,
et qui déborde le langage intérieur.

*
* *

D'un tout autre point de vue, un linguiste, Vendryes, entreprend de décrire, sous le nom d'image verbale, précisément cet échelon intermédiaire entre la
pensée proprement dite et sa formule explicite.

L'image verbale est à double face ; d'un côté elle
regarde dans les profondeurs de la pensée ; de l'autre
elle se reflète dans le mécanisme producteur du son.
Elle est comme la représentation élaborée par la pensée en vue de l'expression dans le langage, et en même
temps un ensemble de possibilités phonétiques prêtes
à se réaliser.

C'est donc une unité psychique antérieure à la parole,
l'esquisse interne de la phrase, la combinaison mentale
des éléments du discours, une synthèse de virtualités
presque instantanées, que le langage développe par
tranches successives.

Dans la plupart des cas, du reste, cette esquisse
fait place immédiatement au dessin achevé, et il n'y
a pas d'intermédiaire entre la pensée et la parole. Si
je comprends bien Vendryes, cette esquisse mentale
n'interviendrait que dans les cas compliqués et difficiles, lors de l'effort intellectuel. La plupart du temps,
la production de l'image verbale, je dirais plutôt la
production de la formule verbale, suit immédiatement
la sensation du besoin ou l'impulsion de la volonté ;
et elle est suivie elle-même de la réalisation dans le
langage. Je dirais même que, dans la plupart des cas,

l'émission verbale et la formule verbale se confondent.

C'est qu'en effet l'enfant a emmagasiné des phrases toutes faites et qu'il est en possession d'un jeu de formules, qui surgissent toutes constituées, dès que besoin est. L'image verbale est cet ensemble de procédés linguistiques par lesquels s'exprime ou peut s'exprimer une situation chez un sujet. Ce n'est que dans les cas complexes et difficiles, lorsqu'il n'y a pas de modèle tout fait ou que le modèle tout fait ne suffit pas, que l'on travaille sur mesure, et que l'on ébauche ce que l'on dira.

***

Peut-être y a-t-il, chez Pick et chez van Woerkom, un peu trop de cet amour de la division et de la hiérarchie bien réglée, qui naguère encore aboutissait à certaines théories aujourd'hui un peu désuètes de la construction des actes. Les premiers théoriciens de l'apraxie voulaient qu'avant d'accomplir un acte on eût présente à l'esprit l'intention de l'acte global ; puis la décomposition en mouvements élémentaires ; puis la traduction en images motrices ; puis enfin en mouvements réels par la puissance des images motrices.

Aujourd'hui on est d'accord pour penser que l'impulsion initiale suffit, au moins pour les actes bien connus de nous, sans recours à la décomposition de l'acte et à la représentation des mouvements, qui la plupart du temps ne sont présents à la conscience qu'après avoir été effectués.

Il est à craindre que la méthodique et complexe analyse que nous venons de passer en revue ne prête à des critiques identiques. La plupart du temps nous

parlons avant d'avoir construit la phrase ; la plupart
du temps nous allons immédiatement de la pensée
à la parole ; la plupart du temps la pensée ne s'analyse
qu'en se formulant. Tout se passe comme si, dans cette
division quadripartite, les deux étapes intermédiaires
étaient la plupart du temps brûlées. Sans compter
les cas où nous apprenons notre pensée par notre parole,
où ce qui précède la parole n'est qu'une intention si
vague qu'elle ne se connaît, pour ainsi dire, qu'après
coup et par le détour de l'expression ; à peu près comme
nous prenons conscience de nos sentiments par notre
mimique et les modifications organiques qu'ils suscitent.

*
* *

· Toutes nos opérations mentales, tous nos actes se
ramènent à la construction d'ensembles organisés
et différenciés. Le maniement simultané de la synthèse
et de l'analyse, la décomposition successive de l'aperception simultanée et d'abord synthétique, la construction successive d'une aperception simultanée et
finalement synthétique au moyen de termes ajustés
vers cette unité finale entrevue, voilà la loi de toute
action intelligente, voilà finalement la loi de la conscience elle-même en tant qu'elle constitue son champ
d'expérience, apercevant des ensembles, réglant le
détail au sein de ces ensembles qui le débordent et
qui pourtant ne subsistent que par lui.

Mais nous pouvons user de matériaux différents
pour cette analyse, qui peut se faire en images banales,
comme quand, par exemple, nous nous représentons
en images visuelles les principaux stades de l'action
qui va s'accomplir ; ou en symboles, de quelque ordre

qu'ils soient, quand nous substituons à ces images directes un signe de maniement plus aisé, abréviation
motrice du geste, ou symbole proprement dit. Dans les
deux cas, l'opération reste une opération, et en fin
de compte elle se ramène à la représentation directe
ou indirecte d'une action matériellement effectuée.
Une construction, mentale ou effective, voilà à quoi se
ramène toute pensée et toute action. L'action, dans sa
structure, est la même chose que la pensée. L'intelligence est la même puissance de construire, qu'elle
s'exerce dans le monde matériel, ou dans le monde mental des images et des symboles. L'action que parfois
on oppose à la pensée, ou par qui l'on explique parfois
la pensée, est d'abord de la pensée.

Nous pouvons user de matériaux différents pour
cette construction et cette analyse. Et suivant les
matériaux employés, notre pensée est capable de telle
ou telle opération et elle prend tel ou tel aspect. Certaines opérations complexes ne sont possibles que par
l'usage de ces comprimés d'expérience si aisément
maniables et si assouplis à exprimer les relations, et
si variables dans leurs procédés d'ajustement, que sont
les signes verbaux. Certaines opérations complexes
ne sont possibles que par une découpure qui appelle
inévitablement les symboles verbaux.

En présence d'une opération difficile ou complexe,
et dont il faut communiquer le résultat, c'est donc
vers le langage, comme vers l'instrument universel
de l'intelligence, que spontanément s'oriente la pensée.
Elle s'installe sur le clavier verbal. S'il s'agit simplement de communiquer ou de se communiquer à soi-
même un résultat, l'expression surgit la plupart du
temps toute faite ou toute prête, par le jeu des auto-

matismes bien réglés. S'il s'agit d'exprimer, la plupart
du temps l'expression est à faire et elle se cherche avant
de se trouver.

Le langage est donc compris dans la pensée même,
dès qu'elle prend forme sociale ou discursive, dès qu'elle
tend à se communiquer ou à s'exprimer. Dès sa vie
embryonnaire, les linéaments linguistiques y sont
figurés. La confusion originelle enveloppe déjà, ou
bien tel ou tel détail linguistique, un mot par exemple
plus ou moins vaguement entrevu, ou bien une forme
linguistique, une esquisse de phrase, l'indication d'un
mouvement.

En d'autres termes, l'intention qui aboutit au discours est déjà bâtie sur le plan du discours ; je dirais
même que certaines des images non verbales présentes
dans l'intention initiale ont déjà, au moins chez le sujet
adulte, une valeur quasi verbale et qu'elles sont déjà
plus encore des symboles que des images.

Je ne crois donc pas que, au moins dans la plupart
des cas, les divisions rigoureuses de Pick ou de van
Woerkom se maintiennent. Le schéma grammatical
est immanent à la pensée différenciée : le choix des
mots est contemporain du schéma grammatical ;
et la pensée se différencie dès qu'elle s'oriente vers la
parole par besoin de communication ou d'expression.

Deux cas sont possibles. Ou bien la formule verbale
se présente toute faite, en vertu de l'habitude, de l'élec-
tion affective, et d'une construction extrêmement
rapide ; ces différents éléments pouvant du reste se
mêler plus ou moins. Dans tous ces cas nous allons
directement de la pensée à la parole et même de l'occasion qui déclenche la parole à la parole même. La
pensée n'est ici que la conscience de la parole. Nous

apprenons que nous pensons en nous entendant parler.

Ou bien le trajet est moins direct de la pensée à l'expression, et alors nous cherchons, nous esquissons mentalement, nous préparons notre formule, qui ne se présente pas toute faite, ou qui, toute faite, ne répondrait pas à ce que nous voulons. Ici le parleur se comporte à peu près comme l'écrivain qui travaille. Ici nous trouvons la hiérarchie complexe et savante de la pensée confuse, de la pensée qui s'analyse, de la forme verbale qui se construit et s'étoffe ; sous cette réserve de principe, qu'il y a déjà quelque chose de grammatical et de verbal dans la pensée confuse, à plus forte raison dans la pensée qui s'analyse.

C'est ici, dans ce langage complexe où l'intention travaille à s'exprimer adéquatement, que nous voyons s'entrecroiser l'inspiration soudaine et la trouvaille sans recherche de formules verbales, avec la recherche plus ou moins laborieuse et plus ou moins heureuse ; que nous voyons apparaître le développement régulier du discours, et aussi l'ajustement, les corrections, les repentirs, les reprises et les retouches ; que nous voyons le discours suivre les déviations de l'intention, dérailler, se réduire, suivant les accidents et les changements de la pensée. Tout cela selon que l'aperception du sens se donne d'un coup ou bien se fait à mesure, et souvent en s'aidant du langage même, et souvent aussi se défait. Le langage a souvent détruit ce qu'il tendait à exprimer.

*
* *

Le sujet qui parle sa pensée manœuvre à la fois en avant et en arrière. Il s'oriente vers ce qu'il va dire et il se souvient de ce qu'il a dit. La poussée en avant

et l'appréhension rétrospective interfèrent. La continuité du langage est à ce prix. Faute d'un ajustement
suffisant de ces deux tendances, il y a dans le discours
des discordances, des interruptions, des inégalités,
des ruptures. Une poussée en avant et un retour en
arrière et leur coordination étroite sont indispensables
à la parole. Les orateurs le savent bien. Les jours où
ils sont mal disposés, il en est qui construisent mal
parce qu'ils retiennent mal, parce qu'ils sont hors d'état
de se rappeler le mouvement, la liaison et la structure ;
et à tout moment ils sont ainsi obligés de recommencer,
de tâtonner, de reprendre, d'improviser une forme
nouvelle. Il en est aussi qui sont trop esclaves du déroulement du discours et incapables d'opérer en avant,
de préparer la suite ; leur langage est pénible et manque
d'invention.

Le sujet qui parle, nous l'avons déjà vu, est simultanément attentif à plusieurs plans ; au sens général
de son discours, à l'intention qui le dirige, au thème
qui le domine ; à la correspondance générale du débit
à la pensée ; à certains passages délicats ou importants,
à certains moments difficiles, idées ou mots.

* * *

Il reste, au delà de la pensée verbale, la possibilité
de la pensée tout court. Si le langage est l'instrument
le plus facile et le plus utile, il peut, pour certaines be-
sognes au moins, être suppléé. Je ne nie donc pas que
la pensée ne puisse s'apparaître à elle-même sous d'autres
figures que les mots et, construisant d'autres images.
L'essentiel est la construction. Dès qu'elle s'opère, il
y a pensée. Il y a une pensée verbale et une pensée
paraverbale.

Et il arrive que le langage se refuse. Les automatismes montés peuvent s'effondrer d'un coup. Le sujet opère avec ce qu'il peut d'images et avec ce qui lui reste de langage. Il devient plus ou moins incapable d'exprimer, ou même d'orienter sa pensée vers le langage.

C'est que les automatismes font défaut et qu'il n'est plus capable de les reconstruire. La plupart du temps, certes, il n'est plus capable d'une tension mentale analogue à celle qui l'amènerait à se reconstruire un langage, de celle qui consiste à construire une opération un peu complexe, quels que soient les matériaux employés. C'est la part de vérité qu'il y a dans la doctrine qui veut qu'à la base de l'aphasie il y ait un déficit intellectuel.

La phrase est une des constructions possibles de l'intelligence en présence d'une situation à laquelle il faut s'adapter intelligemment. Accomplir intelligemment un acte, construire la représentation d'un acte, construire la formule verbale d'un acte, trois procédés également intellectuels. L'intelligence commune à ces trois formes c'est l'organisation ; peu importent les éléments qui sont organisés, les moyens dont on se sert pour établir l'organisation.

Toutes les fois que nous ordonnons des matériaux selon un plan, nous faisons une phrase ; il y a des phrases musicales, des phrases plastiques, des phrases architecturales, des phrases chorégraphiques, des phrases d'action, des phrases logiques. Il y a phrase, dès qu'il y a constitution d'un ensemble organisé et différencié, dès qu'une totalité se distingue pour se recomposer, dès que la succession analyse l'instantané, dès que l'analyse mord sur la synthèse.

L'essence de la phrase, c'est la notion d'organisation et de rapport. La phrase verbale, cas particulier, implique en outre les rapports logiques et les éléments et les formes linguistiques.

La phrase linguistique étant un cas particulier, il n'y aura rien d'étonnant à voir, dans l'aphasie, d'autres formes de phrase ou de discours boîter en même temps que la phrase ou le discours verbaux. L'aphasie sémantique n'est pas autre chose. Elle est une impossibilité généralisée de construire des ensembles organisés et différenciés, au moins à partir d'un certain degré d'organisation et de différenciation. Les éléments peuvent manquer plus ou moins, par exemple les mots, ou les formes grammaticales faire défaut plus ou moins. Toute forme d'organisation est antérieure aux éléments qui doivent s'organiser, et elle est, jusqu'à un certain point, indépendante d'eux.

LE CHOIX DES FORMULES

La mémoire a emmagasiné depuis l'enfance, avec un grand nombre de formules toutes faites, les éléments et les formes de la langue, c'est-à-dire le moyen de fabriquer des formules. Une phrase, un discours (nous entendons par là une suite de phrases), sont donc mêlés de clichés adaptés à l'occasion et d'inventions verbales. A la limite, tous les mots ou presque tous les mots dont nous nous servons nous sont fournis par la langue, mais nous les choisissons suivant l'occasion, nous leur donnons un sens actuel, nous les groupons librement.

Il peut arriver qu'une formule soit indissolublement liée à une situation ; qu'en présence d'un danger

ou d'un ennui, ou d'un plaisir, par exemple, il nous
vienne aux lèvres toujours la même imprécation ou
la même évocation. Il y a des gens qui ont, pour les
situations ordinaires de leur vie, un langage à peu près
stéréotypé et que l'on peut prévoir ; cet automatisme
verbal, et surtout la possibilité de le prévoir et d'en
jouir, sont une des sources du comique. La plupart
du temps pourtant, sauf au début de la vie et au début
de l'apprentissage d'une langue, la formule verbale
n'est pas liée si étroitement à la situation. Il y a plusieurs manières de dire, encore que certaines de ces
manières de dire une fois choisies soient régies par
la tradition. La plupart du temps, la formule se dégage
du concours plus ou moins pressé de plusieurs expressions concurrentes. Elle est retouchée, ajustée, débitée
en tranches successives qui subissent les impulsions
diverses du sujet parlant au cours de la parole. A mesure
que l'attitude du sujet se précise, il y a moins de façons
de l'exprimer, et la formule devient plus définitive.
Elle se fait, nous l'avons vu, entre la pensée et la parole
même. Ses coupes, ses accents, sa structure, le nombre
et l'intensité de ses éléments répondent aux impressions du sujet, qui, prenant conscience de soi-même
à mesure qu'il s'exprime, s'aide de l'expression antérieure pour progresser ; contrôle, sélection, raffinement, dépassement. Il y a conflit et accord entre la
pensée et la formule. Il y a conflit et accord entre la
formule et la langue. La parole, comme dit de Saussure,
obéit à la contrainte de la langue et à la spontanéité de
l'esprit et du cœur du sujet parlant. L'ordre affectif
et l'ordre conventionnel s'entrecroisent dans le discours.
Une fois choisi le procédé d'expression, il n'échappe
pas à la convention. M. Jourdain aurait pu déclarer

ses sentiments à la marquise sur bien des thèmes différents ; mais après qu'il a choisi : «Belle Marquise,
vos yeux me font mourir d'amour», il a beau retourner
la phrase dans tous les sens, il s'aperçoit enfin qu'il
n'y a guère qu'une manière de la présenter.

* *
*

Nous employons un mot à un moment donné pour
les mêmes raisons que nous évoquons une idée ; usage
fréquent, usage récent, exigence affective, exigence
logique, intérêt momentané, influence de la phrase
que nous sommes en train de faire et des mots que
nous sommes en train d'employer. Il y a des liaisons
toutes faites et des possibilités de liaison dans notre
esprit. Ainsi certains caractères inhérents au mot
lui-même, les complexus affectifs qui l'imposent, l'en-
cadrement logique et verbal : le choix des expressions
se fait par toutes ces causes. Le symbole verbal, comme
tous les symboles et toutes les images, exprime des
complexus affectifs et leur interaction et leurs croisements. Une expression du reste peut répondre à
plusieurs d'entre eux, comme une seule peut s'exprimer
en plusieurs. Il convient d'ajouter, dès qu'un auditeur
est présent ou seulement imaginé, le besoin d'être
compris et d'agir sur lui, l'adaptation à cette société.
Une bonne partie de notre phraséologie spontanée
s'adoucit et s'arrondit au contact de l'interlocuteur.
Nous avons différentes façons de parler selon les milieux. Nous refoulons, en présence d'autrui, une partie
de notre vocabulaire. Les nécessités de la communication et de l'expression pèsent sur tout langage.

*
* *

Le mot a toujours un sens précis et actuel au moment
de son emploi ; et en même temps une série de sens
latents et virtuels, prêts à surgir ; ses différentes acceptions sont présentes sous son unité. Le jeton a la forme
que requiert la combinaison actuelle ; et pourtant il
est capable d'entrer dans plusieurs autres combinaisons.

Le mot surgit en vertu d'une attitude mentale,
comme expression et réponse. Il traduit l'orientation
présente de l'esprit. Il est un moment d'un processus
de pensée, qui suit un cours et dessine une forme.
Il apparaît seul et sans conteste, ou il est choisi entre
plusieurs expressions possibles, pour les raisons que
nous avons rappelées. Derrière lui transparaissent une
foule de notions et de sentiments qui y sont attachés
par des liens subtils et qui sont prêts à paraître à première occasion. Une intention ouvre donc un jeu de
possibilités verbales où tous les possibles n'ont pas les
mêmes droits.

Les mots ne sont pas dans l'esprit comme dans un
dictionnaire. Nous nous en apercevons bien à la difficulté de les trouver suivant l'alphabet ou par groupes.
Nous sommes habitués à leur usage en présence des
choses, des intentions, des attitudes mentales (1).
Ils sont engagés dans des rapports psychologiques et,
sauf pour le grammairien, ils n'ont pas d'existence
indépendante et isolée.

D'où le caractère artificiel des expériences d'asso-

_____

(1) C'est pourquoi il faut parler à chacun sa langue, trouver les termes
qui « réagissent » sur un esprit donné Les mots sont des expressions de
vie. Il ne faut les employer qu'à bon escient.

ciation. On jette un mot au sujet et on lui dit de répondre par un autre mot, parfois par un mot qui doit présenter tel ou tel caractère. Sauf dans les réponses tout automatiques, l'inducteur éveille un complexus dont l'induit fait partie, et dont une portion seulement est remarquée du sujet. C'est du reste à une certaine région logique ou sentimentale que l'inducteur vient frapper ; et l'induit exprime une situation psychologique plus ou moins complexe suivant l'attitude du sujet.

Il n'est pas plus naturel de trouver une suite de mots et de la prononcer ou de l'écrire. Binet a très judicieusement fait remarquer que la plupart du temps le sujet chargé de trouver vingt mots par exemple part de thèmes sous lesquels ils se groupent ; et dans le choix de ces thèmes l'individualité du sujet apparaît.

Le mot n'est pas davantage isolé des systèmes qui le supportent et le constituent. Les mots se groupent dans l'esprit suivant les « rapports associatifs » qu'a signalés de Saussure ; faisant partie du reste d'autant de séries associatives qu'il y a de rapports divers. C'est ainsi que *enseignement* tient à *enseigner* par le radical, à *armement* par le suffixe, à *éducation* par le sens, à *justement* par le son (1). Des courants s'établissent entre

_____

(1) DE SAUSSURE, p. 179. Comme le remarque très bien VENDRYES, les changements sémantiques établissent cette implication. Les liens de la famille sémantique retiennent chaque mot dans le sens traditionnel. S'il y a déplacement de sens pour un des mots essentiels de la famille, celui-ci attire avec lui les autres mots dans le nouveau sens. Quand les liens de famille se relâchent ou se brisent, rien n'empêche le sens de s'égarer.

DE SAUSSURE fait remarquer, p. 167, que, dans l'intérieur d'une même langue, tous les mots qui expriment des idées voisines se limitent réciproquement ; des synonymes comme *redouter*, *craindre*, *avoir peur*, n'ont de valeur propre que par leur opposition. Si *redouter* n'existait pas, tout son contenu irait à ses concurrents. Inversement, il y a des termes qui s'enri-

les sons, les formes, les idées et les choses. La conscience linguistique varie singulièrement du reste avec
la langue (1), avec les individus, et chez le même individu, avec les oscillations du niveau mental et les attitudes intellectuelles. Dans un état de fatigue ou de dépression, un mot tend à en évoquer d'autres selon les
formes inférieures, extrinsèques, de l'association (2).
Comme l'a bien dit Bally (3), plus les associations rat-
tachées aux faits de pensée font défaut, plus les associations provoquées par la forme du mot et même par
ses sons matériels tendent à occuper la première place
dans la conscience. Inversement, plus le sens d'un mot
est connu, plus les associations se rattachant à des faits
de pensée tendent à étouffer celles que provoque la
forme du mot.

Le mot est pris dans un certain nombre de combinaisons toutes faites. Les mots se groupent « suivant les
syntagmes » ; ils sont enregistrés et ils vivent dans l'esprit avec les contextes où ils ont été introduits précédemment, avec les alliances auxquelles ils se prêtent.

Enfin le mot suppose, nous l'avons vu, les formes
de la langue. L'idée à exprimer n'appelle pas seulement une forme verbale, mais aussi « le système latent »,
grâce auquel on obtient les oppositions nécessaires à
la formule. Le mot subit la loi morphologique. Le mot
s'enveloppe inévitablement de formes destinées à expri-

---

chissent par contact avec d'autres. Le vocabulaire psychologique est un
équilibre de termes qui se conditionnent réciproquement.
   (1) *Réprimande* n'est plus guère senti dans son rapport avec *réprimer* ;
ni *salaire* dans son rapport au *sel*. Inversement, la conscience linguistique
rapproche des choses distinctes, comme le montre, par exemple, l'étymologie populaire.
   (2) Voir *Traité de Psychologie*, I, p. 821 et suiv.
   (3) *Stylistique*, I, p. 32,

mer les modalités diverses de sa vie grammaticale :
flexions internes ou externes, ordre des mots. En cela
il suit le sort de la notion qu'il représente et qui n'est
rien si elle n'est un jugement virtuel. Le mot n'a d'existence que dans la phrase, sans laquelle il n'est point de
langage. Le mot prend toujours son sens de la suite des
mots, de sa forme grammaticale, de son rôle dans la
phrase, de la construction de la phrase.

Ainsi, à la surface de la conscience, le mot se fait jour
parmi les mots disponibles, obéissant à l'appel du sentiment évocateur ou de la logique constructive ; au
fond, il est engagé dans le réseau de relations qui constitue la conscience linguistique du sujet.

C'est ainsi que la succession et la simultanéité,
la mélodie et l'harmonie, le plan horizontal et le plan
vertical s'impliquent pour la formation du discours
musical. Les successions reposent sur les simultanéités,
et la fusion préalable, au sein de simultanéités, des
données qui se succèdent. La succession, si l'on oublie
les rapports préalables de ses éléments, n'est jamais
connaissable.

* *

Les mots fréquemment répétés sont exposés à perdre
à la fois leur forme, leur sens et leur fonction.

Les situations nouvelles exigent des mots nouveaux
ou des sens nouveaux. Le néologisme, l'emprunt, l'emploi d'un mot ancien en un sens nouveau satisfont
ce besoin de la langue. La nouveauté du langage traduit la nouveauté de l'objet ou le caractère intense,
nouveau, original que veut rendre le sujet parlant. Il
y a, comme le dit Bally (1), des néologismes de nécessité,

(1) *Stylistique*, I, p. 77.

27

comme les termes scientifiques, et les néologismes
« impressifs » de la langue courante (1).

Le besoin d'une désignation nouvelle et étrange
pour des impressions nouvelles et étranges, par exemple
chez le paranoïaque, l'imagination féconde et symbolique, la recherche et l'affectation, le maniérisme, par
exemple dans la démence précoce, expliquent suffisamment certains néologismes morbides (2).

LANGAGE INTÉRIEUR

On connaît les grandes formes classiques du langage
intérieur, et la difficulté fréquente de les déterminer.
La plupart du temps, il n'y a qu'une prédominance et
qui varie, chez un sujet donné, avec l'âge, les habitudes,
les intérêts, avec l'objet de la contemplation mentale
et le mode de présentation. Tout le monde commence
par être auditif et moteur puisqu'on apprend le langage par l'ouïe et par la voix.

L'homme pense, nous l'avons vu, avec des mots
et des images, quelquefois avec l'un et l'autre simultanément ; quelquefois avec l'un ou l'autre ; quelquefois plutôt avec l'un que l'autre (3). Il n'y a pas de

_____

(1) *Veinard, fêtard*, **se gober**, etc...
(2) Pxxisio, *Archives de Psychologie*, p. 109.
(3) Certains sujets disent : « Nous pensons des images ; nos pensées se
projettent devant nous en tableaux ; nous n'employons le mot que con-
traints de le faire ; nous raisonnons sur des peintures et non avec des mots
et des phrases ; notre travail mental n'emploie ni les conjonctions, ni les
verbes, ni les termes abstraits. » Voir l'observation de Riotor, dans SAINT-
PAUL, p. 70-71 : « Je me représente ma pensée bien plus par le décor que par
la parole ; ce sont des images, même des choses dont j'ignore absolument
la forme. La parole n'a pas de signification pour moi, psychiquement par-

relation nécessaire entre le type sensoriel et le type verbal ; un visuel sensoriel peut être un verbo-auditif (1).

Le type auditivo-moteur paraît bien être le plus fréquent. « Cette pensée que j'entends, je ne l'entends que parce que je la prononce en dedans. » (2). « Je ne

lant ; ce n'est que par les formes qu'elle évoque chez moi qu'elle existe, mais sans qu'il y ait réciprocité. »

Certaines observations de cette famille, rapportées par SAINT-PAUL, sont du reste assez équivoques, et il est possible que dans bien des cas l'image verbale ne soit que masquée.

Je n'ai pas recueilli d'observation rigoureusement comparable. Cependant un de mes sujets, C. B... a toujours besoin de voir ce qu'il pense ; en géométrie et en physique, il ne se sert que de figures, et il a perdu pied dès que la complication des figures est devenue un obstacle à leur vision claire ; il se représente un appareil avec le plus infime détail. Toute idée est pour lui une image visuelle, floue dans le langage courant, mais qui se précise dès qu'il s'y arrête.

« Lorsque je suis libre de m'exprimer à ma guise, je m'exprime par dessin, même si celui-ci est plus compliqué que la phrase écrite ou parlée. »

Un autre sujet, Mlle J..., très fortement visuelle concrète, pense aussi surtout par images visuelles : « Lorsque je pense, je ne parle pas intérieurement, mais je vois des images. Voici quelques exemples : je pense à un projet, des images visuelles colorées et vivantes défilent devant mes yeux et très rapidement, représentant les conditions du projet, le projet réalisé et ses conséquences. Si je pense qu'il est l'heure de me rendre à la bibliothèque, je vois la Sorbonne, la bibliothèque, les livres, je me vois suivant mon parcours habituel. Ces images sont animées, colorées et souvent simultanées. Lorsque je lis, je comprends mon texte grâce à une succession d'images ; et lorsque je pense ainsi les idées de mon texte, les caractères, les mots, les lignes de celui-ci disparaissent, je ne vois que les images me permettant de comprendre ce texte. »

(1) Dans certains cas l'opposition entre les deux types n'est point aussi nette, et ils sont reliés par une qualité commune. Un de mes sujets, Mlle B..., est verbo-auditive (peut-être aussi un peu motrice, et un peu visuelle). Elle a d'autre part une bonne mémoire visuelle. Or la sonorité lui semble mêlée à toute représentation sensorielle : « Que je me rappelle un paysage, il ne se détachera pas à vide, mais une certaine sonorité l'accompagnera. De même, quand je vois un tableau, je le situe dans un cadre sonore : une mer calme, le clapotement léger contre la grève — un paysage de campagne, le bruissement des feuilles. » L'audition encadre donc toutes les représentations. La mémoire auditive qui du reste, chez elle, est teintée d'affectivité, lui apparaît comme plus personnelle, plus intime.

(2) SAINT-PAUL, *Le Langage intérieur*, p. 135.

sais pas si j'entends parce que je parle ou si je parle
pour entendre. » (1). L'auditif est quelquefois moteur
par contre-coup : « La pensée des autres, je l'entends
très précisément selon leur voix.... Les mots de ma pensée, je les entends d'abord, puis je les parle.... et je m'entends parler » (2). Le moteur est quelquefois auditif
par contre-coup. Chez Saint-Paul lui-même (3), par
exemple, c'est l'articulation mentale qui détermine la
perception auditive. Celle-ci ne ressemble pas au souvenir des voix étrangères, qu'il peut dans certains cas
percevoir avec leurs caractéristiques, hauteur, timbre,
intensité. Elle ne donne aucune impression de timbre.
Et son rythme suit l'articulation. Il peut arriver que
l'auditivo-moteur parle sa propre pensée et entende
la voix d'autrui ; ou bien qu'il soit moteur ou auditif
suivant le degré de précision de sa pensée (4).

Le verbo-auditif entend en soi-même toutes les opérations de sa pensée. Il ne se la parle pas. C'est elle
qui lui parle. Et sa parole ne fait qu'énoncer cette
pensée dictée qu'il ne commande pas. L'auditif a
souvent l'impression de subir le cours de sa pensée.
La voix intérieure s'impose, dicte, commande. Quelquefois elle devient plus vive, à tel point que, sans effort
d'attention, le sujet entend ses pensées s'exprimer sous
forme de mots avec une sorte de timbre et de résonance,
qui, pour rester intérieurs, ne manquent cependant pas
de relief.

----

(1) Saint-Paul, p. 135.
(2) Ibid., p. 149.
(3) Ibid., p. 143.
(4) Comme le dit très justement Piéron, Le Cerveau et la Pensée, p. 260,
le complexus auditivo-kinesthésique est généralement tellement étroit,
l'évocation réciproque s'effectue avec une telle force, qu'il est difficile
d'analyser ses impressions.

Le verbo-moteur articule mentalement sans entendre. « Cela ne sonne pas en dedans. »(1). « Il me semble
que je parle quand je pense, bien que mes organes articulatoires n'exécutent aucun mouvement visible ou
sensible, et que, bien qu'ils ne soient animés d'aucun
mouvement, il se passe dans les muscles quelque chose
qui, dans une certaine limite, est semblable à ce qui se
passe quand je prononce réellement. » (2).

La verbo-motricité s'accompagne souvent de mimique interne : « Je ne puis penser sans agir... Ma réflexion ne peut longtemps rester intérieure... Si elle
m'absorbe et me surexcite... je cède à l'irrésistible besoin d'exprimer et de mimer ma pensée... Quand je lis
ou écoute un récit qui me captive, j'ai des jeux de

_____

(1) SAINT-PAUL, p. 105 (observation de Lacassagne).
(2) SAINT-PAUL, p. 104 (observation de Stricker).
J'ai noté chez une verbo-motrice, Mlle D..., une assez curieuse description que voici : « Le discours incessant n'a pas toujours le même degré de
conscience. Absorbée par quelque occupation active, j'ai souvent la
surprise de me retrouver tout à coup aux prises avec une conversation
intérieure sur un sujet très différent de ce qui m'occupe, quelquefois insi-
gnifiant. Le langage intérieur se dédouble ainsi en plusieurs discours :
je puis très bien, en même temps qu'une discussion au premier plan,
m'entretenir au deuxième ou au troisième plan de choses tout à fait
différentes. » Y a-t-il alternance rapide, ou simultanéité ; et dans ce dernier cas quel serait le mécanisme ? images d'articulation simultanées avec
les mouvements articulatoires, et divers plans d'effacement de ces images ?
J'ai reçu, depuis la rédaction de cette note, un complément d'explication
que voici : « Au cours d'un sujet de réflexion qui m'intéresse et que je
développe en formules, j'ai des pensées diverses qui viennent me distraire
sous forme de paroles, elles aussi, ou bien, alors que je m'efforce de m'attacher l'esprit à un sujet, je fais retour vers un autre qui ne m'intéresse
plus ; comme tout s'exprime en paroles intérieures, il en résulte un entrecroisement de discours qui semblent se superposer, mais peut-être n'y
a-t-il, que des oscillations très rapides entre les divers sujets de pensée.
« Enfin, au milieu de ces discours, s'intercalent parfois des phrases déta-
chées, bribes ou échos de phrases antérieures, mots à la dérive, qui me
donnent l'impression d'un discours inconscient d'où ils émerge-
raient. »

physionomie, des froncements de sourcil, des soubre-
sauts de muscles, des ébauches de gestes. » (1).

Le visuel voit sa pensée écrite, et parfois toute sa
pensée : parfois aussi des images visuelles et en même
temps le mot (2). « Mes images visuelles verbales sont
à mes pensées ce que sont pour le mathématicien les
x et les y ...Le mot que je vois très nettement... est la
formule de mon image à laquelle il s'est substitué. » (3).
« Mes images verbales revêtent la forme des caractères
d'imprimerie, ou celle de l'écriture anglaise, suivant que
je récite un texte imprimé ou que je prononce un discours préparé à l'avance et écrit de ma main. » (4). Le
visuelo-moteur voit les mots dans sa pensée et les prononce mentalement. Un mot évoque l'image visuelle qui
lui est propre et en même temps les mouvements d'articulation nécessaires pour les prononcer (5).

L'équilibré et l'indifférent usent, à leur manière,
de toutes ces images. Au sein des types complexes,

---

(1) SAINT-PAUL, p. 157.
(2) SAINT-PAUL, p. 126 (observation du docteur Daussat).
(3) SAINT-PAUL, p. 125 (observation du docteur de Gaulejac).
(4) SAINT-PAUL, p. 126 (observation du docteur de Gaulejac). Le degré
de visualisation peut varier beaucoup et aussi l'importance des caractères :
il y a des pensées qui sont visualisées en lettres décroissantes, des mots qui
grossissent lorsque la pensée est plus grave ou plus reposée ; des mots qui
apparaissent à des distances variables, des mots qui sont soulignés lorsqu'ils sont nouveaux.
(5) SAINT-PAUL, p. 179. Le visuel peut être plus ou moins logique. Un de
mes sujets, Mlle C..., qui pense par phrases écrites ou mots écrits, et chez
qui les mots importants s'extériorisent « avec une sorte de phosphores-
cence », lorsqu'elle ne se surveille pas et ne conduit pas volontairement sa
pensée voit ses associations se faire par l'intermédiaire des mots extério-
risés mentalement, et en vertu de la structure verbale de ces mots. Exemple :
« Je me dis : Quand on traverse une *chaussée*, l'essentiel est de ne pas *bouger*
quand une *auto* arrive subitement. Je vois écrits les trois mots soulignés
et je pense directement soit à des chaussures, soit à des bouges, soit à
l'auto-suggestion. Ce n'est pas la signification qui me guide, ni l'analogie
intérieure des mots, mais leur orthographe, leur figuration écrite. »

il faut distinguer la simultanéité et l'alternance (1).

Chez les infirmes du langage, les mêmes faits se constatent *mutatis mutandis*. Chez les sourds-muets aveugles, le toucher verbal remplace l'audition verbale, et parfois les signes digitaux les mouvements d'articulation : « Quand j'étais enfant, dit Helen Keller, mon langage intérieur était un épèlement intérieur ; à présent, bien que souvent l'on me surprenne encore à épeler moi-même sur mes doigts, je cause aussi avec moi-même au moyen de mes lèvres ; dès que j'appris à parler, mon esprit repoussa les signes digitaux et commença à articuler. Cependant, quand j'essaie de me rappeler ce qu'on m'a dit, j'ai conscience d'une main épelant dans la mienne. » (2).

* *

La prédominance du type paraît s'accentuer à l'âge adulte, comme il résulte de ce fait, observé par Lemaître (3), que, chez l'enfant de treize à quatorze ans, on rencontre les types endophasiques les plus divers ; ils sont même plus complexes que chez l'adulte. Le type peut du reste varier avec l'âge ; Lemaître a vu chez un tout au moins de ses écoliers, la vision rétrocéder en faveur de l'audition. Et il signale la forte tendance du développement vers l'audition (4). Il

(1) Il peut y avoir en rêve inversion de la formule verbale. Un de mes sujets, Mlle D..., très nettement verbo-motrice à l'état de veille, voit souvent en rêve le discours intérieur se transformer en histoires écrites.

(2) *Mon Univers*, p. 102.

(3) LEMAITRE, *Le langage intérieur chez les enfants* (*L'Educateur*, 1902). Observations sur le langage intérieur des enfants. *Archives de Psychologie*, 1904.

(4) Il y a des types qui se maintiennent fortement. Un de mes sujets, Mlle C..., soutient être franchement visuelle verbale depuis l'âge de huit ans.

est probable que le contact assidu des textes imprimés, l'habitude de la lecture et de l'écriture développent à un certain moment la vision verbale chez l'enfant. Il est possible que cette forte tendance vers l'audition, signalée par Lemaître, ne soit qu'un retour au type normal du sujet, un moment masqué par un phénomène adventice.

J'ai pu en tout cas recueillir l'observation d'une jeune Chinoise, Mlle L..., qui a passé toute sa jeunesse en Chine et qui n'est en France que depuis quatre ans. Elle a fait toute son éducation française au lycée dans ce court laps de temps. Pour apprendre le français, elle a eu recours surtout à la lecture, et elle est nettement visuelle verbale pour le français ; bien plus, elle tend à le devenir pour le chinois : « Depuis mon arrivée en France, il y a quatre ans, je n'ai presque jamais passé un jour sans un livre français à la main. Comme j'ai tant lu et que je lis toujours, l'image verbo-typographique s'est merveilleusement formée chez moi. Bien plus, tandis qu'en chinois je n'avais jamais eu auparavant d'image typographique, maintenant, quand je pense, parle, écoute ou écris en chinois, je vois bien des fois l'image typographique des mots ou des phrases françaises correspondantes. » Notre sujet insiste justement sur la nécessité où elle s'est trouvée de recourir à la lecture pour assimiler rapidement ce que l'éducation auditive apprend à l'enfant, et sur l'effort de mémoire visuelle qu'elle a fourni au lycée, où son éducation a été — étant donné les circonstances — particulièrement livresque. « Pour réciter mes leçons, il me fallait d'abord les comprendre, et puis apprendre les mots techniques et les phrases elles-mêmes. Après ces lectures répétées, avec la volonté de retenir les mots et les phrases, la mémoire reproductrice avait bien des raisons de se former chez moi ; au moment de réciter, j'avais sous les yeux l'image typographique des pages lues comme si je lisais un livre ; sans cela d'ailleurs je n'aurais pas pu réciter... Cette mémoire dont je me suis tant servie est devenue pour moi habituelle. »

Elle ne peut ni penser, ni écrire sans la vision typographique. Souvent même lorsqu'elle pense, parle, écoute ou écrit en chinois, l'image typographique des mots ou des phrases françaises intervient. Cette vision est d'autant plus précise que le sujet est plus attentif. Elle devient confuse dans les moments de fatigue.

Mlle Ca., qui est franchement visuelle en français et en anglais, est, semble-t-il, motrice visuelle pour le malgache qu'elle parle couramment depuis l'âge de neuf ans, mais qu'elle sait à peine lire. Elle pense à l'aide de ce qu'elle appelle le « schéma articulaire » des mots ; c'est-à-dire à l'aide du squelette articulatoire du mot, visuellement figuré par les consonnes (un peu comme dans l'écriture sémitique).

Il serait intéressant de rechercher les variations du langage intérieur chez les polyglottes selon la langue employée. On trouverait, croyons-nous, d'après une rapide enquête, que, pour les langues autres que la langue maternelle, le langage intérieur dépend beaucoup des procédés d'acquisition de la langue et de la facilité avec laquelle on la manie, de la recherche d'un point d'appui sur tel ou tel ordre sensoriel. M. D..., qui manie plusieurs langues, mais qui les a apprises autrement que notre Chinoise, peu à peu et en les intercalant pour ainsi dire dans sa langue maternelle, est également visuel en toutes langues. M. G. et quelques autres sujets sont verbo-moteurs ailleurs qu'en leur langue maternelle ; leur phonétique y est assez mal assurée et appelle sur

elle l'attention des sujets ; elle est d'ailleurs défectueuse et a tous les caractères de leur phonétique ordinaire. D'autres sujets recourent à la vision mentale
pour une langue où ils se sentent mal assurés et où ils ont
besoin d'un contrôle de leur audition ou de leur motricité.
· C'est, par exemple, le cas de Mme Ber., qui parle
couramment l'anglais et l'allemand, mais avec un
vocabulaire assez peu étendu. Dès que le mot « accro-
che », elle le visualise et le voit écrit sur une sorte de
tableau intérieur. De même, pour ces deux langues,
sa motricité s'accentue. Bref, son langage intérieur
se renforce devant la difficulté.

Il serait intéressant de rechercher l'influence des
impressions d'enfance sur la formation du langage
intérieur, comme on a commencé à le faire pour les
schèmes, diagrammes, synesthésies, etc... Un de mes
sujets, Mlle Ca., m'a fait la déclaration suivante :
« Au moment d'accomplir une action, c'est alors que
je pense le plus en phrases écrites, détaillées ; je me
donne des ordres à moi-même, qui prennent l'aspect
de maximes et se détachent sur fond blanc. Je connais
l'origine de ce mode de représentation : tout enfant,
j'allais souvent voir une amie protestante, dont le
père était pasteur ; sur les murs de toutes les pièces de
sa chambre couraient des maximes de l'Ecriture qui
invitaient à faire telle chose de telle façon. Depuis ce
temps-là, je m'exhorte de cette manière. »

*
* *

Il n'est point si aisé de déterminer le type verbal
d'un sujet. Les méthodes classiques de la distraction,
du renforcement, de la présentation adéquate ou ina-

déquate ne donnent pas grand'chose. Si l'on fait battre un métronome pour troubler un auditif qui mémorise par exemple une série de chiffres, il peut arriver que la concentration de l'attention compense cette gêne légère. Il peut arriver que l'attention soit gênée, et que nous prenions pour une perturbation des images mentales un trouble plus profond de l'attention ; de même si nous empêchons le moteur présumé d'articuler, en lui disant par exemple de tenir la langue entre les dents, ou de siffler, ou de compter à mi-voix une série de chiffres. Beaucoup de sujets sont incapables de diviser leur attention, et de mener de front même deux tâches.

On en revient toujours à l'introspection. La principale vertu de l'expérimentation, ici comme ailleurs, c'est de provoquer et d'aider l'introspection. Mais l'introspection est délicate. Il n'est pas toujours aisé d'apercevoir de faibles mouvements ou de faibles images. Un de mes sujets avait cru longtemps être un auditif pur. Il adhérait complètement à la description d'Egger. Il croyait ne penser qu'en entendant sa voix intérieure. « J'ai l'impression, en entendant ma voix intérieure, que l'on me parle avec ma voix habituelle, extérieure, dans la profondeur de mes deux oreilles. Même timbre, mêmes inflexions, même débit; mais avec une intensité différente. Ma voix intérieure ne résonne pas. Dans un silence parfait, quelquefois il me faut prononcer un mot ou l'irruption d'un bruit quelconque m'est nécessaire pour identifier ma parole intérieure. Il me faut une sorte de point de repère ou plutôt une commune grandeur, comme si ma voix et ma parole intérieure étaient un même phénomène se reproduisant à une échelle différente. »

Ce caractère nettement auditif de sa parole intérieure
ne l'a pas empêché d'apercevoir, à un examen plus
minutieux, « des mouvements ébauchés ou comme ima-
ginés » des lèvres et du larynx.

Certaines observations, en apparence très caractéristiques, conduiraient peut-être à une conclusion
analogue. Plusieurs verbo-visuels remarquent qu'alors
que leurs images visuelles ordinaires peuvent être
très amples, ils ne peuvent voir un grand nombre de
mots à la fois, une phrase entière. « Je ne vois les mots
que les uns après les autres, ceux qui ont été prononcés
(à haute voix) comme ceux qui terminent la phrase
disparaissent subitement ou s'estompent dans le brouillard. En revanche, ma vision «univerbale» est d'une
grande netteté. Elle m'apparaît sur un petit rectangle
de papier blanc placé légèrement à ma gauche ; dès
qu'elle est exprimée, elle disparaît aussitôt et brusquement, comme mue par un ressort. » (1). Ou encore :
« Ma pensée est écrite sur une seule ligne horizontale ;
je vois très bien les derniers mots de la pensée précédente, mais les premiers sont dans un brouillard
épais. » (2). En d'autres termes, le déroulement des
images verbales sur l'écran intérieur semble suivre le
rythme des mouvements des yeux ; ou peut-être même
des mouvements d'articulation. Car la vision verbale
intérieure peut appréhender des ensembles plus vastes
que ceux que nous décrivent ces sujets (3). Et Stricker,

(1) SAINT-PAUL, p. 128 (observation du docteur de Gauléjac).
(2) SAINT-PAUL, p. 127-8 (observation du docteur Daussat).
(3) C'est ce que remarque un de mes sujets, S. D..., qui se sert beaucoup
de la vision verbale, sans être un visuel pur : « Quelquefois ma pensée ne
suit pas un fil comme à l'ordinaire ; elle n'est pas linéaire, elle semble
être à deux dimensions, et quelquefois plus, comme un tableau à double,
à triple entrée. C'est ainsi surtout quand il s'agit de classification. Je crois

ce moteur par excellence, fait remarquer qu'en lisant il embrasse du regard plusieurs mots à la fois, mais que son attention ne s'arrête jamais qu'à la syllabe qu'il articule.

Il ne comprend pas les mots qu'il parcourt ainsi d'avance du regard avant que son attention s'en empare et les articule. Il lui faut faire passer les syllabes les unes après les autres dans son « savoir vif » pour les comprendre. Il ne peut lire qu'en passant d'un mot à l'autre, ou plus exactement d'une syllabe à l'autre. Au contraire, il peut embrasser à la fois et comprendre, en même temps, certains signes qui s'entendent sans représentation de mots, un triangle, un quadrilatère, un dessin (1). Les images visuelles de nos prétendus visuels purs sont peut-être plus qu'ils ne pensent sous la dépendance de l'articulation ou de la motricité générale.

D'autre part, l'observation est fragile. Il est aisé de se suggestionner, de systématiser, quand il s'agit de phénomènes aussi flous. Il faut tâcher de se surprendre, plus encore que de s'observer méthodiquement.

*
* *

La pensée peinte masque souvent l'image verbale. Il est curieux de voir que souvent le tableau ou le décor ont pour noyau la légende verbale, que le grand ensemble visuel est souvent soutenu par le canevas verbal. Même parmi les professionnels de la mémoire pitto-

---

que je vois le tout d'un seul coup comme un tableau que l'on embrasse d'un coup d'œil et non comme un tableau que je lirais ou dont j'entendrais la lecture. » Il est vrai qu'il s'agit ici d'une mémoire logique visuelle, d'un diagramme, plus encore que de vision proprement dite.

(1) Saint-Paul, p. 109, 110.

resque, il en est peu qui ne retiennent et ne pensent
que des images. D'abord, la plupart ne voient l'ensemble
que d'une manière confuse : un détail les frappe particulièrement et les conduit successivement aux détails
avoisinants. Et puis beaucoup se souviennent en faisant des remarques sur les grandeurs, les formes et
les teintes. Ils donnent à leur image une solide armature verbale, ils la construisent par méthode logique
et verbale, avant de la livrer à elle-même, et de lui
laisser sa libre allure dans leur esprit.

Way raconte dans ses souvenirs que Whistler apprenait par cœur ses Nocturnes. Il observait soigneusement les points essentiels d'où dépendait l'effet ;
puis il tournait le dos et disait à Way : « Vois donc si
j'ai bien appris ma leçon » ; et il récapitulait à haute
voix une description complète de ce qu'il avait observé,
« comme on répéterait un poème appris par cœur »,
se retournant encore pour voir s'il n'avait rien oublié (1).
C'est de la même manière, par une série de notations
verbales, que Legros apprenait le portrait d'Erasme au
Louvre. C'est peut-être de la même manière que Delacroix, selon Chenavard, apprenait ses tableaux avant
de les peindre. C'est encore le mot de J. F. Millet : « En
toute chose, pour se rappeler, il faut d'abord comprendre,
si l'on ne veut pas être un perroquet. Pour se rappeler
ce qu'on voit, il faut voir avec compréhension. Il ne
suffit pas d'ouvrir les yeux tout grands, il faut un acte
du cerveau. »

On objectera qu'il s'agit ici d'images privilégiées,
méthodiquement retenues, savamment construites
pour une opération précise. Le libre jeu des images

_____

(1) LUARD, *L'Education de la Mémoire pittoresque*, p. 64.

ressemblerait beaucoup plus à du vagabondage extra-verbal. Je le veux bien. Les images débordent évidemment les mots ; mais les mots les commentent et souvent les guident. Il arrive dans beaucoup de rêves que le langage intérieur se réalise plastiquement. Un mot fait surgir un décor ; inversement le mot éclaire le tableau confus. Ainsi en est-il souvent de la vision intérieure. Un de mes sujets m'écrit : « Dans certains relâchements intellectuels, lorsque ma pensée débridée va extrêmement vite et à l'aventure, les mots ne la suivent plus et n'accompagnent plus les images évoquées qui défilent trop rapidement et trop confusément. Mais par bonds, quand même, des mots essentiels surgissent, et qui accrochent au passage les visions successives. Cette voix intérieure ne se tait vraiment que pendant l'extase artistique. Devant certains tableaux, des rapports de couleurs retiennent seuls mon esprit ainsi que certaines suites d'accords durant un morceau d'orchestre. Mais si ma parole intérieure se tait, c'est, je crois, qu'à ce moment je ne suis plus qu'un état d'âme sans pensée précise. »

Il semble donc que le langage intérieur ne soit pas continu, au moins chez la plupart des sujets. Les opérations intenses, l'action, le font disparaître, ou l'atténuent, au moins sous sa forme de discours. A l'autre pôle de la vie mentale, dans les opérations de basse tension, il est souvent très fragmentaire. Même dans la méditation réfléchie, il peut n'être que partiel. Il se rapproche du langage parlé surtout quand il en est la préparation. Voici une observation de Saint-Paul, qui montre bien les différents degrés du phénomène : « Les mots de ma pensée, je les entends d'abord, puis je les parle. La moindre réflexion s'accompagne d'un murmure confus de mots isolés, entrecoupés, sans autre lien que la suite de mes pensées qu'ils jalonnent. Si ma méditation se précise et devient intense, les sensations se perfectionnent. Une idée, un fragment d'idée, se concrètent subitement en des lambeaux de phrases, des associations de mots quelquefois heureuses, venues je ne sais d'où, sans que je les cherche, brusquement jetées à mes oreilles... Cette phase d'auditivité n'est pas longue. Mon attention se fixe sur ces mots, ces phrases qui suivent ma pensée, me la traduisent, m'invitant, pour ainsi dire, à l'exprimer plus complètement... Je les subissais tout à l'heure, maintenant je les fais miens, j'en deviens maître, je dirige à mon gré la traduction verbale de mes idées. Je les parle mentalement et je m'entends parler. » (1).

Il y a aussi les cas d'hyperendophasie, où la parole intérieure devient plus vive, à tel point que, sans effort d'attention, le sujet entend ses pensées s'exprimer sous forme de mots ou avec une sorte de timbre et de résonance, qui, pour rester intérieurs, ne manquent cependant pas de relief.

LE STYLE ORAL

Ainsi le parleur cherche ou trouve d'emblée une forme harmonieuse de lignes, équilibrée et souple, qui groupe dans un ensemble logique, successif et construit, l'afflux simultané de ses idées et qui règle leur tendance à se développer chacune pour elle-même avec tous les éléments nécessaires.

Les coupes de la phrase, c'est-à-dire le rythme,

---

(1) SAINT-PAUL, p. 149. Je compte reprendre ailleurs la question du mécanisme verbal chez les polyglottes.

les rappels de son, répétition de mots entiers et de
phonèmes isolés, les schémas rythmiques et mélo-
diques enserrent l'idée fuyante, qui se hâte de se formuler pour se saisir. Le rythme de la phrase, avec ses
montées et ses descentes, ses parallélismes et ses con-
trastes, ses balancements et ses ruptures d'équilibre,
modèle l'idée et ses nuances. Les mots importants,
générateurs sonores de la phrase, frappent d'une sorte
de vassalité tonique les mots secondaires. Ainsi, comme
le disait Diderot, l'image même de l'âme est rendue
par les inflexions de la voix, les nuances successives,
les passages, les tons d'un discours accéléré, ralenti,
éclatant, étouffé, tempéré en cent manières. Ainsi
s'établit l'équilibre sonore, moteur et logique de la
composition verbale.

Ainsi le schème mélodique, le schème moteur, le
schème logique interfèrent dans l'esprit du sujet
parlant, et c'est de leur combinaison que résulte la
phrase ; la phrase qui peut être antérieure à elle-même,
et, sous la forme d'un dessin dans l'esprit, préexister à son expression. Certes cela arrive surtout chez le
styliste et chez l'orateur (1) ; mais à qui n'arrive-t-il
pas de saisir parfois la coupe d'une phrase à l'avance
et de la garder précieusement pour le bon moment ?

Beaucoup de gens ont des schèmes articulatoires
stéréotypés ; leur parole se déroule suivant des rythmes
et des mètres qu'une certaine familiarité avec eux permet de prévoir.

---

(1) « Figurez-vous que l'autre jour, Flaubert me dit (c'est Gautier qui
parle) : « C'est fini, je n'ai plus qu'une dizaine de pages à écrire, mais j'ai
toutes mes chutes de phrases. » Ainsi, il a déjà la musique des fins de
phrases, qu'il n'a pas encore faites. Il a ses chutes, que c'est drôle! hein ? »
Journal des Goncourt, I, p. 14,

Le style s'efforce précisément d'extraire de la langue
commune une sorte de langue nouvelle capable d'exprimer les nuances les plus variées, les plus fugitives
des idées et des impressions ; le choix et l'appropria-
tion des mots, le mot propre et l'épithète rare, la rupture des clichés, l'effet des alliances de mots nouvelles,
la « *junctura nova* » d'Horace, le juste agencement de
la phrase, le judicieux emploi des figures et de la ca-
dence, tels sont les moyens qu'emploient les peseurs
de mots, les chercheurs de sonorités, les créateurs de
coupes. « Dans la précision des assemblages, la rareté
des éléments, le poli de la surface, l'harmonie de l'ensemble, n'y a-t-il pas une vertu intrinsèque, une sorte
de force divine, quelque chose d'éternel comme un
principe ? N'y a-t-il pas un rapport nécessaire entre
le mot juste et le mot musical ? » (1). Le choix musical
de l'expression est orienté par le sentiment qui cherche
à s'exprimer par la musique du discours, au delà de
l'abstraction pure et de la pure objectivité. La musique
parfois refoule la logique. La pensée s'illumine de tout
l'éclat des passions.

Mais jusqu'à un certain point l'œuvre préexiste
à soi-même dans la pensée de son auteur : « Le style
n'est qu'une manière de penser... Le style est autant
sous les mots que dans les mots » (2) ; et aussi dans sa
parole. Certes, parole et écriture, suivent chacune un
mécanisme particulier ; mais le styliste écoute d'abord
sa parole vivante, qu'il raffine et subtilise. Et comme
l'a fort bien dit Bally, la valeur d'évocation de la langue
littéraire est par relation avec la langue parlée (3).

(1) FLAUBERT, *Correspondance*, IV, p. 253.
(2) FLAUBERT, *Correspondance*, III, p. 269.
(3) BALLY, I, *Traité de Stylistique*, p. 244.

C'est en se servant du son des mots et du rythme des phrases que l'artiste s'efforce de nous suggérer les états affectifs qu'il s'efforce d'exprimer en nous les suggérant. C'est par le même moyen que, dans la vie ordinaire, on s'efforce d'exprimer et de suggérer.

C'est de l'emploi de ces procédés que résulte l'individualité du langage. Tout nous est fourni, sauf le choix des mots et des coupes. Mais le peintre et le musicien reçoivent de même les moyens matériels de leur art, les règles de leur emploi, les traditions. Toute création opère d'abord sur des données traditionnelles. Il y a les locutions toutes faites, les expressions usuelles fournies par la tradition, les patrons réguliers, qui servent à inventer des mots nouveaux, à grouper des mots, à ordonner des phrases. Il y a les habitudes que se crée chaque individu. La liberté est au sommet, au terme de tous ces mécanismes. La liberté de la parole vient après toutes les servitudes de la langue. Plus un langage est personnel, plus il répugne à la phraséologie usuelle. Il est impossible de s'en passer. Rien ne donne plus que le cliché l'impression d'un cerveau anonyme et du servilisme intellectuel (1). Rien n'est plus ridicule que ce mécanisme inséré dans le vivant. Rien ne donne plus l'impression de l'excentricité et de la divagation que l'effort vers un langage trop personnel. Rien de plus ridicule que ce vivant qui vise à abolir tout mécanisme.

---

(1) Rémy DE GOURMONT, *Esthétique de la langue française*, p. 303.

QU'EST-CE QUE COMPRENDRE ?

Comprendre, en général, et nous verrons que cela s'applique au langage, c'est construire une forme, un sens, une signification, en ordonnant des représentations qui ont elles-mêmes un sens. Comprendre une chose, une situation, une idée, c'est l'intégrer dans un système, qui est lui-même intelligible parce qu'il est un système de relations, les éléments que l'on intègre dans ce système étant déjà eux-mêmes partiellement intelligibles parce qu'ils sont déjà intégrés à des systèmes.

En d'autres termes, la compréhension met toujours en œuvre tout l'esprit. La signification ne s'arrête jamais à un signifiant, qui serait significatif par soi. Ce signifiant à son tour n'est significatif que par référence à autre chose que soi. Je sais ce que c'est que manger ou cueillir une fleur, parce que ces actes s'intègrent dans la suite de mes actions, parce qu'ils produisent en moi certains effets, qu'eux-mêmes je comprends par autre chose.

Nous ne comprenons pas en choses, ni en images. La théorie de l'image est tout à fait vaine ici. Comprendre une chose ou une image ce n'est pas lui renvoyer son image mentale, la réfléchir sur elle ; car l'image elle-même doit être comprise d'abord, avant de faire la compréhension. Sans compter que l'habitude et l'intelligence nous dispensent le plus souvent de l'image pour comprendre. La théorie de la reconnaissance par les images est tout à fait superficielle et presque toujours inexacte. Ce n'est pas à l'image, c'est à l'opé-

ration mentale sous-jacente à l'image qu'il faut recourir.

Il n'est pas vrai davantage que nous comprenions
par référence à l'action. Paulhan nous dit par exemple
que comprendre un mot c'est répondre adéquatement
à l'excitation qu'il représente. C'est sentir en soi un
faible réveil des tendances de toute nature qu'éveil-
lerait la perception des objets représentés par le mot.
Comprendre ce serait donc avant tout réagir, agir, ou
commencer d'agir. Et il est vrai qu'il faut d'abord
réaliser les signes, lorsque l'habitude et la facilité ne
nous dispensent pas d'avoir besoin de les réaliser. Mais
la valeur contre laquelle nous les échangeons, n'est
elle-même une valeur que par le système de valeurs
dont elle fait partie. Il ne suffit pas, comme le montre
bien Paulhan, qu'une tendance s'éveille, il faut encore
qu'elle soit mise en rapport avec les autres tendances.
C'est la systématisation des tendances, leur union
en un tout organisé, qui permet de comprendre les
tendances partielles.

Par conséquent on aurait tort de nous renvoyer
à l'action pour nous faire comprendre ce que c'est que
comprendre. L'action toute pure n'est pas intelligible ; pour expliquer, il faut qu'elle soit comprise,
qu'elle entre dans un système d'actions, conçu comme
un système de valeurs et qu'elle se définisse par sa
position dans ce système.

Si nous réagissons à une perception par un mouvement, ce n'est pas ce mouvement qui fait l'intelligibilité de la perception. On pourrait aussi bien dire
et aussi inexactement que c'est la perception qui fait
la signification du mouvement. L'association de la
perception et du mouvement commence par donner

un sens à chacun d'eux : sens élémentaire et provisoire, qui se complète par l'association de chacun d'eux à d'autres perceptions et à d'autres mouvements, leur intégration dans un système mental.

L'action en elle-même n'est pas intelligible. L'action réflexe, simple réponse, simple courant de sortie, laisse le sujet dans le plan réflexe et ne crée pas l'intelligibilité. C'est l'action, intégrée dans un système de perceptions et d'actes, devenue jusqu'à un certain point une notion, qui peut faire la signification et l'intelligibilité ; par conséquent l'action dominée par les catégories de causalité et de finalité ; donc l'action pensée, l'action devenue chose mentale. Nous commençons à comprendre quand nous captons, suspendons, transformons l'action de réponse, quand nous entrons dans un univers mental, quand nous constituons un univers logique.

Comprendre, c'est donc substituer à une série de sensations hétérogènes, l'ordre qui les rassemble et qui les définit les unes par rapport aux autres.

Comprendre, c'est donc jeter sur les choses le réseau des relations, ordonner les données sensibles, motrices ou intellectuelles, dans l'espace et dans le temps, dans l'ordre des qualités, des causes et des fins. C'est opérer sur elles un double travail ; car les représentations élémentaires, que nous mettons en ordre les unes par rapport aux autres, sont déjà ordonnées par rapport à d'autres représentations qui permettent de les comprendre ; quand je comprends que le coureur se hâte vers le but, je sais déjà ce que c'est qu'un coureur ; quand je comprends que le peintre prépare sa palette pour se mettre au travail, je sais déjà ce que c'est qu'une couleur. Quand je comprends une phrase, je connais déjà les mots dont le groupement nouveau dégage un sens nouveau.

Comprendre, c'est donc ordonner des notions. Il faut d'abord construire des notions ou recourir à des notions déjà constituées. Notre savoir potentiel n'est pas autre chose que le système de ces notions. Nous en avons tout un stock. Notre esprit est plein, nous l'avons dit, de ces abrégés, de ces comprimés de savoir, que l'habitude nous permet de manier aisément. Et c'est en les ordonnant que nous leur conférons une signification.

De cette vérité l'empirisme a bien aperçu l'ombre. Lorsque Taine cherche à expliquer comment nous comprenons une phrase de la conversation courante, il nous dit bien que les signes évoquent des images, et que les signes qui se succèdent sont compatibles entre eux. C'est, sous une forme encore trop superficielle, la description du fait que nous étudions ici.

Comprendre, c'est d'abord systématiser. On comprend dès qu'on systématise. Le paranoïaque reste inquiet devant sa propre inquiétude, son désarroi. Il comprend dès qu'il délire. Un délire est un système faux, mais c'est un système. Et la systématisation fausse du para-noïaque lui apporte jusqu'à un certain point l'apaisement qu'apporte d'abord la compréhension. Même quand les éléments que l'on systématise n'ont point de sens par eux-mêmes, du point de vue intellectuel s'entend, la systématisation leur confère une appa-rence de sens ; dans une mélodie il y a une pensée musicale, je veux dire une phraséologie sonore, un ordre de sons ; sans compter bien entendu ce qu'elle exprime et suggère.

Le langage est une mélodie intellectuelle. Les signes

représentent des notions, et la syntaxe la logique. La
compréhension peut commencer plus bas : dès qu'il y
a aperception de rapport, sur un minimum de chose
ou de signe.

Il va sans dire que le système est plus ou moins
élevé, plus ou moins profond, plus ou moins vrai.
L'ordre que nous mettons entre les choses est à la mesure de notre esprit. Comprendre vraiment, comprendre
au sens savant du mot, c'est faire la science. L'ordre
que la science met dans les choses est à la mesure de
l'esprit. Légalité et causalité, tels sont peut-être, comme
l'a profondément montré Meyerson, les deux types
de l'explication scientifique ; la légalité n'étant peut-
être, au reste, que la figure empirique de la causalité
rationnelle (1).

_____

(1) MEYERSON, *Identité et Réalité. De l'Explication dans les Sciences.*
Nous ne pouvons chercher ici — ce serait nous écarter de notre présent
travail — si le rêve de réduire toute réalité à un substrat rigoureusement
homogène, si la dissolution des différences, des données hétérogènes qui
constituent la matière de la connaissance, si la marche du divers au même
et à l'identique, si l'assimilation, en un mot, suffit à définir la compréhension scientifique. Remarquons, du point de vue psychologique, que si la
science assimile et détruit d'une part, d'autre part elle garde la diversité
et la maintient. Elle proclame en dehors d'elle la diversité qu'elle nie en
dedans d'elle. Sinon rien n'est plus. Il n'y a de science, de même qu'il n'y
a de conscience, que parce qu'il y a l'univers sensible et l'univers logique,
parce que nous sommes capables d'une double attitude et de poser l'un
en regard de l'autre deux mondes qui s'impliquent et qui s'excluent. Le
laisser-aller à la vie est sommeil et torpeur ; sans les distinctions que l'attention établit dans la continuité de la vie psychique, sans le dessin d'un
univers, il n'y a pas de conscience. Sans le report de l'explication sur la
diversité sensible qu'elle commence par annuler, il n'y a pas de science. La
science postule, exige, affirme ce qu'elle nie. En d'autres termes, elle
commence par poser le grand irrationnel de l'existence qualitative ; et
elle pose ensuite les irrationnels particuliers à chaque ordre d'existences.
Sans les irrationnels, sans ces chocs qui nous arrêtent et nous fournissent
une matière réelle à élaborer, il n'y aurait point d'œuvre à faire en ce
monde. Comprendre, ce n'est pas simplement dénaturer la qualité pour la
transformer en quantité, dire que rien ne se passe, que le monde a oublié

COMPRENDRE LE LANGAGE

C'est comprendre au moyen du langage. C'est donc plus et moins que comprendre. C'est plus parce qu'i faut comprendre le signe en sus du signifié. C'est moins parce que le signe la plupart du temps nous dispense du signifié, et parce que le maniement des signes rend aisées toute espèce d'opérations qu'il serait difficile d'accomplir sur les choses elles-mêmes ; l'algèbre fait bien comprendre cela.

Comprendre le langage c'est comprendre les mots et les formes grammaticales ; c'est se placer, grâce à ces formes, dans un système de relations concernant les choses ou les événements que les mots désignent. C'est, à l'aide des signes, réaliser l'adaptation intellectuelle à la réalité à travers les signes ; adaptation qui paraît immédiate quand les signes sont devenus transparents ; adaptation esquissée et commençante qui, la plupart du temps, s'en tient à la puissance sans passer à l'acte.

Il y a un niveau inférieur de compréhension verbale. Le langage est, pour une bonne part, automatisme dans sa réception comme dans son émission. Une bonne part des phrases du langage courant déclenche l'adhésion sans presque passer par l'esprit. Une bonne part du langage rend possible, en cours de route, l'oubli du contenu réel des idées. Le mot, par suite de ses con-

---

d'exister. La raison ne nie pas la réalité : elle la légitime. Elle ne nie pas les originalités : elle les reconnaît. Hegel a cru à tort qu'il pouvait expliquer dialectiquement le monde sensible. Mais il avait peut-être raison de croire que la dualité de la science et de l'être est nécessaire à la science elle-même.

jonctions habituelles, acquiert des compatibilités ;
habitués que nous sommes à voir figurer ensemble
un assez petit nombre de mots familiers qui les enchâs-
sent, nous n'éprouvons la plupart du temps en face
des banalités que nous entendons que le sentiment
d'un déroulement correct — interrompu parfois brusquement si quelque chose détonne — et l'impression
d'être « à la page ». La compréhension est d'abord un
réflexe intellectuel, plus ou moins accompagné parfois du vague sentiment que nous pourrions pousser
plus loin la compréhension.

A un niveau supérieur la compréhension suppose
l'analyse du discours. Elle est grammaticale et logique.
Nous construisons le sens à l'aide des éléments, por-
teurs de leur valeur linguistique ; nous nous aidons des
mots vivants et des outils grammaticaux, des mots et
de la phrase. Comprendre une phrase, c'est donner leur
valeur de signification directe et leur valeur fonctionnelle, syntaxique, aux mots d'une phrase, en réali-
sant la construction, c'est-à-dire en rétablissant le
jeu de rapports qu'elle figure ; c'est comprendre et
le sens des mots et la construction de la phrase. Une
bonne part de cette compréhension reste implicite.
L'automatisme nous permet de traiter directement
avec la plupart des signes, et mieux encore avec de
grands ensembles de signes. Il dessine à l'avance les
positions que l'esprit doit prendre pour s'orienter dans
le méandre de la phrase. Il permet de survoler une
bonne partie du discours, de réunir en une vision d'ensemble bien des opérations fragmentaires qui s'étaient
présentées d'abord en succession.

Grâce à cet automatisme, l'attention se dirige vers
le sens qui se construit à mesure. Une idée se forme

dans l'esprit ; une idée, c'est-à-dire un groupement de notions sous un ordre ; une idée qui, comme Bergson l'a bien montré, est d'abord une hypothèse fluide, qui se précise et se vérifie au fur et à mesure du discours. Mais cette idée a l'air d'être le discours lui-même, tant elle en épouse rigoureusement les formes. Il se peut que nous ajoutions ensuite au discours. Mais elle est d'abord le discours compris.

Ainsi le savoir verbal et grammatical, le savoir potentiel, la langue et l'esprit interviennent d'abord pour former le sens qui se construit au fur et à mesure.

L'analyse du discours est logique et grammaticale ; chaque élément, en passant, apporte sa valeur qui prend sa place dans le tableau qui se construit ; à peu près comme chaque note recueillant tout ce qui a résonné avant elle, et préparant ce qui va suivre, concourt à former la mélodie.

Nous distinguons les éléments, les mots ou les groupes de mots, mais nous les distinguons en les unissant. Si on ne les distingue pas, si on ne les sépare pas, rien n'est. Si on ne fait que les distinguer et les séparer, rien n'est. Il s'agit de retrouver une à une, dans le mouvement total, les lignes qui marquent la structure intérieure. Le mot est nécessaire à l'intelligence de la phrase. Il ne suffit pas de dessiner une courbe de pensée et de sentiment, un mouvement de phrase. Faute d'un mot à tel moment de cette courbe, il arrive souvent que nous ne comprenions pas une phrase dont nous comprenons fort bien le mouvement. Il arrive souvent que la compréhension reste en suspens et que nous attendons le mot qui éclairera tout ; le même mouvement de phrase peut servir à plusieurs idées et nous apporter le bonheur ou le malheur suivant le mot de

la fin ; c'est pourquoi nous attendons parfois, pleins
d'angoisse, qu'avec le dernier mot, notre sort soit tombé.

Les mots se succèdent ; mais chacun en passant
donne son sens au discours, comme la note à la mélodie.

La phrase est nécessaire à l'intelligence du mot.
Nous avons vu qu'il ne reçoit son sens que par le
« syntagme ». Le contexte est nécessaire à la compréhension. Il y a des aphasiques qui ne réagissent plus
à la phrase et qui réagissent encore aux mots. Si l'on
change l'idée en changeant la phrase et en conservant
le mot principal, leur réponse ne varie pas. Ils n'ont
pas compris la phrase.

La phrase se découpe suivant ses articulations grammaticales et logiques. Elle se construit à mesure ;
la mémoire immédiate et l'attente y travaillent. Une
bonne partie de ce qui est lu ou entendu demeure en
réserve jusqu'à ce que le sens soit élaboré. Le langage
fait avec des mots et de la logique ce que la musique
fait avec des notes et du sentiment. Une forme se dessine dans l'esprit, sinueuse, qui oscille autour de la
direction que l'audition ou la vue impriment. Nous
comprenons souvent en plusieurs temps. Si je lis ou
que j'entends une période un peu compliquée, l'interprétation s'ébauche, puis se précise, puis se confirme.
Elle précède toujours un peu l'analyse rapide qui sert
à l'établir. Nous avons souvent conscience d'une erreur,
qu'un détail presque au même moment, vient rectifier.

.*.

Le rôle de ce travail d'interprétation est bien visible
lorsque la compréhension est retardée ou empêchée ;
bien visible aussi dans les erreurs de compréhension.

Piaget a eu l'heureuse idée d'étudier, dans *Le Langage et la Pensée chez l'enfant*, la façon dont des enfants de onze à douze ans arrivent à reconnaître dans des phrases qu'on leur présente l'équivalent de proverbes qu'on leur a fait lire. Les erreurs sont très fréquentes, parce que les enfants de cet âge, au lieu d'analyser les deux groupes et de les interpréter isolément pour les rapprocher ensuite, construisent d'emblée un schéma d'ensemble, dans lequel viennent se fondre les deux propositions données. L'enfant, à la lecture du proverbe, se fait un schéma où entrent à titre d'éléments le sens, les images déclenchées par les mots lus, le rythme de la phrase, la position des mots par rapport aux conjonctions, aux négations et à la ponctuation. Ce schéma est alors projeté dans une phrase correspondante pour peu qu'elle le tolère, et avant même que cette seconde ne soit lue complètement, elle en dénature le sens. Il suffit parfois d'une analogie partielle pour déclencher un schéma global ; souvent aussi l'analogie partielle n'est que le produit du schéma global.

Si l'on glisse un mot inconnu dans la phrase, le mot inconnu est compris en fonction du schéma d'ensemble. L'enfant laisse échapper, dans une phrase donnée, tous les mots difficiles, puis il relie les mots compris en un sens qui lui permet d'interpréter les mots incompris.

Dans un assez grand nombre de cas il semble que le schéma seul importe et que la compréhension des mots ne vienne qu'après ; dans d'autres, au contraire, il semble que l'enfant cherche uniquement des mots semblables par le sens ou le son, qu'il parte de la compréhension des mots et qu'il construise ensuite le schéma d'ensemble.

Cette expérience a le mérite de montrer l'interaction
de deux interprétations dont chacune s'éveille et se
précise au contact de l'autre ; et comme les sujets n'ont
pas encore atteint l'âge intellectuel de la compréhension vraie, au lieu de trouver une hypothèse qui réduise l'une à l'autre les deux phrases données en allant
chercher, au delà de chacune d'elles, le sens commun à
l'une et à l'autre, ils en fabriquent une qui, partant de
certaines analogies de détail, impose à l'une des deux le
sens total de l'autre plus ou moins bien compris s'entend ; car la compréhension de chacune de ces deux
phrases peut être elle-même déformée par le travail
rapide de l'imagination.

**

Les images, le langage intérieur compliquent la
compréhension. L'image illustre et réalise. Elle égare
aussi, parce que l'esprit s'y arrête et qu'elle le captive,
et parce qu'elle exprime parfois des « à côté ». Quand
nous suivons une conversation, ou quand nous lisons,
nous devons à nos images bien des distractions, bien
des moments lacunaires où le sens nous échappe.

Parfois la parole démasque les choses. C'est ce
qui arrive quand les mots font image.

Une image, on l'a bien dit, n'existe pas nécessairement dans la conscience des sujets parlants,
parce qu'elle existe dans la parole ou sur le papier.
Il y a des images mortes ou tellement affaiblies qu'elles
ne font plus image. Tout vocabulaire est un cimetière
d'images. L'image évocatrice crée une atmosphère
et réalise des objets. Elle met pour un moment l'esprit
en présence des choses elles-mêmes ; et l'effet est

saisissant de voir disparaître pour un moment les symboles verbaux et surgir les choses. C'est à ce point que
l'affectivité volontiers prend le change et perd la trace.
Rien de plus dangereux pour le parleur que d'éveiller
des images, à moins qu'il ne sache les discipliner et
les amortir à point nommé. Rien de plus dangereux
que la métaphore, à moins que l'écrivain ne sache ramener sur la notion l'attention qui s'égare sur l'objet
sensible.

La compréhension peut être troublée aussi par les
sentiments que provoque la parole, par l'adhésion vive,
qui suspend le travail de l'esprit, par l'effet de certains
mots, de certains sons, de certains rythmes. C'est
pourquoi l'art de la parole est si difficile à manier,
quand on veut convaincre ; à plus forte raison, quand
on veut à la fois persuader et convaincre. On a remarqué que la compréhension vive produit parfois un
effet amnésifiant. On se souvient d'avoir compris ;
on ne se rappelle pas ce qu'on a compris.

Toutes les observations témoignent, dans tous les
cas où le discours est complexe, de l'effort du sujet
pour construire le sens à mesure, pour trouver la pensée
d'ensemble à qui tout se rattache ; et du caractère
souvent brusque de la compréhension, qui s'éveille
tout d'un coup, en un moment illuminateur, et de l'intensité que prennent certains mots, certains centres
de signification.

*
* *

Lorsque nous comprenons, nous l'avons dit, il semble,
dans la plupart des cas, qu'il n'y ait en nous que le
langage lui-même. Et en effet il n'y a, la plupart du

temps, en nous que le langage compris. La signification
adhère au signe. La fonction du signe est d'abolir le
signifiant. L'esprit se comporte en face du signe et des
suites de signes comme en face de la réalité qu'ils
représentent et c'est cette identité d'attitude qui fait
la parfaite équivalence de l'un à l'autre, la possibilité
de la substitution. La pleine compréhension du langage exige cette totale identification. S'il y a écart,
discordance, le langage passe et l'on n'a pas compris.
On est en retard, ou en avance. Au terme de la compréhension se retrouve cette adéquation parfaite du signe
et de la signification que nous avons vue sous sa forme
inférieure, dans la réponse réflexe qui souvent dispense
de toute intellection. Dans cette compréhension parfaite le signe disparaît presque, il devient translucide.
La compréhension du langage, c'est un peu le langage
supprimé.

D'autre part, le signe fait un perpétuel appel à
la signification. Lors de l'apprentissage d'une langue,
le signe n'opère que sous l'autorité du signifiant ;
lorsque l'intellection est difficile, il faut aller chercher
au delà du signe de quoi le justifier ; suivre un calcul
c'est le refaire ; chercher à comprendre, c'est se placer
au delà de ce qu'on voit ou de ce qu'on entend.

Le degré d'intensité et de précision du signe, nécessaire à la compréhension, est en raison inverse de la
compréhension déjà présente à l'esprit. « Intelligenti
pauca ». Dans un demi-jour nous distinguons et reconnaissons les objets familiers, alors qu'il nous faut
le plein jour pour reconnaître les autres. Un petit signe
d'une personne dont nous connaissons la mimique
habituelle nous suffit pour explorer ses sentiments. Am-
père avait remarqué que, quand nous connaissons déjà

une pièce, nous entendons mieux la parole des acteurs. Ce n'est point grossissement de cette parole par je ne sais quelles images auditives qui sortiraient de notre intellection, c'est reconnaissance plus aisée à cause du savoir, d'où l'impression d'une perception plus forte. On perçoit mieux ce que l'on sait déjà.

* * *

On voit que nous ne faisons pas appel pour la compréhension du langage au schème moteur de Bergson Le « schème dynamique » de Bergson nous paraît correspondre à la réalité ; mais non pas le « schème moteur ».

Je ne dirai pas que répéter en écho n'est pas comprendre, parce que Bergson n'a jamais fait du schème moteur qu'un moment de la compréhension ; mais, comme il le faisait remarquer déjà, l'aphasie motrice n'entraîne pas la surdité verbale. Un grand anarthrique peut comprendre encore beaucoup de choses. Avec quel schème moteur ? Son langage moteur est si altéré ou si nul qu'il ne peut en rien lui servir. On dira que le schème moteur n'a pas besoin d'être la reproduction exacte de la parole, qu'il n'en est qu'une esquisse. Mais le jargon ou le bredouillement de l'anarthrique respectent-ils la structure motrice du langage normal ? Il faudrait soutenir alors que le schème moteur ne relève que de la motilité générale ; mais nous verrons que cette motilité doit être intelligente pour aider à comprendre. Qui n'a fait du reste sur soi-même cette observation que l'on peut comprendre la conversation de deux personnes tout en parlant soi-même à une

troisième ; que l'on peut comprendre un discours
en articulant à la muette ? (1)

D'autre part, les articulations du discours nous
arrivent déjà toutes distinguées. Le sens, les groupes
logiques, les groupes accentués, les coupes de la phrase
préfigurent les arrêts, les distinctions, les découpures
nécessaires à l'analyse mentale. La parole n'est pas
une continuité sonore où tout serait indistinct.

Enfin, ici comme ailleurs, l'analyse motrice n'a d'utilité et de valeur pour l'intellection, que si elle
est intelligente, si elle est le support moteur de l'analyse logique. Marquer d'un mouvement les arrêts ou
les temps forts d'une phrase que j'entends, cela peut
en effet m'aider à comprendre ; c'est comme souligner d'un trait un passage important. Mais c'est l'élément logique qui est l'essentiel. Il y a dans la compréhension un découpage intelligent. Le mouvement est
ici au service de l'esprit ; c'est à cette seule condition
qu'il peut servir à l'intellection. Un mouvement quelconque, ataxique, livré à lui-même, ne servirait à rien.
Si le schème moteur sert à quelque chose, c'est en tant
qu'il est guidé par le débit intelligent de l'interlocuteur
ou restitué par notre interprétation intelligente. Une
élocution inhabituelle, un texte où l'on s'amuse à
faire des coupures arbitraires suffisent à nous plonger

_____

(1) On pourrait objecter que l'on peut se représenter l'articulation d'un
phonème en prononçant réellement un phonème tout différent. Voir
Piéron, *Le Cerveau et la Pensée*, p. 220, note : « C'est ainsi qu'ayant moi-
même des représentations d'articulation assez intenses, je puis me figurer
que je prononce un mot quelconque, par exemple *Constantinople*, avec des
sensations locales très nettes, situées différemment suivant le phonème,
pendant que je répète tout haut, très vite, sans arrêt, une syllabe comme
pa-pa-pa, ou *te-te-te*, etc... » Pareil fait n'apparaîtrait en tout cas que chez
des verbo-moteurs très caractérisés. Et l'on n'éviterait point l'objection
générale que nous allons présenter.

dans l'embarras. C'est la signification qui introduit des divisions dans la chaîne phonique et dans la chaîne auditive. Comme l'a bien dit de Saussure (1), quand nous entendons une langue inconnue, nous sommes hors d'état de dire comment la suite des sons doit être analysée : cette analyse est impossible, si l'on ne tient compte que de l'aspect phonique du phénomène linguistique. (2).

On a pourtant l'impression parfois que notre langage intérieur suit l'audition ; mais ce qui donne surtout cette impression, c'est que si l'interlocuteur se trompe, s'il articule à faux, nous rectifions aussitôt, au moins intérieurement ; nous contrôlons, nous n'imitons pas.

D'autre part, s'il est nécessaire au début du langage, lors de l'établissement de la fonction, que la voix se coordonne à l'ouïe, et s'il est vrai que, pour percevoir les sons, il faut savoir les émettre quelque peu, ce parallélisme fonctionnel se maintient-il si rigoureusement lorsque la fonction est établie ? Et surtout, la double image ainsi formée — si elle est double, motrice et auditive — ne devient-elle pas une image unique qui fait appel à la compréhension, loin de l'expliquer par sa dualité intérieure ?

---

(1) DE SAUSSURE, p. 149.
(2) Il en est du schème moteur de Bergson, comme de la cause motrice d'Aristote. Ce qui donne naissance à la statue, ce sont les coups de ciseau du sculpteur. Mais comment ces coups de ciseau se trouvent-ils conduire à une forme définie, Eros ou Hermès ? « La forme qui apparaît à l'achèvement de l'œuvre a dû être conçue avant la série d'efforts qui lui doivent leur succession et leur signification. » Voir BRUNSCHVICG, l'Expérience humaine et la causalité physique, p. 144.

LIVRE IV

CHAPITRE PREMIER

L'HYPERENDOPHASIE
ET LES HALLUCINATIONS VERBALES

La parole intérieure peut s'accentuer dans certains états pathologiques et surtout s'accompagner de troubles du jugement qui orientent la pensée du sujet vers la croyance à une influence étrangère. En ce cas elle est, comme on l'a fort bien dit, la formule hyperendophasique d'un phénomène primitif d'incoordination psychique, d'un sentiment d'automatisme plus général et qui la dépasse de beaucoup. Le sujet qui se sent envahi, dédoublé, prête sa voix intérieure aux influences secrètes dont il se sent menacé. L'élément primordial n'est pas le trouble hyperendophasique, car l'exagération de la voix interne est parfois très minime, parfois nulle, autant du moins qu'on peut s'en rendre compte (1) ; c'est l'incoordination, la désagré-

_____

(1) C'est souvent l'attention que le malade prête à son langage intérieur, à cause de l'importance et de la signification qu'il lui attribue, qui

gation psychique et le sentiment d'automatisme par
lequel elle se traduit dans la conscience du malade.
Cette incoordination s'exprime parallèlement par
d'autres troubles connexes. L'hyperendophasie ne fait
que l'exprimer par des procédés verbaux : elle la cana-
lise dans une direction déterminée ; elle n'est que la forme
verbale de l'incoordination, le masque qu'elle revêt (1).

En effet, le sujet peut attribuer une origine exogène
à toute espèce d'images mentales ou de sentiments.
Les mystiques ont abondamment décrit leurs « visions
imaginaires » (2). Un sujet étudié par Petit (3) disait :
« L... me donne des images diverses... de choses, de
gens, ou d'événements que je connais déjà ou qui me
sont inconnus... C'est d'autant plus curieux que je
n'ai pas d'imagination visuelle, ce qui m'a beaucoup
gêné pour le dessin et la peinture... Ce sont des images
le plus souvent comme ouatées... Quelquefois cependant, surtout au réveil, le matin, ce sont des images
vives, colorées, mobiles... mais cela se passe toujours

---

je souligne et paraît le rendre plus intense. Il arrive aussi que le malade
remarque pour la première fois certains caractères de son langage intérieur
et que cette nouveauté le frappe comme une étrangeté. Mais il peut arriver
aussi que son langage intérieur s'exagère ou même change de formule.
On sait que, dans l'état hypnagogique, certains sujets qui ne connaissent
pas l'image auditive verbale, s'entendant appeler par leur nom, en reçoivent une impression de mystère. On sait aussi que des visuels faibles sont
parfois en rêve de bons visuels. L'observation, que nous allons citer, de
Mlle C... montre le désarroi que peut introduire, dans un esprit déjà troublé,
l'apparition d'images visuelles chez un sujet dépourvu d'imagination
visuelle. Sainte Thérèse, qui a eu tant de visions « imaginaires », paraît
avoir été une assez pauvre visuelle. Elle dit d'elle-même que son imagination était si inerte « qu'elle ne pouvait en aucune façon lui peindre ce
qu'elle ne voyait pas des yeux du corps ».

(1) SÉGLAS, J. de Ps., 1914, p. 310.
(2) Voir DELACROIX, Les Grands Mystiques chrétiens, p. 81, 427.
Voir SÉGLAS, Une Amoureuse de Prêtre, Journal de Psychologie, 1922,
p. 730.
(3) Les auto-représentations aperceptives. Thèse de Bordeaux, 1913, p. 35.

dans mon esprit, jamais je ne sens cela devant ou autour de moi... cela se passe dans mon cerveau et je le vois mieux les yeux fermés...

« Par la transmission de la pensée, il me donne aussi des suggestions d'odeur... quelquefois c'est à s'y méprendre ; mais le plus souvent, c'est comme dilué par le brouillard, ou comme au bord de la mer, par un grand vent... ce ne sont pas de véritables odeurs que je sens, ce sont des impressions d'odeur... mais je me rends bien compte de ce qu'il m'envoie : odeur de tabac... odeur d'opium. »

Le même sujet attribue encore à L...., qui l'influence, « des pensées fugaces qui traversent tout d'un coup son esprit... des chocs sentimentaux ou des impressions atroces d'attente de je ne sais quoi, des frayeurs sans motif qui me laissent angoissée... ou des sensations d'ivresse, de volupté charnelle satisfaite et béate... quelquefois des ivresses pures, des jouissances intellectuelles » ; ou encore des suggestions d'actes, de mouvements, d'états.

Enfin L... communique avec lui par la parole mentale. Le sujet sent se formuler dans son cerveau des phrases qu'il pense malgré lui. « Je n'entends pas le son de sa voix, ni le timbre, mais je fais la différence entre sa cérébralité et la mienne. Je n'ai jamais eu la sensation qu'il parlait par ma bouche... Cela passe toujours par mon cerveau.

« D'autres fois il me donne par impression la suggestion de sa pensée. Je ne l'entends pas, je le perçois mentalement. Imaginez un téléphone sans son. Supposez qu'on lit... C'est comme une lecture sans livre, un langage sans paroles et sans bruit... Il me parle, pour ainsi dire, sans paroles. »

Comme l'a vu profondément Séglas (1), la pseudo-hallucination a le plus souvent un caractère symbolique. Elle ne fait que traduire par l'image, illustrer le délire ou le système du sujet. Même lorsqu'elle n'est point verbale, elle exprime symboliquement une pensée ; c'est comme si l'on pensait avec des images.

Toute hallucination est un véritable délire cristallisé, et traduit la désagrégation mentale dans l'ordre psycho-sensoriel. Nous n'avons pas à nous occuper ici du délire sous-jacent, ni même de cet état de désagrégation qui rend possible l'émancipation de la parole intérieure et son rattachement à une personnalité étrangère. Le langage contribue à fonder la conscience de soi ; mais le langage intérieur est à la merci et au service des variations de la conscience de soi ; une de ses formes, la forme auditive, est fréquemment au service d'autrui ; nous nous entretenons souvent avec un interlocuteur absent, et souvent nous recevons ses avis ou ses réponses. La forme motrice du langage intérieur, qui est la plus personnelle, peut échapper à la personnalité, au même titre que la conduite des mouvements ; ce que l'on appelle l'hallucination psycho-motrice verbale n'est qu'un cas particulier des hallucinations psycho-motrices.

Mais le nom est mal choisi. Il n'y a pas à vrai dire d'hallucinations motrices verbales. Les prétendues hallucinations du langage intérieur ne sont que des pseudo-hallucinations, des phénomènes d'hyperendophasie dont le malade ne reconnaît pas l'origine subjective, l'expression d'un automatisme dont il n'a pas conscience. Pourquoi appeler hallucinations motrices

_____

(1) *Journal de Psychologie*, 1922, p. 731.

la perception de mouvements que le sujet exécute ou
ébauche ?

Ces prétendues hallucinations verbales motrices se
réduisent à un phénomène d'hyperendophasie motrice.
Le malade se sent parler, indépendamment de soi-
même. C'est l'automatisme qui le frappe et qui dirige
son attention sur le contenu du discours et qui l'éloigne
de sa forme. Le malade se sent formuler souvent mot
à mot et phrase par phrase une pensée étrangère. On
parle au dedans de lui (1).

On sait avec quelle finesse d'analyse Baillarger,
dès 1845, avait décrit ces aliénés qui entendent des
voix secrètes, intérieures, voix qui ne font pas de bruit,
ces malades qui tiennent des conversations mentales
avec les personnes qui les entourent, s'entretiennent
d'âme à âme et par intuition avec des interlocuteurs
invisibles. Il avait remarqué que, dans beaucoup de cas,
ces malades entendent ces voix à l'épigastre. « L'hallu•
cination consiste évidemment à entendre des paroles
que les malades prononcent très bas, à leur insu, et la
bouche fermée, et qui semblent, en effet, sortir de la
poitrine et de l'épigastre. » La localisation peut, du
reste, être différente : « il semble que le malade ait
alors la plus grande tendance à assigner à la voix le
point qui est devenu le siège d'une sensibilité plus ou
moins vive » (2). On aurait, suivant lui, une idée de ce

---

(1) Séglas a montré avec beaucoup do finesse (*J. de Ps.*, 1913, p. 293
et suiv.) que, chez les délirants hallucinés chroniques, l'hallucination verbale motrice peut évoluer vers le monologue, véritable stéréotypie du
langage intérieur, persistance d'une habitude de réponse contractée sous
l'influence du délire.

(2) Baillarger, *Des Hallucinations*. Voir aussi : *Physiologie des Hallucinations*, in *Recherches sur les maladies mentales*, I, 1890 ; *Application
de la physiologie des hallucinations à la physiologie du délire*, ibid.

qui se passe chez ces malades, en se faisant à soi-même
mentalement une question, à laquelle on a l'habitude
de répondre très souvent ; la réponse, formulée en paroles intérieures, se fait immédiatement, et, pour
ainsi dire, involontairement dans l'esprit. Toute la
différence est dans la conviction de l'halluciné qui attribue cette réponse à un autre. Baillarger opposait ces
hallucinations psychiques, qui manquent de l'élément
sensoriel et sont dues à l'exercice involontaire de la
mémoire et de l'imagination, aux hallucinations psycho-
sensorielles, absolument semblables à des perceptions
complètes, et qui résultent de la double action de l'imagination et des organes des sens. Pour établir l'existence des hallucinations psychiques, il s'appuyait surtout sur le témoignage des auteurs mystiques.

Séglas, analysant plus profondément le groupe hallucinatoire classé par Baillarger sous la rubrique hallucinations psychiques, y a distingué : 1º des hallucinations psycho-motrices verbales proprement dites ; 2º des
pseudo-hallucinations verbales. Il importe d'examiner
cette distinction.

L'hallucination psycho-motrice verbale n'est que la
perception pathologique de la parole intérieure motrice. Le sujet l'interprète à faux, mais il la perçoit
réellement. Souvent même il se rend compte de l'existence des mouvements articulatoires. Un des malades
de Séglas appelait ses voix des voix labiales. « C'est un
verbe subjectif qui parle en vous, indépendamment de
vous-même ; on comprend ce que dit la voix labiale
rien qu'au mouvement des lèvres, et sans articuler rien
ni haut, ni bas. » Les mouvements d'articulation, souvent perçus par le sujet, sont parfois visibles à l'extérieur. La prétendue hallucination motrice n'est pas

autre chose que la perception de mouvements réellement effectués (1). Tout se passe comme quand le sujet normal se comprend en prenant conscience de sa parole intérieure. Seule l'interprétation est incorrecte chez le malade. L'existence de mouvements et par conséquent de perceptions motrices fait de ces prétendues hallucinations une constatation exacte, doublée d'une interprétation fausse. L'hallucination psycho-motrice verbale est très à tort dénommée hallucination. Elle n'est que l'interprétation pathologique d'une parole intérieure parfaitement réelle. Le sujet la perçoit comme provenant d'un être étranger, parce que, pour des raisons que nous n'avons pas à examiner ici, elle tranche sur ses habitudes de formulation personnelle, parce qu'elle contraste avec le cours de son idéation personnelle, qu'elle interrompt, et avec qui elle est en disproportion. Spontanée, involontaire, incoercible, contraignante, échappant au pouvoir du sujet, qui ne peut ni s'opposer à leur production, ni les modifier, ni les faire disparaître ou les éloigner du champ de sa conscience, les automatismes verbaux lui paraissent porter la marque d'une autorité étrangère, signaler en lui l'intrusion d'une personnalité étrangère. Le sujet parle, suivant les cas de possession divine ou démoniaque, d'envoûtement, de spiritisme, de télépathie, de magnétisme, de suggestion ; toutes expressions qui traduisent l'influence

---

(1) SÉGLAS. « Certains de ces hallucinés remarquent spontanément que leurs hallucinations ne peuvent pas se produire lorsqu'ils parlent eux-mêmes ou lisent à haute voix, en articulant, ou inversement qu'ils ne peuvent parler eux-mêmes pendant la durée de l'hallucination. Rappelons enfin certaines habitudes employées par les malades dans le but de faire cesser leurs hallucinations, et qui toutes tendent à s'opposer aux mouvements d'articulation, comme de tenir leur langue serrée entre les dents, de suspendre leur respiration et de s'emplir la bouche de cailloux. »

qu'il croit subir dans sa pensée et dans sa volonté,
l'emprise, où l'on retrouve précisément ces caractères
de spontanéité, d'incoercibilité, etc., que portent ses
visions, en somme le sentiment d'automatisme dont
l'hyperendophasie n'est que la formule verbale (1).

Les pseudo-hallucinations verbales de Séglas, dont
le caractère propre est que la voix intérieure reste intérieure et ne s'extériorise dans aucun de ses éléments,
paraissent bien se ramener surtout à l'hyperendophasie
auditive.

Dans un assez grand nombre de cas, le caractère auditif est très accusé ; les mots ont une sorte de timbre,
de résonance, d'ailleurs tout intérieure. Seulement le
sujet ne reconnaît pas l'origine subjective de cette
parole auditive. Il la rapporte à une personnalité étrangère, sans l'objectiver du reste dans l'espace. Il y a,
comme on dit, objectivation psychique sans objectivation spatiale.

La pseudo-hallucination est donc ici l'interprétation
pathologique d'un phénomène tout à fait réel. C'est
bien une pseudo-hallucination. Le malade ne se trompe
ni sur la donnée sensorielle, qui est à la base de son

---

(1) Voir sur toutes ces questions les travaux de BAILLARGER, de KAN-
DINSKY, de SÉGLAS, de PETIT (*Essai sur une variété de pseudo-hallucinations, les auto-représentations aperceptives*, Thèse de Bordeaux, 1913).
J'ai étudié la question chez les mystiques dans mon livre : *Les Grands
Mystiques chrétiens*, 1908 ; voir en particulier p. 81 et suiv, p. 427 et suiv.
Spontanéité, incoercibilité, contrainte, vivacité, richesse de détail, valeur
du contenu, puissance affective, caractère efficace, voilà -- sans compter
leur signification orthodoxe -- les signes auxquels les mystiques reconnaissent le caractère divin de leurs visions. Une malade étudiée par SÉGLAS
(*Journal de Psychologie*, 1914, p. 302) accuse bien les raisons de cette interprétation délirante : ses voix intérieures lui paraissent plus nettes que son
langage intérieur ; elle n'a aucune action sur elles et ne peut les faire taire ;
elle ne sait pas d'avance ce que les voix vont lui dire ; enfin ces voix
s'adressent à elle à la seconde personne.

interprétation délirante, ni sur le caractère interne de cette donnée. Il ne se trompe qu'en interprétant et il ne remarque que son interprétation, à laquelle la donnée sensorielle fournit un point d'appui. Ce dont il se plaint surtout, c'est du caractère à la fois étranger à son moi, et despotique de ses voix ; le sentiment d'influence occupe toute sa pensée.

Ainsi la prétendue hallucination motrice verbale est un phénomène d'automatisme mental et moteur qui va de l'impulsion verbale proprement dite — le malade proférant à voix haute la parole étrangère — aux ébauches les plus fines de l'articulation intérieure.

D'autre part, les autres formes du langage intérieur peuvent aussi bien subir l'action de l'automatisme psychologique et fournir matière à des interprétations pathologiques ; nous venons de le voir en ce qui concerne l'audition interne ; la vision verbale de la pensée, accompagnée du sentiment d'extériorité psychologique, se rencontre aussi parfois (1). Il convient du reste de remarquer que la plupart du temps le sujet a de la peine à préciser la catégorie d'images dont se sert en lui la pensée étrangère. C'est en particulier ce que nous avons vu dans l'observation de Mlle C... rapportée par Petit. C'est que fort souvent le langage intérieur est peu marqué dans sa forme et que le sujet aurait peine à préciser son type verbal, même s'il était capable de s'observer. A côté des formes vives et tranchées, il existe beaucoup de formes mixtes où c'est la pensée qui attire l'attention au détriment des images qui la formulent. Enfin l'existence d'une pensée sans

_____

(1) Certains malades parlent « d'écriture par les yeux, de photographie de la pensée ». Dumas, *Journal de Psychologie*, 1923, p. 879.

images et en tous cas la disproportion de la pensée et du langage permet aussi de comprendre ce phénomène comme aussi certaines descriptions de « pensée sans voix », d'influence directe de « pensée à pensée », certaines « visions intellectuelles », certaines illuminations qui ont l'aspect d'une connaissance.

*
* *

Il reste seulement à se demander s'il ne se présenterait pas, en dehors de toute espèce d'articulation, des hallucinations motrices verbales, s'il n'y aurait pas, pour employer le langage de Séglas, à côté de l'impulsion verbale et des hallucinations motrices vraies, des hallucinations kinesthésiques simples ? (1).

C'est tout le problème des images motrices. Or il est permis de penser qu'il n'y a pas d'images motrices, si l'on entend par là des images dues à l'état de tension nerveuse qui précéderait le mouvement (2). L'image motrice, si elle existe, ne peut donc être qu'une image tactile, articulaire, laquelle est accompagnée le plus souvent d'une ébauche des mouvements correspondants (3).

*
* *

L'hallucination verbale ne cheminerait-elle pas de l'endophasie à l'hyperendophasie, et de l'hallucination psychique à l'hallucination psycho-sensorielle ? Cer-

---

(1) Voir SÉGLAS, *Congrès de Psychologie*, 1900.
(2) Voir *Traité de Psychologie*, I, p. 533.
(3) Voir sur ces questions CLAPARÈDE, *Existe-t-il des images verbo-motrices ? Archives de Psychologie*, 1913; PIÉRON, *Le Cerveau et la Pensée*, p. 208 et 260.

taines observations montrent que l'hallucination verbale psychique peut s'intensifier, s'objectiver au point d'acquérir le caractère d'extériorité spatiale ; c'est alors une hallucination verbale auditive psycho-sensorielle.

Séglas cite l'observation d'une dame, atteinte de délire médianimique, « qui, après une période où elle n'était en communication avec les esprits que par des « presciences, des intuitions, des communications fluidiques », des pensées nettement formulées intérieurement, mais sans résonance extérieure, en vint plus tard aux « apports de voix ». Elle entendait alors la voix des Esprits lui parvenir dans les deux oreilles et « elle cueillait ainsi les mots dans l'espace » (1).

Dans cette observation, comme dans une seconde rapportée par le même auteur, l'hallucination verbale auditive est en rapport avec la suractivité du langage intérieur.

Séglas confirme ses trop rares observations personnelles par celles de Griesinger, de Baillarger, de Kandinsky et de Petit. Qu'il nous suffise de rappeler la description de la malade de Baillarger. « Au début de ma maladie, c'est comme si l'on m'avait communiqué une pensée. Cela se faisait sans bruit, c'était tout intérieur... Plus tard cela a changé. Les voix que j'entends maintenant font du bruit. » (2).

Et Griesinger écrit : « Des malades intelligents nous disent souvent aussi qu'au début c'est seulement quelque chose d'idéal comme un esprit qui parle en eux, mais que ce n'est que plus tard qu'ils entendent réelle-

(1) SÉGLAS et BARAT, *J. de Psych.*, 1913, p. 286
(2) BAILLARGER, *Recherches*, I, p 400.

ment parler... J'ai vu un fait intéressant de transformation de cette espèce de demi-hallucination interne,
obscure et pâle, qui accompagne la pensée à l'état ordinaire, en hallucinations véritables avec vision objective distincte. » (1).

Inversement, Séglas a vu l'hallucination auditive vraie
se réduire en hallucination psychique avant de disparaître tout à fait. Chez une malade, les voix entendues
font place à une pensée sonore, à une conversation
sans articulation, en qui elle reconnaît enfin sa propre
pensée. « C'est comme un réflecteur de ma pensée avec
qui je discute » (2). Une autre a d'abord des « voix »
venues du dehors et très distinctes. Puis on parle au
dedans d'elle, dans son estomac ; enfin, dans cette voix
intérieure, elle reconnaît sa propre pensée (3).

Ainsi, dans ces deux cas, l'hallucination auditive
verbale fait place à une pseudo-hallucination verbale,
pour se réduire enfin à un simple phénomène d'hyperendophasie.

Ce n'est pas, il est vrai, le processus de disparition
le plus fréquent. D'ordinaire les hallucinations vraies,
lorsqu'elles disparaissent, deviennent de plus en plus
espacées et faibles, sans pour cela cesser de paraître
extériorisées.

_____

(1) GRIESINGER, *Traité*, p. 104.
(2) J'ai relevé une observation du même ordre rapportée par LAROUS-
SINIE, *Arch. de Neurol.*, 1896, t. II *(Hallucinations succédant à des obsessions et des idées fixes)*. Le malade « dégénéré héréditaire avec scrupules
et obsessions » entend des voix qui se rapportent à son délire. Puis les voix
deviennent intérieures; elles parlent «par l'esprit»; enfin elles disparaissent.
Séglas fait remarquer que dans ses deux observations il n'y a pas transformation progressive des phénomènes anormaux, mais substitution d'une
forme à l'autre, le sujet traversant une phase plus ou moins longue, durant
laquelle coexistent ou alternent des « voix » de caractères différents ; puis
les troubles préexistants s'effacent et les plus récents subsistent seuls.
(3) *J. de Psych.*, 1913.

.*.

Les hallucinations auditives verbales passaient autrefois pour très fréquentes, en particulier chez les persécutés chroniques, et l'on faisait volontiers remarquer
qu'elles donnent aux malades l'illusion d'une perception identique à celles de la vie réelle.

L'hallucination subit aujourd'hui, comme on sait,
un retour de fortune, et bon nombre d'aliénistes ont
tendance à la restreindre, peut-être à l'excès. Les faits
se plient inévitablement aux théories en faveur, et la
façon d'interroger, on le sait, détermine souvent la
réponse (1).

Beaucoup d'hallucinations prétendues sont donc ren
trées dans le groupe des pseudo-hallucinations. Beaucoup d'hallucinations se montrent, à l'examen, moins
complètes, moins réelles, moins extérieures qu'on ne
serait porté à le croire. En reste-t-il pourtant ? Faut-il
cesser de parler d'hallucinations auditives verbales.
C'est affaire aux psychiatres d'en décider.

L'hallucination, peut se présenter, on le sait, comme
un épisode, un phénomène accessoire et transitoire, sans
lien avec l'idéation ; souvent et surtout dans les états
d'intoxication, les hallucinations apparaissent pêle-
mêle, sans lien entre elles, sans thème dominant.

Mais elle se présente aussi, et notamment dans le
délire chronique, comme une illustration permanente
et progressive du délire. Le trouble « psycho-sensoriel »
suit une voie descendante que les aliénistes ont longue
ment décrite.

Ils se sont plu à montrer que, dans le délire chro-

(1) Voir les excellentes remarques de méthode de SÉGLAS, J. de Ps.,
1914, p. 302 et suiv.

nique, l'hallucination est secondaire aux préoccupations délirantes et qu'elle en est le reflet.

La conviction du malade se formule verbalement et
cette formule verbale s'extériorise ; il la reçoit sous
forme d'hallucination auditive verbale : telle est la
théorie classique, qui pose, on le voit, trois problèmes :

1º Comment se fait l'extériorisation sensorielle,
la projection au dehors de cette pensée délirante ?

2º Pourquoi suit-elle de préférence la ligne auditive ?
Pourquoi affecte-t-elle de préférence le sens de l'ouïe ?
En effet ce sont les hallucinations auditives, qui, dans
cette forme de délire, ont particulièrement frappé
l'attention des psychiatres;

3ᵇ Pourquoi y a-t-il des délires systématisés sans hallucinations, comme par exemple le délire d'interprétation ? Comme le fait très justement remarquer Dumas,
« ce qui est difficile, quand on admet que la psychose
hallucinatoire systématique est d'origine constitutionnelle, c'est de montrer pourquoi, dans une catégorie
de malades ayant tous, ou à peu près, la même constitution mentale, les paranoïaques, les uns feraient des
hallucinations..., tandis que les autres, les purs inter-
prétants, n'auraient que des hallucinations épisodiques
ou n'en auraient pas. » (1).

Le premier problème est le problème général de
l'hallucination dont on peut dire qu'il n'a point encore
reçu de solution satisfaisante. Les théories dites périphériques de l'hallucination insistent fort justement

---

(1) DUMAS, *Psychologie de la psychose hallucinatoire systématique*,
J. de Ps., 1922, p. 875. On se reportera à cet excellent article pour tout ce
qui concerne soit la question de l'hallucination, dans son ensemble, soit
les problèmes particuliers qui se posent à propos des rapports de l'hallucination et des délires systématiques.

sur l'intervention des organes des sens dans l'hallucination. Mais elles ont grand'peine à la faire remonter
jusqu'aux centres intellectuels, desquels elle dépend si
souvent. Elles expliquent bien les hallucinations élémentaires; mal celles qui dépendent d'un état mental
sous-jacent, celles qui, sous l'automatisme sensoriel,
supposent un plan unique, une direction d'ensemble.
Les théories centrales, qui expliquent bien ce dernier
caractère, ont grand'peine à faire descendre l'idée
jusqu'à la sensation. Elles sont à la recherche d'un
courant sensoriel centrifuge ou d'une excitation sensori-motrice qui en tienne lieu.

L'histoire des théories de l'hallucination montrerait
comment elles s'efforcent de faire droit, par leur complication progressive, à cette double exigence ; l'hallucination apparaît comme sensation, l'hallucination est
une idée. L'hallucination remonte de la périphérie aux
centres et cherche à redescendre des centres à la périphérie. Les terminaisons nerveuses, les centres sous-
corticaux, les centres corticaux, les centres supérieurs
de l'écorce interviennent tour à tour. Puis on cherche
par quelle voie centrifuge l'excitation peut se propager
de ces centres d'idéation aux centres sensoriaux ;
ou bien, comme Tamburini et Wundt, on cherche, dans
les mouvements que cette excitation déclenche, la
raison de l'extériorisation de l'idée directrice.

On ne peut donc pas dire que les théories qui se proposent de figurer anatomiquement les faits psychologiques aient fait autre chose que poser en regard l'un
de l'autre les deux termes extrêmes dont l'hallucination se compose le plus souvent, sans réussir à les faire
se rejoindre. Entre l'image et la sensation hallucinatoire, les théories anatomiques comme les théories

psychologiques oscillent sans réussir à se fixer (1).

On ne peut pas dire non plus que les théories très générales qui rattachent l'hallucination à l'existence d'un état hallucinatoire aient pleinement réussi. Moreau de Tours voyait dans ce qu'il appelait l'excitation et la dissociation, c'est-à-dire dans l'automatisme et la désagrégation, la raison des hallucinations. Baillarger signalait l'importance de l'automatisme. Après eux Ballet a parlé de désagrégation. Mais c'est là une condition trop générale, d'où l'on peut à la rigueur faire sortir les hallucinations psychiques, mais non point les hallucinations psycho-sensorielles. Baillarger, pour les obtenir, n'ajoutait-il point « l'excitation interne des appareils sensoriaux » à l'état d'automatisme, et à la suspension des impressions externes ? Les hallucinations ne s'accompagnent pas toujours, du reste, d'un état de rêve, et il y a beaucoup d'obnubilés qui ne font pas d'hallucinations ; encore que l'état de rêve soit favorable, il faut en convenir, à l'objectivation de l'imagerie mentale.

L'insuffisance de ces théories tient avant tout à la faiblesse de leurs principes psychologiques ; elles séparent et opposent sensation, image, idée, et elles construisent leurs schémas physiologiques sur le plan de leur psychologie. Or, s'il est un fait certain, c'est que la sensation suppose un esprit, autant que l'idée, qu'elle enferme une part d'interprétation et d'adaptation mentale, que l'esprit est en travail dans la sensation et que ce travail s'exécute sous l'influence de ses préoccupations dominantes. Que l'hallucination crée

---

(1) On trouvera un historique de la question dans MOURGUE, *Étude sur l'évolution des idées relatives à la nature des hallucinations*, Paris, 1919.

de toutes pièces des sensations ou qu'elle se borne à organiser des sensations préexistantes, il est inévitable que l'on y trouve l'esprit au travail, quelquefois avec suite et méthode comme dans les psychoses systématisées, quelquefois par action intermittente comme dans les bouffées hallucinatoires.

La question qui paraît si difficile à résoudre ne tomberait-elle pas, si l'on tient compte de deux faits, dont l'un a été depuis longtemps mis à sa place par les psychiatres avec une prédilection particulière, et dont l'autre, depuis quelque temps, est souligné avec une particulière insistance.

En effet, on peut, d'une part, supposer que l'idée délirante qui tient l'esprit préoccupé et l'oriente continuellement vers cette préoccupation, se tient à l'affût de toutes les occasions sensorielles où elle peut loger ses interprétations ; elle s'incarne pour ainsi dire, dès qu'elle trouve une occasion favorable : d'un bruit banal elle fait une voix persécutrice, comme on entend une mélodie dans le rythme banal du train.

Et, d'autre part, on peut supposer que la toxi-infection dont relèverait le délire hallucinatoire se traduit par des troubles psycho-sensoriels de l'ouïe et des autres sens (1). De ces poussées hallucinatoires, de cet éréthisme psycho-sensoriel, conditionnés par l'intoxication, la pensée du malade s'empare ; il fait des bruits caractérisés ou des paroles avec de simples bruits, il donne un sens aux paroles; son délire s'asservit ces phénomènes sensoriels élémentaires.

---

(1) On fait remarquer (DUMAS, art. cité, p. 891) que dans les états d'intoxication profonde, p. ex. dans les intoxications alcooliques aiguës, l'on trouve surtout des hallucinations visuelles ; l'hallucination auditive semble correspondre à une intoxication moins profonde.

En d'autres termes, que l'on range avec beaucoup d'auteurs les psychoses hallucinatoires systématiques parmi les psychoses fonctionnelles évoluant sur un fond paranoïaque, ou qu'on en fasse des psychoses auto-toxiques qui s'imposent du dehors à la personnalité psychique du malade, nous croyons qu'en ce qui concerne l'hallucination auditive verbale — la seule chose qui nous intéresse ici — il faudra toujours aller chercher la raison de l'aspect perceptif de l'hallucination dans quelque donnée sensorielle, soit une sensation véritable, confusément perçue et déformée (l'hallucination n'est alors qu'une illusion), soit un trouble sensoriel provoqué par l'intoxication ; et d'autre part il faudra, dans un cas comme dans l'autre, faire intervenir le délire dans la composition de l'hallucination. La théorie classique met l'accent sur le rôle du délire ; la théorie nouvelle sur l'éréthisme psycho-sensoriel. Dans les deux cas l'hallucination reste un phéno-mène complexe où le délire collabore avec une donnée sensorielle, que cette dernière vienne d'où l'on voudra. On a beau dire, dans la théorie toxique, que les hallu-cinations proviennent d'excitations locales dues à des poisons, et que le délire est imposé au malade par l'au-tomatisme de ses centres sensoriels. Il reste que ces hallucinations ont un sens très net, et qu'elles se suc-cèdent conformes à ce sens, c'est-à-dire à ce délire ; gouvernées en somme par une sorte de plan sous-jacent qui dépasse l'automatisme des centres sensoriels. L'hallucination reste ici, comme le dit si bien Séglas, un véritable délire, dans le sens le plus général du mot.

*
* *

Un délire, comme tout thème mental, contient toujours des images, suppose une attitude mentale, qui
peuvent s'expliciter et prendre corps à la faveur de la
préoccupation même, de l'orientation affective du
malade. Une sensation banale du monde extérieur, un
trouble sensoriel, suite de l'intoxication des centres,
peuvent être captés par le délire qui s'y loge et en fait,
dans l'espace, une hallucination verbale auditive, qui
ne fait que renvoyer au malade son délire sous la
forme d'une fausse perception.

Cette notion a été employée sous une forme plus ou
moins heureuse.

On sait que Ball disait que le sens de l'ouïe est le
plus intellectuel de tous, le plus directement en rapport
avec les conceptions de l'esprit. Aussi ne devrait-on
point s'étonner de voir les hallucinations auditives
prédominer dans les vésanies pures, alors que dans les
délires toxiques on verrait apparaître d'autres troubles
sensoriels (1).

Laissant de côté ce second aspect de la question, il
y a ici une remarque excellente. Le langage est si près
de la pensée qu'on s'attend à le voir refléter les troubles
de cette pensée. Et comme le disait fort bien Falret,
le malade préoccupé de son délire ne peut s'empêcher
de le formuler en paroles. Son langage intérieur est
tout plein de son délire.

Mais tout cela ne suffit pas à expliquer l'hallucination auditive. Faut-il supposer avec Magnan que « chez

_____

(1) *Du Délire des Persécutés*, 1890. Nous avons vu plus haut que la
théorie « toxique » explique l'hallucination auditive par une intoxication
plus légère.

un sujet sans cesse aux écoutes, l'idée constante d'une
persécution, la tension incessante de l'esprit finissent
par retentir sur le centre cortical auditif où les illusions
de l'ouïe ont déjà révélé un état d'éréthisme »? (1).

« Au délire, d'abord intellectuel, s'associent les
troubles du sens en rapport le plus intime avec l'intelligence : l'ouïe malade entend son délire comme nous
entendons mentalement notre pensée. » (2). Mais la
difficulté, c'est précisément la substitution de l'oreille
externe à l'oreille interne. Une préoccupation vive et
prolongée a-t-elle pour effet de « retentir ainsi sur le
centre sensoriel de l'ouïe » ?

Mais ce que l'on doit retenir de ces remarques, c'est
le rôle prépondérant des préoccupations, de l'inquiétude, des soupçons, de l'éréthisme affectif qui constituent les psychoses. C'est ce trouble du caractère, ce
point de vue pathologique, cette déformation de l'attitude, cette fixation de l'attention aiguë et passionnée
qu'il faut mettre au premier plan.

Or tout cela se concentre vers l'audition, qui n'est
pas seulement le sens intellectuel par excellence, mais
qui est aussi un sens éminemment social (3). Comme
on l'a fait très justement remarquer (4), le délirant systématique n'a pas que des illusions ou des hallucinations de l'ouïe; il présente aussi, et en abondance, des
hallucinations de la sensibilité générale (5). Il a en

_____

(1) MAGNAN et SÉRIEUX, *Le Délire chronique*, p. 46.
(2) *Ibid.*, p. 55.
(3) JANET, *Obsessions*, I, p. 679.
(4) Bernard LEROY, *Le Langage*, p. 247 et suiv.
(5) MAGNAN et SÉRIEUX font remarquer (*Le Délire chronique*, p. 44),
qu'au début le malade travaille sur la vue comme sur l'ouïe ; « une personne qui oublie de le saluer, un geste qu'il surprend, un regard, un sourire
lui servent de prétexte, etc... » La direction de l'attention, l'orientation

somme toutes les hallucinations qui se rapportent à l'action que des personnes étrangères peuvent exercer sur lui. Son délire est avant tout un délire d'influence. On agit sur lui plus et autrement qu'il ne convient. On agit sur lui d'une façon invisible. Ses persécuteurs se dérobent à lui et l'atteignent par des procédés raffinés et mystérieux. Il est victime d'intentions. Sa défense psychique s'est relâchée. Il est trop perméable à l'action d'autrui. Sa maladie est une maladie des relations.

Il vit dans l'atmosphère verbale de son délire (1). On l'injurie, on le menace. Au début, il n'entend pas encore, il se représente vivement ; il s'imagine que les mots ont été prononcés. Puis il en est sûr, soit qu'il ait plié quelque sensation inoffensive à son délire, soit qu'il exploite dans le même sens des bouffées hallucinatoires élémentaires. Il s'exerce sur des bruits extérieurs ou intérieurs ; il arrive à leur faire dire quelque chose, à confirmer par eux ses idées préconçues. Le délire joue un rôle prédominant dans la genèse de l'hallucination auditive, quelle que soit l'explication que l'on fournit de l'inévitable élément sensoriel, point de départ et point de repère à la fois de cette hallucina-

---

psychique jouent un grand rôle. Comme le fait remarquer CHASLIN (*Ann. Médico-Psych.*, t. XII, 1890) dans les délires religieux idiopathiques on trouve au contraire des hallucinations de la vue, parce que le sujet est orienté vers la vision et que la tradition lui fournit des modèles et une suggestion. Il y a aussi des malades dont le délire se dépense en mouvements et en actes. Chez le persécuté persécuteur, par exemple, « il n'y a pas concentration sur des idées délirantes, ou des hallucinations, mais un sentiment pathologique de justice et d'orgueil. On ne peut guère dire qu'il s'agisse là d'un délire intellectuel. La véritable conséquence de ces dispositions morbides est l'acte et non pas l'idée délirante. » CHASLIN, *ibid.*

(1) Le sourd-muet illettré a des hallucinations symboliques qui sont visuelles mimiques ou psycho-motrices mimiques. Voir SANJUAN : *Sur les hallucinations symboliques dans les psychoses et dans les rêves des sourds-muets. Arch. de Neur.*, 1897.

tion. Si on rapporte à l'intoxication supposée cet élément sensoriel, on conviendra volontiers avec Dumas
qu'entre l'intoxication supposée et la production de
l'hallucination il existe nécessairement une série d'intermédiaires psychiques, il y a place pour un travail
mental subconscient. Ce travail est essentiel. L'extériorisation auditive de la voix est presque un phénomène secondaire. D'autres malades que nous avons
vus à l'œuvre s'entendront parce qu'ils parleront.
D'autres auront seulement le sentiment qu'on leur
prend leur pensée, qu'on agit sur eux. Le langage au
service d'une pensée qui se dédouble et oublie son dé-
doublement, tel est le fond commun des hallucinations
verbales. Les hallucinations auditives ont en propre
une excitation sensorielle plus ou moins précise, que
le sujet recueille du dehors ou fournit de son propre
fond.

Dans tous ces cas, la personnalité joue un grand rôle
dans les troubles hallucinatoires. La subjectivité plie
à sa mesure des données extérieures ou s'organise un
monde extérieur. Le malade s'entend au dehors et perçoit comme une chose le murmure intérieur.

* * *

En ce qui concerne la dernière question : pourquoi
y a-t-il des délires sans hallucination, ou presque sans
hallucination, comme le délire d'interprétation par
exemple, est-ce affaire de niveau mental, comme le
disait autrefois Serieux (1), l'activité mentale de l'interprétant étant bien plus vive que celle du délirant

_____

(1) *Délire d'interprétation. Année psychologique*, 1911.

chronique, chez qui, malgré l'apparence, on trouve toujours une déchéance profonde, et qui, de par sa personnalité profondément lésée, devient plus aisément le jouet de l'automatisme de ses centres sensoriels ?

Faut-il distinguer nettement les deux psychoses dont l'une, la paranoïa, serait constitutionnelle et marquée par un délire non hallucinatoire ou épisodiquement hallucinatoire, et l'autre, la psychose hallucinatoire, serait acquise ?

Nous nous garderons bien de prendre parti. Certes, il est possible qu'une meilleure tenue mentale suffise à écarter par la question préalable beaucoup d'hallucinations. Le délirant chronique qui les subit a commencé par les chercher. Mais il est possible aussi que l'abondance des hallucinations, la floraison des troubles sensoriels soit la signature d'une intoxication, et que la psychose hallucinatoire repose au moins partiellement sur une auto-intoxication.

Peut-être du reste l'opposition que l'on tend à établir maintenant entre les psychoses constitutionnelles et les psychoses acquises, entre la pathogénie endogène ou constitutionnelle et la pathogénie exogène, ou, dans l'espèce, autotoxique, de la psychose hallucinatoire systématique, est-elle sujette à réserve ? Qu'est-ce, après tout qu'une constitution et qu'une acquisition ? La constitution elle-même ne doit-elle pas s'expliquer à peu près dans les mêmes termes que l'acquisition ?

Tout ce qu'il nous faut faire remarquer, c'est que le mécanisme de l'hallucination auditive est partout le même. Si, chez l'interprétant, l'hallucination, d'ailleurs épisodique, repose manifestement sur le délire, y a-t-il lieu de penser que les hallucinations chroniques

et fréquentes de la psychose hallucinatoire systématique traduisent à l'inverse, comme dit Dumas, une
domination de la pensée synthétique par l'automatisme ? Chez l'un comme chez l'autre, l'hallucination
de l'ouïe ne traduit-elle pas au contraire l'altération de
la personnalité et n'exprime-t-elle pas le trouble douloureux dont souffre le malade ?

Alors même que l'hallucination serait provoquée par
l'action irritante d'un toxique sur les centres corticaux, comme dans l'alcoolisme ou dans certains états
de confusion, l'hallucination n'apparaît pas nécessairement pêle-mêle et sans lien avec le reste de l'idéation.
Ce que l'on appelle l'éréthisme et l'automatisme des
centres sensoriels, obéit encore, malgré son émancipation, aux préoccupations du malade.

CHAPITRE II

REMARQUES SUR L'HISTOIRE DE L'APHASIE

————

L'étude de l'aphasie va confirmer les analyses qui précèdent. (1).

On a pu remarquer déjà, en quelques points de cet ouvrage, la coïncidence des vues que nous avons émises, du point de vue psychologique, avec les constatation cliniques de quelques neurologistes récents.

* *
* *

Comment se situent les troubles aphasiques parmi les troubles du langage ?

I. La pensée dépasse le langage. Il y a excès de la pensée sur le langage. La pensée fait le langage en se faisant par le langage. Nous retrouvons ici l'éternel cercle vicieux de la fonction et de la forme.

L'intuition, le sentiment ineffable, la rêverie sans paroles, la contemplation lyrique ou musicale, débordent le langage. L'art et en particulier l'art du langage s'efforcent de capter ce surplus.

————

(1) Sur l'aphasie en général et ses causes, on consultera Foix, *Traité de Pathologie mentale de Sergent*, V ; DEJERINE, *Sémiologie* ; Pierre MARIE, *Pratique neurologique.*

Le raffinement, l'étrangeté, la nouveauté chez certains malades aboutissent à des formes verbales aberrantes, à des néologismes, à des déformations du mot,
à des dénaturations du sens, à l'effort vers une langue
singulière. Nous avons étudié plus haut la langue symbolique de ce dément paranoïde qui voulait exprimer
le mythe où il s'était réfugié.

II. Le langage dépasse la pensée.

Une bonne part du langage normal se déroule dans
l'automatisme. Nous n'avons plus besoin d'y insister.
L'automatisme verbal peut s'accuser de plus en plus
dans certains états pathologiques. L'agitation verbale
du maniaque, le langage réflexe, le psittacisme de certains déments ou de certains imbéciles ; la stéréotypie
verbale et la litanie déclamatoire de certains déments
précoces, etc..., peuvent servir d'exemples de cette
émancipation de l'automatisme verbal.

III. La pensée tend à se mettre en équilibre avec le
langage, et le langage tend à se mettre en équilibre avec
la pensée.

Une partie des troubles du langage exprime les
troubles de la pensée. L'effondrement démentiel
s'accompagne de graves destructions dans l'ordre verbal. Le malade, on le voit aisément, a plus ou moins
de peine à trouver ses mots. La phrase se découd et se
détend. Dans les formes graves, c'est un chaos verbal.

L'excitation, l'incohérence, l'inertie ont, comme on
sait, leur traduction dans le langage.

Enfin une partie des troubles aphasiques ne s'expli-
que-t-elle pas par une altération du fonctionnement de
l'intelligence ? S'il y a peut-être de l'exagération et de
l'imprécision dans la thèse si neuve de Pierre Marie,
on ne peut nier que chez l'aphasique la difficulté de

construire se fasse sentir ailleurs que dans le langage, et qu'une grande fonction de l'esprit ne soit atteinte, dont le langage n'est qu'un aspect.

IV. Enfin, la parole articulée a son mécanisme propre, qui se constitue, nous l'avons vu, par l'exercice et se maintient par l'habitude. L'appareil bucco-laryngé se monte et fonctionne automatiquement sous la seule impulsion de l'intention verbale ou de certains sentiments qui tendent à s'exprimer et à se communiquer. Les centres de coordination de ses mouvements, le tableau de commande peuvent être plus ou moins gravement atteints dans leur fonctionnement, aussi bien que les instruments périphériques. La paralysie, l'atrophie, le spasme, l'ataxie peuvent empêcher le jeu de l'appareil bucco-laryngé; comme aussi l'impossibilité de réagir à la commande verbale, de grouper sous un fonctionnement synergique toutes les fonctions nécessaires à l'émission du son articulé, la figure motrice du mot étant seule atteinte et le langage continuant, pour le reste, de fonctionner.

LES FORMES PSYCHOLOGIQUES DE L'APHASIE

En vertu de tout ce qui précède, l'émission et la compréhension du langage peuvent être atteintes de plusieurs manières. Il suffit de rappeler brièvement les résultats auxquels nous sommes parvenus.

1º Le mot peut être atteint comme forme verbale, dans sa structure motrice et auditive. Le malade peut devenir incapable de prononcer les mots, tout en sachant les employer par exemple dans l'écriture. C'est l'aphasie verbale de Head ;

2º Le langage peut être atteint comme nomenclature, comme ensemble de signes. La valeur verbale est
conventionnelle et repose sur l'habitude. Elle est
apprise. Elle obéit dans sa formation, son évolution,
sa dissolution aux lois bien connues qui règlent tous
les apprentissages. Certaines lésions entraînent l'affaiblissement ou la destruction des associations sur lesquelles repose la valeur des mots. Ils deviennent étrangers au sujet.

Ou bien encore le langage peut être atteint comme
système de signes : les liens qui les unissent les uns aux
autres, qui les groupent et les classent dans l'esprit ;
tous ces rapports qui constituent les familles linguistiques dans la conscience linguistique du sujet peuvent
s'affaiblir ou disparaître. Un mot vient au lieu d'un
autre, à cause d'une ressemblance auditive ou motrice
par exemple, alors qu'il faudrait une ressemblance
logique ; dans le groupe associatif ce n'est point le
chef de file qui a été évoqué, mais bien quelque com-
parse.

Atteinte ou destruction de la nomenclature, du groupement associatif des signes, c'est dans les deux cas
l'aphasie nominale de Head ;

3º Le langage peut être atteint comme ordre de
signes : dans la grammaire et la syntaxe, les morphèmes,
c'est-à-dire les fonctions et les formes. C'est l'agrammatisme de Pick, l'aphasie syntactique de Head ; .

4º Le langage peut être atteint comme «syntagme»,
suivant l'expression de de Saussure ; c'est-à-dire
comme construction d'un ensemble verbal, comme em-
boîtement de signes dans une forme et ajustement à une
notion. Une phrase est une intention qui se réalise,
une action qui se construit. Le langage construit des

ensembles mouvants dont le sens se déforme et se déplace, aperçu en un éclair et répandu sur une succession de moments. Il faut que le sujet aperçoive progressivement au sein de ces ensembles la diversité dont ils sont riches. Or penser un ensemble et en discerner les détails, construire en distinguant, en opposant et en groupant, qu'il s'agisse du langage ou de toute autre matière mentale, cela ne va pas sans un rude effort de pensée. (1).

La disparition de ce pouvoir correspond en partie à l'aphasie sémantique de Head.

Dans ces différentes formes de l'usage du langage concourent à différents degrés la mémoire mécanique et la mémoire logique, la mémoire immédiate et l'attention, l'action volontaire. La lésion plus ou moins grave de telle ou telle de ces fonctions explique la gravité et la diversité du trouble aphasique, elle explique aussi qu'en dehors du langage il se présente d'autres troubles. Par exemple le fait que le langage sous sa forme la plus élevée suppose l'art de construire un ensemble explique fort bien que l'aphasie s'accompagne souvent d'apraxie idéatoire.

Les pages précédentes, qui indiquent la concordance de notre doctrine sur le fonctionnement du langage, —laquelle est tirée de la linguistique et de la psycholo-

(1) RODIN. *L'Art.* 200 : « Quand un bon sculpteur modèle une statue, quelle qu'elle soit, il faut d'abord qu'il en conçoive fortement le mouvement général ; il faut ensuite que jusqu'à la fin de sa tâche il maintienne énergiquement dans la pleine lumière de sa conscience son idée d'ensemble, pour y ramener sans cesse et y relier étroitement les moindres détails de son œuvre. Et cela ne va pas sans un très rude effort de pensée. » INGRES disait de même, p. 124 : « Ayez tout entière dans les yeux, dans l'esprit, la figure que vous voulez représenter, et que l'exécution ne soit que l'accomplissement de cette image possédée déjà et préconçue. »

gie—, avec celle de Head qui est tirée de l'observation clinique suffisent à montrer combien les théories médi-
cales de l'aphasie se sont rapprochées ces dernières
années des faits réels du langage. L'analyse serrée des
fonctions verbales aboutit en somme, dans les deux
ordres, aux mêmes conclusions. Les théoriciens de
l'aphasie ont acquis une vue nette des différentes
fonctions qui sont groupées sous l'unité du mot langage, et ils ont appris d'une observation sincère et
aussi vide de théorie que possible, à analyser le langage selon ces fonctions. Comme le dit fort bien Head,
il n'y a pas de faculté du langage, mais un ensemble
de fonctions qui concourent au langage.

*
* *

On sait l'histoire des doctrines de l'aphasie. On sait
comment s'est constituée peu à peu une théorie dite
classique dont le principe psychologique est que
l'aphasie ne dépend pas d'un trouble intellectuel,
mais d'un trouble de la mémoire qui atteint les images
verbales. On sait comment des théories plus récentes
ont remis en question l'analyse psychologique de
l'aphasie, en même temps que son analyse clinique et
anatomo-physiologique (1). De cette dernière question,
de la localisation des fonctions du langage, nous n'aurons absolument rien à dire. Elle échappe entièrement
à notre compétence.

---

(1) Nous n'avons aucunement l'intention, dans les quelques pages qui
vont suivre, de présenter une histoire de l'aphasie. Nous renvoyons aux
études spéciales, en particulier MOUTIER, L'Aphasie de Broca ; DEJERINE,
Sémiologie ; Pierre MARIE, Pratique neurologique, etc.

Après Broca, qui avait bien isolé l'aphasie motrice (1) et Wernicke, qui avait bien isolé l'aphasie sensorielle (2), après Küssmaul qui avait distingué dans l'aphasie sensorielle la surdité verbale et la cécité verbale, après Exner qui avait décrit l'agraphie vers 1881, s'établit la doctrine qu'il y a quatre centres du langage qui peuvent fonctionner ou s'altérer isolément. Bastian, dès 1869, avait fourni une base psychologique aux constatations cliniques, en déclarant que nous pensons en mots, que les mots vivent sous forme d'images dans les hémisphères cérébraux. Charcot avait condensé la doctrine classique en un exposé très clair et tracé un schéma général qui a servi de modèle à beaucoup d'autres. Entre les différents centres corticaux du langage, entre les centres corticaux et le reste de l'écorce Lichtheim en 1884 et Wernicke en 1885 s'efforcent de préciser les relations. On professe qu'une même forme d'aphasie peut se présenter sous trois aspects, qu'elle peut être corticale, sous-corticale, transcorticale. L'observation clinique prétend décrire un nombre toujours croissant de types d'aphasie ; la virtuosité du clinicien construit des combinaisons singulières que la nature est chargée de produire. L'aphasie s'émiette en schémas. Il y en a dix-huit pour Grasset !

La doctrine dite classique, et que nous voyons encore soutenue par Dejerine dans sa Sémiologie qui date de 1914, ramène un commencement d'unité.

---

(1) Broca avait décrit très exactement l'aphasie motrice sous le nom d'aphémie, et très exactement aussi l'aphasie sensorielle sous le nom d'amnésie verbale. Voir HEAD, *Aphasia, Proceedings*, p. 6.

(2) MOURGUE fait remarquer, *Journal de Psychologie*, 1921, p. 756, note, que c'est FLEURY (*Gaz. hebdomadaire*, 5 mai 1865) qui a distingué sous le terme d'*aphrasie* la deuxième forme classique d'aphasie.

Contre Charcot, qui soutenait l'autonomie des centres du langage et qui admettait par conséquent
des lésions isolées, Dejerine revient à l'idée d'une union
intime entre ces centres et d'une subordination de ces
centres suivant un ordre toujours le même chez tous
et qui est créé par l'éducation (1) ; il débarrasse la
science du centre graphique dont il n'a pas de peine à
montrer l'impossibilité. La plus grande partie des combinaisons factices de l'époque, antérieure disparaît,
ainsi sans retour. En ramenant l'aphasie à deux grandes
formes, aphasie de réception ou de Wernicke, aphasie
d'émission ou de Broca, en admettant que dans ces
deux formes toutes les modalités du langage sont
atteintes et qu'il ne s'agit dans chacune d'elles que
d'une prédominance différente, en marquant fortement la solidarité des images verbales dont le déficit
est censé commander ces troubles, Dejerine réagit
fortement contre l'émiettement de la période des
schémas. Puisqu'il y a des corrélations extrêmement
étroites entre les différents troubles du langage, puisqu'il n'y a pas de malades qui puissent comprendre
tout à fait bien et parler tout à fait mal, si l'on entend
par parole non pas l'articulation, mais seulement
l'expression, le langage intérieur, ou comprendre tout
à fait mal et parler tout à fait bien, puisque dans l'une
et l'autre aphasie toutes les modalités du langage sont
atteintes, l'aphasie est une psychologiquement sous
son apparence clinique de dualité. On renonce à décrire
des lésions isolées de la fonction langage, à réaliser
comme des entités distinctes des fonctions connexes,

_____   •

(1) Ceci contre le rôle que Charcot faisait jouer aux variétés individuelles
et aux types dans l'explication de l'Aphasie.

écrire, lire, parler, comprendre, à les subdiviser dans leurs modalités qu'on réaliserait à leur tour comme des entités.

L'unité provient ici de l'interaction des images. En 1914 encore, Dejerine enseigne tranquillement que l'aphasie se résume « en une perte des images de mémoire qui, dans le langage intérieur, nous donnent la notion du mot ». L'aphasie ne dépend pas d'un trouble intellectuel, mais d'un trouble de la mémoire portant sur les images verbales. La compréhension des mots, c'est le groupement des images verbales autour de la sensation auditive qui vient les réveiller. Le langage intérieur, c'est l'excitation de l'un ou de plusieurs des centres d'images, soit par ses congénères, soit par tout autre point de l'écorce. La phonation se réalise grâce à l'excitation du centre des images motrices. Mais il y a, nous l'avons dit déjà, entre les images verbales une dépendance fonctionnelle (1). Le rôle des images auditives est prédominant ; elles sont les plus anciennes en date, et elles jouent un rôle régulateur relativement aux images motrices.

De là vient que, dans l'aphasie de compréhension ou aphasie de Wernicke, le malade présente, à côté de la surdité verbale et de la cécité verbale, des troubles graves de la parole spontanée, de la paraphasie par exemple ; de là vient que, dans l'aphasie motrice ou aphasie de Broca, il présente un certain degré de surdité verbale, une surdité de phrases à tout le moins, sinon une surdité de mots.

Dans ces deux sortes d'aphasie, l'altération du lan-

_____

(1) Du reste les centres étant voisins, situés qu'ils sont tous au pourtour de la scissure de Sylvius, une lésion corticale peut en intéresser plusieurs.

gage intérieur ne va pas sans un certain degré d'altération de l'intelligence, très variable du reste, et qui est
sous la dépendance du trouble aphasique, loin de le
commander.

Mais en regard de l'aphasie de Broca et de l'aphasie
de Wernicke ainsi définies, Dejerine pose les formes
d'aphasie dites *pures,* où le langage intérieur est intact
et l'intelligence conservée ; ainsi l'aphasie motrice pure,
constituée uniquement par des troubles de la parole,
mais avec conservation des images motrices d'articulation (1).

S'appuyant sur le test de Lichtheim qui établirait
que l'aphasique moteur pur peut encore scander un
mot alors qu'il ne peut le prononcer (nous verrons plus
tard la valeur de cette épreuve), Dejerine suppose
chez ces malades l'intégrité des images motrices, malgré l'impossibilité de l'élocution. Du point de vue psychologique, l'explication proposée est des plus confuses.
Car si les images motrices sont intactes, d'où vient
qu'elles ne peuvent plus actionner les organes moteurs ?
Qu'est-ce qu'une image motrice qui n'est pas motrice ?
N'y a-t-il pas ici un reste et comme une expression psychologique de l'hypothèse des aphasies sous-corticales,
abandonnée sur le terrain anatomique ? La perception
étant impuissante, à cause de cette interruption de
trajet, à évoquer l'image qui est pourtant intacte, ou
l'image qui est pourtant intacte étant pour la même
raison, impuissante à déclencher le mouvement. Et
l'aphasie motrice pure, où le langage intérieur est
intact, nous dit-on, et l'articulation seule atteinte, est-

---

(1) Nous laissons de côté la cécité verbale pure, et la surdité verbale
pure.

elle un phénomène de même ordre que les aphasies intrinsèques où le langage est atteint comme fonction d'ensemble ? Et si le langage intérieur, prêt à s'extérioriser, est intact, et intact aussi l'appareil d'extériorisation des mots, quelle est exactement la nature de la lésion qui commande l'aphasie motrice pure ? (1).

* *

La révision de l'aphasie traditionnelle s'est faite sur le terrain psychologique, comme sur le terrain clinique, et sur le terrain anatomique. Il faut signaler à l'honneur des psychologues qu'ils avaient dénoncé l'insuffisance de l'explication psychologique que la théorie classique faisait intervenir. Les critiques, pénétrantes de Bergson n'ont pas été, à l'époque, remarquées suffisamment des cliniciens, présentées comme elles l'étaient dans une doctrine générale de la vie spirituelle. A beaucoup la forêt a caché l'arbre. Mais en contribuant à produire une révolution dans la manière de penser, elles n'ont pas été sans influence sur la révision anatomo-clinique du problème de l'aphasie, et sur son succès.

Sous l'innombrable variété des formes d'aphasie que les médecins contemporains décrivent, Bergson soutient qu'il faut rétablir la simplicité des grands mécanismes psychiques et la naïveté de l'observation. La complication dés schémas de l'aphasie se détruit elle-même ; et l'expérience montre presque toujours, partiellement et diversement réunies, plusieurs des lésions psychologiques simples que la théorie isolait.

_____

(1) Naturellement, dans la notation de Dejerine, les aphasies d'expression et de compréhension peuvent se présenter simultanément chez le même sujet, et c'est l'aphasie totale.

Si l'on veut expliquer, il faut se passer des images. La reconnaissance elle-même le plus souvent s'en passe bien. Il faut faire appel aux mouvements d'abord : n'y a-t-il pas une reconnaissance motrice, comme une reconnaissance intellectuelle : lorsque la reconnaissance élémentaire est lésée, ne trouve-t-on pas chez le malade des troubles généraux de la motricité, difficulté de s'orienter, de scander, etc... ? Il faut tenir compte de la teneur véritable et de la structure du langage. Un mot n'est rien par soi-même ; il n'existe que par une analyse préalable ; un mot n'a pas un sens absolu : il n'existe que par le contexte : le groupement des formes verbales dans l'esprit est un fait d'activité mentale, et non pas un simple jeu d'association ; le langage est syntaxe au moins autant que nomenclature.

Les avenues ainsi ouvertes à l'explication, on voit s'édifier la théorie bien connue qui explique la compréhension comme l'émission du langage par l'action simultanée et complémentaire du schéma moteur et de l'intellection, qui se construit sur les images ou qui se réalise en images, mettant en œuvre des mécanismes moteurs, ou des esquisses motrices dont le cerveau fournit le plan, et qui sont la seule portion à lui confiée de la grande œuvre spirituelle. L'esprit et le mouvement collaborent au langage, et c'est parce que le mouvement y collabore, qui s'inscrit dans le cerveau, qu'il y a des troubles aphasiques.

Il faut renvoyer à l'ouvrage lui-même, si neuf et profond, si éclatant de subtilité et de richesse. Nous ne voulons ici que marquer sa place (1).

_____

(1) Pour la portée de ces vues en neurobiologie on peut consulter MOURGUE, *Le point de vue neurobiologique dans l'œuvre de Bergson. Revue de Métaphysique*, 1920.

Bernard Leroy, en 1905, dans un livre important sur le langage, critiquait de nouveau les images verbales, et le rôle que les neurologues leur font jouer dans la compréhension.

Il montrait que la division du discours en mots est sans valeur, au point de vue phonétique et morphologique, que le sens du mot est déterminé par le contexte, que la signification repose sur l'éveil et la systématisation des tendances.

Il concluait de ces remarques que le langage tient par des liaisons profondes à tout le mécanisme psychologique. Un élément essentiel de la compréhension verbale est la préexistence de l'idée dans l'esprit, à laquelle s'ajoute l'influence d'une réaction totale de la personnalité. Dans la perception verbale toute la personnalité organique se trouve modifiée par la compréhension, et inversement nous comprenons différemment selon notre état d'esprit et notre état organique du moment. L'auteur tirait de ces remarques une application très intéressante de psycho-pathologie ; les paroles étant d'autant plus nettement perçues qu'elles sont plus conformes à certaines tendances actuelles de l'individu qui écoute, si ces tendances sont particulièrement intenses, on pourra s'attendre à ce qu'il se produise chez lui non seulement une déformation du sens, mais aussi une déformation de la perception brute elle-même. Nous n'avons pas à entrer dans l'exposé de ces vues que l'auteur emploie à l'explication des troubles psychosensoriels chez les paranoïaques. Elles étaient très neuves et très intéressantes.

Mais en ce qui concerne l'émission du langage, la

critique de l'auteur est beaucoup moins serrée, et il admet encore que le rôle essentiel est joué par les images kinesthésiques (notion qu'il accepte sans la critiquer), et qu'un rôle important est joué aussi par les images auditives.

*
* *

Il y a des novateurs inconnus et qu'on découvre en redécouvrant les faits qu'ils avaient trouvés ou la doctrine qu'ils avaient élaborée. Hughlings Jackson est du nombre. Ses articles sur l'aphasie s'étagent de 1864 à 1893. Mais c'est Head qui leur a donné une nouvelle jeunesse en les réexposant et rééditant en 1915 (1). Quelques-unes des vues de H. Jackson sont singulièrement pénétrantes et hardies et si elles étaient restées en circulation à l'époque, elles auraient peu laissé à faire après elles. Pick, en lui dédiant son livre *Die agrammatischen Sprachstörungen,* ne l'appelle-t-il pas : le penseur le plus profond du siècle dernier en neuropathologie? (2).

Jackson distingue deux grands aspects de l'aphasie, l'aspect perceptif, l'incapacité de comprendre le langage, l'aspect émissif, l'incapacité de le formuler. Les deux formes, du reste, peuvent se combiner, et parmi les

---

(1) Voir les études de HEAD, déjà citées; les articles de Hughlings JACKSON dans *Brain,* 1915; et les *Croonian Lectures* in *Brit. med. Journ.,* 1884, t. I.— Voir MOURGUE, *La Méthode d'étude des affections du langage d'après H. Jackson, Journal de Psychologie,* 1921, p. 752.

(2) Si la doctrine de Jackson sur l'aphasie a passé à peu près inaperçue, sa doctrine générale de neuro-pathologie a été remarquée et a exercé son action. RIBOT fait remarquer (*Maladies de la volonté,* p. 155) qu'en 1868 Hughlings Jackson, étudiant certains désordres du système nerveux, avait établi que les fonctions les plus volontaires et les plus spéciales étaient d'abord atteintes et plus que les autres. Principe de dissolution, corrélatif des doctrines de Spencer sur l'évolution du système nerveux.

aphasiques moteurs il convient de distinguer deux
groupes ; dans l'un la parole est supprimée ou endom-
magée, dans l'autre le malade use de beaucoup de
mots, mais mal.

Jackson avait remarqué que ses malades pouvaient
parfaitement employer, sous le coup d'une émotion,
des mots qu'ils étaient incapables de prononcer à
volonté ; ce qui montre que la soi-disant perte des
images est une hypothèse inutile et fausse. Dans la
majorité des cas d'aphasie les images sont intactes.
Les aspects élevés et volontaires d'une fonction souffrent plus que les aspects inférieurs ou automatiques.
Un sujet peut répondre *non* à une question et peut
être incapable de dire *non* quand on lui demande de le
faire. Un aphasique peut être incapable de sortir la
langue quand on lui dit de le faire, et pourtant il sait
sortir la langue dans certaines occasions, par exemple
pour attraper une miette de pain égarée sur ses lèvres.

La perte du pouvoir d'exécuter un ordre dépend de
la complexité de la tâche. Plus une conception est
abstraite, plus elle est difficile; alors qu'elle serait aisée
sous forme simple et descriptive. Tel malade qui ne
peut dessiner un carré au commandement, le dessine
fort bien quand on lui dit de dessiner un morceau de bois.

Les fonctions les plus élevées sont les moins organisées, les plus complexes, les plus volontaires. De là
vient que la dissolution, qui agit en sens inverse de
l'évolution, les affecte particulièrement. L'activité
volontaire intervient plus pour les représentations
abstraites que pour les images d'objets usuels, à rappel
plus automatique. La pathologie du langage est la
pathologie de l'activité volontaire et de l'activité mentale en général.

En effet, le langage se compose non point de mots, mais de « mots liés les uns aux autres d'une façon particulière ». L'unité de la parole est la proposition. Une simple suite de noms ne nous dit rien, bien que notre organisation soit sensible à chacun d'eux. Or la proposition implique une attitude du sujet et une conception préalables. C'est la structure même de l'acte volontaire. « Dans toutes les opérations volontaires il y a préconception. L'acte naît avant d'être accompli; il y a un rêve de l'acte avant sa réalisation ; il y a dualité dans l'action. » (1). Pour parler, l'esprit construit la proposition. C'est ce sommet du langage qu'atteint avant tout le trouble aphasique, lésant au sein de l'esprit lui-même les opérations qui aboutissent au langage, atteignant par conséquent le langage d'abord dans ses origines intellectuelles et volontaires. Mais comme la forme propositionnelle n'est nécessaire qu'à la pensée logique, il y a une forme de pensée qui peut subsister malgré les troubles aphasiques.

Il suit de là que l'écriture et la lecture ne sauraient être affectées comme facultés séparées, mais seulement comme méthodes de décomposition et d'expression de la proposition. Il n'y a pas d'agraphie pure, pas plus que d'alexie pure.

Il suit encore de là qu'il n'y a pas de différence entre le langage intérieur et le langage extérieur. Toute la différence consiste dans l'articulation des mots (2).

---

(1) *Brain*, 1868.

(2) On verra dans l'article cité de Mourgue (*Journal de Psychologie*, 1921, p. 752) les principes neurologiques que Jackson a formulés et auxquels sa doctrine se rattache; en particulier cette loi qu'une lésion destructive ne peut jamais être responsable de symptômes positifs; un processus de destruction ne produit que des effets négatifs et tous les symptômes posi-

*
* *

Puisque nous rendons justice aux oubliés et aux mé-
connus, il convient de rappeler une seconde fois les
pénétrantes remarques de Steinthal en 1881 (1). Il
avait très bien vu que l'anarthrie, «incapacité durable
d'articuler des mots, qui sont si bien dans la conscience
que le malade peut les écrire », est toute différente de
l'aphasie qui atteint le langage intérieur, sans trouble
du mécanisme de l'articulation. Et surtout il avait
décrit, sous le nom d'akataphasie emprunté à Aristote,
l'incapacité d'analyser la représentation en phrases,
« l'incapacité d'apercevoir ou de relier les représentations d'après les lois grammaticales », l'essentiel en
somme de l'agrammatisme de Pick et de l'aphasie
sémantique de Head. C'est qu'il avait bien aperçu le
mécanisme psychologique de la phrase. Autour de la
représentation prédominante s'ordonnent les représentations qui surgissent ou qui s'épanouissent. La combinaison des mots en phrases s'accomplit suivant la loi
de cette formation et de cette déformation progressives. Il faut une certaine force d'esprit pour maintenir le temps qu'il faut cet ensemble mouvant. Il arrive
à l'homme sain, et à plus forte raison à l'aphasique, de

---

tifs sont la conséquence d'une activité non réfrénée des centres inférieurs.
Certains centres exercent une action inhibitrice sur des centres subordon-
nés. Lorsqu'à la suite de la lésion d'un centre on observe des phénomènes
positifs, c'est à la libération plus ou moins désordonnée de l'inhibition de
ce centre qu'il faut les attribuer ; les phénomènes positifs expriment l'activité du centre subordonné. H. Jackson a ainsi renversé la théorie qui attri-
buait à « l'irritation » la spasmodicité relevant d'une lésion destructive,
par exemple l'exagération des réflexes dans les membres paralysés. Voir
HEAD, *La libération fonctionnelle dans le système nerveux, Journal de Psychologie*, 1923, p. 501.

(1) *Die Sprache*, p. 454.

commencer des phrases et de ne pas les finir ; le sujet par exemple, qui devait rester présent, quoiqu'invisible, jusqu'à l'achèvement de la phrase, disparaît trop tôt et le verbe alors ne survient pas. Pour que la phrase puisse s'accomplir, il faut que le dernier mot soit présent dès le début, et le premier jusqu'à la fin.

Il y a là des vues très neuves et très vigoureusement indiquées. Wundt, qui a dit sur le langage tant de choses excellentes, ne sera pas si heureux dans l'explication de l'aphasie, préoccupé qu'il est surtout de déduire les troubles du langage des lois générales de l'association (1).

*
* *

On sait comment Pierre Marie a critiqué la localisation anatomique, la description clinique et la psychologie pathologique de la doctrine classique (2).

Il a prétendu renverser les quatre parties du «dogme» de l'aphasie : la spécificité du centre de Broca (3), l'opposition d'une aphasie motrice et d'une aphasie sensorielle, l'existence de syndromes purs sous-corticaux, et enfin la doctrine psychologique des images et des centres d'images.

Nous répéterons ici notre remarque antérieure : nous n'étudierons de son œuvre que ce qui concerne la psychologie du langage (4).

---

(1) WUNDT, *Völkerpsychologie*, I, ii, p. 538.
(2) Voir *Semaine médicale*, 23 mai 1906, 17 oct. 1906, 28 nov. 1906; et *Revue de Philosophie*, 1907; *Revue neurologique*, 1917 (*les aphasies de guerre*).
(3) D'après Pierre Marie la troisième frontale gauche ne joue aucun rôle spécial dans la fonction du langage.
(4) Nous laisserons même tout à fait de côté certaines questions, comme celle de l'alexie pure ou cécité verbale pure. Voir sur ce point PIÉRON, *Le Cerveau et la Pensée*, p. 198.

Pierre Marie proclame l'unité absolue de l'aphasie. Dans l'aphasie, le langage est atteint comme fonction d'ensemble, dans sa totalité, selon toutes ses modalités.

Il n'y a qu'une aphasie, l'aphasie de Wernicke marquée par le trouble du langage intérieur sous toutes ses formes et par le déficit intellectuel. Toutes les formes du langage sont simultanément atteintes, parce que le territoire de Wernicke n'est pas un centre psycho-sensoriel de réception, mais bien un centre intellectuel. C'est à tort qu'on s'efforce d'y déterminer des centres plus spéciaux, en rapport avec tel ou tel élément du langage. Car d'abord la clinique dément ces assertions ; puis il y a contre elles la loi de la production globale des hémisyndromes cérébraux par la lésion d'une portion seulement de la zone qui leur donne naissance.

L'aphasie est du reste variable dans son intensité et dans son extension ; tel ou tel élément du langage peut être particulièrement atteint.

Le « langage intérieur » est atteint tout entier dans l'aphasie proprement dite. Le langage extérieur, la parole, c'est-à-dire l'articulation du langage, peut être atteinte isolément, et c'est l'anarthrie. L'anarthrie est un trouble non paralytique de l'articulation verbale (1) dont le tableau clinique se confond avec celui de l'aphasie motrice pure ou sous-corticale des classiques où le langage intérieur n'est pas troublé (2). Dans l'anarthrie il n'y a pas paralysie, mais incapacité d'associer entre eux des mouvements restés individuel-

---

(1) A distinguer soigneusement des dysarthries et des aphonies, résultant des troubles directs de l'appareil phonateur.

(2) Elle en diffère par sa localisation. Pierre Marie soutient qu'elle est provoquée par des lésions siégeant dans la zone lenticulaire.

lement possibles, incapacité d'en former des systèmes, de construire les mots. L'anarthrie doit être soigneusement séparée de l'aphasie, dont elle est nettement distincte. Le langage extérieur, la parole, est indépendant du langage intérieur. Jetant par-dessus bord la théorie périmée des images, Pierre Marie ne réunit plus parole et langage dans le groupe des images verbales, avec subdivision en images motrices ou images auditives. L'anarthrie est exclue de l'aphasie, parce qu'elle n'est pas un trouble du langage à proprement parler.

L'aphasie et l'anarthrie, par leur réunion, constituent l'aphasie de Broca, où le langage et la parole sont simultanément atteints.

*
* *

Le trouble du langage, dans l'aphasie, est sous la dépendance du trouble intellectuel. Les prétendues images de la théorie classique n'y jouent aucun rôle. Un centre d'images est forcément un centre intellectuel ; une image non associée est une sensation brute, « un simple enregistrement sans conscience ». « Dès que l'image est perçue, reconnue, écrit Moutier, elle devient un phénomène intellectuel ; elle cesse par là même d'être l'image cliché, dont on nous a tant parlé, l'entité commode, toujours prompte à répondre à l'appel des théories en détresse, toujours prête à rétablir l'équilibre des schémas en péril. » (1).

En fait, chez l'aphasique, il y a diminution de la capacité intellectuelle. Les mots isolés sont compris,

(1) MOUTIER, *L'Aphasie de Broca*, p. 241.

ainsi que les phrases courtes ; les phrases d'une complication croissante décèlent la lacune ; on a beau
mimer l'ordre qu'on donne, c'est-à-dire faire appel à la
faculté d'interprétation du malade, sans recours à la
compréhension verbale : si l'acte est complexe, il n'est
pas compris. De même, un grand aphasique est incapable de faire comprendre par gestes quel est son métier.

Mais c'est surtout dans le stock des choses apprises
par cœur, de la mémoire didactique, des mécanismes
montés, que le déficit se fait sentir. Le cuisinier aphasique de Bicêtre avait oublié les éléments de son métier ;
tel malade ne sait plus lire l'heure, faire une addition
ou une soustraction ; tel, qui était musicien, ne sait
plus jouer de son instrument. En général, chez tous les
malades, la mimique conventionnelle est atteinte, si
l'expression réflexe de l'émotion est respectée. L'aphasie
se présente souvent compliquée d'apraxies de toute
espèce. La coïncidence de l'aphasie et de l'apraxie
idéatoire dépasse les bornes du pur hasard et il y a
entre ces phénomènes plus qu'une rencontre pure et
simple.

L'aphasie s'accompagne assez souvent de phénomènes dits d'apraxie idéatoire, parce qu'elle réalise
aisément ces états. La recherche de ces phénomènes
constitue un des bons moyens pratiques de mettre en
lumière certains états de diminution et de désorienta-
tion intellectuelle.

Toutefois, on convient que le déficit intellectuel, s'il
est incontestable, peut être très faible, difficile à déce-
ler (1), et qu'il porte particulièrement sur le langage :

_____

(1) Pierre MARIE, *Revue neurologique* 1908, p. 1035. « Il est nécessaire,
pour le constater, de se livrer à un examen méthodique. C'est que, à première vue, la mentalité de ces infirmes ne présente aucun trouble saillant ;

réserve qui contraint de poser à nouveau le problème
du langage et de la pensée (1), car elle tendrait autrement à réintroduire une doctrine classique qu'elle a
prétendu infirmer, à savoir que l'aphasique est celui
qui, en possession d'une intelligence suffisante pour
penser et comprendre et sans trouble des organes sensoriels ou moteurs servant au langage, a perdu le pouvoir d'exprimer ses idées ou d'interpréter le langage
d'autrui.

* *

Pick en 1913 a eu le très grand mérite d'attirer l'attention des cliniciens sur les troubles agrammatiques de la
parole. On peut dire que grâce à lui la doctrine linguis-
tique·du mot et la théorie psychologique de l'image
verbale ont été simultanément bannies de la neurologie qui se respecte. En même temps Pick a fait un
effort très pénétrant pour suivre le·chemin qui va de la
pensée non encore formulée à la formule verbale.
Utilisant les résultats de la psychologie de la pensée,
il distingue quatre stades dans la formulation progressive de la pensée. Au premier une intention encore
tout implicite qui correspond à peu près à la *Bewusstseinslage* de Marbe. Au second la distinction déjà du

---

dans leur famille ils prennent part à la vie commune ; à l'hôpital on les voit
aller, venir, sortir comme leurs camarades ; manger, se coucher aux mêmes
heures, et dans les mêmes conditions que leurs voisins de salle, en un mot
ils se conduisent dans la vie comme des gens sensés. »

(1) DE SAUSSURE, *Cours de Linguistique générale*, p. 27. « Dans tous les
cas d'aphasie ou d'agraphie, ce qui est atteint, c'est moins la faculté de
proférer tels ou tels sons ou de tracer tels ou tels signes que celle d'évoquer
par un instrument quel qu'il soit les signes d'un langage régulier. Tout
cela nous amène à croire qu'au-dessus du fonctionnement des divers
organes il existe une faculté plus générale, celle qui commande aux signes,
et qui serait la faculté linguistique par excellence. »

contenu, mais sans formule verbale encore. C'est à peu près la *Bewusstheit* de Ach. Au troisième, le schéma de la phrase. Au quatrième le choix des mots. L'antériorité du troisième degré sur le quatrième est prouvée par le fait que le sens du mot dépend de la phrase.

**

Head se targue d'un retour au pur empirisme dans sa description des quatre formes d'aphasie que nous avons exposées déjà, l'aphasie verbale, l'aphasie nominale, l'aphasie syntactique et l'aphasie sémantique. Non que l'aphasie soit multiple dans son essence, au contraire elle est une, mais dans le désordre général de la pensée symbolique (1) certains éléments peuvent jouer particulièrement, certaines portions de la fonction persister plus que d'autres. Le trouble peut prendre une forme clinique particulière.

Les observations de Head portent surtout sur des blessés de guerre, dont l'état mental était tout autre que celui des aphasiques de la pratique courante. Ce n'étaient point de ces artérioscléreux, de ces tarés du système nerveux, vieux, épuisés, dont la capacité intellectuelle est fortement diminuée, aisément fatigables et impropres à un examen prolongé, mais pour la plupart des sujets jeunes, intelligents, euphoriques, désireux de guérir et se soumettant volontiers aux examens et aux tests en faisant de leur mieux.

(1) Head emploie depuis 1923 l'expression « formulation symbolique ». Voir *Brain*, 1923, p. 364, cette nouvelle et importante étude de Head, que nous n'avons connue qu'en corrigeant nos épreuves. Si elle n'ajoute rien à la description et à l'analyse psychologique de l'auteur, elle apporte des vues importantes sur le problème des localisations et nous donne in extenso un certain nombre d'observations complètes.

Head a eu le mérite de constituer une échelle de tests, qui permet une exploration très méthodique et très complète, et de parer à l'inconstance des réponses, si fréquente dans le cas de lésions de l'écorce.

L'aphasie est un trouble de la pensée symbolique. Sous l'influence de lésions, la fonction symbolique peut se dissocier, comme fait par exemple la sensation. Chacune de ces formes dissociées représente une fraction de l'ensemble du processus psychique. Nous avons vu plus haut ce que sont les formes cliniques de l'aphasie.

Dans l'aphasie verbale, les mots sont évoqués avec difficulté et tendent à devenir anormaux dans leur structure. Il s'ensuit un trouble de la structure de la phrase. Les troubles d'émission sont prépondérants. Toutefois il y a des troubles de réception. Le malade qui ne peut retenir avec certitude une série de mots ou certaines expressions peu usuelles est gêné pour comprendre une conversation ou un texte (1).

• Dans les formes sévères le malade est réduit à quelques phrases stéréotypées ou affectives. Chez quelques malades, le défaut ne se traduit que par l'incapacité à produire à volonté le mot requis, encore qu'ils puissent le reconnaître. La « defective word formation » est au premier plan. La phrase est à peu près conservée. Toutefois la perte de fonction n'est pas purement articulatoire. Le « langage intérieur » est atteint. L'écriture et la lecture montrent les mêmes fautes que la parole. Le sujet comprend difficilement des phrases rapides. Il échoue le plus souvent au test de l'œil et de l'oreille,

---

(1) C'est ce qu'un des sujets de HEAD exprime par ces mots : « I can't read a book because I'm bothered, when I say the words to myself. » *Brain*, XLIII, 1920, p. 1439.

au moins quand ce test est présenté de manière à faire appel à la formulation verbale (1).

L'aphasie nominale est marquée par la compréhension défectueuse et l'usage défectueux des mots : leur valeur de signification est maniée de façon incorrecte. Un mot est pris pour un autre. Il y a de la paraphasie d'émission et de réception. Troubles d'émission et de réception se correspondent. Le sujet recourt souvent au geste pour remplacer le mot (2). Le calcul n'est plus guère possible. L'appréciation des monnaies est défectueuse. Le malade ne sait plus jouer aux cartes.

L'aphasie syntactique, c'est l'agrammatisme qui retentit sur les mots eux-mêmes. La perte de la fonction syntactique « disturbs the internal balance of a word as an orderly rhytmic expression and so leads to jargon ».

Le rythme de la phrase est détruit. Le langage est syncopé. Les mots de relation sont absents ou inopérants (3).

L'aphasie sémantique, c'est l'incapacité de comprendre et d'utiliser le mot comme élément d'un acte complet du langage. Le malade s'arrête dans la conversation, comme un homme qui a perdu ce qu'il veut

---

(1) Par exemple le sujet imite parfaitement bien le geste accompli derrière lui devant une glace ; mais il ne peut le reproduire face à face avec l'expérimentateur. Head suppose que, dans ce dernier cas, le sujet doit faire agir son langage intérieur et mettre d'abord sous forme de proposition l'acte à accomplir, tandis qu'en face de la glace il s'agit d'une imitation directe. De même, si on demande au sujet de décrire les mouvements qu'il voit dans le miroir, il fait de grossières erreurs.

Sans contester aucunement ces faits, on peut les interpréter autrement que ne fait Head. Voir par exemple MOURGUE, *Disorders of symbolic thinking*, *British Journal of Psychology*, 1921, p. 106. Nous y reviendrons.

(2) *Brain*, p. 149.

(3) *Brain*, p. 149.

dire. Il ne comprend pas le rôle de tel ou tel membre
de phrase dans une période.

D'autres fonctions sont simultanément troublées,
qui n'ont rien à voir avec la verbalisation. Par exemple
le malade devient incapable d'interpréter un tableau ;
en présence d'une image, il se comporte comme un
enfant ; il peut énumérer les détails, mais non point
comprendre l'ensemble. Il peut accomplir un acte où
chaque moment commande et déclenche le moment
suivant, comme dans l'exécution mécanique des
techniques familières, mais il est incapable d'un acte
qu'il lui faudrait d'abord formuler comme un tout (1).
Le pouvoir de porter dans sa pensée l'intention ultime
de l'action partielle est diminué, et le malade ne reconnaît pas nettement le but final de ses efforts.

Ce trouble sémantique retentit par conséquent d'une
façon profonde sur la vie quotidienne. Et pourtant la
mémoire et l'intelligence peuvent rester assez élevées.
Un des sujets de Head (le nº 10) était capable de rappeler le sujet de trois lettres distinctes qu'il lui avait
écrites en trois ans, et il était pourtant incapable de
répéter exactement une histoire (2).

L'aphasie verbale coïncide en somme avec l'aphasie
motrice des classiques (3). L'aphasie syntactique a été

_____

(1) Ainsi le jeune officier nº 1, qui était incapable de mettre son cein-
turon quand les coulants avaient été déplacés; ainsi le nº 10 qui, arrangeant
avec du fil un cadre de ses ruches, pouvait faire le travail s'il consistait
à passer le fil d'un côté à l'autre du cadre, puis à revenir l'enfiler dans
des trous voisins, mais aussitôt qu'il voulait aller d'un coin à l'autre, il ne
pouvait. « Il pouvait accomplir un acte continu, mais était embarrassé, si la
discontinuité du travail l'obligeait à formuler son intention.» *Brain*, p. 162.

(2) *Brain*, p. 149.

(3) Head s'appuie précisément sur l'aphasie verbale pour soutenir,
contre Pierre Marie, que l'anarthrie est accompagnée de troubles du langage intérieur. Nous reviendrons sur ce point. L'aphasie verbale de Head
ne coïncide pas avec l'anarthrie de P. Marie.

décrite par Jackson et par Pick. Head revendique l'originalité d'avoir précisé l'aphasie nominale en la distinguant de l'aphasie verbale (1), et il faut lui reconnaître le mérite d'avoir introduit avec l'aphasie sémantique bien des vues neuves et fécondes.

L'aphasie verbale atteint surtout la structure du mot. L'aphasie nominale surtout les valeurs du langage. L'aphasie syntactique, le grammatisme. L'aphasie sémantique, la constitution des ensembles. Toutes ces formes d'aphasie ont un double aspect d'émission et de réception.

Ainsi, il n'y a point de lésions isolées de la parole, de la lecture, de l'écriture ; et les troubles du langage, loin de pouvoir s'expliquer par la destruction ou la disparition des images, mettent en cause les processus les plus complexes de la pensée. Il n'y a pas de lésion qui n'affecte que le langage. Ce sont la pensée et l'expression symboliques qui sont troublées dans leur ensemble. Certains éléments de la fonction continuent à jouer. Certaines des manifestations observées proviennent de l'aspect négatif du trouble, de la simple suppression de fonction, d'autres de l'activité désordonnée de la fonction qui persiste. Les dissociations aphasiques ne nous révèlent pas les éléments séparés du langage, pas plus que la position que prend en marchant un blessé de la jambe n'est un élément de sa marche normale ; mais bien les composants selon lesquels l'acte complexe peut être analysé.

En effet, dans l'évolution fonctionnelle progressive, les réactions des centres inférieurs ont été modifiées afin de répondre à de nouvelles conditions. Normale-

---

(1) *Proceedings*, p. 19.

ment ces réponses primitives sont supprimées, car elles
pourraient troubler les réponses plus discriminatives
des centres supérieurs ; mais elles peuvent réappa-
raître, lorsque les circonstances demandent une action
immédiate et impulsive. La libération fonctionnelle
due à l'abolition du contrôle normalement exercé par
les centres supérieurs peut se traduire à la fois par la
perte de la fonction et par des phénomènes d'hyperacti-
vité ; ou bien simplement par des symptômes positifs
lorsqu'il n'y a point destruction organique, mais seulement extrême violence du stimulus.

Le premier cas constitue la « désintégration » (1).
Le second l' « évasion du contrôle ».

C'est par application de ces principes que Head a
montré comment l'hyperréaction thalamique s'explique par la désintégration et non pas par l'irritation.

Une lésion organique trouble certains processus
physiologiques nécessaires aux actes complexes qui sont
à la base du langage. Mots, nombres, représentations
figurées, usage de ces symboles pour la pensée constructive, tout cela peut être affecté ; tous les processus
mentaux qui demandent compréhension exacte, rappel
volontaire, expression adéquate : en somme la pensée
et l'expression symboliques. Ce sont les symboles uti-
lisés symboliquement, si l'on peut dire, qui souffrent
de ces désordres, et non point la représentation symbolique prise dans sa réalité sensible.

---

(1) « Si le facteur supprimé par la lésion exerçait un certain contrôle
sur les fonctions restées intactes, on peut voir se manifester des phénomènes qui, dans les conditions normales, étaient inhibés. Supposons que
la moitié des écoliers soit absente de la classe ; la somme totale d'énergie
vitale est diminuée, mais la discipline est maintenue sans modification ;
l'absence du maître, par contre, entraîne d'inévitables désordres. » HEAD,
La Libération fonctionnelle, *Journ. de Psych.*, 1923, p. 516.

Par exemple, tous les actes « directs » peuvent être encore accomplis, alors que le malade est déjà incapable de ceux qui demandent entre leur commencement et leur fin l'intercalation d'un symbole : la répétition des mouvements du médecin vus dans la glace est aisée ; elle est difficile au malade placé en face du médecin. Un malade qui sait réciter la suite des jours, des mois et des nombres peut être incapable de comprendre Mardi 20 Mars. Un malade qui peut mettre l'aiguille de la montre à 4 h. 45 sera incapable de la mettre à 5 heures moins un quart. Un malade qui saura régler sa montre sur une autre montre sera incapable de la régler au commandement verbal. Plus l'action tend vers la correspondance de deux formes sensorielles, plus elle est facile. Plus elle doit prendre « forme propositionnelle », plus elle est difficile. Le malade peut apprécier et se rappeler les impressions et les images, mais il ne peut à lui tout seul exprimer leur relation. Par exemple : un malade incapable de dire si on l'a touché avec une seule ou avec les deux pointes du compas de Fechner, peut être capable d'indiquer exactement si le contact a été simple ou double, quand les chiffres 1 et 2 sont écrits devant lui. Il est capable de reconnaître une relation en présence des symboles qui l'expriment. Il est incapable de la formuler tout seul. Il est capable par exemple de se rappeler l'ordre des objets sur la table, sans être capable de le formuler.

Les relations sont troublées dans leur ensemble et pas seulement les relations verbales. C'est ce que met en lumière l'aphasie sémantique. Ainsi le sujet est capable d'indiquer correctement la situation de chaque objet, sans être capable de dresser le plan d'ensemble. Sa capacité de distinguer des variations d'intensité, de

similarité, de différence, de relation spatiale, s'est
affaiblie ; « l'intention ultime » disparaît ; le malade
n'a plus la notion claire et certaine du but de
l'action (1). A cet affaiblissement se superposent les
troubles du langage proprement dit. Pour former
l' « expression propositionnelle » il faut savoir manier les
symboles, les utiliser, les reconnaître. Dans ce qui
a l'air d'une perception simple, il entre beaucoup de
symbolisme. La grande et la petite aiguille d'une montre,
par exemple, ont une signification symbolique, comme
aussi les divisions de l'espace sur le cadran. La disparition de cette signification est la cause de beaucoup de
lacunes que l'on remarque chez l'aphasique.

* *

Dans une importante étude sur le langage parue en
1917 (2), Barat, analysant la compréhension du langage,
rappelait qu'elle consiste à découper et à décomposer
la phrase, à reconnaître les mots, à apprécier la construction et les formes grammaticales. Il entre donc
dans cette opération toute une série d'automatismes :
schéma moteur, association verbale, grammatisme, en
même temps que, s'aidant de ces mécanismes et libérée
par eux, l'intelligence libre interprète et reconstruit
la signification du discours. Le fait fondamental de
l'aphasie c'est la destruction de ces automatismes.

La compréhension verbale n'est pas simplement un
acte d'intelligence. En effet, les mots peuvent cesser

_____

(1) Les tests que Head emploie à ces démonstrations ne sont pas tous
d'égale valeur ; par exemple le test de « l'heure d'été ». Nous y reviendrons.
(2) *Revue philosophique*, 1917 ; publiée ensuite comme chapitre sur le
langage (revu par Chaslin) dans le *Traité de Psychologie* de Dumas, t. I.

d'être compris, alors que les autres formes de perception paraissent intactes et que l'intelligence générale
est conservée. La compréhension suppose un certain
nombre d'opérations devenues automatiques. Les différentes formes d'aphasie ne sont pas autre chose que la
destruction de ces divers automatismes.

De même, le sujet qui parle part de l'idée ; il évoque
les mots nécessaires et construit la proposition. Pour
que le langage fonctionne correctement, il faut que les
mots nécessaires soient évoqués sans omission ni
erreur ; que la proposition soit correctement construite.
Or les troubles du langage intérieur portent précisément sur ces deux fonctions qui sont devenues automatiques, elles aussi.

Enfin la phonation, elle aussi, est un acte devenu automatique par l'exercice journalier. L'attention cesse
d'intervenir dans son accomplissement pour s'attacher
uniquement au résultat à atteindre. Cet automatisme
peut être atteint lui aussi dans son siège cérébral et la
fonction disparaître (1).

* *
*

Van Woerkom, dans une étude récente (2), indique, à
la manière de Bergson, comment les troubles de la pensée verbale sont sous-tendus par des troubles de la pensée

---

(1) Nous voyons cette idée très fortement soutenue par PIÉRON (*La
notion des centres coordinateurs cérébraux et le mécanisme du langage. Rev.
Phil.*, 1921). Lorsqu'un acte complexe exigeant une succession d'actes relativement simples se trouve très souvent répété et devient automatique, il
se constitue un centre d'étape, un élément coordinateur capable de déclencher en mettant en jeu dans l'ordre voulu et avec l'intensité requise les
divers éléments incito-moteurs qui commandent ce groupe de mouvements.
C'est ce qui prouve l'apraxie qui abolit un mouvement appris, sans atteindre
les mécanismes élémentaires.

(2) *Revue neurologique*, 1919 et *Journal de Psychologie*, 1921.

spatiale et de la construction de l'espace, qui atteignent tous les aspects de la vie mentale. Les troubles
de l'orientation, par exemple, qu'il signale chez son
malade, ne sont pas conçus par lui comme des troubles
uniquement moteurs, mais comme des troubles d'une
fonction essentielle de l'intelligence. Son aphasique de
Broca, qui ne peut orienter une règle par rapport à une
autre, qui ne sait s'il va en haut ou en bas quand il
descend l'escalier, en même temps ne peut pas distinguer une pluralité d'objets, en même temps est incapable de se représenter les étapes successives d'une
petite histoire, même après des répétitions multiples.
Cet homme est incapable d'utiliser l'espace autrement
que de façon qualificative et immédiate ; il peut se
mouvoir immédiatement vers un stimulus visuel ou
auditif, mais il ne sait pas s'orienter dans le labyrinthe
le plus simple. Il sait reconnaître les formes, il sait
montrer sans hésiter deux objets qui se trouvent devant
lui, mais il ne peut indiquer leur relation spatiale par
le geste ni oralement. Le « sens géométrique » est profondément perturbé.

De même, il est incapable de manier le temps. Il
remarque bien une différence d'intensité entre deux
coups frappés, mais il ne se rend pas compte de la différence de succession. Il s'oriente aussi mal dans le temps
que dans l'espace. Il est incapable d'imaginer les étapes
successives d'un petit récit. Toute l'histoire du *Petit
Chaperon rouge* se ramasse en une seule scène ; ou bien
la suite des événements est brouillée. Temps et sens
géométrique sont également altérés.

Il s'ensuit que le malade est incapable de manier le
nombre. Le nombre de ses enfants lui est inconnu,
encore qu'il les connaisse fort bien, isolément et en

groupe. La moindre opération est impossible. Pour calculer la valeur d'une petite somme d'argent, le malade s'embrouille, notamment dans la manœuvre de rapprocher les pièces identiques, et de les éloigner des autres ; les pièces isolées sont pourtant bien reconnues, leur valeur est exprimée en centimes. Le malade a conservé l'acte automatique de la numération, mais il a perdu l'idée de la direction et la notion des rythmes. Il change de direction pendant la numération, il ne sait pas rapprocher, éloigner, combiner les nombres élémentaires au moment voulu et dans le sens voulu.

Quand la fonction se restaure et que cette restauration permet un examen plus délicat, on voit persister un trouble fondamental qui est constitué de deux éléments.

Le premier est le trouble de la conception du schéma intellectuel proprement dit. Le malade est incapable de construire les rapports logiques reliant les faits élémentaires dans l'espace et dans le temps. Il est incapable, par exemple, de se représenter la suite et l'enchaînement des événements d'une histoire.

Le second est le trouble de la construction de la phrase. Le malade demeure incapable de construire une phrase, autrement que sous l'influence d'un sentiment fort, par exemple il échoue totalement au test qui consiste à construire une phrase avec trois mots (1).

---

(1) Les tests de van Woerkom sont en somme : 1° des tests d'orientation dans l'espace : l'ordre dans l'espace ; 2° de groupement d'objets suivant des ressemblances ; 3° de solution de petits problèmes géométriques (les trois allumettes aussi distantes que possible sur le carton) ; 4° de perception du rythme ; 5° d'orientation dans le temps (par ex., le récit) ; 6° de numération pratique ; il constate chez ses sujets l'impossibilité de compter (la numération étant conservée), l'impossibilité d'effectuer des opérations élémentaires, les notions qui sont à la base de ces opérations étant pourtant conservées.

*
* *

Van Woerkom conclut de cette observation et de sa
comparaison avec plusieurs autres qu'il y a chez
l'homme deux fonctions : une fonction active, base des
notions de direction, de rythme et de nombre, qui commande les relations et les opérations dans l'espace et
dans le temps ; et une fonction plus élémentaire qui
permet la distinction, la reconnaissance du monde envi-
ronnant. Le symbole n'apparaît que dans une phase
relativement avancée du développement mental, quand
l'évocation des relations spatiales s'est déjà manifestée
clairement. La fonction de construction et d'analyse
de l'espace précéderait la fonction de découpage et
d'opposition et réglerait l'usage de la pensée verbale.
Reprenant quelques-uns des tests de Head, van Woerkom
s'attache à montrer qu'ils sont un moyen d'exploration
de la notion de direction plutôt qu'un moyen d'exploration de la pensée symbolique.

Quand on demande au malade de reproduire l'acte
d'un observateur placé en face de lui, on lui demande
en réalité d'exécuter un acte de transposition, sans
recours obligé au langage intérieur, à la proposition
verbale. De même le malade de Head, qui, ayant placé
2 shillings sur le comptoir et reçu 2 onces de tabac et
3 pence, ne pouvait dire combien coûtait le tabac,
n'était plus en état d'évoquer les relations spatiales
qui sont à la base de cette opération. Pour ce qui est
des difficultés qu'éprouvent beaucoup des aphasiques
de Head dans les tests de la montre, les observations
de van Woerkom sur les troubles du rythme, de la notion
d'avant et d'après suffiraient parfaitement à les expliquer.

Dans tous ces cas où la projection spatiale directe, l'usage qualificatif et immédiat de l'espace est conservé, la construction de l'espace, sa décomposition et sa recomposition sont profondément atteintes. Tel serait le trouble fondamental de l'aphasie, dont on comprend qu'au delà du langage il aille atteindre la plupart des opérations mentales.

S'il en est ainsi, dans la voie qui mène de la pensée à l'expression il y aurait d'abord, comme l'a bien vu Pick, le stade de la pensée indifférenciée que respectent la plupart du temps les lésions cérébrales qui conditionnent l'aphasie, puis le stade de la différenciation logique de cette même pensée, régie par le schéma spatial que nous venons de voir lésé dans l'aphasie (c'est ici qu'apparaît le trouble essentiel qui conditionne l'aphasie) ; puis l'esquisse de la formule, la préconception de la phrase (à ce stade peuvent survenir les troubles d'agrammatisme proprement dit); enfin le choix des mots ; l'aphasie verbale et l'aphasie nominale de Head peuvent atteindre cette dernière fonction.

Cette doctrine vise à soutenir que l'espace est inhérent à la pensée ; contre Descartes avec sa distinction de la pensée pure et de l'imagination, contre Kant avec sa distinction de la sensibilité et de l'entendement, contre Bergson avec sa distinction du temps et de l'espace. Mais pourtant elle admet une forme indifférenciée, une forme immédiate de la pensée, qui échapperait à l'espace. Seule la pensée verbale relève de l'espace.

***

Cette notion que le maniement d'un schéma spatial précède le langage et conditionne son fonctionnement est à la base des remarques importantes que Mourgue a récemment présentées (1); les phénomènes aphasiques relèveraient d'un trouble fondamental qu'on pourrait appeler la perte (plus ou moins complète, plus ou moins élective) de la fonction de découpage et d'opposition de l'intelligence.

Mourgue s'appuie précisément sur les troubles de l'orientation spatiale que signale l'observation de van Woerkom. Tous les troubles que décrit ce clinicien chez son malade se ramèneraient à des phénomènes d'ordre spatial. 'L'impossibilité de se représenter les phases diverses d'un récit est un fait du même ordre que l'impossibilité de distinguer une pluralité d'unités concrètes par comparaison avec une autre pluralité. L'espace est essentiellement distinction, découpage, différenciation, opposition.

L'impossibilité de découper à l'aide de mots la continuité de la pensée est donc un phénomène de même ordre que les précédents. Tout se passe comme si la pensée de l'aphasique se présentait tantôt comme une masse indifférenciée, tantôt comme formée d'unités isolées. Dans les deux cas, toute distinction, toute analyse est impossible.

De même que la notion de « pensée symbolique et expression symbolique » débordait le cadre du langage où la doctrine classique enfermait l'aphasie, de même cette notion serait elle-même débordée par celle de « distinction et de découpage dans l'espace ».

Le malade qui ne peut imiter le mouvement du médecin placé face à lui n'a pas besoin en effet de recourir au langage et de mettre d'abord sous forme de proposi-

(1) Voir en particulier *Disorders of symbolic thinking. British Journal of Psychology*, 1921.

tion l'acte à accomplir ; il ne s'agit que d'effectuer une transposition spatiale (1). Dans l'une et l'autre hypothèse du reste, la même fonction d'analyse et d'opposition est en jeu : l'expression verbale ne peut exister sans une décomposition préalable.

La plupart des tests de Head, analysés de plus près, impliquent en effet, non point nécessairement le langage, mais la réalisation mentale d'un grand nombre de rapports spatiaux, temporels ou logiques. Plus l'acte est complexe, plus il devient difficile, et par conséquent l'acte symbolique et de forme propositionnelle, qui implique l'aperception d'un très grand nombre de rapports. Mais la difficulté serait la même pour un acte qui serait constitué uniquement de mouvements, à l'exclusion de tout langage, pourvu qu'il fût aussi complexe.

Or, la théorie vaut aussi bien pour les aphasies de réception. La compréhension du langage aussi bien que son émission suppose la fonction de découpage et d'opposition. Bergson a montré le rôle du schéma moteur et du schéma dynamique qui constituent l'un et l'autre sous des formes diverses un travail de découpage. Il y a donc quelque chose de commun entre les deux formes classiques de l'aphasie.

Derrière le mutisme apparent de l'aphasique, il y a l'indistinction des éléments psychiques, dont plusieurs auto-observations fort curieuses nous permettent d'affirmer la réalité. Une sorte de pensée instinctive ou intuitive reste possible. En revanche, la fonction de décou-

---

(1) Le mot de transposition est employé par un des malades de Head, un aphasique verbal qui commet des erreurs au test de l'œil et de la main. Il disait qu'il y a dans ce test comme une transposition ; que c'est comme traduire. *Brain*, p. 113.

page et d'opposition, sur laquelle repose l'intelligence proprement dite, est impossible. Le langage n'est qu'un aspect de la fonction spatiale du cortex. Il est donc impossible de séparer les troubles du langage d'un trouble plus général, plus étendu, de l'activité corticale tout entière. Intelligence et langage sont en union intime, parce qu'ils sont coulés dans le même moule ; l'intelligence appelle le langage ou tout au moins un système de mouvement, une mélodie kinétique, de même forme générale, sinon réalisée, du moins esquissée ; mais il y a au delà la vaste région de l'intuition, de l'instinct, qui peuvent rester intacts dans l'aphasie.

CHAPITRE III

REMARQUES
SUR LES TROUBLES APHASIQUES

LE LANGAGE ET LA PAROLE.
LE LANGAGE ARTICULÉ [1]

Pour les classiques, l'aphasie motrice vraie est une aphasie véritable en ce sens qu'elle suppose une altération de toutes les modalités du langage, avec simple prédominance du côté de la parole articulée. L'aphasique moteur présente aussi bien des troubles de la compréhension auditive et de la lecture. Le test de Thomas et Roux suffirait du reste à établir, suivant Dejerine, que le fonctionnement des images auditives est altéré. Montrant au malade un objet, on prononce devant lui plusieurs syllabes parmi lesquelles se trouve soit la première syllabe du nom de l'objet, soit la dernière, soit la syllabe intermédiaire que le malade doit reconnaître. Or, ces malades reconnaissent assez souvent la première syllabe, mais jamais la seconde ni la dernière.

---

(1) Nous laissons complètement de côté dans ce chapitre le problème des localisations cérébrales. On peut consulter PIÉRON, *Le Cerveau et la Pensée*, p. 278. Voir la dernière étude de Head, *Brain* 1923. Elle contient,

Le test de Thomas et Roux ne vaut guère en l'occurence. On peut avoir gardé le souvenir du nom d'un objet et ne pas savoir reconnaître une syllabe de ce nom comme en faisant partie ; mais peu importe, l'observation clinique suffit amplement à établir que dans l'aphasie motrice il n'y a pas que le langage articulé qui soit lésé, et le fait n'est pas contesté.

En revanche, dans l'aphasie motrice pure, il n'y aurait que des troubles de la parole articulée. Le langage intérieur serait intact, et même le malade aurait conservé intactes les images motrices d'articulation. Le sujet saurait parfaitement quels mouvements sont nécessaires pour émettre les mots, mais il ne pourrait exécuter ces mouvements, sans toutefois présenter de trace de paralysie des organes phonateurs : il a seulement perdu la faculté de combiner les mouvements nécessaires à l'émission des mots. Tout serait correct à l'intérieur. L'exécution seule fait défaut.

Dejerine veut établir par le test de Lichtheim l'intégrité de l'articulation intérieure ; si l'on prie le malade de serrer la main autant de fois, ou d'exécuter autant d'efforts d'expiration qu'il y a de syllabes dans le mot, on voit qu'il y réussit. Mais la réussite n'implique nullement l'intégrité de l'articulation intérieure, puisque le sujet peut, par exemple s'il est lettré, se représenter le mot visuellement (1).

Dejerine ayant abandonné ses hypothèses antérieures sur le caractère sous-cortical de la lésion, la distinction de l'aphasie motrice pure d'avec l'aphasie motrice

___

sous une forme très brève et très élégante, sa profonde critique de la notion de centres cérébraux, p. 424-427.

(1) Voir Bernard LENOY, Le Langage, p. 137 ; FROMENT et O. MONOD, L'épreuve de Proust-Lichtheim, Revue de Médecine, 1913.

vraie serait purement clinique. Or, on voit que l'intégrité de l'articulation intérieure qui devrait faire la
différence est bien loin d'être mise en évidence, et il
semble bien que l'on trouve, dans la prétendue aphasie
motrice pure; d'autres troubles que des troubles de
l'articulation : des troubles du langage et non plus
seulement des troubles de la parole.

*
* *

On sait que Pierre Marie appelle anarthrie l'aphasie
motrice pure des classiques. L'aphasie motrice pure et
l'anarthrie se superposent à peu près. Mais, du point de
vue psychologique, il y a à la base de la théorie de
l'anarthrie une distinction du langage et de la parole
beaucoup plus nette que chez les classiques.

En effet, chez ces derniers, puisque, dans l'aphasie
motrice pure, tout le langage intérieur est intact, y
compris les images motrices qui commandent l'articulation, on ne voit pas bien comment s'explique la
disparition du langage articulé. Il faut recourir à des
hypothèses étranges, à la perte du pouvoir moteur
des images motrices. On se souvient ici, avec un sourire,
de la grâce suffisante qui ne suffit pas.

Pour Marie, au contraire, l'anarthrie ne met en jeu
aucune image motrice ; elle est la suspension ou la
destruction d'un mécanisme de régularisation et de
contrôle des mouvements.

Le caractère « extrinsèque » de ce trouble (nous prenons le mot bien entendu dans son sens psychologique) explique que l'intelligence demeure intacte,
ainsi que le langage. Mais, nous le verrons, Head signale
des troubles du langage chez l'anarthrique ; Moutier

reconnaît que la syntaxe de l'anarthrique est toujours
simplifiée ; qu'il présente du langage nègre, du style
télégraphique (1) ; et Foix, que l'anarthrie pure est
assez rare et qu'on rencontre souvent des troubles du
« langage intérieur » (2).

Dejerine s'est efforcé de montrer que, sous le nom
d'anarthrie, on vise purement et simplement des malades atteints de paralysie pseudo-bulbaire. L'anarthrie
serait simplement une dysarthrie ou difficulté de l'articulation des mots, et la conséquence d'une paralysie
des organes de la phonation, langue, lèvres, voile du
palais, paralysie qui ferait défaut chez l'aphasique moteur, pur ou vrai.

Selon Marie, l'anarthrie n'est pas une paralysie des
organes de la phonation. Une fonction motrice est le
résultat de mouvements coordonnés. Si les centres nerveux sont dans l'incapacité d'assurer la coordination de
ces mouvements, la fonction cesse forcément, sans qu'il
soit nécessaire de faire intervenir une paralysie directe
des muscles dont l'action doit s'exercer dans cette fonction. C'est un tableau de commande qui est brouillé,
un réseau de fils associatifs, un plan directeur, les
mouvements élémentaires demeurant intacts (3).

Broca reconnaissait chez les aphasiques « la perte du
souvenir du procédé qu'il faut suivre pour articuler
les mots » (4). Le mot de souvenir peut être supprimé,

---

(1) MOUTIER, *Pratique neurologique,* p. 219.
(2) FOIX, *Traité de Pathologie médicale* de SERGENT, t. XLVI.
(3) MOUTIER fait remarquer (*L'Aphasie de Broca*, p. 191) que, quand
l'anarthrique se rééduque, il le fait comme quelqu'un qui avait perdu
l'art de disposer ses lèvres, ses joues, sa langue, en vue de l'articulation.
« Il cherche à placer tous ces organes selon la disposition présentée par
leur interlocuteur. »
(4) La formule est reprise par Sir James Purves STEWART (*Brain,*

car il n'y a point ici de souvenir. Si on le supprime, la formule s'appliquera justement à l'anarthrie, perte du procédé articulatoire, rupture d'une association sensitivo-motrice, de l'enregistrement d'une mélodie kinétique, à laquelle correspond dans le cerveau une différenciation localisée. Les Allemands appellent volontiers « aphasie ataxique » l'aphasie motrice, précisément parce qu'elle consiste dans l'impossibilité de constituer les phonèmes en mots (1). Les mouvements élémentaires persistent, mais ils ne peuvent s'infléchir dans la direction du mouvement total, se plier à sa systématisation, s'insérer dans son schéma.

En effet, le malade a, la plupart du temps, conservé la totalité ou la presque totalité des articulations élémentaires.

On constate même que, chez beaucoup d'anarthriques, une partie du vocabulaire est conservée et que le vocabulaire conservé est prononcé d'une façon correcte ; c'est précisément pourquoi Dejerine se refuse à interpréter l'aphasie motrice comme une anarthrie (2).

XLIII, 1920, p. 424) qui définit l'aphasie motrice « une apraxie due à l'amnésie des mouvements d'articulation ».

(1) WUNDT, *Völkerpsychologie*, I, II, p. 531. Le mot n'a, bien entendu, qu'une valeur d'indication, tout comme le mot d'apraxie, qu'on emploie souvent. Un anarthrique, qui ne peut pas prononcer une syllabe, n'a pas nécessairement d'apraxie de la bouche et des lèvres. Un apraxique, incapable de souffler, de siffler, de faire la moue, ne sera pas nécessairement anarthrique et pourra, au contraire, parler de façon à peu près satisfaisante. L'anarthrie est une apraxie systématisée, une apraxie d'élocution. Les apraxies banales se rencontrent du reste fréquemment avec les aphasies.

(2) Voir FOIX, *o. c.*, p. 45, la discussion de cette opinion de Dejerine. MOUTIER distingue précisément (*Pratique neurologique*, p. 196), deux types différents d'anarthrie : celle du pseudo-bulbaire, qui ébauche tous les mots et est incapable de les prononcer ; celle de l'anarthrique, à la façon de P. Marie, incapable d'ébaucher tous les mots, mais capable d'articuler correctement les mots qu'il a conservés. Ce qui mesure l'importance d'une aphasie motrice, c'est moins le nombre des mots conservés que l'aptitude

Le fait que le vocabulaire conservé est prononcé d'une
façon correcte, que les mots que la répétition automatique ou un mouvement d'émotion fait émettre au
sujet souvent se présentent intacts, ne va pas, croyons-
nous, contre l'hypothèse de Pierre Marie. La conservation de quelques procédés articulatoires, au milieu de
la grande ruine aphasique, n'est pas plus difficile à expliquer que la persistance de quelques « images motrices » dans le vocabulaire de Dejerine (1), ou que la
persistance de quelques souvenirs isolés dans l'amnésie, ou, d'une manière générale, que la persistance de
quelques reliquats épars d'une fonction. Cette constatation nous obligera seulement à préciser la notion de
procédé articulatoire et à l'individualiser dans un sens
qui restaurera quelque chose de la doctrine classique.

Nous savons d'autre part, depuis Hughlings Jackson,
que le langage automatique ou émotionnel peut survivre au langage intellectuel et volontaire ; sous la
commande d'un déclenchement automatique (2) ou
affectif, un mot peut surgir que nous sommes incapables de prononcer correctement, quand nous cherchons à l'émettre (3).

*
* *

L'anarthrique a conservé l'usage des mouvements
élémentaires d'articulation, et jusqu'à un certain point

à en apprendre de nouveaux, l'aptitude à utiliser ce qui reste du capital
verbal et à le reconstituer.

(1) Nous laissons de côté la critique des images motrices, qu'il est inutile de recommencer. Voir sur ce point, *Traité de Psychologie*, I, 533.

(2) Persistance de la parole pour le chant, la récitation, etc...

(3) En voici un joli exemple cité par KINNIER WILSON, *Brain*, XLIII,
1920, p. 435. Le malade aphasique moteur complet, étant témoin pendant
la guerre de la destruction du Zeppelin au Potter's Bar, a proféré un
Alleluia ! qu'il n'a jamais pu redire depuis.

il est capable de se rééduquer, c'est-à-dire d'apprendre à les assembler à nouveau. Donc ce qui lui manque, c'est l'entre-deux, l'habitude constituée, les ensembles que l'automatisme assure.

Mais il a conservé intacte une partie plus ou moins grande de son vocabulaire, alors que pour le reste il est frappé de mutisme, ou qu'il se comporte comme un dysarthrique. Quelques procédés d'élocution surnagent, une partie de son vocabulaire moteur est sauvé. Cela veut dire qu'il y avait quelque chose de solide sous la notion d'images motrices dont se servait l'ancienne psychologie, à savoir la notion du mot articulé. Il y a des mots constitués, des formes verbales toutes prêtes à jaillir, et qui peuvent être sauvegardées dans leur structure. L'élocution suppose la langue. Le mot constitué domine et commande l'élocution. L'aphasie verbale de Head, c'est précisément la déformation ou l'anéantissement de ces signes auditivo-moteurs que sont les mots, l'altération de leur structure, ou la dissolution de leur forme. Nous avons vu que le premier acte du langage est de les apprendre, d'apprendre à les émettre. La première forme de l'aphasie abroge cet acte et cet usage. C'est pourquoi on a raison de distinguer dysarthrie et anarthrie ; la dysarthrie frappant partout et ne permettant qu'une élocution défectueuse où apparaît pourtant l'intention du mot ; l'anarthrie atteignant les procédés tout faits, stables en apparence et bien établis du groupement verbo-moteur ; de sorte que certains de ces procédés, certaines de ces formes verbales, la plupart même, disparaissent, tandis que d'autres plus profondément automatisées ou plus aisément commandées par les impulsions affectives du sujet, persistent ou à peu près.

En tout cas, il ne s'agit point d'images, mais seulement d'habitudes. Nous n'avons pas, où n'avons guère
d'images de nos mouvements articulatoires ; la plupart
du temps nous ne les connaissons qu'après les avoir
exécutés. Il n'arrive pas toujours, loin de là, que l'articulation intérieure précède la parole, et quand elle
apparaît, elle apparaît comme la parole elle-même, et
elle n'est point nécessaire à son déclenchement. « Je ne
vois pas même, écrit Malebranche, quelles doivent être
les dispositions des organes qui servent à la voix pour
prononcer ce que je vous dis sans hésiter. Le jeu de ces
organes me passe. Ce n'est pas moi qui vous parle, je
veux seulement vous parler. » (1).

Le langage intérieur n'est pas nécessaire à la parole.
Souvent on parle sans avoir formulé « à la muette » ce
que l'on va dire. Quelquefois pourtant on prépare et
notamment lorsque le discours est difficile. L'intervention du langage intérieur explique probablement, nous
l'avons vu, quelques lapsus.

Ce qui est nécessaire à la parole, ce n'est donc pas le
langage intérieur, c'est la langue, c'est tout le savoir
que nous avons décrit. La langue commande la parole,
elle lui fournit sa matière.

Les mouvements de la parole obéissent à l'intention,
à la volonté, comme aussi à la poussée automatique ou
affective. Nous ne savons rien, comme sujets parlants,
du mécanisme de cette liaison. Nous ne savons rien
faire pour l'actionner directement. Nous n'avons pas
regardé à l'intérieur de l'instrument.

Tout ce que sait la psycho-physiologie, c'est que les

_____

(1) MALEBRANCHE, *Entretiens métaphysiques*, VII, p. 14. Voir PIÉRON,
Le Cerveau et la Pensée, p. 223.

associations sensitivo-motrices, les automatismes verbaux se constituent sous l'autorité de centres de régulation et de coordination ; qu'il se constitue des plans
directeurs, des tableaux de commande, des schémas
moteurs. Ce sont eux qui nous épargnent, économie
d'action, la peine de toujours tout recommencer. Ils
sont un pouvoir qui contient un savoir (1).

L'intention qui n'est point nécessairement langage,
pas même langage intérieur, aboutit au langage intérieur ou à la parole. Les intentions déclenchent et
guident les actions toutes montées. Les systèmes tout
prêts se mobilisent et se combinent sous leur poussée
et sous leur direction. L'intention du discours oriente
le discours, en prenant comme point de repère un des
moments du discours où apparaît le tout. A partir de
ce mouvement primordial, autour de ce germe initial, s'organise, spontanément ou par recherche, l'évocation des éléments nécessaires, et les mécanismes d'exécution entrent en jeu : je parle, disant ce que je veux,
comme je sais le dire et peux le dire.

La parole réfléchie et savante, nous l'avons vu,
suppose plus que cette émission automatique ou cette
intention non explicite. Elle suppose l'analyse de la
pensée, la composition de la phrase, la surveillance du
parallélisme de l'expression et de l'intention. Mais
au terme, et c'est la seule chose dont nous nous occupions pour le moment, c'est toujours au déclenchement
d'un mécanisme que commande la parole, sous l'autorité de formes constituées, donc représentées individuellement dans le mécanisme d'élocution verbale.

_____

(1) On peut très bien utiliser la notion de centres coordinateurs que
propose PIÉRON, *Le Cerveau et la Pensée*, p. 228.

*
* *

En dehors de ce trouble élémentaire, y a-t-il dans l'anarthrie des troubles plus psychologiques et qui atteindraient le langage en plus de la parole ?

L'aphasie verbale de Head ne coïncide pas tout à fait avec l'anarthrie ; car Head a montré qu'elle comporte d'autres troubles que le trouble anarthrique. Son n° 17 ne trouvait pas ses mots ; en lisant il ne comprenait pas tous les mots ; en lisant il était obligé de commencer dès le début du texte, incapable, par exemple, de le prendre au milieu d'un paragraphe ; il faisait des fautes en écrivant ; il commettait des erreurs au test de la glace (1). Un autre de ses malades était gêné pour comprendre, parce qu'il ne pouvait se répéter les mots à lui-même (2). Head en conclut que l'anar-thrie est accompagnée de troubles de la verbalisation interne. Moutier y signale le langage télégraphique et le langage nègre. Foix reconnaît que l'anarthrie pure est assez rare, et il en donne une raison qui parait excel-lente : à savoir que le ramollissement, cause habituelle de l'anarthrie, n'est pas une affection systématique frappant un groupe fonctionnel ; c'est une lésion plus ou moins étendue qui le plus souvent déborde les limites anatomiques, dans lesquelles les lésions don-nent cliniquement des cas purs d'anarthrie (3).

Que l'anarthrie pure soit plus ou moins rare, c'est question de fait. Quelle que soit sa fréquence óu sa rareté, on n'en est pas moins autorisé à isoler, quand on analyse, le mécanisme qu'elle frappe. On n'est pas moins

(1) Brain, p. 113.
(2) Brain, p. 149.
(3) Foix, p. 46.

autorisé à dire que l'appareil d'élocution représente,
par rapport à la langue, quelque chose d'extrinsèque.
On conçoit qu'il puisse être lésé à part, et c'est tout ce
qu'il faut à la psychologie.

Les troubles du langage peuvent s'ajouter aux
troubles de la parole, soit pour la raison tout « extrinsèque », elle aussi, que Foix rappelle, soit à cause du
rôle de la parole articulée dans le langage et à cause
de la dépendance fonctionnelle des divers éléments du
langage. Le style télégraphique est la sauvegarde de
l'aphasique moteur, comme de tout individu gêné
dans ses moyens verbaux. C'est un phénomène de
pauvreté verbale, de détresse verbale, comme dit
Isserlin (1). Seuls passent les mots fortement accentués,
tout ce qui constitue le squelette de la pensée. On s'aperçoit bien souvent que ce style télégraphique ne règle
que le langage oral. L'écriture du malade n'est pas
télégraphique ; il a le temps. Dans la conversation,
exposé à des ratés, à des lacunes, à des défaillances, il
va au plus court (2). Il est vrai qu'il apparaît souvent
de l'agrammatisme quand on oblige le malade à abandonner le style télégraphique qui est sa sauvegarde.
D'autres formes d'aphasie ici entrent en jeu ; plusieurs
troubles se juxtaposent. Ou bien l'agrammatisme
est secondaire, il est la suite de la gêne ou du trouble.

---

(1) *Ueber Agrammatismus. Zeit. für d. ges. Neurologie u. Psychiatrie*,
LXXV, 1922, 332.

(2) C'est ce que montre très bien l'auto-observation du docteur SALOZ
(NAVILLE, *Mémoires d'un médecin aphasique. Archives de Psychologie*,
XVII, 1918, p. 13) : « J'ai eu souvent l'impression que je tenais la
lettre, la syllabe, ou le mot en puissance... mais par le fait d'un accroc
intempestif, c'est un autre élément qui vient les remplacer, ce qui donne
au discours une allure souvent incompréhensible et baroque, et par suite
un cachet de timidité et de mélancolie. Je ne suis jamais dans le cas de
savoir au préalable, si je peux m'exprimer ou non. »

TROUBLE DE L'ACTIVITÉ INTELLECTUELLE
OU DISPARITION D'UNE TECHNIQUE

L'aphasie est-elle un trouble de l'activité intellectuelle, ou seulement la disparition d'une technique, laquelle entraînerait souvent, comme il est facile de le comprendre, une gêne plus ou moins considérable du fonctionnement mental ?

On sait que cette dernière opinion est celle de Dejerine (1). On sait que la première est celle de P. Marie. Head fait porter le déficit sur la pensée et l'expression symbolique. L'aphasie déborde donc le cadre du langage proprement dit, pour atteindre tous les langages. A la manipulation directe des données sensorielles, Head oppose la manipulation des symboles, nécessaire à toute pensée complexe. Selon que la pensée prend plus ou moins la forme propositionnelle, le langage lui est plus ou moins nécessaire. Il semble bien que Head distingue une pensée directe et immédiate, qui peut s'exercer sans langage, et une pensée symbolique qui recourt à tous les langages ; lorsque le langage est atteint, c'est que la pensée symbolique tout entière est atteinte.

Enfin nous avons vu qu'à la suite de Pick, d'autres auteurs comme Mourgue et Van Woerkom admettent, entre la pensée intuitive et les cadres du langage, une

_____

(1) *Sémiologie*, 193, p. 106. Nous ne reviendrons pas sur la critique de la doctrine des images clichés envisagées comme conditionnant le mécanisme du langage. Cette critique n'est plus guère discutée aujourd'hui. On la trouverait présentée d'une façon particulièrement vigoureuse chez PIÉRON, *Le Cerveau et la Pensée*, p. 243.

Aux débuts de la question, Broca soutenait l'intelligence des aphasiques. Trousseau, Billod, Lasègue soutenaient la thèse adverse.

pensée distinguée, différenciée, analysée. C'est avant
tout cette faculté d'analyse qui manquerait à l'aphasique, d'où l'impuissance de la pensée à entrer dans les
cadres du langage, en même temps que l'impuissance
de la pensée à manier les cadres du temps et de l'espace.

**

La conception classique est qu'il y a des troubles
du langage :

1º par insuffisance ou défaut d'idéation (démences,
etc...) ;

2º par altération du mécanisme de la parole articulée : appareil bucco-pharyngé, laryngé (paralysie, atrophie, spasme, ataxie); exemple : les dysarthries;

3º par altération de la fonction langage elle-même
(lésion des centres du langage ou de leurs connexions
avec les appareils sensoriels ou moteurs).

Il y aurait donc des troubles de la fonction propre
du langage, des aphasies proprement dites, à côté des
alogies ou dyslogies et des alalies ou dyslalies. L'aphasique serait celui qui, en possession d'une intelligence
suffisante pour penser et comprendre, sans trouble des
organes moteurs ou sensoriels, aurait perdu le pouvoir
de s'exprimer ou de comprendre le langage d'autrui.
Ainsi le fonctionnement de la pensée verbale met en
jeu : d'abord l'intelligence qui émet les idées ou qui les
comprend; puis cette fonction toute spéciale, la fonction du langage, dont l'intégrité assure l'élaboration
des mots qui viennent de l'extérieur ou qui sont exprimés par le sujet ; enfin le système d'organes sensoriels
et moteurs capable d'enregistrer fidèlement et d'exprimer correctement les signes conventionnels. L'aphasie

proprement dite n'atteindrait que la seconde fonction.

Ce qui fait la force de la position classique, c'est la
difficulté de définir précisément la nature et le degré
du trouble intellectuel qui serait à la base de l'aphasie.
Les théories nouvelles s'accordent en effet à exclure
de l'aphasie les déchéances intellectuelles profondes
comme la démence, les arriérations profondes comme
l'idiotie, et Moutier définit l'aphasie : « un trouble de la
compréhension et de l'expression des signes normaux
du langage, indépendant de la démence, de l'idiotie
et de la paralysie ».

.*.

Le langage est, nous l'avons vu amplement, un
étrange mélange d'automatisme et de logique, d'habitude et de mémoire d'une part, et de pensée d'autre
part. Il peut être atteint comme technique : une technique qui s'effondre et une habitude qui se perd, laissant l'esprit dénué de tous les moyens que cette habitude lui avait créés et plus ou moins incapable de la
reconstruire de façon satisfaisante et rapide.

Il peut être atteint comme pensée distincte et logique ; dans la spécification et les relations que manie
le jugement et qu'il prépare pour l'expression syntaxique
et verbale. Toute pensée propre à être exprimée et
pour être exprimée, est un ensemble distingué et relié.
Le langage souligne, explique, analyse.

Or, on conçoit bien que, pour certaines de ses opérations, la pensée puisse se passer de signes, opérant sur
les choses elles-mêmes et sur les images ; à condition
bien entendu, si l'opération est complexe, de traiter
ces choses et ces images en leur conférant une valeur

symbolique. On peut penser sur les choses, autrement comment pourrait-on penser sur les symboles ? Mais c'est à condition, si l'on pense vraiment, de conférer aux choses valeur de symboles ; autrement, comment penserait-on, et comment arriverait-on jamais à la création et à l'usage de symboles ? La pensée préverbale est donc condamnée, ou bien à rester indistincte ou implicite, ce qui exclut le langage, ou bien à s'expliciter en relations distinctes d'une part, en formules de l'autre. Le premier cas est analogue à la pensée verbale. Pour certaines opérations où l'on peut se passer de mots, il semble qu'on ne puisse se passer d'une attitude logique à la fois et symbolique, qui prend tel ou tel moment de l'action pensée avec valeur conceptuelle ; par exemple, dans le test du miroir de Head, il n'est point nécessaire que le sujet placé en face du médecin se dise qu'il doit transposer les mouvements perçus de la droite à la gauche, mais il faut qu'il ait une vision de l'espace et de l'orientation dans l'espace ; il faut qu'il puisse renverser un schéma spatial, il faut qu'il analyse, qu'il découpe, qu'il recompose.

Une telle opération peut se compliquer de langage ou se présenter sans langage ; c'est en tout cas une opération analogue à la pensée verbale et elle peut être lésée en même temps qu'elle. L'incapacité à manier tous les schématismes, à manipuler tous les atlas, à agir abstraitement, en dehors de l'action immédiate et directe, voilà un trouble de l'intelligence qui paraît accompagner fréquemment l'aphasie. Nous irions plus loin que Head : il n'y a pas ici seulement trouble de la pensée et de l'expression symboliques, il y a trouble de l'opération mentale qui permet la constitution des symbolismes.

On peut presque dire du langage ce que j'ai dit ailleurs du symbolisme mathématique : «Le manque d'aptitude à se représenter les combinaisons diverses et compliquées que l'on peut former avec certains signes
visibles et dessinables, à voir d'emblée les transformations qui permettent de passer d'une combinaison à
l'autre, explique l'impuissance à manœuvrer les symboles mathématiques, que l'on constate chez certains
hommes, capables pourtant d'abstraire, et habiles à
conduire par ordre leurs pensées. Certains esprits,
logiques pourtant de par ailleurs, se plient mal à certains procédés de manipulation symbolique. L'énorme
accroissement du symbolisme propre aux mathématiques, et la complication croissante de son rapport
de correspondance avec la réalité représentée, la prolongation et la complication du raisonnement, fati-
guent et désorientent beaucoup d'esprits. Beaucoup
de gens manquent de ce sentiment de l'ordre mathématique, qui permet de saisir d'un simple coup d'œil la
marche générale de certains procédés de calcul et de
placer constamment, avec facilité, à la place qui leur
est due dans le tableau ainsi entrevu du procédé tout
entier les divers éléments qui doivent concourir à le
produire. » On comprend donc que le langage soit
atteint dans la pensée préverbale elle-même, c'est-à-
dire dans l'état de cette pensée qui prépare et permet le
langage. On conçoit que le trouble de ce mode de penser
entraîne le trouble de tous les langages et du langage
proprement dit ; l'art de penser, c'est en partie l'art
de construire des symboles ; pour autant que la pensée
est cela, son trouble entraîne l'aphasie, ou du moins
l'aphasie est une des expressions de ce trouble plus profond,

* *
*

Voyons d'un peu plus près la part de l'automatisme et la part de la logique.

L'aphasie verbale est trouble d'un automatisme : de l'association sensitivo-motrice sur laquelle repose la structure des mots. Le sujet manie mal ou pas du tout ses commandes sensitivo-motrices ; il peut en être gêné pour penser. La gêne paraît bien secondaire. C'est une opération presque extrinsèque qui est atteinte.

L'aphasie nominale est aussi trouble d'un automatisme : de l'association sur laquelle repose la valeur des mots (1). Pour autant que la notion de valeur elle-même n'est pas atteinte et que le sujet continue à apercevoir le langage en général, c'est-à-dire la relation entre les symboles et les choses, pour autant que le trouble se borne à l'usage défectueux des symboles, à la paraphasie par exemple, il exprime la rupture de la relation qui s'est établie par expérience entre un sens et un signe et entre les familles de signes, il implique l'affaiblissement dans l'esprit des liens sémantiques, la rupture de la langue à l'intérieur de l'esprit ; l'impossibilité pour le sujet d'évoquer le signe à volonté ou quand il faut, ou de le comprendre comme il faut, le glissement le long des signes, au fil des ressemblances de fond et de forme et.la capacité de s'arrêter plus ou moins haut sur un point du trajet plus ou moins

_____

(1) Si du moins nous laissons de côté la loi fondamentale sur laquelle repose tout le système des signes, et qui est une loi logique ; l'équivalence du signe et du signifié. Si cette fonction est lésée, c'est le langage et non point la langue, que perd l'individu.

rapproché de celui d'où il n'aurait pas fallu s'écarter.

L'aphasie syntactique est à la fois trouble de la mémoire et de la logique. Mémoire, car les formes de la syntaxe et de la grammaire s'apprennent. Logique, car elles s'apprennent pour répondre en partie aux besoins de la pensée logique. Nous avons vu plus haut la relation du logique et du grammatical : pour autant que les formes syntaxiques sont les symboles de la relation logique, leur disparition peut exprimer ou bien une déficience de la pensée logique, ou bien une simple déficience de la mémoire qui ne fournit plus à la pensée logique un symbole adéquat.

Enfin l'aphasie sémantique. Nous venons de voir qu'il y a dans la pensée en général un maniement de notions et de cadres qui précède tout discours. Or, cette forme de pensée peut être atteinte, et l'on comprend que, plus générale que le langage et sa condition, son trouble entraîne celui du langage ; comme on comprend qu'elle puisse survivre au langage, encore que profondément affectée par sa perte.

Il y a d'autre part les remarques de Head sur l'intention ultime et la forme propositionnelle. Toute construction complexe exige la distinction de moments et leur ordination dans un ensemble. L'incapacité de réaliser une telle opération est un cas particulier de l'incapacité que nous venons d'analyser.

Seulement cette incapacité est plus ou moins profonde. Nous croyons que Head a eu tort de n'en apercevoir que les aspects les plus légers ; lorsque le sujet, par exemple, s'arrête dans son discours parce qu'il est incapable de maintenir la pensée d'ensemble ; lorsqu'il est incapable par exemple de saisir le sens total d'une histoire. Cette forme d'aphasie sémantique est au sommet de l'usage du langage. Elle est la défaillance de l'extrême sommet de la pensée verbale, de son terme, de son achèvement.

.*.

Ainsi, dans les différentes formes d'aphasie, la mémoire mécanique, l'automatisme, l'habitude d'une part, et d'autre part la pensée se mêlent plus ou moins pour expliquer les troubles.

Il faut y joindre la mémoire immédiate et l'attention. Construire la mélodie verbale, puis le sens, cela implique qu'on retient au fur et à mesure. Or, on a souvent signalé chez les aphasiques la perte de la mémoire de fixation ; ils relisent plusieurs fois la même page, ils ne savent pas où ils en sont. Lordat avait remarqué sur lui-même qu'il ne pouvait pas suivre une conversation parce que les mots, aussitôt entendus, s'effaçaient de son esprit. Chez les aphasiques étudiés par Vaschide la mémoire immédiate était des plus faibles (1). De même l'attention paraît faible et aisément fatigable. La pensée des ensembles, la construction d'ensembles est atteinte dans ses instruments élémentaires, dans son passé et dans son avenir. L'intention qui groupe le passé et l'avenir autour du présent, insuffisamment soutenue, s'affaisse à chaque moment. Nous avons vu quelle difficulté il y a à maintenir un ensemble devant la pensée.

(1) Même observation de BARAT, *Traité de Psychologie* de DUMAS, I, p. 748 ; PITRES, *Progrès médical,* 1898 ; VASCHIDE, *La Psychologie des aphasiques, Revue neurologique,* 1907, p. 543. FROMENT a observé, sur ses blessés de guerre, fuites d'attention, troubles de la mémoire, amoindrissement de la faculté de coordination des idées, irritabilité et émotivité. *Lyon chirurgical,* mai-juin 1917.

De là vient que le sujet ne peut plus suivre l'allure normale du langage ; la rapidité de compréhension est affaiblie ; même lorsqu'il comprend les mots isolés, le sujet ne sait plus analyser la phrase. De même il s'arrête en l'émettant, il n'est plus capable de ne pas s'arrêter aux détours, de ne pas perdre le fil.

Il y a lieu, dans cet examen, de tenir compte, non seulement des formes individuelles, mais encore du degré d'évolution de la maladie. Il y a souvent, au début, après l'ictus ou le traumatisme, une période de désarroi intense et général. Chez beaucoup de malades cette phase « caractérisée par la seule conservation des actes élémentaires : réactions émotives et réponses directes aux excitations (acte de saisir, de se dérober, de repousser) et par l'incapacité à se mouvoir avec aisance dans son milieu, n'est que passagère » (1). Mais si elle respecte les réactions affectives et les réponses directes aux excitations, elle désorganise les réactions intellectuelles dans leur ensemble. L'aphasique des premières semaines ne peut plus tirer la langue sur l'ordre du médecin, ou par imitation, ni siffler, ni exécuter sur commande des actes expressifs (geste de la menace, de la salutation); il a perdu l'usage des objets les plus familiers (2).

* *

Tout d'abord il faut écarter une cause d'erreur.

L'aphasique est capable de pensée directe et indifférenciée, de certaines opérations directes et élémen-

---

(1) Van Woerkom, *Journal de Psychologie*, 1921, p. 730.
(2) Van Woerkom, p. 730.

taires, de certaines adaptations émotionnelles qui peuvent masquer son insuffisance.

D'abord les aphasiques vivent d'une vie morale
semblable à la nôtre. C'est pour cela, dit-on, que nous
les regardons comme intelligents (1). Toutes les fonctions sociales fondées sur des états émotifs, respect,
crainte, sens des distances sociales, sont, comme toutes
les émotions, bien conservées chez eux. C'est pour cela
qu'ils peuvent prendre part à la vie commune, ayant
conservé de la vie commune les gestes établis sur une
disposition affective (2). On doit se demander, croyons-
nous, si dans une conduite à peu près normale, dès
qu'elle atteint un certain degré de complexité, il n'y
a pas une certaine part d'intelligence sensorielle et
pratique au même titre que de l'automatisme social
et de l'adaptation émotionnelle. Il est souvent, du
reste, bien difficile d'apprécier le niveau de cette intelligence ; les appréciations des observateurs et des
témoins sont bien souvent discordantes.

Il est intéressant de rappeler à ce propos le cas de
Baudelaire (3). On sait qu'en mars 1866, à Namur, à la

---

(1) Pierre MARIE, *Presse médicale*, 1906, p. 242.
(2) DAGNAN BOUVERET, *Rev. de Mét.* 1908, p. 490.
(3) Le cas de Baudelaire est cité par BRISSOT (*Traité de Psychiatrie* de
SERGENT, II, p. 281) avec celui de Lordat et de Daniel Vierge, à l'appui de
l'intelligence des aphasiques. Brissot cite de même un cas qu'il a observé
personnellement au cours de la guerre. Il s'agit d'un soldat — professeur
d'anglais avant la guerre — qui arrive à l'ambulance de V..., porteur
d'une plaie en séton, par balle, de la région pariéto-frontale gauche : d'où
perte du langage articulé avec cécité verbale, agraphie et hémiplégie
droite. Le blessé, très préoccupé, refuse de s'aliter et fait comprendre, à
l'aide d'une mimique étonnamment riche et variée, qu'il a des choses importantes à confier. Il ne prononce que des monosyllabes ; tu, tu tu ; bientôt il tire de sa poche un portefeuille, et l'on finit par comprendre qu'il
possède les papiers d'un camarade, conduit quelques jours avant à l'hôpital.

Un mois après, les troubles du langage ont à peu près disparu. Le malade

suite d'une attaque, il resta aphasique et hémiplé-
gique : aphasie de Broca, au sens de Pierre Marie, avec
atteinte de toutes les formes du langage, et abolition
presque complète du langage articulé, réduit au début
à *non, quie, quie*, et qui ne s'est jamais beaucoup amé-
liorée. Il n'est arrivé à recouvrer que de petites phrases :
« Bonjour Monsieur... La lune est belle ». Il n'a pu
rapprendre à écrire, pas même à signer son nom. Il
pouvait lire un peu et comprenait assez mal.

Mme Aupick (*Mercure de France*, 1er .fév. 1905)
signale un certain nombre de faits qu'elle a observés
sur lui peu après son attaque, qui l'avait laissé aphasique total. Il se calmait aux douces paroles de sa mère,
il avait gardé sa vivacité de regard, il écoutait avec
attention, riait, se moquait, il avait gardé ses soins de
propreté excessive. Il montrait avec dégoût quelque
chose dans le coin de sa chambre et ne se calmait que
quand on avait enlevé le linge sale qui s'y trouvait.

Revenu à Paris chez le docteur Duval, il avait gardé
le goût de la musique, et Mme Meurice le ravissait en
lui jouant du Wagner. Troubat raconte : (CRÉPET,
Baudelaire, p. 187 ; voir aussi *Chronique médicale* 1901,
1902, 1903) : « Il m'a montré tout ce qu'il aimait : les
poésies de Sainte-Beuve, les œuvres d'Edgar Poe en
anglais, un petit livre sur Goya, et dans le jardin une
plante grasse exotique dont il m'a fait admirer les découpures. Voilà l'ombre du Baudelaire d'autrefois,
mais elle est toujours ressemblante. » (1) Il manifestait

fait part de ses impressions. Il était peiné de ne pouvoir communiquer sa
pensée et d'avoir l'air idiot. Il avait juré à son ami qu'il remettrait ou
ferait remettre à sa famille ses affaires intimes.

(1) Je rapprocherais volontiers de cette si intéressante observation ce
qu'Isabelle Rimbaud avait observé sur son frère à ses derniers moments.
Voir Paterne BERRICHON, *Arthur Rimbaud*, p. 252. « Par moments, il est

de la colère au nom d'un peintre qu'il n'aimait pas; il souriait d'allégresse au nom de Wagner et de Manet.

Il est difficile de préciser le degré de son affaiblissement mental. Sa mère a toujours cru qu'il était en possession de toute son intelligence. « Quant il n'est pas en colère, il écoute et comprend tout ce qu'on lui dit. Je lui raconte des choses de sa jeunesse, il me comprend, il m'écoute attentivement. Et puis quand il veut répondre, les efforts impuissants qu'il fait pour s'exprimer l'enragent. *Les médecins lui voient l'intelligence perdue* (c'est nous qui soulignons) ; ce qui lui fait perdre la raison, c'est de ne pouvoir parler. » Elle écrira de même aux derniers jours de Baudelaire, alors qu'il était déjà dans le coma : « Malgré son état de prostration et de mutisme, il devait me comprendre. Aimée me disait : comme il vous regarde ! Bien sûr, il vous entend, il vous comprend. »

Asselineau se porte garant (*Baudelaire*, p. 95) que son ami n'avait jamais été plus lucide ni plus subtil. « En le voyant prêter l'oreille, tout en faisant sa toilette, aux conversations qui se tenaient à voix basse à deux pas de lui et n'en pas perdre un mot, ce que je pus comprendre aux signes d'improbation ou d'impatience qu'il manifestait, échanger des sourires avec moi, lever les épaules, hocher la tête, donner en un mot des marques de l'attention la plus soutenue et de

---

voyant, il prophétise. Son ouïe a acquis une étrange acuité... il revit son passé douloureux. Puis il a de merveilleuses visions. Il voit des colonnes d'améthyste, des végétations et des paysages d'une beauté inconnue, et il emploie pour dépeindre ces sensations des expressions d'un charme pénétrant et bizarre. » Quelques semaines après la mort de son frère, Isabelle Rimbaud tressaillit d'émotion en lisant pour la première fois les *Illuminations*. Elle venait de reconnaître, entre ces musiques de rêve et les sensations éprouvées et exprimées dans l'agonie, une frappante similitude.

l'intelligence la plus nette...» Il semble qu'Asselineau
ait été dupe de la persistance de la mimique ; « A Chail-
lot, Baudelaire prenait allègrement sa douche, chantait
à tue-tête et écoutait avec plaisir les entretiens qui se
tenaient devant lui, surtout si ses gestes, ses exclamations étaient compris. Ses anciens amis, plus habiles
que les autres à démêler le sens de ses grimaces et de ses
pantomimes, avaient néanmoins quelquefois beaucoup de mal à l'entendre. Souvent, en nous voyant nous
ingénier pour deviner ce qu'il voulait exprimèr, il éten-
dait la main en guise d'apaisement, comme pour nous
dire : C'est bon, cela n'en vaut pas la peine. D'autres
fois, il insistait avec véhémence, voulant à toute force
être compris. Il y dépensait une énergie effrayante et
se fatiguait horriblement. Une fois compris, il tombait
sur son divan, épuisé par ses efforts. »

Poulet Malassis écrivait avec plus de vérité sans
doute : « Il est dans un état qui fait illusion à ceux qui
le voient, mais son véritable état mental est bien dou-
teux, bien énigmatique. »

Un des faits qui attesteraient le mieux la conservation d'un niveau d'intelligence assez élevé est le suivant que nous rapporte Asselineau (1) : « Un des noms
qui tourmentaient le plus sa mémoire, parce qu'il ne
l'articulait qu'à grand'peine, était celui de M. Michel
Lévy, qu'il désirait pour éditeur de ses œuvres. Lorsque
nous étions seuls ensemble, il allait prendre sur son
étagère un volume de la collection Lévy, et me le sou-
lignait du doigt et de l'œil pour mieux manifester son
intention. Un jour Michel Lévy lui proposa de commencer immédiatement une nouvelle édition des *Fleurs du*

---

(1) P. 101.

Mal ; il refusa obstinément. Il prit sur sa table un almanach et nous fit compter trois mois (on était en janvier) exprimant qu'à cette époque, il espérait être capable de surveiller lui-même l'impression de son livre. Ce délai de trois mois paraît avoir été le terme de ses espérances. Sur l'almanach qu'il nous avait montré, le 31 mars était marqué d'une barre. Cette date atteinte, il s'assombrit et déclina. »

***

D'autre part l'aphasique est à tout le moins capable d'établir, comme le montrent certains tests de Head, des correspondances sensorielles, d'agir exactement au milieu des sensations, sous leur contrôle, par méthode directe si l'on peut dire (1), de même qu'il a conservé

---

(1) WALLON (*Journal de Psychologie*, 1924) signale le cas d'une aphasique congénitale qu'il a pu étudier entre dix et dix-huit ans, et dont les actes ne témoignent d'aucune insuffisance. « Elle est apte aux travaux les plus divers, elle apprend le crochet, la couture, la broderie. Elle saisit le sens des gestes, sait plier, comme il lui a été indiqué, une feuille de papier... Elle exécute sans erreur trois commissions consécutives et en fixe suffisamment le souvenir pour être capable de les refaire plusieurs minutes après... Elle fait sans difficulté particulière additions, soustractions, multiplications... Elle discerne très bien la valeur des monnaies et des billets, les dénombre soit par un geste des doigts, soit même oralement. »
L'absence de parole ne tient pas chez elle à l'insuffisance auditive, mais mais bien plutôt à l'incapacité de retenir et d'évoquer les syllabes successives des mots. L'enfant sait dire *feu* par exemple, en montrant un poêle, une boîte d'allumettes, mais elle ne peut répéter que difficilement allumettes ou fourneau, et il suffit de quelques instants pour qu'elle oublie ces mots. Elle est incapable de grouper, de coordonner les sons. C'est un beau cas d'aphasie verbale, au sens de Head.
Dans la même étude, WALLON signale justement que des enfants peuvent être en retard pour le langage, sans que leur compréhension des choses usuelles se montre inférieure à celle de leurs jeunes contemporains.
L'arriérée de WALLON est d'un niveau mental supérieur à celle que BINET avait, du même point de vue, étudiée autrefois. *Langage et Pensée*, *Ann. Psych.*, 1908, t. XIV.

quelques-uns des grands automatismes sensoriels et
émotionnels qui règlent la vie humaine ; il peut jusqu'à un certain point suivre son chemin et accepter
sa destinée, s'il est incapable de faire le plan de sa
route, de se diriger, de construire une aventure.

Enfin, il est resté capable d'une certaine pensée
indifférenciée, qualitative, sensorielle.

Forel au cours de son affection a pu découvrir une
espèce nouvelle de fourmis (1).

En même temps, il était devenu tout à fait incapable
d'exécuter la plus simple opération d'arithmétique.
« Je confondais fréquemment les chiffres à retenir avec
ceux à écrire, ou je confondais les colonnes à addition-
ner et autres absurdités pareilles. Je remarquais toujours la chose aussitôt, mais j'avais la plus grande
peine à ne pas faire toujours des fautes de ce genre.
Je faisais des omissions particulièrement nombreuses
en comptant, ce qui me causait beaucoup d'ennuis. »

En même temps, il omettait des lettres en écrivant,
il ne pouvait dire s'il avait tourné ou non le bouton de
l'électricité, si la porte était ouverte ou fermée.

Il avait donc gardé pour l'objet de ses études une
électivité intellectuelle remarquable, en même temps
qu'il était resté capable de reconnaître une nouveauté
d'avec un groupe d'objets familiers et bien connus.
Il faudrait plus de détails pour apprécier la portée de
son acte : reconnaissance surtout qualitative ou aperception d'un détail après analyse et comparaison.

En un autre sens, l'aphasique est, de par son infirmité,
obligé de faire plus, à certains égards, que l'homme

_____

(1) Le cas est du reste loin d'être fréquent, et l'on cite précisément parmi
les troubles consécutifs à l'aphasie le cas des entomologistes qui ne savent
plus reconnaître et classer leurs insectes. Foix, p. 37.

normal. Un malade d'Isserlin, atteint d'agrammatisme
et qui avait beaucoup de peine à construire ses phrases,
lui disait fort justement : « Ce que l'homme bien portant fait mécaniquement, le malade doit le faire par
réflexion. »

*
* *

Ce qui, chez l'aphasique, a frappé beaucoup de cliniciens c'est la spécialisation du déficit intellectuel.
L'activité intellectuelle est-elle troublée uniformément
et dans toutes ses modalités, ou seulement en ce qui
concerne le langage ? On comprend que si elle présentait
un déficit aussi nettement spécialisé, c'est qu'elle serait
troublée comme technique particulière et non point
comme fonction générale.

Il est certain d'abord qu'on ne peut assimiler l'aphasique proprement dit au dément. Tout le monde est
d'accord sur ce point. Les troubles intellectuels de
l'aphasique sont d'un ordre différent. Ceux qui soutiennent l'existence de troubles généraux chez les
aphasiques reconnaissent que c'est la fonction du langage intellectuel qui est la plus touchée (1). L'aphasie
n'est pas une démence, écrit Moutier, car elle présente
en plus, et c'est ce qui la différenciera toujours des
démences banales, un déficit intellectuel particulier
du langage. D'autre part, les gros déficits intellectuels
des déments ne les empêchent point toujours de parler,
encore que leur discours soit parfois incohérent et

---

(1) D'après P. MARIE (*Sem. médicale*, 23 mai 1906, p. 220, 249) le déficit
intellectuel est double ; général, il porte sur la mémoire, la mimique descriptive, l'association des idées, les connaissances professionnelles, le jugement ; spécialisé pour le langage, il porte sur la lecture, l'écriture, la
compréhension de la langue orale ou écrite.

difficilement compréhensible, et l'usage automatique
du langage peut même chez eux masquer en partie les
lacunes de la pensée. La démence, qui détériore les
fonctions elles-mêmes et dissout finalement les automatismes, respecte assez longtemps le langage. Chez
les déments la fonction de conservation est toujours
supérieure à la fonction d'acquisition ; le dément sait
des choses qu'à l'heure actuelle il ne pourrait plus
apprendre dans le cas où il ne les saurait pas. Parfois
le malade continue à parler à peu près convenable-
ment alors qu'il a perdu la suite de ses conceptions, la
capacité d'avoir des vues d'ensemble, que toute sa pro-
ductivité est affaiblie. Dejerine faisait volontiers
remarquer que l'intelligence peut être profondément
troublée sans que la fonction du langage subisse une
altération quelconque. D'autre part le niveau intellectuel nécessaire à la fonction et à l'usage du langage
n'est pas très élevé, puisque l'enfant, dès trois ans, est
déjà en possession d'un langage assez différencié (1),
puisque l'imbécile est capable de parler. Enfin, nous
savons qu'il y a disproportion entre le langage et l'intelligence et jusqu'à un certain point excès du langage
sur l'intelligence.

On n'a pas toujours le langage de son niveau mental,
la comparaison des déments et des aphasiques suffirait
à l'établir ; et aussi les cas d'audimutité (2). La comparaison des aphasiques et des arriérés donne naturellement le même résultat. Binet a étudié, en 1908,
parallèlement un aphasique et une imbécile, presqu'au

---

(1) Voir les remarques de Binet, *Langage et Pensée, Année Psychologique,*
XIV, 1908. Binet nous décrit l'aube du langage chez une imbécile profonde.

(2) A. Collin, *Bull. Soc. clin. méd. ment.* XIV, 1921, p. 250-260.

même niveau pour le langage; mais l'une, Denise, dont nous avons cité plus haut l'observation, était incapable de copier un carré, de comparer deux lignes ou deux poids, c'est à peine si elle savait s'habiller seule. L'autre se conduisait comme un homme intelligent et il était capable d'ordonner cinq poids et de faire un puzzle.

Un autre imbécile de Binet, supérieur il est vrai à Denise (il était capable de comparer deux lignes et deux poids et réussissait presque le texte des trois commissions) possède un langage assez étendu. L'aphasique congénitale de Wallon, Clarisse B., avec beaucoup plus d'intelligence avait beaucoup moins de langage.

Avant d'examiner les preuves invoquées en faveur de l'affaiblissement intellectuel, il nous faut revenir un moment sur cette question de l'aphasie et de la démence, afin d'écarter toute équivoque.

Il faut en effet bien préciser que les troubles aphasiques, s'ils sont sous la dépendance de troubles intellectuels, n'impliquent pas nécessairement la déchéance intellectuelle des démences. Il est bien exact que parmi les aphasiques il se rencontre de véritables déments ; soit que l'aphasie vienne compliquer un état démentiel antérieur, auquel cas il est difficile de préciser ce qui revient à l'aphasie et à la démence ; soit que la démence survienne au cours de l'évolution de l'état aphasique, une poussée inflammatoire provoquant, autour du foyer primitif, des altérations diffuses de l'écorce cérébrale. Mais il semble bien établi que l'aphasie et la démence sont profondément distinctes, à quelque point de vue qu'on se place pour les examiner. Car, du point de vue physiologique, il semble bien établi que des lésions en foyer, comme celles de l'aphasie, même

multiples, n'entraînent point cet affaiblissement général et uniforme des fonctions intellectuelles dans leur
ensemble, qui paraît bien lié à l'altération diffuse
du cortex dans son ensemble. La fonction psychique,
dans son ensemble, semble bien avoir, comme on l'a
dit, dans la corticalité son siège partout et son centre
nulle part. Au contraire, pour ses éléments, il est possible d'établir une relation avec un champ anatomique
défini : complexes fonctionnels qui constituent, ou
bien des données élémentaires utilisées par le travail
psychique supérieur (sensation et perception), ou bien
des manifestations automatisées de cette activité
psychique (langage, coordination et mise en jeu des
mouvements volontaires). Il semble donc que des
lésions circonscrites puissent n'entraîner que la déchéance d'un complexus fonctionnel (sauf bien entendu
les cas où la lésion survient sur un cerveau déjà déchu, ou
bien où elle est le point de départ de scléroses cica-
tricielles envahissantes), et que le degré de l'affaiblissement intellectuel soit en rapport avec la gravité et
l'étendue, non pas des foyers de destruction locaux,
mais des lésions histologiques diffuses (1).

Du point de vue psychologique d'autre part, si
mal renseignés que nous soyons sur l'état mental des
aphasiques et sur celui des déments, on ne peut s'empêcher de rappeler tous les faits que nous avons déjà
cités. Dans la démence le langage n'est pas toujours
atteint autant que l'intelligence ; dans l'aphasie l'intelligence n'est pas toujours atteinte autant que le
langage. Les troubles intellectuels qui sont à l'origine
des troubles aphasiques paraissent assez différents

---

(1) Voir Brissot. *Aphasie et Démence Traité* de Sergent, II, p. 208.

de cette déchéance intellectuelle généralisée, de cet affaiblissement radical de l'intelligence qui semble caractériser les différentes démences.

Quels sont alors les faits invoqués en faveur du déficit intellectuel de l'aphasique ?

L'aphasique comprend bien des mots isolés, de courtes phrases ; c'est affaire d'habitude, nous dit Pierre Marie. Mais il échoue devant le langage plus compliqué qui est affaire d'intelligence.

Encore convient-il de faire quelques réserves, à notre sens. Car il y a dans la compréhension du langage, comme nous l'avons vu et le verrons encore, tout une technique, tout un savoir, tout un automatisme, qui ne sont plus de l'intelligence actuelle ; et nous savons d'autre part que la mémoire immédiate et l'attention anticipante, ces deux piliers de la compréhension verbale, sont forte.nent ébranlées chez les aphasiques.

L'aphasique échoue au test des trois commissions. Grave échec puisque le test est réussi à sept ans, selon Binet, à cinq ans même selon Terman (1). Et ce n'est point incapacité verbale, car le résultat est le même si l'on mime l'ordre au lieu de le parler.

Encore convient-il de voir ce que signifie précisément ce test. Car on pourrait être tenté de le considérer comme un test de mémoire attentive et logique, plus peut-être que d'intelligence pure. Stern le range parmi les tests de la *Merkfähigkeit.* (2) Il s'agit en effet avant tout de retenir conjointement une pluralité de desseins ; d'en former un champ mnésique continu. Or le champ de la mémoire immédiate est naturellement diminué

---

(1) Six ans selon Bobertag ; cinq ans selon Jaederholm.
(2) *Methodensammlung,* p. 41.

chez l'aphasique ; et il est encore diminué par la complexité de l'ordre. On sait que, si l'on énonce devant un
sujet des chiffres qu'il doit répéter, et que l'on énonce
un plus grand nombre de chiffres qu'il n'en peut retenir, si l'on dépasse en un mot le champ de sa mémoire
immédiate, il tombe au-dessous de lui-même et n'atteint
pas cette fois le niveau de ses performances habituelles.
D'autre part, pour se souvenir d'une consigne complexe,
il y a bien des sujets qui savent construire d'un coup
la série, engrener d'emblée les différents actes les uns
dans les autres, sans référence au langage ; mais il y
en a d'autres qui ont besoin de se répéter la consigne
verbale, sous forme complète ou sous forme abrégée.
Mais ceci dit, il faut bien reconnaître que ce test met
en jeu la faculté de construire un ensemble à l'aide
d'éléments disparates, et de le maintenir comme tel
dans la conscience : construire un ordre, conserver
l'idée de cet ordre et le réaliser sans se laisser distraire :
c'est en somme cet ensemble de fonctions que Binet
range sous le nom de direction (1).

On fait valoir encore que l'expression mimique volontaire est très médiocre chez l'aphasique. Il ne sait
pas mimer une action complexe, ce qui prouve bien
que son impuissance à s'exprimer ne vient pas uniquement du déficit verbal.

L'argument a beaucoup de force à condition d'ajouter aussitôt que la plus grande partie de la mimique
est symbolique comme le langage, que l'aphasique, qui
a gardé sa mimique émotive, et perdu sa mimique conventionnelle, est inévitablement incapable des gestes
sociaux. Il y a une technique mimique, qui, du reste,

_____

(1) BINET, *Idées modernes sur les enfants*, p. 130.

chez beaucoup de sujets, est soutenue par la formulation verbale. Donc la pensée symbolique est atteinte ici dans son ensemble, comme Head le montrera. Il reste à établir que le maniement de ce symbolisme est d'ordre intellectuel ; et c'est sur ce point que les analyses du maître que nous étudions en ce moment, ne vont pas assez loin.

Comme il en convient lui-même, ce qu'il y a en effet de plus frappant chez l'aphasique, c'est la ruine de certaines techniques, le déficit des choses apprises par cœur, l'apraxie (1) : ainsi le cuisinier aphasique de Bicêtre qui avait oublié jusqu'aux éléments de son art. On est fondé à se demander si la disparition de ces techniques n'implique pas rupture d'automatismes tout autant qu'affaiblissement intellectuel.

Enfin on a beau dire que, si la conduite de l'apha·sique est à peu près normale, c'est affaire affective et sociale. Sans nier toute la part d'automatisme social, affectif et aussi de réaction affective immédiate et directe que la conduite suppose, il est permis pourtant de se demander si dans l'adaptation exacte au présent il n'y a pas une fonction intellectuelle de compréhension et de construction. On dira que le dément divague dans sa conduite, par altération de son affectivité ; c'est possible. Peut-être aussi faute de savoir ajuster ses sentiments aux situations ; peut-être aussi parce que l'ensemble de ses notions a fléchi.

Si intéressants que soient les faits invoqués et que

---

(1) MOUTIER fait remarquer (*L'Aphasie de Broca*, p. 201) que les autres systèmes de signes que le langage sont souvent mal compris. L'aphasique reconnaît à peu près la valeur des cartes et des pièces de monnaie, mais il ne peut faire une partie de cartes ou des comptes compliqués.

nous venons de passer en revue, ils ne paraissent donc
pas décisifs ; ou tout au moins ils appellent une analyse plus approfondie.

* *

En effet, tout en disant que la compréhension du
langage est pour une bonne part un automatisme, que
ça a été mais que ce n'est plus de l'activité intellectuelle, tout en signalant les difficultés et les équivoques,
nous n'avons pas l'intention de nier qu'il entre par
exemple dans l'interprétation d'une phrase compliquée ou dans l'exécution d'un ordre complexe, à côté
de la mémoire immédiate, de l'attention et du savoir
organisé, une part assez considérable de construction,
d'invention proprement dite.

C'est précisément le mérite de Head d'avoir bien
compris, sur les données de l'expérience clinique, et
d'avoir cherché à mettre en lumière par un jeu de tests
variés et bien choisis, d'une part qu'il n'y a pas, à
vrai dire, de faculté du langage, mais bien un ensemble
de fonctions qui concourent au langage, d'autre part
qu'il faut distinguer dans la construction et le maniement du langage plusieurs étages de la pensée.

L'intelligence sensorielle s'exerce sur les choses
mêmes, sans référence à leurs signes ; dans l'aphasie
la pensée directe et sensorielle reste possible. Au contraire la pensée symbolique et propositionnelle est
altérée. La pensée symbolique, qui manie les valeurs
conventionnelles et arbitraires : monnaies, figures des
cartes, divisions du cadran, signes numériques, signes
verbaux, etc. ; la pensée symbolique qui complique les
données brutes de la perception : tant de sensations

ne sont que des signes, dont toute la valeur est dans la puissance d'évocation, dans le sous-entendu beaucoup plus que dans la présentation immédiate ! La pensée symbolique peut être atteinte dans son fonctionnement, non seulement selon les espèces qu'elle manie, mais encore à différents degrés de hauteur : une langue n'est pas seulement un ensemble de signes, elle est un système, une hiérarchie de signes. C'est une doctrine que nous avons assez souvent développée dans ce livre, pour n'avoir pas besoin de nous étendre davantage.

La pensée propositionnelle, c'est cette fonction qui rassemble les moyens sous l'unité de la fin, les moments d'une pensée sous l'unité de cette pensée : par synthèse et par analyse à la fois. C'est, comme dit Head, « l'intention ultime ».

Quelques-uns des tests de Head vérifient ces distinctions. Head a bien montré que, là où il est nécessaire, pour effectuer une opération, de s'élever au-dessus de la correspondance sensorielle (1) jusqu'à la forme propositionnelle, là où il est nécessaire de combiner, le sujet échoue le plus souvent. L'aphasique échoue au test de la montre et au test de la glace dès qu'il n'a plus sous les yeux un modèle qu'il n'y a qu'à imiter directement, dès qu'il faut transposer, se placer dans une attitude différente (2). Le sujet est capable d'effectuer,

_____

(1) L'aphasique de Van Woerkom échouait devant des tests de correspondance sensorielle ; ex. mettre une règle à quelque distance d'une autre, mais dans la même direction ; parmi six morceaux de papier pareils deux à deux (ronds, en forme de carreau, en forme de cœur) réunir deux papiers semblables, etc...

(2) Il serait du reste intéressant d'appliquer ce test à d'autres qu'à des aphasiques. A quel âge les enfants en deviennent-ils capables ? Mes recherches me donnent à penser que ce n'est guère avant sept ans. Nous avons vu plus haut les réserves de Mourgue sur l'interprétation que Head

par exemple, des travaux manuels continus et tels qu'il
suffise de parcourir successivement les différentes
étapes d'un tracé régulier ; incapable en même temps
de les exécuter si le tracé irrégulier l'oblige à formuler
l'intention ou encore, comme diront van Woerkom et
Mourgue, à manier un schéma spatial et temporel.
Le sujet est capable de mettre sa montre à l'heure, si
on lui montre l'heure sur la pendule ; il en est incapable
si on lui dit l'heure et d'autant plus incapable que la
formule à réaliser est plus complexe ; cinq heures
moins un quart est plus difficile que quatre heures
quarante-cinq.

---

donne de ce test. VAN WOERKOM croit lui aussi que ce test est un moyen
d'exploration de la notion de direction, plutôt qu'un moyen d'exploration
du « symbolic thinking ». *J. de Ps.*, 1921, p. 750.

La notion de la droite et de la gauche, et surtout la notion de la relation
de la droite et de la gauche de l'enfant à la droite et à la gauche d'un autre
être autrement orienté, sont des acquisitions difficiles. Même quand l'enfant a acquis la notion de sa droite et de sa gauche, ce qui suppose tâtonnement, raisonnement, habitude, il est porté à en faire des valeurs absolues, et il lui faut un nouvel effort pour comprendre que la droite et la
gauche d'une voiture, par exemple, qui marche en sens inverse de lui, ne
correspondent pas à sa droite et à sa gauche. De sorte que jusqu'à un certain âge, sept ans environ, il ne comprend même pas le problème pratique
que lui pose le test de Head ; il n'est pas au niveau de la difficulté ; mes
observations personnelles concordent pleinement avec celles de PIAGET
(*Arch. de Ps.*, 1923). « L'enfant ne sait pas, jusqu'à sept ou huit ans,
montrer la main gauche et la main droite d'un interlocuteur placé en face
de lui, toujours pour cette raison que son point de vue propre est absolu.
A sept ou huit ans, l'enfant arrive à se mettre dans la perspective de l'interlocuteur, mais il ne sait pas se placer au point de vue des objets eux-
mêmes. » Comme le disent bien van Woerkom et Mourgue, le test de
Head, chez les adultes, suppose beaucoup moins langage intérieur que
manipulation de l'atlas spatial, orientation. Il est toujours difficile à un
adulte de se reconnaître lorsque l'orientation est renversée, d'agir « à
l'envers », de retourner le sens d'une action. Les malades de Head sont devenus incapables de percevoir, à première vue, que c'est un problème de ce
genre qui leur est posé. Le test de Head, en dépit de l'interprétation contestable qu'il en donne, n'a que plus de valeur si c'est la fonction de construire dans l'espace dont il décèle la lacune.

De même Head s'appliquait à montrer que la plupart de ses sujets étaient incapables de suivre une action dans son ensemble, et nous avons vu les observations concordantes de van Woerkom. L'intention ultime échoue, alors que l'intention partielle, le détail, le moment persistent (1). Le sujet n'est plus capable de répéter exactement une histoire, il en brouille la chronologie ; il ne sait pas distinguer l'ordre des épisodes ; ou bien, s'il est capable d'énumérer les détails d'une image, il est incapable de l'interpréter d'ensemble ; ou bien encore s'il est capable d'indiquer la situation relative des meubles dans une chambre, il est incapable d'en dresser le plan. Il peut se rappeler l'ordre des objets sur la table sans être capable de le formuler.

Le sujet n'est plus capable de pensée constructive : tout ce qui exige compréhension exacte, rappel volontaire, expression symbolique, forme propositionnelle, échoue plus ou moins (2). Le malade qui sait manier couramment et correctement les symboles de façon mécanique, par exemple l'aphasique sémantique, est incapable de les interpréter et de les manier à partir d'une formule abstraite ou d'une question. Par exemple, il sait la suite des jours et des mois, mais il ne sait pas

---

(1) Il y a du reste des faits paradoxaux. Le malade n° 10 était capable de rappeler à Head le sujet de trois lettres distinctes qu'il avait écrites en trois ans, et incapable de répéter exactement une histoire. Il faut faire intervenir ici la différence de l'activité spontanée et de l'activité provoquée, ainsi que la différence de l'intérêt profond que l'on porte à sa propre histoire et de l'intérêt superficiel qu'on prête à un petit récit.

(2) Ce sont de telles lacunes que l'examen clinique doit s'attacher à bien mettre en lumière, car, comme le dit PIÉRON, *Le Cerveau et la Pensée*, p. 212, « si les actes montrent une adaptation correcte aux circonstances, aux conditions nouvelles, quand celles-ci, objets de connaissance sensorielle, exigent des évocations de sentiments, d'attitudes, d'actes, sans participation nécessaire des signes verbaux, on ne peut plus parler que d'un trouble de compréhension uniquement verbale. »

comprendre mardi 20 mars. De même, ses impressions
sont incapables d'elles-mêmes de se distinguer, de se
formuler ; mais, avec un peu d'aide, il peut mieux réussir :
c'est ainsi qu'il discerne plus aisément l'application
des deux pointes du compas sur la peau si les chiffres
1 et 2 sont écrits devant lui. Donc, en dehors des opérations directes qui réussissent, il y a chez l'aphasique
affaiblissement de la capacité de distinguer des variations d'intensité, de similarité, de différence, de relations spatiales. Tous les rapports sur lesquels l'esprit
est fondé se détendent. Toute la vie logique se relâche.

En revanche, certains des tests de Head paraissent
trop difficiles, et le fait d'y échouer n'implique pas
nécessairement un abaissement du niveau intellectuel (1).
Le n° 10 comprenait les mots *été* et *heure* et était
sûr que *heure d'été* signifie que les horloges sont
changées avec la venue de l'été. Mais il était absolument incapable de dire si on les avançait ou si on les
retardait, et essayait en vain de résoudre le problème. »
Combien de normaux se montrent incapables de le
résoudre, et tous les problèmes de ce genre ! Qu'on se
rappelle, par exemple, les discussions passionnées et
interminables en 1900 pour savoir si le siècle com-
mençait en 1900 ou en 1901.

---

(1) Du reste, comme le fait remarquer le docteur STANLEY BARNES
(*Proc. of the Royal Society*, XIV, 1920-1921), étant donné le peu que l'on
sait des antécédents de l'individu, il est très difficile d'estimer le degré de
déchéance intellectuelle qu'il peut présenter. On sait d'autre part, d'après
les enquêtes entreprises à l'aide des tests Binet-Simon, que beaucoup
d'adultes sont bien loin d'être au niveau intellectuel de leur âge réel.
N'est-on pas porté bien souvent à surestimer ce niveau et à mettre au
compte de la maladie ce qui est au compte de l'individu ? LÉRI a bien
montré (*Commotions et Emotions*), que beaucoup de diagnostics
d'amnésie commotionnelle ou émotionnelle n'ont pas d'autre base que
cette erreur psychologique.

Comme le faisait justement remarquer Piéron (1) :
« Si l'on désigne par intelligence une certaine qualité
du fonctionnement mental, vivacité, souplesse d'adaptation, etc., cette qualité peut être conservée dans le
fonctionnement associatif inverbal, celui qui existe
seul chez le sourd-muet non éduqué», lequel est capable
de profiter de l'expérience s'il n'est pas un débile
mental.

D'autre part la pensée inverbale de l'aphasique a
pu s'atrophier à cause du développement de la pensée
verbale. Mais elle continue sans doute de bénéficier
de certaines habitudes qu'elle doit au langage.

Le déficit intellectuel de l'aphasique n'atteint donc
nécessairement ni le comportement social acquis, ni
les qualités natives de l'intelligence. La pensée directe
et implicite reste possible malgré l'absence des symboles et de la grammaire symbolique ; malgré la carence
de la « pensée propositionnelle ». Mais la carence de la
pensée propositionnelle entraîne l'effacement d'une
vaste région du champ mental. Il y a donc bien abaissement de niveau, déchéance mentale, même pour
des épreuves qui ne requièrent pas l'usage des symboles.

Il arrive du reste que, même dans les opérations effectuées sur des données sensorielles, l'aphasique présente
quelque insuffisance, du fait même de son aphasie
et sans qu'il soit besoin de faire intervenir un trouble
intellectuel. Comme l'a bien fait observer John Laird :
« La donnée sensorielle est autant un signe qu'un fait,
et elle est toujours appréhendée comme telle » (1) ;
d'où il conclut fort justement qu'à l'état normal, nous

---

(1) *Le Cerveau et la Pensée*, p. 269.
(2) *Studies in Realism*, p. 24.

percevons toujours la signification et non pas des
données dénuées de signification.

La perception a souvent un caractère symbolique
que peut en partie effacer l'effacement du symbolisme.
Piéron a bien montré (1) que la reconnaissance des
objets usuels est distincte de la perception des formes (2).
La reconnaissance est perception symbolique ; elle se
fait sur quelques points de repère : « La réaction asso-
ciative élective suscitée par quelques repères sensoriels
et caractéristiques de la notion concrète de l'objet est
plus facile et plus rapide que la perception de la forme
construite sur une synthèse complexe d'impressions
immédiates ».

Il suit, croyons-nous, de cette observation, que, dans
la mesure où la perception se vide de son symbolisme,
elle impose au sujet un effort plus considérable pour
être utilisée. Or, il semble qu'elle tende à se vider, dans
l'aphasie, de son caractère symbolique ; car les troubles
gnosiques accompagnent fréquemment les perturba-
tions générales de la pensée symbolique.

*
* *

Van Woerkom aboutit, nous l'avons vu, à une conclusion assez voisine. Son malade sait manier qualita-
tivement l'espace, le temps et le nombre ; mais il est
incapable de les manier intellectuellement. Les troubles
de la pensée verbale sont chez lui sous-tendus par des

---

(1) *Journal de Psychologie*, 1922, p. 907.
(2) En effet la forme peut être correctement perçue et décrite alors que
l'objet n'est pas reconnu, qu'on ne trouve pas son nom. D'autres fois,
avec une perception des formes très défectueuse, l'objet usuel est indiqué,
habituellement deviné et correctement manié.

troubles de la construction, de la direction, du sens de l'ordre. Les grands schémas spatiaux et temporels ne subsistent chez lui qu'à l'état de virtualités où s'oriente l'instinct pratique. D'où le trouble des schémas intellectuels et, par exemple, l'incapacité de construire la relation entre les différents épisodes d'un événement. D'où l'impossibilité d'élaborer la phrase à partir des données qu'elle doit unir: Le malade échoue radicalement à construire une phrase avec des mots qu'on lui fournit (1).

***

On sait que dans l'aphasie de Wernicke le malade peut parler ; parfois même il parle trop ; mais les paroles qu'il profère, tout en étant bien prononcées, sont souvent méconnaissables, ou tout au moins déformées (jargonaphasie et paraphasie). Le malade comprend mal ou pas du tout le langage parlé. La lecture et l'écriture sont abolies ou pénibles.

La difficulté de compréhension du langage oral est d'intensité très variable. Elle peut aller jusqu'à l'impossibilité de comprendre un seul mot. En général, une phrase un peu longue, un ordre un peu complexe ne sont saisis qu'à condition de les répéter en les décomposant en tranches de deux à trois mots ou en ordres simples. Ainsi, au degré d'incompréhension totale, le malade ne comprend même pas les phrases simples ;

au degré d'incompréhension modérée il n'est arrêté que par les phrases un peu compliquées; chacun des

---

(1) Les tests de van Woerkom explorent, nous l'avons vu : 1° l'orientation dans l'espace et dans le temps ; 2° le maniement géométrique de l'espace ; la numération mathématique et la numération pratique ; 3° la classification ; 4° la perception du rythme.

mots de la phrase peut du reste être compris sans que
le malade arrive à démêler le sens de la phrase en son
entier; au degré d'incompréhension légère, il n'échoue
que devant les ordres compliqués; c'est cette insuffisance que décèle par exemple le test des trois commissions.

La parole spontanée est troublée par la recherche
des mots, par la paraphasie, par la jargonaphasie, par
l'intoxication par le mot, par l'agrammatisme; c'est-
à-dire, en somme, que le malade présente de l'aphasie
verbale, de l'aphasie nominale (1) et de l'aphasie
syntactique.

Il altère les mots, disant par exemple *drititon* pour
mirliton ; *tirrène* pour *terrine*. Il prend un mot pour un
autre : *pipe* pour *fourchette* ; *éventail* pour *moulin à
vent* ; *lune, volume* pour *pendule*.

Le malade a peu de mots à sa disposition, et il prend
un mot pour un autre. Il use abondamment de périphrases, d'interjections, les mêmes mots reviennent
constamment. Parfois les phrases usuelles sont correctes
et pures de toute paraphasie. En général la parole
répétée est meilleure que la parole spontanée. Quand le
malade cherche un mot, il suffit souvent de le prononcer
devant lui pour qu'il le répète correctement, ou qu'il
corrige sa paraphasie.

La phrase est le plus souvent mal construite.

Des symptômes de second plan apparaissent :
atteinte des souvenirs didactiques, apraxies et agnosies
de toute espèce.

(1) Voir l'auto-observation du docteur Saloz, NAVILLE, *Arch. de Psych.*,
1918. « Dans l'aphasie verbale, la persistance du souvenir du son du mot
correct n'implique pas la conservation de sa notion compréhensive. »

* *

Il faut d'abord remarquer la corrélation des troubles d'émission et de réception. Certes la parole déborde souvent la compréhension ou bien c'est l'inverse; il y a d'étranges disproportions entre l'émission et la compréhension, comme il y en a entre la mémoire d'évocation et la mémoire de reconnaissance. Mais il n'y a pas de surdité verbale pure, c'est-à-dire d'abolition de la compréhension, avec langage correct (1).

Que les deux processus d'émission et de compréhension, nécessairement corrélatifs, soient pourtant jusqu'à un certain point indépendants, l'expérience clinique nous en avertit ; et aussi le cas fréquent et paradoxal de l'aphasique qui, atteint de surdité verbale faible, ne s'entend pas parler. Il y a des cas où l'aphasique émet assez correctement des phrases qu'il ne comprend pas à l'audition ; et d'autres où parlant incorrectement il ne s'en aperçoit pas (2) ; d'autres cas enfin où le malade s'aperçoit de ses fautes, s'arrête et fait effort pour arriver à une expression plus correcte.

---

(1) *La surdité verbale pure* (le malade se comportant comme un sourd qui parlerait correctement) a été décrite en 1884 et admise par DEJERINE qui pourtant la déclare très rare en 1895. Il reconnaît que des lésions de l'appareil auditif, en particulier du labyrinthe, peuvent donner lieu à une symptomatologie analogue. Il maintient cependant l'existence d'un petit nombre de cas de surdité verbale pure, dans lesquels l'existence d'une lésion de l'appareil auditif ne saurait être incriminée. Liepman, en 1888, avait présenté une observation de surdité verbale pure.

(2) DEJERINE cite, p. 92, le cas d'un jeune médecin qui, à la suite d'un abcès du lobe temporal gauche présentait de temps en temps de la paraphasie. Il n'avait pas conscience d'articuler des mots inexacts ; il était au contraire persuadé qu'il prononçait des mots justement adaptés aux idées qu'il voulait exprimer, et c'est seulement par la réaction de son entourage qu'il s'apercevait de ses erreurs. De même dans le cas du vieux médecin cité par DEJERINE, p. 90 ; rien dans sa mimique ou dans son attitude n'indiquait qu'il se rendît compte des troubles de son langage.

L'émission verbale déborde jusqu'à un certain point la compréhension. Elle se suffit jusqu'à un certain point. On peut dire d'un élan un certain nombre de choses, sans reprendre pied sur la compréhension. Quand on parle, on parle dans le sentiment d'une certaine continuité ; le plus souvent sans se rappeler précisément le commencement de la phrase. Pourtant il faut de temps en temps s'assurer en reprenant contact que ce que l'on dit est suivant l'ordre logique et grammatical; pour parler, il faut jusqu'à un certain point maintenir le sens de ce que l'on dit, se comprendre en s'entendant.

Mais il peut arriver fort bien aussi que le malade s'adapte à son langage inadéquat et qu'il se comprenne, parlant son jargon avec tranquillité et inconscience. Certains aphasiques ont un vocabulaire à eux spécial, employant constamment tel mot pour tel autre. Une malade de Foix disait (1) : « Je suis belle, ma fille n'est pas très belle », pour dire : « Je vais bien, ma fille ne va pas très bien ». Quand on a l'habitude de causer avec de tels malades, leur langage d'abord mystérieux finit par devenir compréhensible. Et ils se comprennent eux-mêmes, comme ces glossolales que nous avons cités et qui ont une langue à leur usage personnel, ou comme certains déments paranoïdes, que nous avons rappelés aussi (2).

---

(1) Foix, p. 31. Le vieux médecin de Dejerine, p. 90, paraît lui aussi s'être fait un langage à peu près constant et qu'il comprenait.

(2) Dans certains états d'obnubilation mentale on peut parler par phrases correctes et qui ne signifient pas ce qu'on veut dire : comme quand on parle en s'endormant et qu'on s'aperçoit par un réveil brusque de l'inadéquation du propos. Renan mourant disait aux siens : « Otez ce soleil de dessus l'Acropole ». Et s'apercevant que les siens ne le comprenaient pas, il ajoutait : « Je sais bien ce que je dis : la phrase seule est lourde chez moi ». J. POMMIER, La Fin de Renan, La Vie des Peuples, 1923, p. 484

*
* *

La forme de la phrase peut subsister, le trouble portant sur les mots.

La forme de la phrase peut fléchir, les mots étant intacts.

Les deux troubles peuvent se présenter conjointement.

L'organisation grammaticale prépare la pensée. Le sujet appelle le verbe et le verbe son complément. Le canevas de la signification est ainsi tracé à l'avance. Soit la phrase la plus simple : Pierre bat Paul. Nous savons que l'ordre des mots marque le rôle grammatical de Pierre et de Paul, d'où dépend la signification. Nous savons que l'action et le temps de l'action sont précisément marqués par le verbe. La phrase indique à chacun de ses moments, par ses exposants grammaticaux, le rôle des mots, et c'est sur ce rôle que s'établit la signification.

Le sentiment de la signification d'un texte étranger ne commence-t-il pas souvent par un pressentiment obscur de l'arrangement grammatical des mots, de l'ordre, de la coulée de la phrase ? La difficulté d'interprétation ne fait-elle pas apparaître, saillir comme un problème, l'arrangement grammatical, qui dans le langage courant passe inaperçu ? Et la difficulté mettant au premier plan cet élément, l'opération élémentaire, à laquelle l'esprit s'attache, gêne l'opération plus complexe de l'interprétation.

Ainsi, que l'on parle ou que l'on comprenne, nous l'avons vu — et l'on ne peut guère faire l'un sans l'autre — il s'établit un dessin de relations entre les parties successives, et la forme d'organisation est jusqu'à un certain point antérieure aux éléments qui doivent s'organiser, et il s'établit une adaptation réciproque entre cette forme et ces éléments. C'est ce qu'il y a d'exact dans la théorie du « schéma de la phrase ». Quand nous parlons ou que nous comprenons, nous oscillons entre les relations abstraites et les choses concrètes ; et une part de ces relations abstraites est exprimée par la syntaxe.

L'agrammatisme se présente d'abord comme une simplification ou une suppression de la grammaire ; c'est le style télégraphique, l'agrammatisme proprement dit de certains auteurs; ou comme une grammaire incorrecte : c'est le style nègre, le paragrammatisme de certains auteurs (1). On les trouve l'un et l'autre dans l'aphasie de Wernicke. Nous avons vu que le style télégraphique se présente souvent pour une raison d'économie verbale : aussi dans l'anarthrie, et quelquefois même le paragrammatisme quand on oblige le malade à abandonner ce moyen de défense. Mais dans l'anarthrie, l'agrammatisme ou le paragrammatisme « impressifs » n'existent pas.

Ce qui frappe en effet dans l'aphasie de Wernicke, c'est la correspondance des troubles impressifs et des troubles expressifs, à laquelle nous avons déjà fait allusion. Ils ne sont pas rigoureusement proportionnels mais ils se présentent simultanément. Et c'est précisément parce que le malade n'est plus capable de comprendre correctement qu'il n'est plus capable de

---

(1) KLEIST. Voir ISSERLIN, *Ueber Agrammatismus. Zeitschrift für Neurologie,* LXXV, 1922, p. 372. Dans le paragrammatisme, la faculté de construire grammaticalement subsiste, mais le choix des moyens grammaticaux est défectueux : mots mal choisis, déclinaisons ou conjugaisons incorrectes.

parler correctement, et parce qu'il n'est plus capable
de parler correctement qu'il n'est plus capable d'entendre correctement. Le schéma de la phrase est
atteint, à quelque usage qu'il soit employé.

On s'en aperçoit en effet, si on explore les moyens
grammaticaux des malades. Il y en a qui ne peuvent pas
rectifier les fautes grammaticales que l'on émet devant
eux ; il y en a qui s'en aperçoivent plus ou moins. Beaucoup de prudence est nécessaire dans le choix, l'usage,
l'appréciation de ces tests délicats. Il y en a enfin beaucoup qui font des fautes de déchiffrement grammatical dont on s'aperçoit précisément à leurs erreurs d'interprétation.

Il y a dans l'agrammatisme une part de trouble
mental, et ce qui le prouve bien, c'est l'agrammatisme
des débiles. Qui ne peut faire une analyse logique est
a fortiori incapable d'une analyse grammaticale. Qui ne
peut distinguer le sujet et le prédicat, par exemple, ne
peut parler grammaticalement d'une façon correcte ;
de même qui ne peut distinguer les rapports logiques
que les morphèmes ont précisément pour objet de distinguer. Ainsi il y a un agrammatisme dont la pensée
est responsable et qui provient de l'insuffisance de
l'analyse logique. C'est cet agrammatisme qui chez les
écoliers maniant leur langue ou une langue étrangère
fournit les gros contresens et les gros solécismes d'intelligence.

Mais nous avons vu aussi tout ce qu'il y a d'arbitraire dans la grammaire et tout l'appel qu'elle fait à
la mémoire. Une part de l'agrammatisme est défaillance de la mémoire et de l'habitude.

Ces deux causes s'unissent étroitement.

On sait depuis longtemps que le langage elliptique

peut apparaître dans d'autres états que l'aphasie, et
qu'il peut avoir pour cause la succession tumultueuse des
idées, ou bien l'angoisse, l'émotion, la dysphrasie émotive.

Le style télégraphique tend à apparaître toutes les
fois qu'il y a « détresse verbale » comme a dit Isserlin,
toutes les fois que le langage est impuissant devant la
pensée, ou atteint dans son fonctionnement. Dans
l'aphasie comme ailleurs, la pauvreté oblige à se
réduire (1). En même temps les mots fortement accentués, ceux qui constituent l'armature de la pensée,
passent seuls.

C'est ce qui se passe chez l'enfant au début du langage. Nous voyons les mots s'ordonner en phrases sans
moyens grammaticaux et suivant un ordre affectif.
Il arrive également que, dans la manie, la confusion
mentale, la phrase se réduise à une succession des mots
qui se présentent les premiers à l'esprit du malade (2).

Le paragrammatisme proprement dit est, nous
l'avons vu, à la fois un trouble logique et une rupture
des automatismes verbaux. L'analyse logique et le
savoir grammatical concourent à former le langage correct. Il convient d'ajouter la difficulté qu'éprouve le
malade à manier ces moyens délicats, qui sont les
signes grammaticaux des relations. Comme le fait bien
remarquer Isserlin, comment apprécier ces nuances
acoustiques, qui portent les morphèmes, quand on a
peine à user des mots ? (3).

_____

(1) On a fait remarquer que souvent le malade n'écrit pas en style télégraphique, il a le temps. Voir dans PREISIG, _Le Langage des Aliénés, Arch.
de Psych._ 1911, p. 108, des exemples de langage télégraphique chez des
imbéciles et des confus.

(2) SÉGLAS, in GILBERT BALLET, _Traité_, p. 138.

(3) Voir l'observation de Mlle DEGAND, _Arch. de Psych._, X, p. 378. Il
s'agit d'un enfant sourd-muet élevé à l'Institut d'Enseignement spécial,

*
* *

A l'état normal, souvent les mots nous échappent
et nous les remplaçons par des périphrases. C'est
l'aphasie amnésique de Dejerine (1) qui fait partie,
bien entendu, des troubles aphasiques (2). Plus rarement certains mots, compris d'habitude, cessent de
rien évoquer, ou suscitent une signification inadéquate.
Un malade de Pick montrait ses dents, quand on lui
demandait de montrer sa langue, ou sa moustache
au lieu de ses cheveux (3). Ici le mot éveillait une association voisine. Parfois le mot est pris pour un autre
mot de même sonorité, de même longueur, de même
structure.

La paraphasie est un trouble de l'évocation verbale,
la substitution d'un mot inadéquat (4).

---

depuis l'âge de quatre ans ; vers sept ans il était capable de comprendre et
de s'exprimer. Mais n'ayant point l'occasion d'entendre répéter souvent
les mots et les phrases, son langage agrammatique a persisté plus longtemps
que chez un enfant normal. Il parle petit nègre. Le mot *fini* lui sert à
exprimer tous les faits passés, toutes les actions achevées ; *plantes c'est
fini petites* (les plantes sont poussées) ; *bouteille eau fini* (la bouteille est
vide) ; *voir, ça pas bien mis* (tu vois, çà n'est pas bien mis) ; *Mademoiselle
courir* (Mademoiselle court).

Le sourd-muet fait souvent des phrases incorrectes, comme il arrive à
beaucoup de normaux, quand ils apprennent une langue étrangère.
« C'est que le sourd-muet est et restera toujours un étranger par rapport à
la langue de son pays, aussi bien que par rapport à toutes les autres
langues qu'il voudrait étudier. » MARICHELLE, *L'Enseignement et la Parole*,
p. 24.

(1) *Sémiologie*, p. 102.

(2) Certains malades décrivent d'une façon curieuse cette recherche
du mot « écho lointain qui se rapproche de plus en plus, puis disparaît
comme s'il était voilé par une espèce de gaze floue ». NAVILLE, *Mémoires
d'un médecin aphasique. Arch. de Psych.*, XVII, 1918, p. 12.

(3) PICK, *Ueber das Sprachverständniss*, 1909.

(4) Nous laissons de côté l'altération structurale du mot que nous avons
déjà étudiée à propos de l'aphasie verbale.

Dejerine (1) disait qu'elle provient de l'altération de l'image auditive : les images motrices sont intactes, mais elles ne sont plus régies par le centre auditif, leur régulateur normal. Collier (2) l'interprète encore comme une suite de la suppression du contrôle auditif et musculaire.

La paraphasie, c'est le mot affolé, en rupture de ban grammatical. Nous avons vu précédemment par quels liens associatifs les mots sont groupés entre eux. La paraphasie est, sous sa forme la plus bénigne, une association pas tout à fait juste, un à peu près. L'évocation va frapper dans le voisinage du mot juste et déclencher un sosie, que la ressemblance logique ou phonétique ou telle autre que l'on voudra justifie jusqu'à un certain point de se présenter. Ainsi s'expliquent beaucoup d'erreurs du langage courant. Dans ses essais pour se remettre à parler l'allemand, un de mes sujets veut dire : *Unter diesen Verhältnissen* ; et c'est *Unter diesen Verhängnissen*, puis *Unter diesen Verständnissen* qu'il trouve d'abord pour arriver ensuite au mot juste. Quelqu'un cherche le nom d'une personne qu'il a rencontrée et il dit : Thomas !(3). André est le nom véritable. Mais antérieurement et dans la même ville, il avait connu deux personnes dont l'une s'appelait André et l'autre Thomas ; et les deux apôtres André et Thomas, dont les noms sont indissolublement liés, favorisaient en outre dans son esprit la confusion. Quand le paraphasique de Marie et Foix dit : *table, chêne, chêtre, chère,*

_____

(1) *Revue neurologique* 1908, p. 1042 ; *Sémiologie*, p. 89.
(2) *Brain*, t. XLIII, p. 423.
(3) A l'état normal nous sommes très souvent paraphasiques pour les noms propres, qui sont particulièrement fragiles, et nos lapsus sont inaperçus de nous.

chèvre pour *chaise*, on voit bien la relation commune à l'origine et la marche d'approche : de même *lune, lu, l'heure* pour *pendule*. Tous les cas, il est vrai, ne sont pas toujours aussi nets, et les rapports qui font l'évocation sont plus souvent extrinsèques qu'intrinsèques. Absolument comme dans les recherches d'association, on voit prédominer les relations extrinsèques dans les états de fatigue, dépression, etc...;

Dans tous les cas le mot échappe, alors même que le sujet croit le tenir ; il a souvent cette curieuse impression de perdre au moment même où il en aurait besoin le mot qu'il croyait tenir. C'est ce que nous montre l'auto-observation du docteur Saloz. « J'ai eu souvent l'impression que je tenais la lettre, la syllabe ou le mot en puissance... mais par le fait d'un accroc intempestif, c'est un autre élément qui vient les remplacer, ce qui donne au discours une allure souvent incompréhensible et baroque, et par suite un cachet de timidité et de mélancolie... Je ne suis jamais dans le cas de savoir au préalable si je puis m'exprimer ou non. »

A l'état normal nous commettons de nombreux lapsus par substitution. « Avez-vous lu la *Carotte* de Jules Renard ? » au lieu de la *Bigote*. L'analogie de son aide ici au lapsus et l'association familière de *Poil de Carotte* au nom de Jules Renard.

Ou encore par contamination ; quand nous parlons ou écrivons en pensant à autre chose, il arrive souvent qu'un mot de la seconde série s'inscrive dans la première. Freud a bien montré, on le sait, et non sans quelque exagération, l'influence dans l'expression, de ces courants secondaires de l'idéation. Ou encore par condensation, quand on dit *section* pour *cession d'action* on met deux mots en un ; quand on dit : « Est-ce votre stylo qui vous joue des siennes », deux formules viennent se confondre : « qui fait des siennes et qui vous joue des tours ». Elles étaient présentes simultanément à l'esprit comme le lapsus en témoigne.

Ou encore par interversion : la table est sur la lampe. La forme grammaticale est correcte et tous les mots sont là, mais la découpure verbale de la pensée d'ensemble a porté à faux (1).

La réception est souvent troublée au même titre que l'émission : le malade ne comprend plus certains mots et, si ces mots sont des mots usuels, toute la compréhension verbale est de ce chef gravement atteinte. Comme le fait remarquer Henri Dufour (2), les mots manquants rendent le texte incompréhensible, sans qu'il soit nécessaire de faire appel à un déficit intellectuel. Le malade est dans la situation d'un individu normal à qui on lirait un texte de la façon suivante : « On... d'autre part, et... commun... toutes catégories... que... etc... »

* *

Ainsi, dans l'aphasie de Wernicke, les signes s'altèrent souvent dans leur structure et se vident de leur signification (aphasie verbale et nominale) ; les réflexes conditionnels du langage se désagrègent, les signes sonores ne déclenchent plus la signification correcte, ils tendent à se dépouiller de leur spiritualité ; le sujet prend un mot pour un autre, est capable plus ou moins d'apercevoir et de rectifier son erreur, et ne peut évo-

---

(1) Nous avons traité ailleurs des lapsus qui interviennent au sein des mots. Nous comptons d'ailleurs traiter à part cette question.
(2) *Revue neurologique*, 1910, II, p. 657, 660.

quer les mots à volonté ; les associations qui sont à la
base de l'emploi des mots dans l'esprit, le groupement
des mots suivant différents rapports, sont gravement
altérés. Les formes grammaticales sont atteintes et
dans leur signification logique et dans leur teneur
strictement grammaticale (aphasie syntactique, agrammatisme). Le sujet ne peut plus suivre l'allure normale
de la phrase : la mémoire immédiate ne retient plus la
mélodie verbale d'où le sens se dégage : la rapidité de
compréhension est affaiblie ; les éléments de phrase
que l'habitude avait constitués comme des ensembles
et dont elle avait fixé l'usage doivent être forgés à
nouveau : les syntagmes deviennent des problèmes.
Même lorsqu'il comprend ou émet les éléments, le sujet
ne sait plus analyser ou émettre les ensembles. Il est
devenu incapable de suivre l'analyse d'une pensée
complexe, de s'orienter dans l'exécution d'un dessein,
d'accomplir une intention (aphasie sémantique).

En somme, le système organisé des réflexes intellectuels, des gnosies et des praxies verbales fléchit dans
son ensemble, en même temps que la tonicité intellectuelle nécessaire à leur maintien. Le signe, au lieu d'être
léger et translucide comme dans l'état ordinaire, reprend
l'aspect d'étrangeté et de pesanteur qu'il avait au début
du langage ; et gêné ainsi dans les opérations élémentaires, auxquelles il doit de nouveau appliquer son
attention, le sujet doit en plus poursuivre la tâche de
comprendre la phrase, c'est-à-dire de donner leur valeur
significative et leur valeur syntaxique à des mots dont
il n'est plus maître, à l'aide de formes grammaticales
dont il n'est plus maître, et à l'égard desquelles il doit
se comporter comme si elles lui étaient nouvelles. Le
sens des mots et la construction de la phrase reposent,

nous l'avons dit, sur des automatismes qu'à l'état normal nous survolons sans effort grâce à l'automatisme ;
en temps ordinaire, l'attention peut se diriger vers le
sens, évoluer entre ce qui est perçu et compris, œuvrer
la compréhension commençante. Le savoir grammatical
et verbal, le langage intérieur, la langue, le savoir potentiel et aussi tout le pouvoir de l'esprit interviennent
pour former le sens qui se construit au fur et à mesure.
C'est tout cela qui est atteint dans l'aphasie, tout le
domaine de l'habitude, et aussi, nous l'avons vu, la
pointe de l'esprit, l'activité élaboratrice et constructive.

Comment le sujet ne se perdrait-il point dans le langage
puisqu'il lui faut distinguer les mots qu'il a perdus
plus ou moins, et les unir selon des formes qu'il a per-
dues plus ou moins, pour des relations qu'il aperçoit
plus ou moins, incapable du reste de suivre au fur et
à mesure et d'esquisser ou de retrouver une à une dans
le mouvement total les lignes qui marquent la structure intérieure ? Déjà la perte de certains mots peut
gêner gravement l'intelligence de la phrase. Mais la
perte du schéma de la phrase et des procédés syntaxiques
ne nuit pas moins. Souvent on dépiste l'aphasie par
ce test : changer la construction et par conséquent le
sens de la phrase, en conservant les mots principaux,
pour voir si la réponse varie. Inversement le grammatisme est parfois à peu près intact, la phrase se déroule
correcte, mais sur des mots incompatibles entre eux.

Ainsi tout le plan verbal est atteint et désagrégé. Il
n'est point nécessaire de recourir aux troubles moteurs,
en tant du moins qu'ils ne relèveraient point de l'intelligence. Nous avons dit ce que nous pensions du
schéma moteur. Si nos mouvements, mouvements d'ar-

ticulation ou mouvements généraux, nous servent
pour comprendre, c'est à titre de mouvements intelligents. Nous pouvons souligner par le discours intérieur ou par nos gestes la scansion du discours. Mais
d'abord nous suivons le discours en notant les coupes
qui nous arrivent, suivant le sens, les groupes accentuels, les pauses de la phrase ; et nous faisons notre
découpure comme il faut, selon le sens et selon nos
habitudes intellectuelles, certains ensembles familiers
n'ayant pas besoin d'être découpés. Notre langage
intérieur peut suivre et articuler, et cela est notable
particulièrement chez les moteurs ; mais lui-même se
découpe suivant la signification et ne devient intelligible que par la compréhension.

Le langage, automatisme et pensée, est atteint sous
cette double forme dans l'aphasie. Une technique
s'effondre laissant l'esprit dénué de tous les moyens
qu'elle lui avait assurés. Et l'esprit à qui ce mécanisme manque est incapable de le reconstruire (1) et
incapable avec ses restes d'orienter et de diriger une
opération complexe ; là même où il opère directement
sur les choses, il est souvent gêné si l'opération n'est
point directe et immédiate ; s'il lui faut rétablir les
moyens termes, construire moment par moment,
prendre une attitude logique et symbolique, même
s'il n'est point tenu à se servir de mots. Son refuge
c'est l'action directe, au niveau des données sensorielles, les réactions élémentaires dont l'aphasique dis-

(1) Nous avons exposé plus haut les raisons de cette impossibilité.
Piéron fait justement remarquer (*Rev. phil.*, 1921, p 263, note) que, lorsqu'il y a une lésion destructive, l'éducabilité verbale, faute du territoire
cérébral approprié, est à peu près nulle, à la différence de ce qu'on constate
chez les sourds-muets. Les rééducations d'aphasiques sont en réalité
conditionnées par des lésions incomplètes avec rétrocession.

pose encore aisément ; toujours sous cette réserve qu'il
lui est difficile de tenir un effort, de mettre en jeu une
fonction, d'évoquer suffisamment vite les images
nécessaires.

Il faut adhérer, je crois, sous les réserves que nous
avons faites et avec les compléments que nous avons
introduits, à la doctrine de Head sur la persistance de
l'intelligence sensorielle et sur l'affaiblissement de la
pensée symbolique et de l'intelligence discursive. Encore
convient-il d'approfondir ces notions. Dans l'aphasie
sémantique, lorsqu'il échoue à construire un ensemble,
verbal, sensoriel ou musculaire, qui exige une division
préalable et une synthèse finale, le malade est atteint
dans cette fonction que Binet appelait la « direction » ;
il n'est plus capable d'enchaîner des éléments successifs, qu'il sait encore manier isolément ; il comprend ou
raconte les épisodes, il ne sait pas l'histoire ; il dévie à
tout instant de l'intention primitive, il se perd dans sa
propre pensée. Ici l'intelligence constructive est lésée
dans sa fonction la plus complexe, dans son achèvement. Mais elle peut être atteinte, elle est, dans bien
des cas, atteinte plus près de sa base, dans son commencement. Partons en effet de la pensée préverbale,
Celle-ci se présente d'abord comme indistincte et implicite, dans ces opérations sommaires, intuitives
presque, aussi éloignées que possible du jugement, où
les éléments sont confondus, où la conclusion reste
dans les prémisses, où le savoir reste enveloppé :
qu'il s'agisse d'intelligence sensorielle ou de cette forme
de pensée, dite sans images. Elle persiste bien entendu
dans l'aphasie sémantique; les tests de Head l'ont bien
établi. Elle persiste souvent, presque toujours, dans
l'aphasie nominale et dans l'aphasie syntactique.

Mais ces dernières peuvent se présenter de deux manières bien différentes, selon que l'intelligence inverbale
se montre capable de distinction et de logique ou au
contraire selon qu'elle s'en montre incapable. Un
aphasique nominal peut avoir oublié les mots et avoir
gardé la notion du mot, ou du moins la notion de la
découpure de la perception et de la pensée en éléments
qui correspondent à des mots ; ou bien il peut avoir
perdu cette notion qui est le fondement même du symbolisme. Un aphasique syntactique peut avoir oublié
la grammaire, apprise par l'étude, et gardé la notion des
rapports logiques, de la division logique de la pensée,
qui est la base du discours grammatical ; ou bien il
peut avoir perdu cette notion qui est le fondement
même du grammatisme. Un aphasique sémantique peut
avoir oublié les habitudes intellectuelles, les comprimés
de notions qui réduisaient son expérience ou son savoir
en schémas maniables, et gardé pourtant jusqu'à un
certain point la possibilité de construire et le sens de
l'ordre, ou bien au contraire c'est cela même qui est
atteint chez lui.

Bien différente sera l'attitude des malades selon qu'ils
se classent dans l'une ou l'autre catégorie; car on peut
jusqu'à un certain point raisonner sans mots, si l'on est
capable de se servir d'images comme de mots, de faire
jouer à des images le rôle de mots ; et sans formes grammaticales, si l'on a gardé le maniement des rapports
logiques. Et l'on peut former à nouveau des pensées
si l'on n'a perdu que les automatismes qui en rendaient
automatique le maniement. Ce qui revient à dire que
l'abolition d'une technique laisse l'esprit moins désarmé
en face de l'expérience que la disparition des moyens
qui avaient servi à fonder la technique. L'aphasie est

plus ou moins une maladie de la mémoire et de l'habitude et plus ou moins une maladie de la pensée formelle, une altération de la structure de la pensée. Car
il y a une forme de pensée préverbale qui se construit
comme la pensée verbale, ou plutôt qui en dessine à
l'avance les linéaments ; c'est même cette opération
qui rend possible la constitution des symboles.

En effet l'intelligence préverbale peut se présenter
aussi comme distincte et explicite, et cela, bien entendu, sans recours nécessaire à des symboles, du moins
à des symboles verbaux. On peut construire une pensée
en s'aidant des choses mêmes, dresser une proposition
sur de simples images, mais à condition d'user, à défaut
de symboles, d'une attitude logique et symbolique.
On n'a pas besoin, croyons-nous, de « formuler » pour
réussir le test du miroir, que Head a si judicieusement
employé. Mais encore faut-il transposer dans l'espace,
manier l'espace, y distinguer des figures, y comprendre
le « paradoxe des objets symétriques ». Ici la pensée
n'use point de signes, mais elle va au devant des signes ;
elle en crée la possibilité. Qu'on se rappelle ce que nous
appelions plus haut le « signe mental », le signe logique
qui est le fondement du signe social. Ici nous sommes
au niveau de ce signe mental. Certains aphasiques restent à ce niveau, dépourvus du signe symbolique, mais
capables encore d'opérer sur des données sensorielles,
logiquement maniées. L'enfant qui apprend à parler,
l'infirme du langage capable d'éducation verbale,
sont à ce niveau. La pensée va au delà du signe complet, qui se refuse parfois chez l'aphasique nominal
ou syntactique, qui se donne chez l'enfant qui apprend.

Mais il se peut que le malade soit incapable même
de cette attitude logique et symbolique : ici, ce qui fait

défaut, ce n'est point seulement le langage, c'est le fondement même du langage. C'est le cas de ces malades incapables de découper, d'opposer, de distinguer en un mot.
La pensée demeure chez eux indistincte, implicite; incapable de s'analyser et du même coup de se construire ; incapable de manier le temps et l'espace, ces
schèmes de la pensée ; incapable non seulement de
manier des symbolismes, mais même d'en fonder la
possibilité. Tout processus discursif est ici impossible.
Il ne reste que cette pensée directe qui ne va pas plus
loin que l'action directe et immédiate. Le langage est
tari dans sa source même. C'est ce déficit que nous
constatons dans les formes graves de l'aphasie, et
souvent au début, comme l'avait bien vu van Woerkom,
lors de cette période de désarroi où le plan logique sous-
jacent au langage trahit son effondrement par les
multiples épreuves que nous avons passées en revue.

REMARQUE · FINALE

Je voudrais avoir bien montré la complexité des mécanismes psychologiques qui constituent le langage.

Rien de plus simple que le signe verbal, disent quelques-uns. L'association des idées, l'habitude, la loi des réflexes conditionnels en rendent compte suffisamment ; la vie sociale aussi. Un jeu de réflexes conditionnels en société, tel serait le langage.

Il n'y a pas de théorie plus superficielle. C'est peut-être ainsi que s'amorce le langage ; c'est peut-être ainsi qu'il s'achève : débutant par l'association mécanique du signe — qui n'est pas encore vraiment signe — à la chose ou à la situation ; terminant par le maniement automatique des signes, par la manipulation réflexe du symbolisme. Mais il n'est langage et il ne commence comme tel, et il ne peut s'achever en symbolisme machinal que par la vertu intellectuelle qu'il porte en lui.

Nous avons vu toute la distance qu'il y a entre le signe adhérent du langage purement affectif et social, et le signe mobile et plastique du langage intelligent : tout ce que le signe mental ajoute au signe affectivo-social. Le signe verbal n'est pas simplement un son, un mouvement ou une figure qui tient lieu d'une chose absente et produit ses effets ; son caractère essentiel, c'est le pouvoir qu'il a de se combiner avec d'autres

signes du même genre et de se modifier, pour effectuer
des opérations sur les rapports des choses signifiées ,
et pour autoriser des assertions à leur égard. Un système de mots n'est un langage que si l'esprit est capable d'en percevoir successivement chaque unité ;
mais chaque unité n'a de sens qu'au sein d'un système
mental et linguistique et une série de mots qui défile
devant l'esprit ne devient un langage que par le rang
et le rôle assignés à chaque unité, c'est-à-dire dans la
mesure où l'esprit convertit la succession en simultanéité et la série disparate en système mental.

C'est pourquoi le signe verbal ne peut être ni un
signe arbitraire sans lien avec la pensée, ni une simple
copie ou un simple fragment des choses. S'il était copie
ou fragment que pourrait-on en faire ? La valeur du
signe verbal consiste moins en ce qu'il représente
qu'en ce qu'il abolit ; la formule physique ne représente
plus rien de l'aspect physique d'un corps ; mais elle
le représente comme un tissu de réactions. Il est de
l'essence du signe verbal de rompre avec les choses
qu'il représente. C'est pourquoi il s'évade aussitôt
de la symbolique naturelle, par laquelle il a peut-être
commencé. Ce n'est pas sur les choses et les réactions
aux choses qu'il repose, mais sur les notions.

L'arbitraire apparent de sa configuration laisse trans-
paraître son caractère rationnel ; car son essence est
rationnelle, étant la propriété de figurer les opérations
mentales. Le signe est un instrument spirituel. Le
geste verbal ne devient un mot que sous condition de la
phrase, donc du jugement.

C'est pourquoi le langage est le premier stade de la
science, la première forme de ces opérations de séparation et de liaison qui s'achèvent dans la science ;

comme les signes du langage, les concepts fondamentaux
de toute science, les moyens par lesquels elle pose ses
questions et formule ses réponses, sont non pas des
données de l'expérience, mais des symboles construits.
Le symbolisme du signe symbolise avec le symbolisme
des notions. Le substrat même de la loi scientifique,
le concept généralisé est chose mentale. L'esprit construit les signes du langage dans la mesure où il est apte
à se dégager de l'expérience immédiate et vécue, dans
la mesure où il est apte à la construire mentalement.
L'acte de l'esprit dans le langage participe de l'acte
de l'esprit dans la science ; dans les deux cas l'esprit
jette sur les choses un réseau de relations, qui régissent
l'expérience vécue, qui élaborent les données immédiates, qui construisent un monde. Le chaos des choses
ne se débrouille pas de lui-même. Il ne s'établit de
connexions entre elles que par l'acte qui les pense.
Cet acte, c'est l'homme ajouté à la nature. L'univers
de l'expérience immédiate ne comprend pas plus que
ce qui est requis par la science, mais au contraire
beaucoup moins.

Le langage se fonde en même temps que le système
des notions ordonnées par des relations ; il y faut un
esprit ; car pour qu'il y ait signe, même un seul signe,
il faut un système de signes, appuyé sur ces notions
et sur ces relations.

Pour parler, il faut donc que l'homme cesse d'être
une chose parmi les choses, qu'il se place hors d'elles
pour les apercevoir comme choses et agir sur elles
par des moyens inventés ; ce qui suppose la constitution d'un monde d'objets et l'aperception de relations : ce qui suppose que l'on substitue à la simple
action de réponse et au plan de l'expérience immédiate

le monde des représentations, que l'action de réponse
fasse place à l'acte mental, au jugement créateur des
objets. Donc cela implique l'entrée dans le monde
des jugements, qui fonde, sous la réalité aperçue, l'existence logique. A ce degré l'existence et l'essence sont
solidaires, comme la philosophie l'a bien vu.

La perception est donc reprise par le sujet et pesée
comme représentation. L'acte mental se substitue
à l'action directe. Un univers mental s'organise, le
monde des représentations et des symboles. Le symbole est au cœur du concept. Toute pensée est symbolique ; toute pensée construit d'abord des signes pour
construire des choses et avant de les substituer aux
choses. Le signe est un instrument de la pensée et non
pas une enveloppe de la pensée toute faite.

Donc le langage est la première science ; à la fois
une technique et un savoir. C'est une science bien grossière sans doute, trop confiante en soi et dans la vertu
magique des mots, et dont la première démarche sera de
s'écarter de la science et de se précipiter dans une foule
d'aberrations (1). Pourtant le langage est, nous l'avons
dit, à la fois l'effet et la condition de la pensée logique.
Certes les notions scientifiques ne sont possibles que
sur la base du langage ; mais les concepts-choses et
les jugements-lois, qui sont la substance du langage,
sont l'œuvre immédiate de la pensée logique. Le langage est un moment de la constitution des choses par
l'esprit. Une langue est un des instruments spirituels
qui transforment le monde chaotique des sensations
en monde des objets et des représentations. Le langage
apporte à la fois le mot signe du concept, moyen

(1) Voir L. Weber, *Le Rythme du Progrès* et *Bulletin de la Soc. de Philosophie, février* 1914.

d'identification, et le nombre qui fait obstacle à la fusion des semblables, qui maintient la diversité des individus sous l'identité de la classe ; il apporte aussi la formule des rapports et les lois de composition qui font la vie des mots, des nombres, des figures et des choses.

*
*   *

Est-ce à dire que le langage requière une pensée savante et réfléchie ? Rien de plus éloigné de mon opinion. J'ai répété assez souvent, au cours de ce livre, que le niveau du langage est très inférieur au niveau de la logique. La première démarche de l'intelligence c'est d'engager ses notions sans les apercevoir. Nous jouons notre science avant de la posséder ; l'action dessine les idées avant qu'elles ne soient pensées. C'est ce qui a fait croire à beaucoup que l'action nous fournit les idées ; parce que, comme l'a bien dit Claparède, nous sommes lents à prendre conscience des procédés d'action que nous pratiquons d'emblée. L'intelligence ne commence à s'apercevoir qu'en se réfléchissant dans le langage, mais elle a commencé par se faire en le faisant. Le primitif ou l'enfant n'aperçoivent pas le rapport de signe à chose signifiée, la modification du signe pour l'expression de la fonction, le caractère systématique des signes. La vie pratique engage les notions et les rapports sans les apercevoir ; mais c'est pourtant leur efficace qui permet ses opérations, qui produit les sentiments intellectuels qui s'éveillent au cours des opérations mentales et qui sont l'attente des notions. L'enfant qui dénombre ou qui nomme exerce une fonction d'identité à l'encontre de la diversité des choses, mais il se satisfait d'exécuter un

acte et il est incapable de recherher les principes qui
fondent la possibilité de son action. Il pratique l'unité
et les relations, sans en avoir l'idée. Mais si ce n'est
pas réfléchir, c'est là du moins penser. Exercer les
fonctions mentales, même sans les apercevoir sous forme
de principes, c'est penser. L'aperception des principes et des rapports, la réflexion ne se formule qu'à
un niveau supérieur de développement.

Le langage, chez les primitifs, les enfants, les
simples, n'est jamais le miroir de la pensée réfléchie;
il est un mode d'action, une forme de conduite plutôt
qu'un instrument de réflexion. Et cependant il ne
peut assurer ce caractère pragmatique, que parce qu'il
est expression de pensée, au sens où nous prenons ce
terme. Les mots sont des forces actives, qui donnent
prise sur la réalité ; mais ces forces actives construisent d'abord une réalité. Il n'y a pas de mots,
qu'il n'y ait des choses.

* *

Ainsi la pensée symbolique est la pensée tout court.
Le jugement crée les symboles. Toute pensée est symbolique. Toute pensée construit des signes en même
temps que des choses. La pensée, en se faisant, aboutit
inévitablement au symbole, puisque sa formulation
est d'emblée symbolique, puisque les images, sous lesquelles elle constitue les groupes de choses, en sont les
symboles, puisqu'elle opère toujours sur des symboles,
les choses sur lesquelles elle opère, alors même qu'elle
a l'air d'opérer directement sur des choses, n'étant
au fond que des symboles. Et ces symboles, elle les
ordonne dans un monde de symboles, dans un système
de signes, selon des rapports et des lois.

Toutefois, nous l'avons vu, cette exigence logique
du signe rencontre le courant affectif et le courant social. Le besoin d'expression logique se gonfle du besoin
de décharge, d'expression affective et du besoin de
communication ; la matière originaire du langage
sort des signes élémentaires qui sont la formule de
ces besoins. Tout une partie du langage est l'œuvre
de la vie affective et de la vie sociale. Le langage est
l'expression de la pensée sur les choses, soutenue par
les mouvements de l'affectivité et les orientations de
la socialité : la conjonction du signe mental et du signe
affectivo-social.

De là cette étrange technique où se mêlent les données
extrinsèques et les données intrinsèques : les langues
et le langage ; de là ce mélange de convention et de
logique, d'institution arbitraire et de raison ; de là cette
accumulation de formes où s'inscrivent tant de besoins,
d'habitudes et d'efforts ; de là, pour le sujet qui manie
une langue, la nécessité de faire agir conjointement
l'intelligence et la mémoire, la pensée et l'automatisme,
comme l'histoire du langage nous montre aux prises la
tradition et l'invention.

Pas plus qu'elle n'est seule à organiser le langage,
l'intelligence n'est seule à le manier. Nous avons montré la variété d'automatismes sur laquelle son jeu repose ; on ne comprend et on ne parle qu'en mettant en
jeu des automatismes de toute hauteur, depuis le plan
sensori-moteur, jusqu'à celui des habitudes intellectuelles proprement dites. On ne comprend et on ne parle,
à moins de tomber au langage réflexe, qu'en dirigeant
sa pensée, en la maintenant dans une certaine région
mentale, et par l'orientation de la personnalité. Le
langage intentionnel et volontaire a toute la complexité

de l'acte volontaire ; mais de la même manière que
dans l'acte volontaire, les automatismes, montés par
l'expérience, y travaillent en même temps que la pensée
libre, qui invente et qui s'explicite. Les formules développent l'idée et la déploient sur le quadrillé des rapports de tout ordre qui figurent le jeu de la pensée.
Mais le maniement de ces schémas compliqués requiert beaucoup d'habitude. Tous les mouvements
de la personne viennent s'inscrire sur cet appareil
délicat. Le langage est l'expression de tout le psy-
chisme humain. Il n'y a pas de *facultas signatrix*. Le
langage ne se rattache exclusivement et ne se réduit
à aucune fonction particulière. Il est l'œuvre de l'homme
tout entier.

Ici encore je crois me rencontrer avec le maître
à qui l'on doit, avec tant de vues claires et profondes
sur le langage, beaucoup de vues claires et profondes
sur les fonctions physiologiques qui en conditionnent
l'exercice. Head ne traite-t-il pas le fait verbal comme
l'expression d'une fonction cérébrale complexe qui
met au travail la plus grande partie du cerveau et
non point — comme le voulait la théorie classique,
inconsciente héritière de la doctrine des facultés et
tendancieuse interprétatrice des résultats obtenus
par la stimulation expérimentale de certaines régions
de l'écorce — tel ou tel centre cérébral, doué du mystérieux pouvoir de détruire ou de régler telle ou telle
forme du langage ? La précision ordonnée des processus
physiologiques, dont dépend le langage, suppose la
coordination de nombreux centres de relai et de coordination. Un acte de langage est « une marche d'événements », une forme complexe de comportement qui
suppose le déroulement régulier de fonctions cons-

cientes, subconscientes et totalement automatiques, agissant toutes de concert, en somme la participation plus ou moins complète et la mise en jeu simultanée de toutes les fonctions cérébrales (1).

* *

De même la formation et l'évolution des langues expriment à la fois la structure complexe, variée et changeante des groupes sociaux et les règles générales de l'esprit humain.

Les langues sont diverses et il n'y a qu'un langage humain.

Une langue est une variation sur le grand thème humain du langage. Une langue se trouve définie à tout moment de son développement par les lois et les formes générales du langage et par les lois d'un système particulier. Les conditions du langage imposent à toute langue un minimum de logique et l'emploi de certaines catégories grammaticales. Il est vrai qu'à partir de ce minimum, les catégories grammaticales et les catégories logiques cessent de se correspondre. Les catégories grammaticales varient suivant les communautés linguistiques. A partir des conditions générales qui résultent de la nature même du langage et qui s'imposent à toute langue, l'expression des catégories logiques varie dans les différentes langues. Mais les procédés d'expression d'une catégorie grammaticale sont en petit nombre. Mais les morphèmes se réduisent à un nombre beaucoup plus restreint encore de catégories. Mais les grands systèmes morphologiques sont

(1) Voir, sur toutes ces questions et sur le sens précis à assigner aux localisations cérébrales dans les divers troubles aphasiques, Head : *Brain*, 1923, p. 355 et suiv.

très peu nombreux et loin d'exister chacun pour soi,
ils s'entrecroisent au sein d'une même langue. Sous
ces techniques diverses que sont les langues, il y a
donc une technique universelle qui exprime les exigences générales du langage ; et là même où apparaissent les divergences, le nombre des procédés à l'œuvre
est moindre qu'on ne croit ; ils sont d'ailleurs interchangeables, puisqu'ils n'ont rien d'immuable, puisqu'ils
tendent à se succéder au cours de l'histoire d'une langue,
puisqu'ils sont transposables, puisque la variété des
formes est gouvernée malgré tout par l'unité des fonctions, puisque les fonctions préexistent aux formes,
préparent l'éclosion des formes par les catégories virtuelles que contient toute langue.

Les langues sont changeantes et pourtant ce changement est contenu dans de certaines limites et il
ne peut s'engager que dans un nombre restreint de directions. Les règles du jeu sont plus serrées qu'il ne
paraît d'abord.

Mais il n'en est pas moins vrai qu'une langue est
un système d'habitudes propres à une communauté.
Les vocabulaires expriment une découpure des choses
suivant des besoins et des intérêts différents, suivant
des habitudes de pensée différentes : ce sont des points
de vue variés sur le monde des choses.

Les grammaires expriment des habitudes et des
niveaux de pensée fort différents. Ce sont des points
de vue variés sur le monde des relations. Une langue
est un aspect et un moment du développement de
l'esprit et de la civilisation.

De cette dualité fondamentale résulte la complexité
des faits linguistiques. N'importe quoi peut signifier
n'importe quoi. Mais l'indétermination originaire se

détermine aussitôt. Dès qu'un signe est posé avec une
signification, un système de signes est donné, qui
ne peut pas être quelconque. Le langage introduit
irrévocablement dans la masse des signes un principe
d'ordre et de régularité. La même exigence qui pose
le signe — le besoin d'identifier, de classer, de mettre
en relation — pose des classes de signes. Il n'y a rien
dans une langue qui soit entièrement motivé ; mais il
n'y a rien non plus qui soit entièrement arbitraire.
De Saussure l'a profondément montré. Le mot n'a
pas besoin de tels ou tels phonèmes ; il peut être
n'importe quoi. Mais il a besoin des différences phonétiques. Un vocabulaire est un système d'entités oppositives, relatives et négatives. Il ne peut pas être n'importe quoi.

Les rapports logiques, en quête d'expression, se
forgent des outils grammaticaux. Certes le grammatical
déborde le logique. La langue est au niveau de l'intuition sensible, de l'expression affective et de la pensée
collective et non pas au niveau de la pensée scientifique. La discordance du logique et du grammatical,
discordance des catégories grammaticales et des catégories logiques, la discordance du psychologique et
du grammatical, discordance des fonctions et des formes,
éclate dans toute langue. Et pourtant il n'y a pas de
langue sans une certaine proportion des deux termes.
L'indétermination est limitée.

C'est pourquoi les langues évoluent entre le chaos
et le cosmos.

Il n'est pas nécessaire d'affirmer qu'elles évoluent
toutes ensemble vers la simplification, vers la réduction des formes grammaticales aux catégories les plus
générales et les plus essentielles. Il n'est pas néces-

saire de supposer au-dedans d'elles une logique interne
qui gouvernerait leur devenir, et au lointain de l'avenir
une réalisation parfaite de cette logique. Car on a
beau jeu, contre cette hypothèse, à insister sur la complexité de ce devenir. Il est bien possible qu'il n'y ait
jamais dans une langue d'acquisition définitive et
qu'aucun caractère ne soit permanent de droit. L'exubérance du besoin d'expressivité est sans cesse en lutte
contre la normalisation, œuvre du besoin d'uniformité,
contre la tendance à l'unité de forme pour l'unité de
fonction. Une langue obéit à trop d'impulsions pour
en venir à ne réfléter que l'esprit. Je parle d'une langue
commune, d'une langue vivante. Une langue conventionnelle, ou une langue spéciale, par exemple une
langue scientifique, peut à la rigueur, à un moment donné
de l'histoire, atteindre cet idéal.

Mais sans vouloir mettre trop de logique dans l'histoire des langues, il y faut bien voir pourtant ce qu'elle
contient de logique. En grande partie mécanique,
l'évolution d'une langue est pourtant sous-tendue par
les exigences de la signification. Les changements
phonétiques peuvent atteindre, nous l'avons dit, les
mouvements et les sons comme tels, indépendamment
des mots constitués, et ces changements atteignent
par contre-coup le système grammatical lui-même.
Mais le système linguistique s'obscurcit et se complique
dans la mesure où les irrégularités, nées du changement
phonétique, l'emportent sur les formes groupées sous
des types généraux. De sorte qu'une limite est posée
à cette variation menaçante et un travail de reconstruction s'opère. D'une part les événements phonétiques qui forcent la langue à changer son système
se produisent sans égard à la pensée. D'autre part

la reconstruction inévitable obéit à l'ordre de la pensée et l'évolution linguistique dans son ensemble est solidaire de la pensée. De ce point de vue encore il est juste de dire que le langage ne se rattache exclusivement et ne se réduit à aucune fonction particulière, et qu'il est l'œuvre de l'homme tout entier.

OUVRAGES CITÉS

ARNOULD. — Ames en prison (8ᵉ éd.), Paris, 1919.
BAILLARGER. — Recherches sur les maladies mentales, Paris, 1890.
BALL. — Du délire des persécutés, Paris 1890.
BALLY. — Le langage et la vie, Genève, 1913.
    —   Précis de stylistique, Genève, 1905.
    —   Traité de stylistique française, Paris, 1909.
    —   Archiv für das Studium der neueren Sprachen, 1912.
    —   Journal de Psychologie, 1921.
    —   Bulletin de la Société de linguistique, 1922.
BARAT et CHASLIN. — Traité de Psychologie (Alcan), Paris, 1922.
BARBIER. — Zeitschrift für Kinderforschung XII, 1907.
Mgr BAUDRILLART. — Vie de Mgr d'Hulst, Paris, 1912.
BECHTEREW. — Psychologie objective (Alcan), Paris, 1913.
BERGER. — Histoire de l'écriture, Paris, 1891.
BERGSON. — Matière et mémoire (Alcan), Paris, 1896.
    —   Évolution créatrice (Alcan), Paris, 1907.
    —   Énergie spirituelle (Alcan), Paris, 1919.
Paterne BERRICHON. — Arthur Rimbaud, Paris, 1916.
BINET. — Les idées modernes sur les enfants, Paris, 1908.
    —   Année psychologique, Paris, 1908.
BINET et SIMON. — Année psychologique, Paris, 1908.
O. BLOCH. — Journal de Psychologie, 1921 et 1924 (Alcan), Paris.
    —   Mémoires de la Société de linguistique, t. XVIII.
BLONDEL. — La conscience morbide (Alcan), Paris, 1914.
BOAS. — The mind of primitiv Man, New-York, 1911.
    —   Handbook of american indian Languages, t. I, Washington, 1910.
    —   Handbook of american indian Languages, t. II, Washington, 1922.
BORINSKI. — Der Ursprung der Sprache, Halle, 1911.
BOURDON. — L'expression des émotions et des tendances dans le langage, Paris, 1892.

BOUTAN. — Les deux méthodes de l'enfant, Bordeaux, 1914.

—   *Actes de la société linnéenne*, 1913.

W. BOYD. — *Pedagogical Seminary*, 1914.

BOWDEN. — Learning to read. *Elementar Science*, 1914.

BRISSOT. — *Traité de psychiatrie de Sergent*, t. II, Paris, 1921.

BRANDENBURG. — Language Development, 1919.

BRUGMANN et DELBRÜCK. — Grundriss der vergleichenden Grammatik der indogermanischen Sprachen, 2e éd., Strasbourg, 1897.

—   Verschiedenheit der Satzgestaltung, Leipzig. 1918.

—   Morphologische Untersuchungen,1910.

F. BRUNOT. — La pensée et la langue, Paris, 1922.

—   *Bulletin de la Société de philosophie* (3 juin 1920).

BRUNSCHVICG. — L'expérience humaine et la causalité physique, Paris (Alcan), 1922.

K. BÜHLER. — Die geistige Entwicklung des Kindes, 1917.

—   *Archiv für gesammte Psychologie*, t. XII.

CASSIRER. — Philosophie der symbolischen Formen, Berlin, 1923.

CHASLIN. — Eléments de sémiologie, Paris, 1912.

—   *Annales médico-psychologiques*, t. XII, 1890.

CLAPARÈDE. — Psychologie de l'enfant, (9e éd.), Genève, 1922.

—   *Archives de Psychologie*, 1913.

CLODD. — Story of the Alphabet, New-York, 1910.

COHEN. — *Journal de Psychologie*, 1923.

A. COLLIN. — *Annales médico-psychologiques*, 1919.

—   *Bulletin de la Société clinique de médecine mentale*, 1921.

COUTURAT. — *Revue de Métaphysique*, 1911.

—   Histoire de la langue universelle, Paris, 1903.

DAGNAN-BOUVERET. — *Revue de Métaphysique*, 1908.

DANZEL. — Die Anfänge der Schrift, 1912.

DAUZAT. — La vie du langage, Paris, 1910.

—   La philosophie du langage, Paris 1912.

DEARBORN. — The Psychology of Reading, 1908.

Mlle DEGAND. — *Archives de Psychologie*, t. X.

DEJERINE. — Sémiologie, Paris, 1914.

Eugène DELACROIX. — Sa vie et ses œuvres, Paris, 1865.

H. DELACROIX. — La religion et la foi (Alcan), Paris, 1922.

—   La psychologie de Stendhal (Alcan), Paris, 1917.

—   *Traité de Psychologie*, (Alcan) Paris, 1924.

DELBRÜCK. — Grundfragen der Sprachforschung, Strasbourg, 1901.

DENIKER. — Races et peuples de la terre, Paris, 1900.

Mlle Descoeudres. — Le développement de l'enfant de 2 à 7 ans, Genève, 1921.

— Journal de Psychologie, 1924 (Alcan) Paris.

— Education des anormaux, Genève, 1919.

Dewey. — How we think, 1912.

Diderot. — Œuvres complètes, Paris, 1876.

Dittrich. — Grundzüge der Sprachpsychologie, Halle, 1904.

— Die Probleme der Sprachpsychologie, Leipzig, 1913.

Dreyer. — Journal of experimental Psychology, 1915.

Drummond. — The Dawn of Mind, 1914.

Dufour. — Revue neurologique, t. II, 1910.

Dugald-Stewart. — Philosophie de l'esprit humain. Paris, 1843.

Dumas. — Journal de Psychologie, 1923.

Durkheim. — La division du travail social (Alcan), Paris, 1893.

— Les formes élémentaires de la vie religieuse (Alcan), Paris, 1912.

Durkheim et Mauss. — Les classifications primitives. Année sociologique, 1901.

Dwelshauvers. — La synthèse mentale (Alcan), Paris, 1908.

Helga Eng. — Abstrakte Begriffe bei Kindern, 1917.

Erdmann et Dodge. — Psychologische Untersuchungen über das Lesen, 1898.

Flaubert. — Correspondance, Paris, 1887.

Flournoy. — Des Indes à la planète Mars, Genève, 1900.

Foix. — Traité de Pathologie mentale de Sergent, t. V.

Forel. — Die psychischen Fähigkeiten der Ameisen, Munich, 1907.

— La vie sociale des fourmis, Genève, 1921.

Freud. — La psychopathologie de la vie quotidienne, 1923.

— Introduction à la psychanalyse, 1922.

Froment. — Lyon chirurgical, 1917.

Froment et O. Monod. — Revue de Médecine, 1913.

Von Gabelenz. — Die Sprachwissenschaft, 1891.

Gauchat — Archiv für das Studium der neueren Sprachen. Aus romanischen Sprachen, Festschrift H. Morf.

De Gérando. — Education des sourds-muets, Paris 1827.

Gilliébon. — Pathologie et thérapeutique verbales, 1915 et suiv.

Gilliébon et Roques. — Etudes de géographie linguistique, 1912.

Van Ginneken. — Principes de linguistique psychologique, Paris, 1907.

De Goncourt. — Journal, Paris, 1888.

R. de Gourmont. — Esthétique de la langue française, Paris, 1907.

Grammont. — Mélanges Meillet, Paris, 1902.

GRAMMONT. — *Revue des langues romanes,* 1901 et 1907.
—　　　　*Scientia,* 1912.
—.　　　La dissimilation, Dijon, 1895.
—　　　　Le vers français, Paris 1904.
—　　　　*Mémoires de la Société de linguistique,* 1923.
—　　　　*Bulletin de la Société de linguistique,* 1923.
—　　　　Traité pratique de prononciation française, Paris,1914.
GRANET. — *Journal de Psychologie,* 1922.
GRÉGOIRE. — *Archives de Psychologie,* t. V.
GRIMM. — Deutsche Grammatik, Göttingen, 1819.
GUTZMANN. — *Die Kinderfehler,* t. VII.
HAMAÏDE. — La méthode Decroly, Neuchâtel, 1912.
HEAD. — *Brain,* t. XLI, 1918.
— -　　　*Brain,* t. XLIII, 1920.
— -　　　*Brain,* t. XLVI, 1923.
— -　　　Studies in Neurology.
—　　　　*British Journal of Psychology,* 1921.
—　　　　*Proceedings of Royal Society of Medecine,* 1920.
— -　　　*Journal de Psychologie,* 1923.
HEMPL. — *Transactions of the American Philological Association,*
　　　　t. XXIX.
HERZOG. — Streitfragen der romanischen Philologie, 1904.
HOCART. — *British Journal of Psychology,* t. V.
HUEY. — Psychology of Reading, 1908.
HUMBOLDT. — Ueberdie Verschiedenheit des menschlischen Sprach-
　　　　baues, Berlin, 1876.
—　　　　Die sprachphilosophischen Werke Wilhelms von
　　　　Humboldt, Berlin, 1884.
ISSERLIN. — *Zeitschrift für die gesammte Neurologie und Psychiatrie,*
　　　　t. LXXV, 1922.
HUGHLINGS JACKSON. — *Brain,* 1915.
—　　　　　　　*British medical Journal,* t. I, 1884.
JANET. — Les obsessions et la psychasthenie (Alcan), Paris, 1903.
JAVAL. — Psychologie de la lecture et de l'écriture (Alcan), Paris,
　　　　1905.
JESPERSEN. — Language, Londres, 1922.
KANDINSKY. — Kritische und Klinische Betrachtungen im Ge-
　　　　biete der Sinnestäuschungen, 1885.
Helen KELLER. — Mon univers, Paris, 1905.
KIEKERS. — Die Stellung des Verbs im Griechischen, 1910.
KIRBY et SPENCE. — Introduction to Entomology.
KOCH. — *Archiv für gesammte Psychologie,* 1910.
KÖHLER. — *Psychologische Forschung,* 1921.

OUVRAGES CITÉS 593

KÖHLER. — Abhandlungen der Königlich preussischen Akademie der Wissenschaften, 1917 et 1918 (Physisch-mathematische Klasse).

LAIRD. — Studies in Realism, Londres, 1921.

LAMSON. — The Life of Laura Bridgmann, Londres, 1878.

LAROUSSINIE. — *Archives de Neurologie*, 1896.

LAZARUS. — Das Leben der Seele, 1856.

LEENHARDT. — *Revue d'Histoire et de Philosophie religieuses*, 1912.

LEIBNIZ. — Nouveaux essais, Paris, 1842.

LEMAITRE. — *L'éducateur*, 1902.

— *Archives de Psychologie*, 1904.

LEMOINE. — Les sourds-muets aveugles, Paris, 1913.

Bernard LEROY. — Le langage (Alcan), Paris, 1905.

LEUBA. — Psychologie des phénomènes religieux (Alcan), Paris, 1913.

LEVY BRUHL. — Les fonctions mentales dans les sociétés inférieures (Alcan), 1908.

LIEBMANN. — *Archiv für Psychiatrie*, 1901.

LUARD. — L'éducation de la mémoire pittoresque, s. d., Paris.

LUBBOCK. — Fourmis, abeilles, guêpes, 1883.

— *Nature*, 10 avril 1884.

Mac DOUGALL. — Social Psychology, Londres, 1908.

MAGNAN et SÉRIEUX. — Le délire chronique, Paris, 1894.

MAINE DE BIRAN. — Œuvres, t. I et II (Alcan), Paris, 1922.

MALEBRANCHE. — Entretiens métaphysiques, Paris, 1842.

MALINOWSKI. — Primitive Languages (C. K. Ogden, The Meaning of Meaning, 1922).

MARICHELLE. — *Journal de Psychologie*, 1922.

— *Bulletin international de l'Education des Sourds-muets*, 1910.

P. MABIE. — La pratique neurologique, Paris, 1911.

— *Semaine médicale*, 23 mai 1906.

— *Semaine médicale*, 17 octobre 1906.

— *Semaine médicale*, 28 novembre 1908.

— *Revue de Philosophie*, 1907.

— *Revue neurologique*, 1908 et 1917.

MAROUZEAU. — L'ordre des mots dans la phrase latine, Paris, 1922.

MARTY. — Untersuchungen zur Grundlegung der allgemeinen Grammatik und Sprache, 1908.

MAUSS. — *Journal de Psychologie*, 1921.

MEILLET. — Introduction à l'étude comparative des langues indo-européennes, 4ᵉ éd., Paris.

— Linguistique historique et linguistique générale, Paris, 1921.

MEILLET. — Les langues dans l'Europe nouvelle, Paris, 1918.
—   Aperçu d'une histoire de la langue grecque, Paris,
          1920.
—   Caractères généraux des langues germaniques, Paris,
          1918.
— —   Scientia, 1918.
— —   Année sociologique, t. V.
— —   Bulletin de la Société française de philosophie, 1912.
— —   Bulletin de la Société de linguistique, 1916-1918.
—   Bulletin de la Société de linguistique, 1922.
— —   Bulletin de la Société de linguistique, 1923.
— —   Revue internationale de Sociologie, t. I et II.
MERINGER. — Aus dem Leben der Sprache, 1908.
MEUMANN. — Die Entstehung der ersten Wortbedeutungen beim
          Kind, 1902.
E. MEYERSON. — Identité et réalité (Alcan), Paris, 1912.
—   De l'explication dans les sciences, Paris, 1921.
I. MEYERSON. — Traité de Psychologie de Dumas, t. I, p. 502.
I. MEYERSON et QUERCY. — Journal de Psychologie, 1920.
MISTELI. — Zeitschrift für Völkerpsychologie, t. XII.
VON MONAKOW. — Archives suisses de Neurologie et de Psychiatrie,
          1922.
MONTESSORI. — Pédagogie scientifique, Paris 1917.
MORET. — Scientia, 1911.
DE MORGAN. — L'humanité préhistorique, Paris, 1921.
MOURGUE. — Revue de Métaphysique, 1920.
—   Journal de Psychologie, 1921.
—   British Journal of Psychology, 1921.
—   Étude sur l'évolution des idées relatives à la nature
           des hallucinations, Paris, 1919.
MOUTIER. — L'Aphasie de Broca, Paris, 1906.
Friedrich MÜLLER. — Grundriss der Sprachwissenschaft, Vienne,
          1876.
Max MÜLLER. — La science du langage, Paris, 1866.
NAVILLE. — Archives de Psychologie, 1918.
NICEFORO. — Le génie de l'argot, Paris 1912.
HERMANN PAUL. — Prinzipien der Sprachgeschichte, 4e éd., Halle,
          1909.
PAVLOVITCH. — Le langage enfantin, Paris, 1920.
PETIT. — Les Autoreprésentations aperceptives, Bordeaux, 1913.
PFUNGST. — Bericht des Kongresses für experimentelle Psycho-
          logie, 1902.
PIAGET. — Archives de Psychologie, 1923.

Piaget. — Le langage et la pensée chez l'enfant, Neuchâtel, 1923.

Pick. — Der. Agrammatismus, 1913.
— Die agrammatischen Sprachstörungen.
— Monatschrift für Psychiatrie und Neurologie.
— Zeitschrift für Psychologie, 1919.
— Archives suisses de Neurologie, 1923.

Piéron. — Revue philosophique, 1921.
— Le cerveau et la pensée (Alcan), Paris, 1923.

Pioger. — La surdi-mutité à l'Institut départemental d'Asnières, 1900.

Poirot. — Contribution à l'étude de la quantité en lette, Helsingfors, 1915.

Preisig. — Archives de Psychologie, t. XI.

Rabaud. — Le transformisme (Alcan), Paris, 1911.
— Journal de Psychologie, t. XII.

Renan. — Essai sur l'origine du langage (3e éd.), Paris, 1862.

Renouvier. — Psychologie rationnelle, Paris, 1912.

Geza Revesz. — Archives de Psychologie, 1923.

Ribot. — L'Evolution des idées générales (Alcan), Paris.
— L'imagination créatrice (Alcan), Paris,
— Les maladies de la volonté (Alcan), Paris.

Riemann. — Zeitschrift für pädagogische Psychologie und Pathologie, t. II, 1900.

Rodin. — L'Art, Paris, 1911.

Romanes. — L'évolution mentale chez l'homme, Paris, 1891.
— L'évolution mentale chez les animaux, Paris, 1884.

Ronjat. — Le langage chez un enfant bilingue, Paris, 1913.

Roudet. — Eléments de phonétique générale, Paris, 1911.

Rousselot. — Les modifications phonétiques du langage, Paris, 1891.

Dr Saint-Paul. — Le langage intérieur, Paris, 1904.

De Saussure. — Cours de linguistique générale, Lausanne, 1916.

Sanjuan. — Revue de Neurologie, 1897.

Sapir. — Language, 1921.

Savigny. — Geschichte des römischen Rechts (2e éd.), 1834.

Schelling. — Sämmtliche Werke, 1856-1861.

Schleicher. — Sprachvergleichende Untersuchungen, 1848.
— Die Bedeutung der Sprache, Weimar, 1865.

Schlegel. — Ueber die Sprache und Weisheit der Indier, 1808.

Schumann. — Psychologische Studien, 1908.

Schuchardt. — Ueber die Lautgesetze, Berlin, 1885.
— Schuchardt Brevier, 1922.

Secelle et Dekock. — L'éducation des enfants anormaux, 1920.

SECHEHAYE. — *Revue philosophique*, 1917.
—— Programme et méthodes de la linguistique théorique, Genève, 1908.
SÉGLAS. — Les troubles du langage, Paris, 1892.
—— Congrès de Psychologie, 1900.
—— *Journal de Psychologie*, 1913, 1914, 1922.
—— *Traité de Pathologie mentale de Gilbert Ballet*, 1903.
SÉGLAS et BARAT. — *Journal de Psychologie*, 1913.
SIEVERS. — Grundzüge der Phonetik, 1893.
SPAIER. — *Revue philosophique*, 1912.
SPENCER. — Essais sur le progrès, Paris, 1904.
STANLEY HALL, *Mind*, 1879.
STEINTHAL. — Die Sprachwissenschaft W. von Humboldt und die Hegelsche Philosophie, 1848.
—— Ursprung der Sprache, 1855.
—— Grammatik, Logik, Psychologie, 1855.
—— Einleitung in die Psychologie und die Sprachwissenschaft (2e éd.), 1881.
—— Gesammelte kleine Schriften, 1880.
—— Charakteristik der hauptsächlichsten Typen des Sprachbaues, 1880.
STENDHAL. — De l'amour, Paris, 1853.
STERN. — Psychologie der frühen Kindheit, Leipzig, 1914.
—— Die Kindersprache, Leipzig, 1907.
—— Methodensammlung, Leipzig, 1922.
Sir J. P. STEWART. — *Brain*, t. XLIII, 1920.
STROHMAYER. — Stylistik, 1913.
STUMPF. — *Zeitschrift für pädagogische Psychologie*, 1900.
SÜTTERLIN. — Ueber das Wesen der sprachlichen Gebilde, Heidelberg, 1902.
TARDE. — Les lois de l'imitation (2e éd.), Alcan, Paris, 1895.
TERRACHER. — Les aires morphologiques dans les parlers populaires du nord-ouest de l'Angoumois, Paris, 1913.
P. F. THOMAS. — *Revue de Paris*, 1901.
M. E. THOMPSON. — Psychology of Writing, Baltimore, 1911.
THORNDIKE. — The mental Life of Monkeys, 1901.
THUMB et MARBE. — Untersuchungen über die Grundlage der sprachlichen Analogie, 1901.
TONNELAT. — Les frères Grimm, Paris, 1912.
TROMBETTI. — Elementi di Glottologia, 1922.
VANEY. — *Bulletin de la Société Alfred Binet*, 1907.
VASCHIDE. — *Revue neurologique*, 1907.
VENDRYÈS. — Le langage, Paris, 1921.

Vendryès. — Mélanges Meillet, Paris, 1902.
— Journal de Psychologie, 1921.
— Bulletin de la Société française de Philosophie, 1922.
— Mémoires de la Société de linguistique, t. XVI.
Villiger. — Sprachentwicklung und Sprachstörungen beim Kind, 1911.
J. Ward. - - Psychological Principles, Cambridge, 1918.
Wallon. — Journal de Psychologie, 1924.
Wasmann. - - Die psychischen Fähigkeiten der Ameisen. Stuttgart, 1909.
Watson. - - Behavior, 1920.
Weber. - - Le rythme du progrès (Alcan), Paris, 1913.
— Bulletin de la Société de Philosophie, février-mars, 1914.
Whitney. - - La vie du langage, Paris, 1880.
Wilks. - - Revue philosophique, 1880.
Kimier Wilson. — Brain, t. XLIII, 1920.
Van Woerkom. - - Revue neurologique, 1919.
— , Journal de Psychologie, 1921.
Woodworth. — Le mouvement, Paris, 1903.
Wundt. — Völkerpsychologie (Sprache), 2e éd., 1904.
Yerkes. - - The mental Life of Monkeys, Boston, 1916.
Zeitler. - - Philosophische Studien, t. XVI, 1906.

TABLE DES MATIÈRES

LIVRE PREMIER

LIVRE II

LES PRESSES UNIVERSITAIRES DE FRANCE. PARIS. — 0.026

BRUNSCHVICG (Léon). — La Modalité du Jugement,
1 vol. in-8° .... 7 »
— Spinoza, 2° édition, 1 vol. in-8° .... 20 »
— Introduction à la vie de l'Esprit : 4° éd., 1 vol. in-16 7 »
— L'Idéalisme Contemporain : 2° éd., 1 vol. in-16 .... 7 »
— Les Étapes de la Philosophie Mathématique : 2° éd.
1 vol. in-8° .... 30 »
— L'Expérience Humaine et la Causalité Physique :
1 vol. in-18 .... 30 »
DELACROIX (H.). — La Religion et la Foi, 1 vol. in-8 25 »
— Le Langage et la Pensée, 1 vol. in-8 .... 30 »
DUPRÉ (Dr E.) et NATHAN (Dr). — Le langage musi-
cal. ÉTUDE MÉDICO-PSYCHOLOGIQUE. 1 vol. in-8 ..... 5 25
EUCKEN (R.). — Les grands courants de la Pensée con-
temporaine. 2° éd., 1 vol. in-8 .... 14 »
HOFFDING, Professeur à l'Université de Copenhague.
— La Pensée Humaine. SES FORMES, SES PROBLÈMES.
Traduit par J. de COUSSANGE. 1 vol. in-8 .... 10 50
LEROY (Dr Bernard). — Le Langage. 1 vol. in-8 ...... 7 »
LÉVY-BRUHL (L.), de l'Institut. — Les Fonctions Men-
tales dans les Sociétés Inférieures, 6° éd., 1 vol. in-8 20 »
OSSIP-LOURIÉ. — Le Langage et la Verbomanie. 1 vol.
in-8 .... 7 »
— La Graphomanie, 1 vol. in-8 .... 7 50
PAULHAN (F.). — L'Activité Mentale et les éléments
de l'Esprit. 2° éd., 1 vol. in-8 .... 14 »

JOURNAL DE PSYCHOLOGIE

Directeurs : Pierre JANET et Georges DUMAS
Secrétaire de la Rédaction : S. MEYERSON
NUMÉRO EXCEPTIONNEL SUR LA PSYCHOLOGIE
DE L'ENFANT ET PÉDAGOGIE

P. LAPIE. — Psychologie et Pédagogie.
H. DELACROIX. — L'activité linguistique de l'enfant.
O. BLOCH. — La phrase dans le langage de l'enfant.
A. DESCŒUDRES. — La mesure du langage de l'enfant.
J. PIAGET. — Les traits principaux de la logique de l'enfant.
K. KOFFKA. — Théorie de la forme et psychologie de l'enfant.
P GUILLAUME. — Le problème de la perception de l'espace
et la psychologie de l'enfant.
A. TOURNAY. — L'asymétrie dans le développement sensitivo-
moteur de l'enfant.
O. DECROLY. — Quelques considérations à propos de l'intérêt
chez l'enfant.
E. CRAMAUSSEL. — Ce que voient des yeux d'enfant.
H WALLON. — L'interrogation chez l'enfant.
M FOUCAULT. — Les acuités sensorielles et les enfants arrié-
rés ou retardés.
P. BOVET. — Enfants vagabonds et conflits mentaux.
E. CLAPARÈDE. — Le cinéma méthode d'étude de l'enfant.
J. LETACONNOUX. — Les projets de réforme scolaire à la
fin de l'Ancien régime.
PRIX DE CE NUMÉRO .... 15 fr.
Abonnem : Un An : France et Colonies 42 » ; Union Postale, 55 ».
La livraison, 7 fr.

www.ingramcontent.com/pod-product-compliance
Lightning Source LLC
Chambersburg PA
CBHW071946040426
42447CB00009B/1276